Association for the History and Culture of the Mongols
The Institute for Mongolian Studies

MONGOLIA and Northeast Asian Studies

モンゴルと東北アジア研究

Vol.2 (2) 2016

Fukyosha Publishing
Japan

MONGOLIA AND NORTHEAST ASIAN STUDIES
EDITORIAL BOARD OF THE JOURNAL

Editor-in-chief

J.Bat-Ireedui, Professor, National University of Mongolia

Husel Borjigin, Professor, Showa Women's University

Editoral Board Members

J.Bat-Ireedui, Professor, National University of Mongolia

Chimeddorj, Professor, Inner Mongolia University

Choiraljav, Professor, Inner Mongolia University

Christopher P. Atwood, Professor, University of Pennsylvania

Hitoshi Hirakawa, Professor Emeritus, Nagoya University / Professor
Kokushikan University

Husel Borjigin, Associate Professor, Showa Women's University

Katsuhiko Tanaka, Professor Emeritus, Hitotsubashi University

G.Myagmarsambuu, Ph.D, Professor, Principal Research Fellow, Institute of
History and Archeology, Mongolian Academy of Sciences

Uradyn E. Bulag, Professor, University of Cambridge

Yujiro Murata, Professor, The University of Tokyo

『モンゴルと東北アジア研究』
編集委員会

編集委員長

ボルジギン・フスレ：昭和女子大学准教授

J. バト・イレードイ：モンゴル国立大学モンゴル研究所長、教授

編集委員

チメデドルジ（斉木徳道爾吉）：内モンゴル大学教授

チョイラルジャブ（却日勒扎布）：内モンゴル大学教授

C. P. アトウッド：アメリカインディアナ大学教授

G. ミャグマルサムボー：モンゴル科学アカデミー歴史・考古学研究所教授

平川均：名古屋大学名誉教授・国士舘大学教授

ボルジギン・フスレ：昭和女子大学准教授

U. E. ボラグ：ケンブリッジ大学教授

J. バト・イレードイ：モンゴル国立大学モンゴル研究所長、教授

村田雄二郎：東京大学教授

МОНГОЛ, ЗҮҮН ХОЙД АЗИЙН СУДЛАЛ
СЭТГҮҮЛИЙН ЗӨВЛӨЛ

Ерөнхий эрхлэгч

Жанцангийн Бат-Ирээдүй, МУИС-ийн профессор, МСУА-ийн ерөнхийлөгч

Хүсэл, профессор, "Шова" эмэгтэйчүүдийн их сургууль

Гишүүд

Чимэддорж, Өвөр Монголын Их Сургууль, Профессор

Чойралжав, Өвөр Монголын Их Сургууль, Профессор

Хитоши Хиракава, Нагояа Их Сургуулийн хүндэт Профессор,

Хацухико Танака, Хитоцүбаши Их Сургуулийн хүндэт Профессор,

Кристофер П. Атвүд, АНУ-ын Индиана Их Сургууль, Профессор

Г.Мягмарсамбуу, ШУА-ийн Түүх, Археологийн хүрээлэн, Профессор

Урдын Булаг, Их Британийн Кембрижийн Их Сургууль, Профессор

Юүжиро Мурата, Токио Их Сургуулийн Профессор

TABLE OF CONTENTS

HISTORY & SOCIETY

Tanaka Katsuhiko	*JAPAN AND MONGOLIA THE BEGINNING OF FRIENDSHIP*	1
Renqin	*A STUDY ON THE PROBLEM OF GRAZING LAND RECLAMATION IN INNER MONGOLIA FROM 1950'S TO THE EARLY 1960'S*	4
G.Myagmarsambuu	*THE VERY FIRST OFFICIAL JAPANESE DELEGATES IN THE MONGOLIAN PEOPLE'S REPUBLIC*	18
A.Ganchimeg	*KEEPING THE TRADITIONAL NOMADIC LIFESTYLE: CHALLENGES HERDERS FACE IN CONTEMPORARY MONGOLIA*	26
D.Odsuren	*ON THE TOPIC OF MONGOLIANS AND SHIVEI (MEN-U SHIVEI) TRIBES' DESCENT TRANSCRIPTION*	35
Ch.Munkhtuul, D.Narantsetseg	*GLOBALIZATION AND THE NATIONAL CULTURE AMONG MONGOLIAN FAMILIES*	47

CULTURE

G.Myagmarsuren	*COMPARISON OF "LAM RIM" WITH "BSTAN RIM" AND OTHER RESOURCES*	60
D.Narantsetseg	*THE CONNECTION OF THE BIOGRAPHICAL LITERATURE OF MONGOLIAN BUDDHISM WITH THE BIOGRAPHICAL LITERATURE OF INDIAN AND TIBETAN BUDDHISM*	65
Sh.Badmavanchug	*DISCUSSING ABOUT "CALMING CODE" OF BUDDHISM*	71
J.Oyunbilig	*ABOUT SELF-CONSIDERATION OF BUDDHISM*	75
Z.Ninjbadgar	*MONGOLIAN TRADITIONAL MARRIAGE CUSTOMS IN MODERN LIFE*	80

LITERATURE

B.Sumber	*A CONVENTIONAL PHRASE IN THE BOOK OF 'THE SECRET HISTORY OF MONGOLIAN'*	91
T.Enkhtuya N.Naranjargal	*THE STYLE OF DESCRIPTION AND LANGUAGE FEATURES OF THE ALTAIC URIANKHAY HEROIC EPIC*	96
Zayatai	*HASBUU AND HIS NEW TRANSLATION FOR DREAM OF THE RED CHAMBER*	101

Shui Lin	*THE VALUE OF MONGOLIAN TIBETAN BIOGRAPHIC LITERATURE*	105
N.Enkhtur	*INVOLVING TO THEORY OF EINSTEIN*	111

LINGUISTIC

B.Bayartuul	*ON THE DEFINITION OF GRAMMATICAL CATEGORY*	113
E.Otgon-Erdene	*THE CONCEPT OF "TIME" RELATING TO THE CONCEPT OF "SPACE"*	117
D.Sunjidmaa	*THE SEMANTIC STUDY OF VERB "BARIKH" IN MONGOLIAN LANGUAGE AND SEMANTIC VARATIONS*	125
D.Ulziilkhagva	*STUDY ON STYLISTICALLY FEATURED VOCABULARY IN LITERATURE*	132
D.Otgontsetseg	*ON THE TOPIC OF MONGOLIAN LANGUAGE TEXTBOOKS FOR FOREIGNERS*	136
A.Dolgorjav	*ON THE WORD "HIRVEET DEEL"*	142
L.Chuluunbaatar	*COMPARATIVE ANALYSIS OF MONGOLIAN AND JAPANESE IDIOMS*	146
B.Munguntsetseg	*8 YEARS OLD MONGOLIAN CHILD'S ESPECIALITY IN SENTENCE*	151
Ch.Byambakhand	*ORIGIN OF A WORD AND ADVERBS ON MONGOLIAN*	158
J.Bat-Ireedui	*ABOUT D.NATSAGDORJ'S "GERMAN-MONGOLIAN DICTIONARY"*	172

NEWS ON MONGOL STUDIES

Husel Borjigin Bayanchimeg	*THE 8TH INTERNATIONAL CONFERENCE ON GESER/GESAR STUDIES CONGRATULATION OF THE 300TH ANNIVERSARY OF THE PUBLICATION OF BEIJING WOODENBLOCK GESER*	185

ГАРЧИГ

ТҮҮХ, НИЙГЭМ

Tanaka Katsuhiko	"JAPAN AND MONGOLIA THE BEGINNING OF FRIENDSHIP"	1
Renqin	A STUDY ON THE PROBLEM OF GRAZING LAND RECLAMATION IN INNER MONGOLIA FROM 1950'S TO THE EARLY 1960'S	4
Г.Мягмарсамбуу	ЯПОН УЛСЫН АНХНЫ АЛБАН ЁСНЫ ТӨЛӨӨЛӨГЧИД БНМАУ-Д	18
А.Ганчимэг	МОНГОЛЧУУДЫН УЛАМЖЛАЛТ НҮҮДЛИЙН СОЁЛ АХУЙ, ДАЯАРШЛЫН ЭРИН ҮЕД ӨНӨӨГИЙН МАЛЧДАД ТУЛГАМДАЖ БУЙ АСУУДЛУУД	26
Д.Одсүрэн	МОНГОЛЧУУД БОЛОН ШИВЭЙ (МЭН-Ү ШИВЭЙ) АЙМГУУДЫН УГСАА ХАМААДЛЫН ТҮҮХ БИЧЛЭГИЙН АСУУДЛААС	35
Ч.Мөнхтуул, Д.Наранцэцэг	ДАЯАРШИЛ БА МОНГОЛ ГЭР БҮЛИЙН ОРЧИН ДАХЬ ҮНДЭСНИЙ СОЁЛ	47

СОЁЛ СУДЛАЛ

Г.Мягмарсүрэн	БОДЬ МӨРИЙН ЗЭРЭГ БА ШАШНЫ ЗЭРЭГ" ТЭРГҮҮТЭН СУРВАЛЖ БИЧГИЙН ХАРЬЦУУЛАЛТ	60
Д.Наранцэцэг	МОНГОЛЫН БУРХАН ШАШНЫ НАМТАР ЗОХИОЛ ЭНЭТХЭГ, ТӨВӨДИЙН БУРХАН ШАШНЫ НАМТАР ЗОХИОЛТОЙ ХОЛБОГДОХ НЬ	65
Ш.Бадмаванчүг	БУРХАНЫ ШАШНЫ НОМХОТГОХУЙН ОНОЛЫН ТУХАЙ ӨГҮҮЛЭХ НЬ	71
Ж.Оюунбилиг	БУРХАНЫ ШАШНЫ ӨӨРИЙГӨӨ ТАНИХ ОНОЛЫН ТУХАЙ ӨГҮҮЛЭХ НЬ	75
З.Нинжбадгар	МОНГОЛЧУУДЫН ХУРИМЛАХ ЁСНЫ УЛАМЖЛАЛ, ОРЧИН ҮЕ	80

УТГА ЗОХИОЛ

Б.Сүмбэр	МОНГОЛЫН НУУЦ ТОВЧООН-Ы НЭГЭН ЗАНШИЛТ ХЭЛЛЭГ	91
Т.Энхтуяа Н.Наранжаргал	АЛТАЙН УРИАНХАЙН БААТАРЛАГ ТУУЛИЙН ДҮРСЛЭЛИЙН ХЭВ МАЯГ, ХЭЛ ЗҮЙН ОНЦЛОГ	96
Заятай	ХАСБУУ ХИЙГЭЭД ТҮҮНИЙ ШИНЭЭР ОРЧУУЛСАН УЛААН АСАРЫН ЗҮҮД	101

Шүй Лин	МОНГОЛЧУУДЫН ТӨВӨД НАМТАР ЗОХИОЛЫН УРАН ЗОХИОЛЫН ҮНЭ ӨРТӨГ	105
Н.Энхтөр	ЭЙНШТЭЙНИЙ ОНОЛД ХОЛБОГДОХ НЬ	111

ХЭЛ ШИНЖЛЭЛ

Б.Баяртуул	ХЭЛЗҮЙН АЙ ХЭМЭЭХ НЭР ТОМЬЁОНЫ ТУХАЙД	113
Э.Отгон-Эрдэнэ	ЦАГ ХУГАЦАА" ЦОГЦ ОЙЛГОЛТ "ОРОН ЗАЙ" ЦОГЦ ОЙЛГОЛТТОЙ ХОЛБОГДОХ НЬ	117
Д.Сүнжидмаа	ОЦМХ-НИЙ "БАРИХ" ХЭМЭЭХ ҮЙЛ ҮГИЙН НИЙЛЭМЖ ҮҮСГЭХ ЧАДАМЖ, УТГЫН ХУВИЛБАР	125
Д.Өлзийлхагва	"УРАН САЙХНЫ ЭХЭД" НАЙРУУЛГЫН ДООД ӨНГӨ АЯСТАЙ ҮГ ХЭЛЛЭГ ИЛРЭХ ОНЦЛОГ"	132
Д.Отгонцэцэг	ГАДААД ХҮНД ЗОРИУЛСАН МОНГОЛ ХЭЛНИЙ СУРАХ БИЧГИЙН ТУХАЙ АСУУДАЛД	136
А.Долгоржав	"ХИРВЭЭТ ДЭЭЛ" ХЭМЭЭХ ҮГИЙН ТУХАЙ	142
Л.Чулуунбаатар	МОНГОЛ ЯПОН ХЭЛНИЙ ЗАРИМ ХЭЛЦИЙГ ЗЭРЭГЦҮҮЛСЭН НЬ	146
Б.Мөнгөнцэцэг	8 НАСТАЙ МОНГОЛ ХҮҮХДИЙН ӨГҮҮЛБЭРИЙН БҮТЦЭД ИЛРЭХ ОНЦЛОГ	151
Ч.Бямбаханд	МОНГОЛ ХЭЛНИЙ ИДЭВХГҮЙ ЯЗГУУР БА ОРОН ЦАГИЙН ХАРЬЦААНЫ НЭР	158
Ж.Бат-Ирээдүй	Д.НАЦАГДОРЖИЙН "ГЕРМАН-МОНГОЛ" ТОЛЬ БИЧГИЙН ТУХАЙ	172

МОНГОЛ СУДЛАЛЫН МЭДЭЭ

Хүсэл Боржигин Баянчимэг	"ГЭСЭР" СУДЛАЛЫН ОЛОН УЛСЫН НАЙМДУГААР ИХ ХУРАЛ, БЭЭЖИНГИЙН МОДОН БАРЫН "ГЭСЭРИЙН ТУУЖ" ХЭВЛЭГДСЭНИЙ 300 ЖИЛИЙН ОЙН ХУРАЛ	185

日本とモンゴル－－親善の始まり

JAPAN AND MONGOLIA
THE BEGINNING OF FRIENDSHIP

田中克彦(Tanaka Katsuhiko)

1. はじめて日本を訪れたモンゴル人q

今日の「モンゴル国」の前身, モンゴル人民共和国から, はじめて日本にやって来た人は誰だったでしょうか。それは1947年, 東京で開かれていた極東国際軍事裁判の法廷に, 「ノモンハン事件」の証人として現われたチョクドンという人です。この人は, モンゴルの国境哨所長をつとめ, 日本軍とモンゴル軍が行った国境衝突の最初の目撃者だったのです。チョクドンはモスクワからウラジオストークまで飛行機で飛び, そこから4日間船に乗って横浜に着き, 入国したと回想しています。しかしその目的は日本訪問ではなくて, 法廷に立つためでしたから, 親善のための来日とは言えません。

次にモンゴル人がやってきたのは, 1957年, 今から59年前のことで, ぼくはその人たちと親しく知りあったので, 今日はそのことについてお話したいと思います。

この人たちが日本を訪れた目的は, 原水爆禁止世界大会に出席するためでした。5人から成る代表団の団長は, 有名な学者で作家でもあるTs. ダムディンスレンで, 核物理学者ソドノムさんもこれに加わっていました。しかし, 当時日本とモンゴルとの間には国交がないどころか, モンゴルという国の存在をすら日本は認めていませんでした。つまり, モンゴルは「未承認国」でした。そのため, これらモンゴル人一行が日本への入国ビザを得るためにどんなに苦労したかは, ダムディンスレンの手記にくわしく記してあります。かれらは1957年7月27日にウランバートルを飛行機で北京に出発, さらに8月1日に広州に向かい, 香港に出て日本の領事館にビザを申請しようという算段でした。当時, 日中間には国交がなかったから北京でも日本入国のビザが取れず, 英国領の香港まで行ったのです。モンゴル人一行は8月2日に日本領事館に出向いてビザを申請します。ダムディンスレンは, 「日本人という奴はからだが小さいくせに, 性格は凶暴で, 犬のノミ(nohoi boos)のようなやつだと聞いていたのに, 領事の望月さんは大変親切な人で, しかも以前内モンゴルに勤務していたので, モンゴル語すら話せたと, 驚いて書いています。望月さんは, すぐに, 日本外務省に電報を打ちますと言ったそうです。

ところがかれらは2週間も経ってやっとビザが出たことを8月14日に知らされ, 翌15日には出発して羽田に着きます。12日の原水爆反対の大会には間にあいませんでした。かれらは1週間の日本滞在を終え, 27日にふたたび香港をへて帰国します。5人のモンゴル人代表の身元引受人となったのは日本の社会党議員たちでした。この人たちの努力がなかったら, モンゴル人の入国はあり得なかったと私は聞いています。

これら5人のモンゴル人のはじめての日本訪問は一大センセーションを巻き起しました。場所はおぼえていませんが，200人をこえる歓迎講演会・集会に私も出席しました。私は当時23歳でモンゴル語を専攻する学生でしたから，これらの出来事は忘れることができません。この集会の席で，日本モンゴル親善協会を作ろうという声があがりました。社会党の議員と労働組合を中心にして親善協会が発足しました。今日のこの会では親善協会結成49周年となっていますが，私の考えでは親善協会の発足はさらに10年さかのぼることになります。そして，この1957年に発足した日本モンゴル親善協会は，その12年後，1969年にはじめて超党派の国会議員団をモンゴルに派遣することになるのです。

2. 1969年の日本国会議員団のモンゴル訪問

議員団訪問の目的は日・モ両国間に国交を開くことでした。日本議員団は5人で，それに私が通訳として加わりました。議員たちは金があったから，モスクワまで飛行機で飛んで，また飛行機でウランバートルに入りました。しかし貧乏な私は横浜からナホトカまで船に乗り，汽車，飛行機と乗りついで4日間かけてウランバートルに着きました。

ウランバートルではツェデンバル首相を含む，政府首脳と会談しました。ツェデンバルは，国交樹立の条件としてノモンハン戦争の賠償を求めました。自民党の山口，桂木両議員は，そんな戦争なんて聞いたこともない，棚上げにしようと言いました。私はそれを通訳すると同時に，「棚上げ」とは，日本の政治家が問題をごまかすときに使うずるい用語だから気をつけた方がいいと，ツェデンバルに注釈をつけました。するとツェデンバルさんは，私の方をにらんで，「あんたは通訳の身だから，自分の意見を言ってはいけない。通訳は省略してもつけ加えてもいけない」と言ったのです。それで私は，ツェデンバルって公平でいい人だけど，面白くないつまんない人だなあと思いました。考えてみればこの1969年とは，ノモンハン事件からちょうど30年目で，ウランバートル市内ではソ連からやって来た軍人の姿が多く見られ，モ・ソ合同の戦勝記念行事が開かれていたのです。私はソ連の軍人たちとノモンハンのことをいろいろ話しあって勉強になりました。これが後の私のノモンハン研究の基礎になったのです。

3. モンゴルとの交流は原水爆禁止・平和運動からはじまる

再び1957年に話をもどしますと，ダムディンスレンは，手記の中で「日本からはモンゴルに時々人が来ているが，モンゴルから日本に行くのは，我々がはじめてだ」と書いています。1957年以前にモンゴルに行ったことがはっきりしているのは，「原爆の図」を持っていって展覧会をやった赤松（丸木）位里，俊夫妻です。原爆の図が完成したのは1950年で，それからかれらは世界各地をまわって展覧会をやります。俊さんは，日本のいくつかの大学で，その時の話をするためにさかんに講演会をやりました。ぼくはその何回目かに出席して，その活発な活動に驚きました。特にヘルシンキでの話がおもしろかった。調べてみないとはっきりしませんが，かれらがウランバートルで展覧会をやったのは1953年頃ではないかと思います。かれらの活動は，モンゴルの平和委員会の招待によるものであることは間違いない，と言うのは，ダムディンスレン，ソドノム代表を日本に送ったのもまた平和委員会だったからです。

このように日本とモンゴルを結んでいたのは, 何よりも反原爆の平和を求める願望でした。

4. 日本, モンゴル両国はともに絶対的平和を必要とする

　モンゴルは, 北はロシアと3000キロ, 南の中国とは4600キロの国境を接し, すっぽりと内陸に包み込まれています。それでいて日本の四倍もの面積をもつ国です。それをわずか300万人の人口で維持するという困難さを考えてみましょう。たとえ全国民の２％, すなわち6万人が軍隊となってもどんな意味があるでしょう。モンゴルは自国の存立のために無条件に平和を必要とする国であり, 憲法に不戦を掲げた日本も同じです。

　考えてみれば, モンゴルが独立国として国際的な承認を受ける基礎となったのは, 1945年のヤルタ協定です。３項目から成るこの協定の第１項に, スターリンはモンゴルのstatus quoを維持することを求めたのです。そしてこれを条件に, ソ連は日本との戦争に参加することを英米に約束したのです。

　こうしてモンゴルの独立は守られましたが, そのことによって内モンゴルとの統一の最後ののぞみが断たれたのです。

　私は, モンゴル語を学び, モンゴル研究を始めてからことしで63年になります。研究のほとんど唯一の目的は, モンゴルが北と南の二つの大国に吸収されないで, 独立を全うするにはどうすればいいか, モンゴル人はいかにたたかい, またたたかいつつあるかを観察し, 研究することです。日本とモンゴルは地理上は対照的なちがいがありながら, 無条件に平和を必要とする点では変わりがありません。ここに日本とモンゴルが支え合う大きな意味があり, これこそが, 日本・モンゴル関係の出発点であることを忘れないでおきましょう。

Mongolia and Northeast Asian Studies Vol. 2(2)
@Association for the History and Culture of the Mongols, Japan 2016

1950-60年代初期の内モンゴルの放牧地開墾問題の検討

A STUDY ON THE PROBLEM OF GRAZING LAND RECLAMATION IN INNER MONGOLIA FROM 1950S TO THE EARLY 1960S

仁欽(Renqin)

はじめに

　激しい社会変動をみせた20世紀の現代中国おいても，1950, 60年代はきわめて重要な時期である。この時期に内モンゴルなどの少数民族地域においても，一般の漢人地域と同様に，地主の土地，家屋などの没収と貧農への分与を基本的内容とする土地改革，制度面での国有化，集団化による社会主義的改造，人民公社化および「大躍進」運動などがおこなわれた。これらにより，少数民族のもとでも従来の土地所有制度，生産手段の所有，生産経営の形態，組織などが変更され，統一されていく。そのプロセスにおいて生じたさまざまの問題のなかで，最も注目すべきは放牧地開墾問題である。

　放牧地は牧民にとっては生産手段であり，生存手段ともいえる。放牧地開墾問題は数百年にわたってつづいてきた重要な問題であり，内モンゴル近現代史研究において重要な課題である。内モンゴル近現代史においては放牧地開墾に由来するモンゴル人と漢人の対立などの民族問題が少なくない。内モンゴルにおける放牧地開墾問題は，その地域の歴史的・民族的・地域的特徴により非常に複雑であり，単純に土地関係だけではなく，民族関係・民族政策・民族問題などとも深く関わってきた。

　近現代の内モンゴルにおける放牧地開墾問題にかかわる研究成果は数多く出されているものの，その研究対象時期の多くは，あるいは清朝時代，民国時代までに限られ，あるいは中国共産党11期3中全会後の「改革開放」以降のものである。本稿で扱う中華人民共和国成立以降の1950〜60年代初期の内モンゴルにおける放牧地開墾問題についての本格的な研究は極めて少なく，次のいくつかの論著しか見当たらない。永勇は，1940年代以降において放牧地開墾政策と放牧地開墾禁止政策が交替的に実施されたプロセスに関する歴史的考察をおこなっている[8]。額尓敦布和は，フルンボイル盟地域を事例として，人口の急増と放牧地の砂漠化との因果関係について論じている。張国志らは，オラーンフーの「放牧地保護，開墾禁止」の思想について述べている。

　そのほか，公式な内モンゴル自治区史・経済史など のなかでは，1950〜60年代初期の内モンゴルにおける放牧地開墾については述べられているが，一般的・通史的なきわめて簡単な記述であり，しかも，放牧地開墾問題という中国共産党の民族政策の特質に関わる問題に対する評価を避ける傾向が強くみられる。

　要するに，1950〜60年代初期の内モンゴルにおける放牧地開墾問題の実態はどうだったのか，その問題発生の背景と要因は何であったのか，さらに，放牧地開墾問題は内モンゴル地域社会に何をもたらしたのか，これらについての回答は従来の

研究からは得られない。小論では，『学習』[1]・『法令彙編』[2]・『内蒙古畜牧業文献資料選編』[3]・『中国農墾』[4]などをもとに，同期間の内モンゴルにおける放牧地開墾問題を究明し，上で提起された諸問題に対する回答を提出したい。

一　1950年代までの内モンゴル地域社会の変容

　近代以降，1950年代までの内モンゴル地域は多くの領域にわたって大きく変容してきた。この変容の実態を理解するため，同期間において内モンゴル地域社会はどのように変わっていったのかを，放牧地の開墾や農地化，漢人の入植と蒙漢雑居状況の形成，地域の産業形態の変化と牧畜業から農業へのモンゴル人の転業などを概観してみたい。

　第1に，内モンゴル地域の人口構造の急激な変化。モンゴル人が放牧地として利用してきた内モンゴル地域においては，清朝中期以降，いわゆる「借地養民」と「移民実辺」[5]が実施された。つづいて，中華民国時代に，北洋軍閥と国民党によって内モンゴル地域で「屯墾」「軍墾」がおこなわれた[6]。これらによって内モンゴル地域においては大規模な放牧地開墾が進行した。放牧地が開墾されるにつれて，内モンゴルの漢人人口が急速に増加した。さらに，1949年に中華人民共和国が樹立されて以降のいくたびかの行政区画の変更，とりわけ，「漢人240万人，モンゴル人とその他の民族5万人の居住する平地泉，河套2行政区」をふくむ綏遠省の内モンゴルへの併合により人口構成に大変化が生じた[7]。そのうえ，1950年代，「内地」から多数の幹部・軍人・労働者・教師・国家行政機関の職員などが内モンゴル自治区に移住

---

[1]　永勇「対内蒙古自治区開荒与退耕政策的歴史考察」『内蒙古師範大学学報』（哲学社会科学版），2005年第6期，62-68頁。

[2]　額尓敦布和「草原荒漠化的一個重要成因——呼倫貝尓草原荒漠化加劇為例」『内蒙古大学学報』（人文社会科学版），2004年第3期，81-85頁

[3]　張国志，蓋志毅，高娃「烏蘭夫"保護牧場，禁止開荒"思想及啓示」『内蒙古草業』2008年

[4]　郝維民『内蒙古自治区史』内蒙古大学出版社，1991　年；王鐸主編『当代内蒙古簡史』当代中国出版社，1998年；劉景平・鄭広智『内蒙古自治区経済発展概要』内蒙古人民出版社，1979年；浩帆『内蒙古蒙古民族的社会主義過渡』内蒙古人民出版社，1987年；内蒙古自治区畜牧業庁修志編史委員会編著『内蒙古畜牧業発展史』内蒙古人民出版社，2000年；CengHaizhou/Zhang Bingduo, ÖbörMonggol-un mal ajuaqui, Kökeqota, ÖbörMonggol-un arad-un keblel-ün qoriy-a, 1958 ÖbörMonggol-un mal ajuaqui-yin kögjilte-yin toyimu, Kökeqota, ÖbörMonggol-un arad-un keblel-ün qoriy-a, 1962.

[5]　例えば，前掲『内蒙古自治区史』においては，「『大躍進』運動は内モンゴルの経済に深刻な結果をもたらした」（183頁）と否定的ないし批判的な結論が出されるものの，「大躍進」運動により生じた土地開墾問題についてはほとんど言及していない。また，前掲『内蒙古畜牧業発展史』は，「大躍進」時期の放牧地の開墾について若干触れたうえ，「放牧地の開墾が一連の生態系問題と社会問題をもたらした」（154頁）と記述するにとどまり，問題の性質や実態については言及していない。

[6]　『学習』（内蒙古党委学習委員会編，党内部資料，発至区・営級，1952年～1962年，第4期～第368期，内蒙古档案館）は，内モンゴル党委『学習』編集委員会が編集し，自治区級の幹部に配布した重要な党内部資料である。その内容は，内モンゴル自治区のすべての活動について決定権をもつ内モンゴル党委の，政治・経済・文化・教育・民族問題などにかんするもっとも重要な決議・報告・指示・計画・方案などである。

[7]　綏遠省人民政府弁公庁編『法令彙編』第一集（1949年）～第七集（1954年）は，1949年から1954年のあいだに綏遠省人民政府弁公庁が編集した政府の内部刊行物である。内容は，綏遠省人民政府からだされた各種の法令・指示・命令・規定・計画・報告である。これらは民族活動・民族問題・民政・財政・経済・食糧・税務・金融・農牧業・文化教育・司法などの各分野にわたる。『法令彙編』は二木博史氏の蔵書を使用させていただいた。

させられた[8]。

　これらの結果，モンゴル人が古来，牧畜業をいとなんできた地域であった内モンゴルの人口構造は，おもに農業に従事する漢人が絶対多数を占めるようになった（表1を参照）。

表1　19世紀初期〜1964年の内モンゴルの総人口・漢人人口[9]

時期	漢人人口	総人口	漢人の割合
19世紀初期	100万	215万	46.5%
1912年	155万	240.3万	64.5%
1937年	371.9万	463万	80.3%
1947年	496.6万	561.7万	88.4%
1949年	515.4万	608.1万	84.8%
1953年	649.3万	758.4万	85.6%
1964年	1,091.4万	1,253.7万人	87.5%

　第2に，モンゴル人の産業形態の変化。上述したように，内モンゴルにおける放牧地開墾にともない，内モンゴルの漢人の人口が急増した。その進行過程において，先住民のモンゴル人が優良放牧地から追われて，砂漠や山岳地帯へ移ったり，放牧地が縮小されたりしたため，牧畜業をいとなんできた遊牧民のモンゴル人は，農業に従事しなければ，生産手段である土地を失い困窮状態に追い込まれることになった。そのため，モンゴル人は生存していくために，伝統的な牧畜業から農業への転業を余儀なくされた。1949年の時点ですでに内モンゴル人総数の3分の2が農業に従事するようになっていた[10]。綏遠省[11]の場合，モンゴル人を含む農業耕作人口は250万人に至り，全省総人口の83％強を占めるようになった[12]。これは，内モンゴル社会内部の自生的な経済要因にしたがって牧畜から農業に転業したのではなく，大規模な放牧地開墾と漢人農民の入植により強いられたことだといえる。

　第3に，内モンゴルの地域類型の多様化。大量の放牧地が開墾され，農地化されたことにより，内モンゴル地域に広範な農業地域が形成された。また，牧畜と農業が混ざった半農半牧地域も形成された。いいかえれば，単一の牧畜業地域であった内モンゴルが，農業地域・半農半牧地域・牧畜業地域が並存する地域になったのである。

---

[8] 『内蒙古畜牧業文献資料選編』（全10巻）は，内部資料として発行されたものである。内容として（a）中央・国務院と関係部・委・弁の文書および党と国家の指導者，主要部門の指導者の演説・発言，（b）自治区党委・政府と関係部・委・弁・庁・局の文書と指導者の演説，（c）党機関紙・党雑誌の重要な社説，評論および中央と自治区指導者の署名文書などが収録されている。その内容は牧畜・草原・牧場・獣医・経営管理・貿易・水産物・科学技術などの幅広い範囲にわたっている。

[9] 『中国農墾』は，中央農墾部の管轄する農業雑誌社により1957年に創刊された。農墾事業に対する政策的・思想的・技術知識的指導を任務とする専門誌であり，当時の中国の農墾事業政策・方針とプロセスが反映されている。

[10] 同上書，59頁。

[11] 綏遠省は行政機関として1928〜1954年の26年間存続し，1954年に内モンゴル自治区に合併された。その管轄地域は帰綏市と包頭市，トゥメド旗，ハンギン旗などの18旗，托克托県，薩拉斎県などの22県および陝壩鎮である。すなわち，現在の内モンゴルのフフホト市，包頭市，オルドス市，バヤンノール市およびオラーンチャブ市の大部分の地域に当たる。

[12] 内蒙古党委党史資料征集研究会弁公室『内蒙古党史資料』第二輯，内蒙古人民出版社，1989年，114頁。

二　1950年代初期の内モンゴル西部地域における放牧地開墾問題

1. 1950年代初期の放牧地保護に関する政策・法令

　　臨時憲法の役割を果たした「中国人民政治協商会議共同綱領」の第34条においては、「牧畜業を保護し、牧畜業発展させる」方針が明文化された。綏遠省人民政府からも数多くの放牧地を保護し、放牧地開墾を禁止するための指示・命令が出された。

　　1951年12月5日に公布された『綏遠省蒙旗土地改革実施方法』の第４条では、「土地改革は必ず牧畜業の発展に配慮して、放牧地と家畜群を完全に保護し、放牧地の開墾を絶対に禁止する。大衆の要求に応じて一定の数量の放牧地を確保する」と規定している[13]。このことは、牧畜業を営んできたモンゴル人農民の実情を考慮して、放牧地と家畜群を保護し、放牧地開墾を禁止すると同時に、放牧地を区画することを法律化したといえる。

　　また、1952年4月5日に出された『綏遠省放牧地保護に関する指示』においては、放牧地を保護し、牧畜業生産を回復させ、発展させ、民族間の団結を強化するために以下のように指示した。

　　　□　土地を開墾して耕作する際には、放牧地を破壊してはならない。モンゴル人牧民は、放牧地に依拠して生業を営んでいるので、放牧地を必ず保護する。

　　　②1949年以降、強制的に開墾された放牧地は原則上は閉鎖する。今後、放牧地を破壊する行動があった場合、必ず法律に従って厳罰する。

　　　□　放牧地が区画されたあと、耕作地と放牧地の業界線を厳守し、放牧地を保護し、放牧地を破壊してはならない[14]。

　　そして、1953年7月25日に出された『綏遠省人民政府放牧地保護に関する再指示』において、放牧地保護に関して、再び以下のように指示した。

　　　□　1953年に開墾された放牧地は、即時に閉鎖するとともに、放牧地の破壊的な開墾をおこなった事件の責任者を厳正に処分する。

　　　□　1950年秋から1952年までにかけて開墾された放牧地は、原則として一律に閉鎖する。

　　　□　今後、放牧地を開墾する者が発見された場合、一律に法律によって処罰する[15]。

---

[13]　1950年代の場合、内モンゴルの農業、牧畜業、半農半牧地域の分布状況は以下の通りである。農業地域は、当時のフルンボイル盟のハイラル市、ジリム盟の開魯県、チャハル盟のチャハル右翼前旗など39の旗・県・市である。牧畜業地域は、当時のフルンボイル盟の新バルガ左旗、バヤンノール盟のエジネ旗、シリンゴル盟のスニト右旗など20旗が純粋な牧畜旗として存在していた。半農半牧地域は、地理的には農業地域と牧畜業地域のあいだに位置した。行政的にはイフジョー盟のエジェンホロー旗、フルンボイル盟のジャライド旗、ジリム盟のホルチン左翼中旗など20の旗が挙げられる［前掲『内蒙古蒙古民族的社会主義過渡』201-206頁］。

[14]内蒙古党委政策研究室、内蒙古自治区農業委員会編印『内蒙古畜牧業文献資料選編』第四巻、呼和浩特、1987年、123頁。

[15]　前掲『内蒙古畜牧業文献資料選編』第四巻、138頁。

そのほか, モンゴル人の放牧地を保護し, 民族間のトラブルを慎重に処理するため, 綏遠省人民政府により「漢人がモンゴル人の放牧地を開墾する際には, 必ずモンゴル人の許可をえないといけない」と規定された[16]。さらに, 放牧地開墾事件を真剣に点検し処理する通報も綏遠省人民政府により出されていた。

2. 内モンゴル西部地域における放牧地開墾問題の実態

しかしながら, 上述の法令・指示・規定にもかかわらず, 綏遠省地域においては, 漢人農民によって放牧地が開墾され, 破壊される事件が多発していたのである。

綏遠省西部地域においては, 1951～53年の間に, ①イフジョー盟ハンギン旗五区四行政村巴拉亥灘の10万平方メートルの放牧地がすべて開墾されてしまった; ②ジューンワン旗五区は強制的に牧民の蘇秉漢灘の2万平方メートルの放牧地を開墾した; ③ジャサック旗では古くからの放牧地を開墾したために, 70戸余りの牧民が移動を余儀なくされた; ④涼城県においては, すでに確定した放牧地を30.8万平方メートル開墾してしまった; ⑤イフジョー盟地域では甘草を掘りすぎたため, 一部の放牧地は流砂が起こる土地になってしまった[17]。

綏遠省東部地域の, 涼城・集寧・陶林・豊鎮などの県は農業地域と牧畜地域が交差する地である。1952年の土地改革の際にすでに放牧地の範囲を区画し, 開墾を禁止すると規定されたが, 規定通りに実施されず, 放牧地は引き続き開墾された。その具体的な状況は次のようである。①鑲藍鑲紅連合旗第二区小廟子行政村においては, 土地改革の際(1952年)に600畝余りの放牧地を区画した。しかし, 1953年になって, その放牧地の60畝余りが涼城県六蘇木行政村の漢人農民によって開墾されてしまった; ②陶林県第二区地房子村と義発泉村の漢人農民が連合旗白喇嘛灘克孟村の放牧地を2頃余り開墾してしまった; ③集寧県第一区の漢人農民が正紅旗馬蓮灘牧場を15畝余り開墾した。さらに, 馬蓮灘北営子牧場を30畝余り開墾してしまった; ④正紅旗亳頼溝の60畝余りの牧場が集寧・豊鎮の漢人農民に開墾され, 後格稍営子の牧場も当旗の漢人農民に90畝余り開墾され, 下什拉営子においては1950～52年に東西幅3キロメートル, 南北幅5キロメートルの放牧地が漢人農民に開墾されてしまった; ⑤正紅旗倒拉忽洞村牧場は, 1950～51年の間に陶林県第四区の漢人農民により150畝余り開墾され, 土地改革の際には, 中止命令がでたにもかかわらず, 耕作され, 開墾され続けた; ⑥正黄旗三道湾地域において, 1950～51年の間に陶林県第四区の漢人農民により300万畝余りの牧場が開墾された。土地改革の際に中止の指示がだされたが, 漢人農民が引き続き耕作し, さらに, 牧場に移住して開墾を続けた。また, 同旗の華廟子行政村, 面溝自然村において, 1950～51年の間に105畝余りの廟地が開墾されてしまった; ⑦灰騰梁大牧場も漢人農民により広い地域が開墾されてしまった。

そのほか, 牧民にとってもっとも重要な生産手段である放牧地の区分に深刻な問題が生じた。同じく陝覇地区を例に挙げれば, この地区では35箇所の放牧地が区分されたが, 資料によると, 以下のような問題が発生した。

　□　区分した土地の面積が不足し, 引き続きいくつか放牧地を区分する必要が生じた。

　□　区分が不適当で, 区分された35箇所の放牧地のなかには砂漠が多く草

---

[16]「綏遠省人民政府為規定漢人在蒙人牧場草灘開荒手続的令」（1949年9月21日）前掲『内蒙古畜牧業文献資料選編』第四巻, 122頁。

[17]「綏遠省人民政府為認真検査処理開墾牧場事件的通報」（1952年9月4日）綏遠省人民政府弁公庁編『法令彙編』第六集, 1953年2月, 80-82頁。

原が少なかったため，農業地域に有利な一方で，牧畜地域には不利であり，放牧に必要な草を確保できなかった。

③放牧地は保護されるべきなのに，区分された放牧地が漢人農民に激しく破壊された。例えば，米倉土龍村では農民の失火により，0.6万平方メートルの放牧地が焼失している。また，正紅旗南房子行政村（蒙漢雑居）における土地改革においては，放牧地を区分したが，境界線が不明確であるうえ，区分された放牧地のうち，30畝が耕作されてしまった。

さらに指摘すべきは，放牧地の開墾・破壊の乱暴さである。漢人農民が，定められた放牧地の境界の標識を移動して，放牧地を開墾したり，牧民が夏営地へ移動した後に冬営地を占拠して開墾したり，さらには漢人農民が放牧地に入って放牧地を焼き払ってしまうような事件が発生した[18]。具体的な事例を挙げると，綏遠省内のオラド前旗，安北県地方では，同県の漢人農民がオラド前旗の放牧地を開墾する際，地元の牧民が放牧地を守ろうとして，犂の前に横たわって抗議したが，大勢の農民が，牧民を強制的に押しのけ，開墾を続行し，同旗の西山咀付近の五毛計と沙徳奔二箇所の放牧地を開墾してしまった[19]。

以上に述べてきた事例は代表的・典型的なものである。放牧地を保護する指示がこのように無視され，開墾が強行された結果，放牧地が破壊・縮小され，暴風・沙漠・洪水・干ばつの被害をうけやすくなってしまったのである。これによって，モンゴル人が生活してきた草原の自然環境は破壊され，牧畜業生産の発展と牧民の日常生活に甚大な影響がもたらされた。

3. 放牧地開墾問題の要因

上述の放牧地開墾問題について，綏遠省人民政府の報告では，次のように述べられている。「中央の民族政策を，幹部たちは充分に理解していない。とくに，県・旗・区の幹部の場合は，その理解度が低く，民族政策を進める際，民族的特徴を無視する考え方が常に現れている。そして，一部の漢人幹部が，統一性を強調し特殊性を重視しない結果，省の規定した民族政策が真剣に実施されない結果になっている」[20]。

さらに，1952年12月10日，内モンゴルおける中国共産党の指導機関である蒙綏分局より出された土地改革の再点検についての意見では，綏遠省蒙旗における土地改革に関する民族政策の実施について次のように述べている。「複雑な民族問題の存在，幹部の民族政策に対する無理解，民族工作への不十分なとりくみ，これらの原因により，民族政策を貫徹することができず，民族間の差別はまだ完全にはなくなってはいないし，民族の共同発展もまだ充分に達成されていない。旗・県分割の二重行政により，モンゴル人は政治的権力を完全には享受することができないでいる」。

これらの発言は，綏遠省人民政府の指示・命令・通達などの民族政策が，本来意図した通りには実施されなかった背景と原因をよく示している。同時に，同省の蒙旗土地改革において，多くの問題を生じさせた原因の一つを明白に表している。

[18] 「陝壩地委関於第一批村土改覆査幾個問題的総結」内蒙古党委学習編委会編『学習』第5期，1952年，22-23頁；綏遠省農民協会編印『土改覆査通信』第二期，1952年11月29日，7頁。
[19] 「中共内蒙古分局関於正確執行党在半農半牧区的政策与解決農牧糾弾紛的指示」前掲『内蒙古畜牧業文献資料選編』第二巻（上冊），142-148頁。
[20] 内蒙古档案館『内蒙古档案資料』1993年第一期。

同省蒙旗土地改革において，生じた問題のもう一つの要因は，人口問題だと考えられる。すなわち，漢人人口が綏遠省において絶対多数を占めたため[21]，「少数は多数にしたがうべきである」というような，少数派の一切を無視する大漢民族主義の思想や傾向が，諸問題の背後にあったと思われる。

三 「大躍進」運動期における放牧地開墾問題

1. 放牧地開墾問題の実態

中国では，1958年から「社会主義建設の総路線」，「大躍進」運動，人民公社化のいわゆる「三面紅旗」政策が実施された。これにより，中国の経済建設は1958年から毛沢東モデルの段階に入り[22]，経済建設での混乱と大飢饉がもたらされ，数多くの餓死者を出すという社会主義史上最大の惨事にいたった。科学性・合理性を無視した計画が実施された「大躍進」運動はそのひとつの要因である。

「大躍進」運動のなかで，耕地として開墾される土地の面積は，1957年当初計画されていた4,000万畝から8,200万畝〜1億畝までに引上げられ，耕地面積で日本・イギリスに追いつこう，というスローガンまで打ち出された。また，その際の開墾可能な「荒地」は15億畝であり，主に内モンゴル自治区・青海省などの地域に分布する，と報告された。そして，王震中央農墾部長は，これらの「荒地」を「良田」に変えることを呼びかけた。

内モンゴルにおける「大躍進」運動では，農業地域であるか牧畜業地域であるかを問わずに「農業を基礎にする」という方針と，「牧畜業地域で農業をおおいにいとなむ」というスローガンが打ち出された。さらに，「すべての牧畜業地域で飼料基地の建設をおこない，3〜5年以内に牧畜業地域の食糧と飼料の自給を実現させる」ことを目指し，牧畜業地域全域にわたって放牧地開墾を実施するための具体策が，内モンゴル党委の第6次牧畜業地域工作会議に関する中央への報告（1958年3月20日）において提起された[23]。

この施策はその後7月7日，内モンゴル党委第7次牧畜業地域工作会議で，以下のようにいっそう具体的な目標として打ち出された。

① 2年間のうちに牧畜業地域の食糧・飼料の自給問題を解決する。

② 2年以内は牧畜業地域での飼料と食糧の生産に対し農業税を徴収しない。

③ 牧畜業地域の人民公社ごとに，1959年には500〜1000畝，1960年には1000畝以上の放牧地を開墾させる。

これを見ると，放牧地開墾を実施するための最初の基本方針がより具体的に示されているだけでなく，牧畜業地域での放牧地開墾を奨励する措置がさらに加えられている。これが，前述した従来の牧畜業地域における「開墾禁止・牧場保護」政策に反するものであることは明らかである。にもかかわらず，これらの施策は，内モンゴル党委の牧畜業生産に関する指示（「牧畜業生産を急速に発展させることに関す

---

[21] 「奎璧副主席関於民族工作的報告」綏遠省人民政府弁公庁印『綏遠省一九五一年施政方針與任務』（出版年代不明）。

[22] 「蒙綏分局関于結合土地改革復査工作，解決幹，群（党，群）関係的意見」（1952年12月10日）内蒙古党委学習編委会，『学習』第5期，1-25頁。

[23] 1950年代初期の綏遠省総人口300万人のうち，モンゴル人は15万人，総人口の5％しか占めていなかった。一方，漢・回・満州人は285万人，総人口の95％を占めていた。

る内モンゴル党委の指示」)の重要な内容として7月31日に公布され, 実施された[23]。

　上述のような開墾に関する方針・計画・目標をもとに, 大規模な放牧地開墾がおこなわれた実態について, 次にいくつかの代表的事例を挙げながらその実態を検討してみたい。

(1)国営農牧場における放牧地開墾の事例

　内モンゴルにおける国営農牧場の建設は1947年から始まって, 1947〜1957年の間に内モンゴル地域では19の国営農場, 38の国営牧場がつくられた。「大躍進」期における中国全体の国営農牧場建設の動向のなかで, 内モンゴル農業庁は1958年の内モンゴルの農牧場生産建設・生産活動の方針として「農牧場生産の大躍進を実現させるためにおおいに土地開墾をおこない, 飼料基地を拡大して, 国営農牧場の建設をおこなう」ことを提起した[24]。この方針のもとで, 1958年の1年間に19の国営農場と国営牧場がつくられた。これによって, 内モンゴルの国営農場と国営牧場の総数は76になった。

　新規に設立される国営農牧場の急増にともない, 国営農牧場における土地開墾の計画も変更されていく。すなわち, 1958年の耕地開墾の計画は, 当初の4万9,500畝から40万畝に, 第2次五ヵ年計画期の国営農牧場での耕地としての土地開墾計画も従来の199万6,000畝から1,500万畝に大幅に引き上げられた。

　1960年には, 国営農牧場を管理する専門機関として, 内モンゴル自治区農牧場管理局が設立された。同管理局は, 以下のような国営農牧場の建設計画を打ち出した。

　①牧畜業地域において, あまねく農牧場を建設し, 1961年の食料を基本的に自給させる。

　②公私共同経営の農牧場のある地域においては, もともと存在するその公私共同経営の農牧場の規模を拡大する。公私共同経営の農牧場のない地域においては, 公私共同経営の農牧場を新しく建設する。

　③大興安嶺林業地域においては, 3〜5年以内に食料の自給を実現させるために, 311万畝の土地を開墾する[25]。

　ここからは, 農牧場の建設が牧畜業地域と林業地域へ推進されることと, これらの地域の食糧の自給を目的とした大量の開墾をおこなうという方針がよみとれる。

　内モンゴルの牧畜業地域や林業地域の民族は, 居住状況・自然環境・生産経営の内容および生産技術などの面において, 一般の農業地域と異なっていた。にもかかわらず, こういった民族的特徴や地域経済の特殊性は無視され, 「農業を中心にする」方針が推し進められたのである。こうして, 内モンゴルの国営農場と国営牧場の建設はますます加速した。国営農場と国営牧場の数は, 1959年には71だったものが1960年には100にいたった[26]。これらの国営農場と国営牧場では大量の土地

---

[24] 山内一男ほか『中国経済の転換』岩波書店, 1989年, 14頁。
[25] 「大躍進」運動期における飢餓や栄養失調による非正常死亡者数については2,000万人［丁抒『人禍　餓死者2000万人の狂気（1959〜1962）』〈森幹夫訳〉学陽書房, 1991年, 346頁］であったとも3,000万人［ベッカー, ジャスパー『餓（ハングリー）餓鬼（ゴースト）鬼：秘密にされた毛沢東中国の飢饉』〈川勝貴美訳〉中央公論新社, 1999年, 3頁］, 4,000万人［叢進『曲折発展的歳月』河南人民出版社, 1989年, 272-273頁］であったとも言われている。
[26] 「農業工作的基本情况与今後任務的意見——張林池副部長在全国国営農牧場社会主義建設積極分子会議上的報告」農業雑誌社『中国農墾』1958年4期, 4頁。

開墾がおこなわれた。その結果,「大躍進」運動期,内モンゴルでは,放牧地と林業用地を中心として,中華人共和国建国以来それまでで最大規模の土地が開墾された。そのなかで,1958～1960年に国営農牧場で開墾された土地は535.05万畝に達した[27]。これは,1958～1960年のあいだに内モンゴルで開墾された土地総面積1,600万畝の3分の1に相当する。

(2)フルンボイル盟の牧畜業4旗における放牧地開墾の事例

フルンボイル盟は牧畜業が盛んにおこなわれてきた地域である。盟の面積は3.8億畝(25.3万km²)で,内モンゴル自治区総面積の22.2%を占める。そのうち,天然の草原の面積は1.69億畝で,全盟の土地面積の45.5%を占め,自治区全体の草原総面積の14.4%に相当する。特に,牧畜業4旗(エヴェンキ族自治旗,新バルガ右旗,新バルガ左旗,ホーチンバルガ旗)の天然の草原の面積はフルンボイル盟の草原総面積の74%を占め,家畜頭数は盟の家畜総数の71%に当たり,純粋の牧畜業をいとなむ地域であった。しかし,「大躍進」運動期の1960年に牧畜業4旗においては,新たに9の国営農牧場が建設された(従来は9の国営農牧場があった)。同年,この18の国営農牧場により239万畝の放牧地が開墾された[28]。

(3)破壊的な開墾の事例

内モンゴルにおける放牧地開墾において,開墾された多くは放牧地としてもっとも優良な土地であったことが,1963年4月4日の内モンゴル党委の中央への報告から確認できる。こういった優良放牧地を開墾すること自体が草原の破壊であるが,さらに指摘しなければならないのは,耕作に全く適さない,しかも周辺地域の自然環境に悪影響を及ぼす土地まで開墾してしまうという深刻な事態が発生したことである。実例をあげれば,フルンボイル牧畜業4旗において開墾された239万畝には,耕作に適さない砂地が39万畝以上,開墾すれば牧畜業に重大な悪影響がもたらされる土地が184万畝含まれていた。すなわち,この184万畝のうち,34万畝は家畜が牧地や水場へ移動するための道で,145万畝は放牧場や草刈場,5万畝は,家畜の塩分補給に必要なアルカリ性土壌の土地であった[29]。また,イフジョー盟を例にすれば,砂漠化防止を目的として烏蘭布和砂漠周辺につくられていた「育草地」も「砂漠を畑に」(「沙漠変農田」)という名目で190万畝開墾されてしまった。開墾がもっとも盛んにおこなわれた1960年には15万人が動員され,6月14日の時点で,開墾地は673万畝であったが[30],年末には開墾面積は1600万畝にも至った[31]。

(4)中央農墾部による開墾の事例

1960年,中央の農墾部直属の黒竜江省牡丹江開墾区で冠水被害が発生し,開墾作業が続けられなくなった。そのため,中央農墾部は,この直属墾区の開墾に携わっていた3500名の開墾者と幹部をフルンボイル盟へ派遣し,296万畝の草原を開墾させた。さらに,1961年・1962年・1963年にも同様にそれぞれ56万7000

---

[27] 前掲「鼓足革命幹勁実現国営農牧場生産大躍進——王震部長在中国農業水利工会第一次全国代表大会上的講話」農業雑誌社『中国農墾』1958年2期,4頁。

[28] 中共内蒙古自治区委党史研究室編『六十年代国民経済調整』中共党史出版社,2001年,70頁。

[29] 「内蒙古党委関於第六次牧区工作会議向中央的報告」(1958年3月20日)前掲『内蒙古畜牧業文献資料選編』第二巻(上冊),394-395頁。

[30] 「内蒙古党委関於高速発展牧畜業生産的指示」内蒙古党委学習編委員会編『学習』第262期,1958年8月15日,41-45頁。

[31] 同上。

畝, 13万8000畝, 256万426畝の草原が開墾された[32]。

　上で述べたように, 「大躍進」期の内モンゴルにおける開墾は, 中央農墾部による直接の開墾と国家経営の農牧場における開墾の形がとられ, しかも, 農業地域と牧畜業地域を区別することなく, 土地が農業に適するかどうかも問われることなく一律におこなわれたのである。開墾された土地の規模は中華人民共和国建国からそれまでの期間で最大であった。

2. 放牧地開墾によってもたらされた結果

　上述のような放牧地開墾の問題は以下のような結果をもたらした。

　第一に, 穀物増産という目的とは正反対に, 穀物の生産量が減少の一途をたどる結果になった。1958～62年の4年間に穀物の生産量は連続して減産し, 48.3億kg（1958年）から32.6億kg（1962年）になり, 15.7億kg（32.5％）も減少した[33]。これが, 「大躍進」運動における過度の開墾のもたらした一つ目の結果である。

　第二に, 開墾による草原の破壊である。開墾してはならない草原までが開墾され, 生態系が甚だしく破壊されたため, 草原の砂地化が生じた。すなわち, 「一年目に草原が開墾され, 二年目に穀物が少々収穫され, 三年目に砂地になる」（「一年開草場, 二年打点粮, 三年変沙梁」）, 「農業が牧畜業を侵食して, 沙が農業を破壊してしまう」（「農業吃掉牧業, 沙子吃掉農業」）という悪循環になってしまった[34]。「大躍進」当時, イフジョー盟党委の書記をつとめていたボインバト氏の証言によれば, イフジョー盟の開墾された放牧地のほとんどで耕作ができたのは最初の1年だけで, はやくも2年目には砂地化してしまったという[35]。このように, 開墾された土地の30％が耕作には適さない草原であったので, 放牧地が破壊されたばかりでなく, 砂漠化も始まった。そしてその開墾された草原では農業も牧畜業もいとなむことができなくなってしまった[36]。

　内モンゴルにおいて砂漠化した面積は, 1960年代の3.4億畝が1980年代には4.5億畝にまで至った。ホルチン左翼後旗を例にすれば, 砂漠化した面積は1956年の18万畝から1979年の180畝に増加した。このような砂漠化した土地は, いまや内モンゴルの総面積の16％を占め, 自治区全体の90の旗・県のうちの66の旗・県にまで拡大しているという[37]。砂漠化と「大躍進」における過度の開墾, そしてその後の「文化大革命」期（1966～1976年）におこなわれた放牧地開墾との関連は否定できないであろう[38]。

　第三に, 草原は牧民にとっていうまでもなく重要な生産手段である。過度な放牧地開墾による草原破壊の結果, 放牧に利用できる草原の面積が縮小されていった。

---

[32]張昌齢「克服保守, 反掉浪費, 鼓起幹勁, 大胆躍進, 赶上先進」農業雑誌社『中国農墾』1958年3期, 10頁。なお, 当時, 張昌齢は内モンゴル農業庁副庁長を担当。
[33] 同上。
[34] 　前掲「克服保守, 反掉浪費, 鼓起幹勁, 大胆躍進, 赶上先進」農業雑誌社『中国農墾』1958年3期10頁；王震「全国国営農牧場社会主義建設積極分子会議開幕時的講話」農業雑誌社『中国農墾』1958年4期, 2-3頁。
[35] 菅光耀 李暁峰主編『穿越風沙線』中国档案出版社, 2001年, 149頁。
[36] 同上書, 149-150頁。
[37]中共内蒙古自治区委党史研究室編『六十年代〔民経済調整〕中共党史出版社, 2001年, 82頁。
[38]「内蒙古党委関於調整呼倫貝尔盟大興安嶺以北牧業区農牧関係的報告」（1963年4月4日）内蒙古党委政策研究室・内蒙古自治区農業委員会編印『内蒙古畜牧業文献資料選編』第一巻, 1987年, 139頁。

このように，生産手段である放牧地が失われていくことにより，牧畜業生産は日増しに衰退した。内モンゴル全体で，牧民の一人あたりの年間収入は，1957年の510元から1962年には278元にまで減少した[39]。すなわち，1957年から1962年の間に牧民の年間収入は45.5％減ったことになる。

　上述のような土地開墾の問題は内モンゴルにとどまることではなく，ほかの非漢人地域でも生じた。新疆ウイグル自治区を例にすれば，新疆生産建設兵団のかたちで20余りの農場が設立され，「大躍進」時期に開墾された土地は，1957年時点で320万畝であったのが，1961年時点で800万畝に至った[40]。

3. 放牧地開墾問題の背景と要因

　内モンゴルにおける「大躍進」運動で放牧地が大規模に開墾された背景には，農業における「大躍進」運動のなかで「食糧増産を経済施策の中心におく」という方針が中国全体にわたりとられたことのほか，イデオロギー上の圧力があったことを指摘しなければならない。1957年から1958年にかけて展開された反右派闘争のなかで，少数民族地域では「地方民族主義」「民族右派分子」がおもな標的にされ，民族にかかわる一連の問題をめぐって大討論がおこなわれた。少数民族側からは，社会主義の道に賛成したうえで，社会主義建設の方法，方式と進展過程において，民族や地域の特徴およびその他の条件が異なることを根拠として，実際の状況にもとづく方法をとることが主張されたが，この立場が「右寄りの保守思想」とみなされることになった。こうした意見は，いわゆる少数民族地域の「特殊論」「後進論」「条件論」「漸進論」であるという政治的レッテルが貼られ，おおいに批判された[41]。内モンゴルの場合，自治区成立以来掲げられた「開墾を禁止し，放牧地を保護する」政策は真剣に実施されず，放牧地の開墾と破壊に関する意見はいわゆる「農・牧矛盾論」として批判されたのである[42]。

　第11次全国統一戦線活動会議（1958年12月）では，「我が国の社会主義的民族関係は速やかに形成し発展している。各民族のあいだの共通性はますます多くなり，差異はますます少なくなり，民族融合の要素が増えつつある」「少数民族地域における社会主義建設をはやめ，今後15年，20年あるいはより長い期間内に少数民族を経済，文化の面で漢民族のレベルに追いつかせる，あるいは近づかせる」という民族融合論が提起された[43]。

　このような理論が強調したのは，漢民族が営んできた農業を推進していけば，少数民族が先進民族（漢民族）の発展レベルに追いつき，民族のあいだの区別がなくなるという見方であった。すなわち，漢人イコール先進民族，非漢人の少数民族イコール後進民族とされ，漢人の営んできた農耕業は先進的なもの，モンゴル人などの少数民族の営んできた牧畜業などは「おくれたもの」とみなされた。また，「少数は多数に従うべき」との見地から，農業を重視し牧畜業を軽視する（「重農軽牧」）態度，牧畜業経済から農業経済への転換を進歩とみなし，それゆえ牧畜業生産を農業生産へかえないと未来がない，という考え方が広く存在した[44]。

　少数民族地域のなかでもとくに，漢人の入植がもっともはやい時期からおこなわれ，漢人人口がすでに地域人口の多数を占めるようになっていた内モンゴルにお

---

[39] 同上，132頁。
[40] 同上，130-132頁。
[41] 前掲『穿越風沙線』143頁。
[42] 『人民日報』1960年6月14日。
[43] 前掲『穿越風沙線』142頁。
[44] 同上，150頁。

いては「民族融合の風」がもっとも強かった。

さらに，この時期，中国のみにとどまらず，社会主義経済学者一般のあいだにも「農業先進，牧畜業後進」の思想があり，モンゴル人民共和国やソ連の辺境地域においても，牧畜業を農業に転換する政策がおこなわれた[45]。経済学におけるこの「農業先進，牧畜業後進」思想の影響が，中国でもなかったとはいいがたい。このような事情を背景に，国営牧場でも「農業を兼営する」という方針のもとで大規模の開墾がおこなわれた。

また，客観的事情から乖離し，経済法則に従わずに進められた「大躍進」運動の要因については，反右派闘争によって，科学性・合理性を云々する人がいなくなった，と指摘される。この点は，民族地域である内モンゴルにおいても同様である。内モンゴルでくりひろげられた反右派闘争のなかでの「農・牧矛盾論」批判により，放牧地開墾に反対する意見を表明することができなくなった。それだけではなく，むしろ逆に「飼料基地を建設することが，牧畜業を発展させる決定的条件」という「理論」が提起された[46]。この理論のもとで，農業地域であるか牧畜業地域であるかを問わずに「農業を基礎にする」という方針と「牧畜業地域で農業をおおいにいとなむ」というスローガンが打ち出されたのである[47]。このような理論的根拠や方針，スローガンのもとで，「大躍進」期の内モンゴルにおいて土地の農地化気運の高まりが訪れたのである。

なお，これと関連し，「大躍進」運動の期間に内モンゴルの人口増加は急激なものとなり，内モンゴル現代史上，頂点に達した。その規模は中国全体の少数民族地域のなかでも最大であった[48]。

おわりに

1950～60年代初期の内モンゴルの放牧地開墾問題の詳細とその要因を究明すること，これが小論の課題であった。最後に本稿での考察により，得られたものを簡単に要約してみたい。

1950～60年代初期の内モンゴル地域は，独自の民族的特徴・地域的特徴・歴史的特徴を持っていた。第1に，牧畜業地域のみから成っていた内モンゴルに，農業地域・半農半牧地域・牧畜業地域が並存するようになって，地域類型が多様化した。第2に，人口構造の急激な変化により，モンゴル人が古来，牧畜業をいとなんできた地域であった内モンゴル地域の人口構造のなかで，主に農業に従事する漢人が絶対多数を占めるようになった。そのため，行政的にも「旗県並存，蒙漢分割」の二重行政，蒙漢雑居の状態になった。第3に，モンゴル人の産業形態も変化し，数多くのモンゴル人は生存していくために伝統的な牧畜業から農業へ転業したのである。

1950年代初期，綏遠省人民政府からは放牧地開墾禁止，放牧地保護の指示・命令などが数多く出されたにもかかわらず，様々な放牧地開墾問題と放牧破壊の問題は深刻であった。さらに，「大躍進」運動においては，農業地域であるか牧畜業地域であるかを問わずに，それぞれの地域の民族の居住状況・自然環境・経営内容および生産技術なども異なっていたにもかかわらず，「農業を基礎にする」という方針の

---

[45] 王鐸主編『当代内蒙古簡史』当代中国出版社，1998年，176-177頁；郝維民・斎木徳道尓吉主編『内蒙古通史綱要』人民出版社，2006年，590頁。

[46] 閻天霊『漢族移民与近代内蒙古社会変遷研究』民族出版社，2004年，424-425頁。

[47] 肖瑞玲等『明清内蒙古西部地区開発与土地沙化』中華書局，2006年，241頁。

[48] 「鼓足幹勁戦勝困難争取畜牧業発展的新勝利——王鐸同志在内蒙古党委第十次畜牧業工作会議上的総結講話」（1961年9月15日）内蒙古党委政策研究室・内蒙古自治区農業委員会編印『内蒙古畜牧業文献資料選編』第二巻（下冊），1987年，79頁。

もと,「牧畜業地域の食糧と飼料の自給」という名目で中華人民共和国建国以来それまでで最大規模の放牧地が開墾された。

　その結果,食糧と飼料の自給が成し遂げられるどころか,むしろ穀物は減産したのである。さらに,草原生態系への破壊的影響をもつ開墾により,放牧地が砂漠化され,放牧に利用できる放牧地の面積が縮小されたため,生産手段である放牧地が失われていくことにより,牧畜業生産は日増しに衰退したのである。

　放牧地開墾問題の発生には次のような背景と要因があった。第一に,内モンゴルの民族的特徴・地域的特徴・歴史的特徴が無視され,統一性を強調する「民族融合論」が広く存在したこと。第二に,「農業先進,牧畜業後進」思想のもとで,漢人の営んできた農耕業は先進的なもの,モンゴル人などの少数民族の営んできた牧畜業などは「おくれたもの」とみなされたこと。第三に,「少数は多数に従うべき」との見地による人口の圧倒的多数を占める漢人経営の農業が重視され,少数派であるモンゴル人経営の牧畜業が軽視される大漢民族主義が存在したこと。第四に,「開墾を禁止し,放牧地を保護する」政策は真剣に実施されず,放牧地の開墾と破壊に関する意見が批判されたこと。以上の４つが挙げられるのである。

参考文献

〈日本語〉

アジア政経学会『中国政治経済総覧』日刊労働通信社, 1963年。

奥村哲『中国の現代史──戦争と社会主義』青木書店, 2004年。

加々美光行『中国の民族問題：危機の本質』岩波書店, 2008年。

丁抒(森幹夫訳)『人禍　餓死者2000万人の狂気（1959〜1962）』学陽書房, 1991年。

ベッカー, ジャスパー『餓(ハングリー・)餓鬼(ゴースト)鬼：秘密にされた毛沢東中国の飢饉』〈川勝貴美訳〉中央公論新社, 1999年。

山内一男ほか『中国経済の転換』岩波書店, 1989年。

リンチン「反右派闘争におけるモンゴル人「民族右派分子」批判」『アジア経済』第48巻第8号, 2007年。

内モンゴルの牧畜業の社会主義的改造の再検討」『アジア経済』第49巻第12号, 2008年。

〈中国語〉

叢進『曲折発展的歳月』河南人民出版社, 1989年。

鄧力群・馬洪・武衡主編『当代中国的民族工作』〈上〉当代中国出版社, 1993年。

額尓敦布和「草原荒漠化的一個重要成因──呼倫貝尓草原荒漠化加劇為例」『内蒙古大学学報』(人文社会科学版), 2004年第3期。

菅光耀・李暁峰主編『穿越風沙線』中国档案出版社, 2001年

浩帆『内蒙古蒙古民族的社会主義過渡』内蒙古人民出版社, 1987年。

郝維民・斎木徳道尓吉主編『内蒙古通史綱要』人民出版社, 2006年。

郝維民『内蒙古自治区史』内蒙古大学出版社, 1991年。

劉景平・鄭広智『内蒙古自治区経済発展概要』内蒙古人民出版社, 1979年。

内蒙古档案館『内蒙古档案資料』1993年第一期。

内蒙古党委党史資料征集研究会弁公室『内蒙古党史資料』第二輯, 内蒙古人民出版社, 1989年。

内蒙古自治区畜牧業庁修志編史委員会編著『内蒙古畜牧業発展史』内蒙古人民出版社, 2000

内蒙古党委学習編委員会編『学習』第5期。
　　　　学習』第262期。
内蒙古党委政策研究室・内蒙古自治区農業委員会編印『内蒙古畜牧業文献資料選
　　　　編』第一巻, 1987年。
　　　　　『内蒙古畜牧業文献資料選編』第二巻(下冊), 1987年。
　　　　　『内蒙古畜牧業文献資料選編』第四巻, 1987年,
内蒙古自治区畜牧局『畜牧業統計資料(1947～1986)』1987年。
　　　　『中国農墾』1958年2期。
　　　　『中国農墾』1958年3期。
　　　　『中国農墾』1958年4期。
　　　　『中国農墾』1959年19期。
　　　　『人民日報』1954年2月28日。
　　　　『人民日報』1960年6月14日。
迺工主編『中国人口──内蒙古分冊』中国財政経済出版社, 1987年。
斯日古楞『内蒙古民族問題研究与探究』内蒙古教育出版社, 1993年。
遠省人民政府弁公庁編『法令彙編』第六集, 1953年2月。
　　　　『法令彙編』第七集, 1954年2月。
遠省人民政府弁公庁印『綏遠省一九五一年施政方針與任務』(出版年代不明)。
王鐸主編『当代内蒙古簡史』当代中国出版社, 1998年。
肖瑞玲等『明清内蒙古西部地区開発与土地沙化』中華書局, 2006年。
閣天灵『漢族移民与近代内蒙古社会変遷研究』民族出版社, 2004年。
永勇「対内蒙古自治区開荒与退耕政策的歴史考察」『内蒙古師範大学学報』(哲学
　　　　社会科学版), 2005年第6期。

張国志・蓋志毅・高娃「烏蘭夫"保護牧場, 禁止開荒"思想及啓示」『内蒙古草
業』2008年。
中共内蒙古自治区委党史研究室編『六十年代国(民経済調整』中共党史出版
社, 2001年。
中共中央文献研究室編『建国以来重要文献選編』中央文献出版社, 1992年。
〈モンゴル語〉
CengHaizhou/Zhang Bingduo, Öbör Monggol-un mal aju aqui, Kökeqota, ÖbörMong-
　　　　gol-un arad-un keblel-ün qoriy-a, 1958.
ÖbörMonggol-un mal ajuaqui-yin kögjilte-yin toyimu, Kökeqota, ÖbörMonggol-un ar-
ad-un keblel-ün qoriy-a, 1962.
[付記]
　本稿は, 中国国家社会科学プロジェクト「内蒙古牧区開創性成就及其意義研究
(1947-1966)」(14BMZ073)と中国国家民族事務委員会民族問題研究プロジェ
クト「内蒙古民族問題治理経験与啓示研究」(2016-GMB-005)の研究成果の一部
である。

ЯПОН УЛСЫН АНХНЫ АЛБАН ЁСНЫ ТӨЛӨӨГЧИД БНМАУ-Д

Г.Мягмарсамбуу
(ШУА)

Энэ жил Монгол Улс, Япон Улсын хооронд дипломат харилцаа тогтоосны 45 жилийн ой тохиож байна. Манай хоёр орны харилцааг сэргээн хөгжүүлэх, улмаар дипломат харилцаа тогтоох асуудалд аль аль талдаа 1950-иад оны үеэс яригдаж эхэлсэн ажээ. Ялангуяа, энх тайван, улс төр, олон нийтийн байгууллагын зүтгэлтэн, эрдэмтэн судлаачдын зүгээс Монгол, Японы хооронд дипломат харилцаа тогтоох талаар олон удаа санал бодлоо илэрхийлж байв. Мөн улс төрийн төвшинд энэ асуудал яригдсаар багагүй хугацаа өнгөрсөн байдаг.

Манай хоёр орны хооронд дипломат харилцаа тогтоох асуудалд олон хүчин зүйл нөлөөлж байсны дотор дайны төлбөрийн асуудал гол байр суурь эзэлж байв.

БНМАУ-ын эрх баригчид дайны төлбөрийн асуудлыг дипломат харилцаа тогтоох асуудлаас тусад нь шийдвэрлэх, өөрөөр хэлбэл, эхлээд хоёр орны хооронд дипломат харилцаа тогтоох, дараа нь дайны төлбөрийн асуудлыг аль аль талдаа боломжтой хэлбэрээр шийдвэрлэх саналтай байв. Гэтэл Япон Улсын эрх баригчид Монгол Улс дипломат харилцаа тогтоосны дараа дайны төлбөрт ихээхэн хэмжээний мөнгө нэхэж болзошгүй хэмээн болгоомжилж байсан бололтой. Ийм учраас БНМАУ-ын зүгээс дайны төлбөрт хэдий хэмжээний мөнгө нэхэх төлөвтэй байгаа, тус улсын эрх баригчид хоёр орны хоорондын харилцаа, дипломат харилцаа тогтоох тал дээр ямар байр суурьтай байгаа зэргийг сайтар тандан судалж, дипломат харилцаа тогтоохын өмнө дайны төлбөрийн асуудлыг шийдвэрлэх байр суурьтай байжээ. Ийм учраас хоёр орны хооронд дипломат харилцаа тогтооход багагүй саад бэрхшээл учирч, нэлээд хугацаа зарцуулжээ.

Дэлхийн хоёрдугаар дайнаас хойш огт харилцаагүй байсан манай хоёр орны хооронд 1950-иад оны эхнээс албан бус төлөөлөгчид, жуулчид, олон нийтийн байгууллагын гишүүд харилцан зочлох болжээ. Тухайлбал, Японы энх тайван, соёл, шинжлэх ухаан, урлагийн зүтгэлтэн, мөн сэтгүүлчдийн бүрэлдэхүүнтэй "Азийн санаа сэтгэлийн нэгдлийн Японы хороо"-ны төлөөлөгчид 1956 оны наймдугаар сард Монголын Энх Тайван Найрамдлын Байгууллагын Хорооны урилгаар БНМАУ-д иржээ. Мөн Японы энх тайвны нэрт зүтгэлтэн, дэлхий дахины энх тайвны шагнал зураач Маруки Юри, түүний гэргий Маруки Тоши нарын "Атомын зэвсгийн аюул" гэдэг алдарт үзэсгэлэн 1956 оны 10 дугаар сарын 18-нд Элдэв-Очирын нэрэмжит кино театрт нээгджээ.

Япон Улсад 1957 онд болсон атом ба ус төрөгчийн зэвсгийг эсэргүүцэх олон улсын гурав дахь удаагийн хуралд Энх Тайвныг Хамгаалах Монголын хорооны дарга Ц.Дамдинсүрэн, МУИС-ийн багш Н.Содном, мөн Л.Гончигсамдан, Б.Ванчигдорж, Галсанжав нарын бүрэлдэхүүнтэй БНМАУ-ын төлөөлөгчид оролцжээ. Энэ бол XX зуунд Монголын талаас Японд очсон хамгийн анхны, албан ёсны төлөөлөгчид байв.

Харин БНМАУ-д байгаа олзлогдсон цэргүүдийнхээ шарилыг эргэх Япон улсын төлөөлөгчид 1966 оны зун Монголд иржээ. Энэ бол мөн л Япон улсаас БНМАУ-д ирсэн анхны албан ёсны төлөөлөгчид юм. Ийнхүү БНМАУ, Япон улсын хооронд энх тайван, олон нийтийн байгууллагын төлөөлөгчид харилцан зочлох болсон нь хоёр орны хооронд улс төр, эдийн засаг, соёл, шинжлэх ухааны харилцааг хөгжүүлэх, улмаар дипломат харилцаа тогтоох үндэс суурийг тавьжээ. Ийм учраас Монгол, Японы харилцааг хөгжүүлэхэд энх тайван, олон нийтийн байгууллага, албан бус төлөөлөгчид, урлаг соёл, шинжлэх ухааны зүтгэлтнүүдийн гүйцэтгэсэн үүргийг илүү өргөн хүрээнд судалж, үнэлж дүгнэх шаардлагатай байна. Энэ үүднээс 1966 онд БНМАУ-д ирсэн Японы төлөөлөгчдийн тухай энэ өгүүлэлд дэлгэрэнгүй авч үзэхийг оролдов.

    Япон улсаас ирэх төлөөлөгчдийг хүлээн авах асуудалд БНМАУ-ын төр засгаас онцгой анхаарч бэлтгэлийг хангах тусгай комиссыг томилон ажиллуулжээ. Тус комисс Монголд нас барсан цэргийн бүртгэлийг эмхэлж цэгцлэн нэгтгэж, зарим газарт байгаа шарилыг очиж үзсэн байна. Мөн Монгол-Японы харилцааны талаар баримтлах чиглэл боловсруулж батлуулах, БНМАУ-аас Японд дайн зарласан, олзлогдсон цэргүүдийг хүлээн авсан, хүлээлгэн өгсөн, дайны хохирол, төлбөр зэрэг асуудлаар лавлагаа гаргажээ[1]. Үүнээс үзэхэд БНМАУ-ын төр засаг тус улсад нас барсан цэргүүдийнхээ шарилыг эргэхээр Японоос ирэх хүмүүсээр дамжуулж хоёр орны харилцааг сэргээх асуудалд Япон улсын анхаарлыг хандуулах зорилготой байв.

    Харин БНМАУ-д байгаа цэргүүдийнхээ шарилыг эргэх төлөөлөгчид БНМАУ-д очих болсон тухай мэдээ Японы олон нийтийн анхаарлыг их татаж байжээ. Ийм учраас 1966 оны эхнээс энэ тухай Японы сонин хэвлэлүүдэд мэдээлж байв. Япон Улсын "Асахи" сонины 1966 оны 8 дугаар сарын 22-ны өдрийн дугаарт мэдээлснээр БНМАУ-д байгаа цэргүүдийнхээ шарилыг эргэх төлөөлөгчид мөн өдрийн өглөө 10.45 цагт Ханеда-гийн нисэх онгоцны буудлаас "JAPAN AIRLINES" компанийн тусгай онгоцоор ниссэн байна. "Хагацал үзсэн гэр бүлийн хүмүүсийнх нь цэгцийг сэтгэл зүрхэндээ тээгээд мордсон" тэднийг олон хүн үдэж мордуулж байгаа зургийг мөн сонинд нийтэлжээ.

    "Асахи" сонинд нийтлэгдсэн мэдээ, гэрэл зураг

    Харийн нутагт нас барсан цэргийнхээ шарилыг эргэх зорилготой Японы төлөөлөгчид 1966 оны 8 дугаар сарын 24-ний өдрийн 12 цагт БНМАУ-д иржээ.

---

[1] Монгол Улсын Үндэсний төв архив. Хөмрөг 383. Данс 1. Хадгаламжийн нэгж 97. Хуудас 10.

Монгол, Японы далбаа тус бүр тавыг барьсаар нисэх онгоцноос бууж ирсэн тэдгээр төлөөлөгчдийг Японы Парламентын гишүүн Такаши Касегава тэргүүлж, бүрэлдэхүүнд нь 17 хүн багтжээ.

Тэднийг Монголын Улаан Загалмайн Нийгэмлэгийн орлогч дарга Лхамсүрэн, ажилтан Гонгор, Энх Тайван Найрамдлын Байгууллагын Гүйцэтгэх Хорооны ажилтан Оросоо, японо хэлний орчуулагч Зинэмэдэр нар тосож аваад Улаанбаатар зочид буудлын 8 өрөөнд байрлуулжээ. Үүнд, зочид буудлын 401, 431 тоот өрөөнд Японы парламентын гишүүдийг, 425 тоот өрөөнд 3 эмэгтэй төлөөлөгчийг, 429 тоот өрөөнд 3 эрэгтэй төлөөлөгчийг, 325 тоот өрөөнд ЭХЯ-ны 2 хүнийг, 326 тоот өрөөнд Гадаад Яамны 2 ажилтныг, 327 тоот өрөөнд 2 сурвалжлагчийг, 227 тоот өрөөнд 3 эрэгтэй төлөөлөгчийг тус тус байрлуулжээ.

Төлөөлөгчдийн бүрэлдэхүүнд Японы Парламентын гишүүн Такаши Хасэгава, Синкичи Үкэда, Гадаад Яамны ажилтан Мицутана Акихо, Марокими Ханада, ЭХЯ-ны Токихико Эма, Такио Исида, олзны цэргийн төлөөлөгч бөгөөд эмч, орчуулагч Юкио Касуга, мөн хоёр сурвалжлагчаас гадна БНМАУ-д хоригдож байгаад нас барсан цэргийн ар гэрийнхний төлөөлөл оржээ. Монголд нас барсан цэргүүдийн ар гэрийг төлөөлж ирсэн хүмүүс нь,

1. Ноён Масами Сено. Агрономич, түүний аав Сейдзи Сено эмнэлэгт нас барсан /Шарилын №744/
2. Хатагтай Таке Такахаси. Албан хаагч, түүний нөхөр Течуро Такахаси мөн эмнэлэгт нас барсан /Шарилын №139/
3. Ноён Козабуро Саката. Худалдаачин, түүний хүү Хисао Саката эмнэлэгт нас барсан /Шарилын №108/
4. Ноён Масами Асай. Дэлгүүрийн ажилтан, түүний эцэг Сёзабуро Асай эмнэлэгт нас барсан /Шарилын №702/
5. Ноён Кацухико Кувабара. Фирмийн ажилтан, түүний аав Кадзуо Кувабара Хужирбуланд нас барсан /Шарилын №90/
6. Хатагтай Эйко Ооноги. Газрын эзэн, түүний нөхөр Хироси Ооноги эмнэлэгт нас барсан /Шарилын №646/
7. Хатагтай Мичико Цубосака. Хөдөө аж ахуйн нэгдлийн ажилтан, түүний аав Ичиро Цубосака Сүхбаатарт нас барсан /Шарилын №36/
8. Ноён Синьичиро Касивабара. Багш, түүний аав Кимиёси Касивабара Улаанбаатарт нас барсан /Шарилын дугаар тодорхойгүй/

Төлөөлөгчид Улаанбаатар зочид буудалд байрласны дараа 15.00-15.40 цагт МУЗН-ийн Гүйцэтгэх хороонд зочилж, МУЗН-ийн дарга Ч.Түмэндэлгэр хүлээн авч уулзжээ.

Төлөөлөгчдийн тэргүүн Такаши Хасэгава Японы төлөөлөгчдийг найрсаг дотно хүлээн авсан МУЗН-д талархлаа илэрхийлээд Японы Улаан Загалмайн Нийгэмлэгийн Ерөнхийлөгч Кованиши /Jitsuzo Kawanishi/-гийн захидлыг МУЗН-ийн дарга Түмэндэлгэрт гардуулжээ.

Уг захидалд, Монголд усны үер болсонд Японы УЗН-ийн зүгээс сэтгэл түгшиж байгаагаа илэрхийлж 100,000 мульти витамин явуулснаа мэдэгдээд энэ удаагийн ажил нь Монгол, Японы УЗН-ийн хүнлэг энэрэнгүй зарчимд суурилсан нөхөрсөг харьцаанд тус нэмэр болно гэдэгт итгэж байгаагаа илэрхийлжээ. Мөн Япон Монголын Найрамдлын Нийгэмлэгийн дарга доктор Юо Матсизаки /Yoo Matsuzaki/ МУЗН-ийн дарга Түмэндэлгэрт захидал илгээж, Японд албан ёсоор хүлээн зөвшөөрсөн ганц байгууллага болох ЯМНН нь манай хоёр орны хооронд дипломат харилцаа түргэн байгуулахыг эрмэлзэж байгаагаа илэрхийлж, ийм боломцоо буй болж байгаад баяртай байна гэжээ.

Уулзалт дээр Монголд нас барагсдын гэр бүлийг төлөөлж ирсэн нэгэн хүн үг хэлэхдээ, "Бид энэ өдрийг гурван жил хүлээлээ, энд нас барсан цэргүүдийн эцэг, хань нөхөр, үр хүүхдийнх нь ахны төлөөлөл хүрэлцэн ирлээ. Бид их хүлээсний эцэст энд ирээд байгаадаа баяртай байна. Энэ бүхэн танай засаг төр, танай УЗН-ийн үзүүлж байгаа их хүндэтгэл тус гэж үзэж байгаагаа илэрхийлж, талархлаа илэрхийлье" гэжээ[2]. Энэ баримтаас үзэхэд дээрх төлөөлөгчид БНМАУ-д ирэх асуудлыг 1963 оноос тавьж, уйгагүй хүчин чармайлт гаргасны үр дүнд ийнхүү гурван жилийн дараа Монголд хөл тавьсан ажээ.

Төлөөлөгчид 8 дугаар сарын 24-ний өдрийн 16.00-17.40 цагт Дүрслэх урлагийн музей үзсэн байна. Тэднийг дагуулж явсан МУЗН-ийн орлогч дарга Лхамсүрэн протоколдоо, Японы нэг сэтгүүлч "гадуур ганцаараа гарч бүтэл муутай зүйлийн зураг авсан" тул музейн эрхлэгчийн шаардлагаар плёнкийг нь хураан авсан, эндээс байранд нь аваачиж амруулахаар орхилоо гэж бичсэн байдаг. Энэ БНМАУ-ын зүгээс Японы төлөөлөгчдийг сайтар хянаж, улс орны нэр хүндэд сэв суулгах зүйл гарахаас болгоомжилж байсныг нотолно.

Энэ өдөр БНАСАУ-аас БНМАУ-д суугаа ЭСЯ-ны хоёрдугаар нарийн бичгийн дарга Хе Рен Лин МУЗН-ийн дарга Түмэндэлгэртэй уулзжээ. Тэрбээр Японд байгаа 600,000 солонгос иргэдийг эх нутагт нь буцаах тухай 1959 оны 12 дугаар сард Япон, Солонгосын хооронд хэлэлцээ хийсэн боловч уг асуудал маш удаашралтай явагдаж дөнгөж 86000 хүн эх орондоо ирээд байгааг мэдэгдэж, Японд байгаа солонгос хүмүүсийг эх оронд нь буцааж авчрах үйлсэд дэмжлэг үзүүлэх хүсэлтийг МУЗН-т тавьж байжээ.

Япон улсын төлөөлөгчид 8 дугаар сарын 25-нд Дамбадаржаа дахь оршуулгын газарт очиж, нас барсан цэргүүдийнхээ шарилд хүндэтгэл үзүүлж, "Та нарын эх нутаг Япон улс сэргэн мандсан шүү! Тавтай нойрсоорой. Монголд амь үрэгдэгсдийн нийгэмлэг" гэсэн бичигтэй 3 м урт, 15 см өргөнтэй 4 тал модон пайз босгожээ. Мөн өдрийн үдээс хойш Хужирбуланд очиж хүндэтгэл үзүүлэхдээ мөн дээрх үгтэй адил пайз босгосон бөгөөд түүнд "Гадаад Монгол" хэмээх үг бичсэнийг Монголын талаас эсэргүүцэж засаж бичүүлсэн байна. Дамбадаржаа дахь дурсгалын үгэнд мөн "Гадаад Монголд амь үрэгдэгсэдийн нийгэмлэг" гэж бичихэд нь "БНМАУ" гэж бичихийг зөвлөхөд багтахгүй байна гээд "Монголд" гэж бичсэн ажээ.

Япон улсын төлөөлөгчдийг 8 дугаар сарын 26-ны өглөө 9.45-12.10-д төв музей, 12.15-13.00 цагт Богд хааны музей үзүүлж үдээс хойш Аж үйлдвэрийн комбинат, Ноосон нэхмэлийн үйлдвэртэй танилцуулж, орой нь 19.00 цагаас Соёлын яамны кино зааланд "Амьдралын цуурай" хэмээх кино үзүүлжээ. Мөн энэ өдөр 11 цагт Японы төлөөлөгчдөөс хоёр Сэлэнгэ аймаг руу явсан бөгөөд тэднийг Цэрэндулам, орчуулагч Зинэмэдэр нар авч явжээ. Сэлэнгэ явсан хоёр хүний нэг нь тэнд хоригдож байхдаа нас барсан цэргийн охин нь байжээ. Түүний ээж нь БНМАУ-д ирэх гэж хүлээж байгаад 6 дугаар сарын 3-нд нас барсан тул охин нь эцгийнхээ шарилыг эргэхээр ийнхүү иржээ. Тэд Дарханаар дайран оройн 19.35 цагт Сүхбаатар хотод очжээ.

Маргааш өглөө нь Сүхбаатар хотод байсан япон цэргийн булшинд очиж хүндэтгэл үзүүлсэн байна. Мөнөөх охин Сэлэнгэ аймагт байсан эцгийнхээ шарилын дэргэд очоод нэгэн сонины тасархай, лаа, будаа, зураг, гурилан боов зэргийг газарт булж, цэцэг тавин, хүж асаагаад мөргөн уйлж байв. Түүнийг харсан монгол хүний сэтгэл нь өвдсөн учраас энэ тухай онцлон бичиж үлдээжээ. Тэр охин Сэлэнгэ аймгаас буцахдаа "Би эх орондоо очиж монгол хэл сураад энд эргэн ирж, сайхан

---

[2] Монгол Улсын Үндэсний төв архив. Хөмрөг 383. Данс 1. Хадгаламжийн нэгж 97. Хуудас 10.

сэтгэлтэй монголчуудтай өөрөө ярих юмсан" хэмээн хэлж байжээ. Эцгийнхээ, үр хүүхдийнхээ, эр цэргийнхээ шарилыг эргэхээр Монголд ирсэн олон олон Япон хүн ийнхүү бодож, тэдэнтэй уулзаж учирсан олон олон монгол хүн Япон орон, япон хүний тухай өөрийн гэсэн бодолтой болж, хожим нь тэд хоёр орны харилцааг сэргээхийн төлөө хичээн зүтгэж байв.

Сэлэнгэ аймагт очсон Японы төлөөлөгчдийг тус аймгийн Эрүүлийг Хамгаалах Газрын дарга бөгөөд аймгийн УЗН-ийн дарга Галсандорж дагуулж явсан бөгөөд төлөөлөгчдийг Шаамарын жимсний стантай танилцуулж, адуучин айлд зочлуулжээ. Төлөөлөгчид Галсандоржид талархлаа илэрхийлж шилэн хорго бүхий бүжиглэж буй япон эмэгтэйн баримлыг дурсгажээ. Тэднийг буцахад Шаамарын жимсний станцын орлогч дарга Бадарч хүлээн авч өрөөндөө зочилж, өөрсдийн тарьсан жимсээр дайлж, буцахад нь "Улаанбаатарт байгаа нөхөддөө амсуулаарай" хэмээн алим боож өгч байжээ.

Сэлэнгэд очсон төлөөлөгчид 8 дугаар сарын 28-ны 14 цагт Дарханы зүг хөдөлж орой 21 цагт Улаанбаатарт иржээ.

Япон улсаас ирсэн төлөөлөгчдийг БНМАУ-д байх хугацаанд албаны хүмүүс хүлээн авч уулзсанаас гадна тусгай хөтөлбөрөөр үйлдвэр, соёл, шашны газруудыг үзүүлсэн бөгөөд хөтөлбөрийг сонирхуулбал,

— *8 дугаар сарын 24-ний өдрийн 12.00 цагт төлөөлөгчид Улаанбаатарт буусан,*
— *8 дугаар сарын 24-ний өдрийн 15,00-15,40 цагт МУЗН-ийн Гүйцэтгэх хороонд зочилж, МУЗН-ийн дарга Д.Түмэндэлгэрт бараалхсан,*
— *8 дугаар сарын 24-ний өдрийн 16,00-17,40 цагт Дүрслэх урлагийн музей үзсэн,*
— *8 дугаар сарын 25-ны өдөр төлөөлөгчид Дамбадаржаа, Хужирбулан дахь япон цэргийн шарилд очиж хүндэтгэл үзүүлж мөргөсөн,*
— *8 дугаар сарын 25-ны өдөр 9.45-12.10 цагт Төв музей үзсэн ба 11.00 цагт хоёр хүн Сэлэнгэ аймаг руу явсан байна. Улаанбаатарт үлдсэн төлөөлөгчид нь Гутлын үйлдвэр, Ноосон нэхмэлийн үйлдвэрийг үзэж орой нь Соёлын яамны кино зааланд "Амьдралын цуурай" хэмээх монгол кино үзжээ.*
— *8 дугаар сарын 26-ны өдөр Сэлэнгэ аймаг явсан төлөөлөгчид япон цэргийн булшинд очиж хүндэтгэл үзүүлэн Шаамарын жимсний станцад очиж үзээд Сэлэнгэ аймгаас гарч орой нь Улаанбаатарт иржээ. Харин Улаанбаатарт байсан төлөөлөгчдийг Монголын парламентын хорооны орлогч дарга Д.Ёндондүйчир, нарийн бичгийн дарга Шагдар нар хүлээн авч уулзжээ..*
— *8 дугаар сарын 27-ны өдөр төлөөлөгчдийг БНМАУ-ын Сайд нарын Зөвлөлийн орлогч дарга Г.Лувсан хүлээн авч уулзав. Орой нь МУЗН-ийн Гүйцэтгэх хорооны дарга Японы төлөөлөгчдийг хүлээн авч хүндэтгэлийн зоог барив.*
— *8 дугаар сарын 28-ны өдөр төлөөлөгчид Гандан хийд, Спортын төв ордон, Шашны сүм музейг үзэв.*
— *8 дугаар сарын 29-ний өглөө төлөөлөгчид Улаанбаатараас буцжээ.*

Япон улсын төлөөлөгчдийг 8 дугаар сарын 28-нд Гандантэгчинлин хийд, Спортын төв ордон, Чойжин ламын сүм музейг үзүүлжээ.

Тэднийг Гандантэгчинлин хийдэд очиход лам Осор, Дамбажанцан нар угтан авч хоёр дугангаар оруулж, Шашны номын сантай танилцуулж дараа нь том гэрт хамба лам Гомбожав, лам Лувсандамдин нар хүлээн авч уулзаж ярилцжээ. Хамба лам Гомбожав сүмийнхээ түүхийг танилцуулсны дараа Японы сурвалжлагчийн асуултанд хариулжээ. Үүнд,

Сурвалжлагч: Танай сүм одоо хэдэн ламтай вэ

Хариулт: Одоо 100 гаруй ламтай.

Асуулт: Хамгийн залуу ба өндөр настай нь хэдий хэрийн настай байна

Хариулт: Залуу нь 30 орчим, настай нь 75-80 настай.

Асуулт: Танай сүм өдөр бүр ажилладаг уу

Хариулт: Өдөр бүр ажилланаа. Хурах цаг нь үдээс өмнө хойно гэж байдаг.

Асуулт: Хурлууд нь ямар ямар чиглэлтэй байх вэ

Хариулт: Сүсэгтэн олныхоо энэ ба хойт насны ном хурна. Бас олон улсын энх тайвны төлөө хурал хурдаг.

Асуулт: Танай сүм хийд, лам нар хамгийн олон байсан үе нь хэдийд вэ

Хариулт: XVI зууны үед 100,000 лам, мөн олон сүм хийдтэй байсан. Түүнээс хойш олширч, цөөрч янз бүр л байлаа[3].

БНМАУ-ын Сайд нарын Зөвлөлийн орлогч дарга Г.Лувсан 8 дугаар сарын 27-нд Япон улсын төлөөлөгчдийг хүлээн авч уулзахад Гадаад Явдлын Яамны орлогч сайд Чимэддорж, Монголын Парламентын Хорооны орлогч дарга Ёндондүйчир, МУЗН-ийн дарга Түмэндэлгэр, мөн нийгэмлэгийн нарийн бичгийн дарга Шагдар нар байжээ.

Монголын талаас уулзалтанд оролцсон төлөөлөгчдийн бүрэлдэхүүнийг харахад БНМАУ-ын засгийн газар Японы төлөөлөгчдийн энэ удаагийн аялалд ихээхэн ач холбогдол өгч, өндөр түвшинд хүлээн авсан байна. Энэ уулзалтаар хоёр талын ярилцсан асуудлуудын тухай баримтыг би энэ удаа олж үзэж чадсангүй. БНМАУ-ын засгийн газрын төлөөлөгчид Японы албаны хүмүүстэй уулзахдаа хоёр орны харилцааг сэргээх асуудалд анхаарлаа хандуулахаар төлөвлөж, БНМАУ-ын Гадаад Явдлын Яамнаас Монгол-Японы харилцааны талаар Японы албаны хүмүүстэй ярих ерөнхий чиглэлийг боловсруулсан байдаг. Иймд дээр дурдсан уулзалт ярианы үед хоёр орны харилцааны асуудал хөндөгдсөн бол энэхүү ерөнхий чиглэлийн дагуу явагдсан нь тодорхой юм. Нөгөө талаар БНМАУ-ын Гадаад Явдлын Яамнаас боловсруулсан ерөнхий чиглэл нь тухайн үед Монголын төр засгаас хоёр орны харилцааны талаар баримталж байсан байр суурийг гэрчлэх чухал ач холбогдолтой баримт мөн.

Ерөнхий чиглэлд, "Хэрэв Япон улсын засгийн газар БНМАУ-тай дипломат харилцаа тогтоохыг хүсвэл манай улсын засгийн газар зарчмын хувьд татгалзахгүй гэдгийг үүний урьд Японы сурвалжлагч болон албаны хүмүүст мэдэгдэж байсан. Одоогийн ирэх төлөөлөгчид энэ асуудлыг ямар нэг хэлбэрээр хөндвөл хоёр орны хооронд дипломат харилцаа тогтоох асуудлыг авч хэлэлцэхэд манай засгийн газар бэлэн байна гэсэн хариу өгөх нь зүйтэй"[4] гэжээ. Япон улсын төлөөлөгчид хоёр орны хооронд дипломат харилцаа тогтоох асуудлыг хаагуур хэрхэн явуулах саналтай байгааг асуувал, энэ асуудлыг ярилцан шийдвэрлэх эрх өөрсдөд нь байгаа бол Улаанбаатарт ярилцаж хоёр талын хамтарсан мэдэгдэл гаргах, эсвэл Москвад байгаа Элчин сайдын яамдаараа дамжуулан хэлэлцээ хийж болох юм гэсэн санаа өгхөөр төлөвлөжээ. Хэрвээ 1966 онд ирсэн Японы төлөөлөгчид хоёр орны хооронд дипломат харилцаа тогтоох асуудлыг БНМАУ-ын албаны хүмүүстэй ярилцах эрхтэй байсан аваас БНМАУ-ын Засгийн газар уг асуудлыг хэлэлцэхэд бэлэн байсныг энэхүү баримт харуулж байна. Төлөөлөгчдийг тэргүүлж ирсэн Парламентын гишүүд болон Гадаад Яамны албаны хүмүүст хоёр орны харилцааны

---

[3] МУҮТА X 383. Д 1. Хн 97. Тал 103-104.

[4] Монгол Улсын Үндэсний төв архив. Хөмрөг 383. Данс 1. Хадгаламжийн нэгж 97.

талаар ярилцах эрхийг Японы засгийн газраас олгосон байж болзошгүй хэмээн Монголын тал итгэж байсныг энэхүү баримт бас нотолж байна. Түүнчлэн хоёр орны хооронд дипломат харилцаа тогтоосны дараа элчин сайдын яамдыг хэрхэн байгуулах, хоёр орны хооронд эдийн засаг, соёлын харилцаа тогтоох, мөн хоёр орны хооронд ёс төдий байгаа дайны байдлын тухай болон дайны төлбөрийн талаар БНМАУ-ын засгийн газраас баримтлах байр суурийг энэхүү ерөнхий чиглэлд тусгажээ.

БНМАУ-ын Гадаад Явдлын Яамны Хэлтсийн дарга П.Цэрэнцоодол Япон Улсын Гадаад Явдлын Яамны төлөөлөгчдийг наймдугаар сарын 26-28-нд хоёр удаа хүлээн авч уулзан хоёр орын харилцааг хэвийн болгох асуудлаар санал солилцжээ. Энэ уулзалтаар хоёр орны хооронд дипломат харилцаа тогтоох, дайны байдал, дайны төлбар зэрэг асуудлаар санал солилцсон бөгөөд энэ тухай доктор Ц.Батбаярын бүтээлд тодорхой өгүүлсэн тул дахин давтан өгүүлэх шаардлагагүй юм[5].

Япон улсын төлөөлөгчид 8 дугаар сарын 29-ний өглөө эх орныхоо зүг хөдөлсөн бөгөөд тэднийг нисэх онгоцны буудалд МУЗН-ийн орлогч дарга Лхамсүрэн, ажилтан Гонгор, Энх тайван найрамдлын байгууллагын гүйцэтгэх хорооны ажилтан Оросоо, япон хэлний орчуулагч Зинэмэдэр нар үджээ.

Япон Улсын төлөөлөгчид БНМАУ-д хоригдож байгаад нас барсан цэргүүдийнхээ шарилыг эргэх үндсэн зорилготой ирсэн боловч үүнээс дутахгүй бас нэг зорилгыг өвөртөлж ирсэн ажээ. Энэ бол БНМАУ-ын нөхцөл байдалтай танилцах, хоёр орны хооронд харилцаа хөгжүүлэх, улмаар дипломат харилцаа тогтоох боломж байгаа эсэх, энэ талаар Монголын тал ямар байр суурьтай байгааг тандан судлах зорилготой байв. Иймч учраас төлөөлөгчдийн бүрэлдэхүүнд парламентын гишүүд, Гадаад яамны төлөөлөгчид орсон байна. Мөн БНМАУ-ын тал ч Япон улсын төлөөлөгчдөөр дамжуулж хоёр орны харилцааны талаар өөрийн байр сууриа илэрхийлэх, тэдэнд улс орныхоо тухай бодитой мэдээлэл өгөх, мөн хоёр орны харилцааны талаарх Японы талын байр суурийг тодруулахыг эрмэлзсэн байна. Иймч учраас БНМАУ-ын ГХЯ дээр бараг өдөр бүр төлөөлөгчид очиж хоёр орны хооронд дипломат харилцаа тогтоох асуудлаар ярилцаж байсан тухайгаа Японы төлөөлөгчдийн бүрэлдэхүүнд ирсэн ГХЯ-ын ажилтан Ханада сан хожим нь дурсан ярьжээ[6].

Марохито Ханада Токиогийн Гадаад хэлний их сургуулийн монгол хэлний ангийг төгсөөд 1963 оноос Япон Улсын Гадаад Хэргийн Яаманд ажиллажээ. Тэрбээр анх 1965 онд НҮБ-ын шугамаар зохиогдсон эмэгтэйчүүдийн асуудлаарх олон улсын хуралд оролцохоор БНМАУ-д хөл тавьсан ажээ. Тэрбээр ийнхүү 1960-аад оны дундаас манай хоёр орны харилцааг хөгжүүлэх асуудалд биечлэн оролцож, үүний үр дүнд Монголын асуудлаар мэргэшсэн дипломатч болжээ. Марохито Ханада 1980-1985 онд Япон Улсаас БНМАУ-д суугаа Элчин сайдын яамны нэгдүгээр нарийн бичгийн дарга, Элчин сайдын яамны зөвлөх, 1999-2000 онд Япон Улсаас Монгол Улсад суух Онц бөгөөд бүрэн эрхт Элчин сайдаар ажиллажээ.

Төлөөлөгчдийн бүрэлдэхүүнд ирсэн эмч Юкио Касуга-г онцлон тэмдэглэх нь зүйтэй. Тэрбээр 1945 оны 4 дүгээр сараас Өвөр Монголын Жэхэ мужийн Чэньдэ хотын цэргийн эмнэлэгт ажиллаж байгаад мөн оны 8 дугаар сард тус хотыг эзэлсэн БНМАУ-ын цэрэгт олзлогдож, улмаар БНМАУ-д ирж хоригджээ.

Юкио Касуга монгол хэлтэй байсан учраас Дамбадаржаа дахь олзлогдсон цэргийн эмнэлэгт орчуулагч эмч, мөн барилгын талбарт ажиллаж байгаад 1947

---

[5] Ц.Батбаяр. Монгол ба Япон XX зуунд. УБ.,2012. Тал 144.

[6] Монгол, Японы хооронд гүүр тавилцсан Ханада сан Уб.,2012. Тал 40.

онд эх орондоо буцжээ. Тэрбээр өмнө нь Хөххотод цуг ажиллаж байсан Мацузаки Ёо багш зэрэг хүмүүстэй нийлэн 1964 онд "Япон-Монголын нийгэмлэг"-ийг байгуулж, Монгод байгаа Японы олзны цэргүүдийн булшийг эргэх ажлыг санаачлан хөөцөлджээ. Ийм ч учраас 1966 онд БНМАУ-д ирэхдээ ЯОЦХЭГ-т ажиллаж байсан 19 хүнтэй уулзахаар төлөвлөж хувийн бэлгээ бэлдэж ирсэн ажээ.

"Япон эмч" хэмээн Монголд алдаршсан тэрбээр 1971 онд МЭТНБХ-ны шугамаар БНМАУ-д ирж Ардын хувьсгалын 50 жилийн ойн баярт оролцож, Монгол орон ардчилалд шилжсэн 1990 оноос манай оронд олон удаа ирж, "Тэмүжин андуудын номын өргөө" хэмээх хүүхэд асрамжийн газрыг байгуулан Монголын өнчин, ядуу хүүхдүүдэд туслах сайн санааны үйлсийг дэлгэрүүлсэн байна.

Япон улсын анхны албан ёсны томоохон бүрэлдэхүүнтэй төлөөлөгчид УЗН-ийн шугамаар ийнхүү БНМАУ-д айлчилсан нь хоёр орны харилцааг хөгжүүлэхэд шинэ түлхэц өгсөн юм. Ийм ч учраас доктор Ц.Батбаяр энэ үйл явдлыг "Дэлхийн хоёрдугаар дайнаас хойш хоёр орны харилцаанд гарсан хамгийн том ахиц"[7] хэмээн үнэлсэн байна. Үүнээс хойш Монголд байгаа цэргийнхээ шарилыг эргэхээр Японоос Монголыг зорих хүмүүсийн тоо улам нэмэгдсээр байснаас гадна бусад шалтгаанаар БНМАУ-д ирсэн япон хүмүүс ч нас барсан цэргийнхээ булшинд очиж хүндэтгэл үзүүлдэг уламжлалтай болжээ.

Монгол, Японы харилцааг хөгжүүлэх, дипломат харилцаа тогтооход манай хоёр орны ард түмэн, эрдэмтэн судлаачид, энх тайван, олон нийтийн байгууллагын зүтгэлтнүүд мөн төрийн бус олон нийтийн байгууллагууд онцгой үүрэг гүйцэтгэсэн байна. Монгол, Японы эрх баригчид чухамхүү тэднээр дамжуулж хоёр талынхаа байр суурь, бодлого, төлөвлөгөөг тандан судалж, хоёр орны харилцааны талаарх өөрсдийн байр сууриа илэрхийлж, бас цаашдын бодлого боловсруулж эхэлснийг архивын баримт нотолж байна. Түүнчлэн дээр дурдсан хүмүүс, олон нийтийн байгууллагаас хоёр орны харилцааг сэргээх, дипломат харилцаа тогтоох санал хүсэлт, шахалт шаардлагыг 1950-иад оны дунд үеэс төр засагтаа тасралтгүй тавьж байсан ажээ. Энэ бүхний үр дүнд манай хоёр орны харилцаа, хамтын ажиллагаа алхам алхмаар урагшилсаар 1972 онд дипломат харилцаа тогтоосон билээ. Ийм учраас цаашид Монгол, Японы харилцааг сэргээх, дипломат харилцаа тогтооход хувь хүмүүс, олон нийтийн байгууллагын гүйцэтгэсэн түүхэн үүргийг тусгайд нь судлах шаардлагатай байна. Энэ ажлыг Монгол, Японы судлаачид хамтран гүйцэтгэж, хоёр орны архивт байгаа баримтуудыг сайтар ашиглах аваас илүү их үр дүнд хүрэх болно.

Энэхүү өгүүллийг Япон Улсын "SUMITOMO" сангийн дэмжлэгтэйгээр хэрэгжүүлж буй "Монгол, Японы харилцааг хөгжүүлэхэд олон нийтийн байгууллагын гүйцэтгэсэн үүрэг" сэдэвт төслийн ажлын үр дүнгээр бичив.

---

[7] Ц.Батбаяр. Монгол ба Япон ХХ зуунд Уб.,2012. Тал 142.

МОНГОЛЧУУДЫН УЛАМЖЛАЛТ НҮҮДЛИЙН СОЁЛ, АХУЙ ДАЯРШЛАЛЫН ЭРИН ҮЕД: ӨНӨӨГИЙН МАЛЧДАД ТУЛГАМДАЖ БУЙ АСУУДЛУУД

KEEPING THE TRADITIONAL NOMADIC LIFESTYLE: CHALLENGES HERDERS FACE IN CONTEMPORARY MONGOLIA

Ganchimeg Altangerel
(Humboldt University of Berlin)

ABSTRACT

In 2016 Mongolia had a population of 3,120,900 and the number of individual herders was approximately 311,400.[1] It means Mongolia had 160,700 pastoral households in 2016. This was an increase in comparison to the 2015 figure of 153,085. The traditional nomadic culture and pastoral lifestyle have been a big topic of discussion in Mongolian politics, society, and scienctific community for many years. As a result of globalisation this Mongolian traditional lifestyle is facing many challenges and there are many factors that influence it. The first major problem is the decline of pastoral land due the impact of climate change, mining, and overgrazing. In 2016 there were approximately 62 Million head of livestock in Mongolia. According to studies the Mountain and Central Regions of Mongolia and especially areas close to large cities or next to main roads pastures show degradation at its worse. Studies show natural disasters such as '*gan*' in summer, and '*zud*' in winter also have a very large influence. As a result approximately 65% of the pastoral land is desertified. Currently Monglolia is dealing with the *zud* from the famous Monkey Year and over 110 districts in 15 *aimags* are affected by *zud*.[2]

Another challenge is that the majority of herders have a shortage of cash money. Animal raw products dropped in price (for example in 2014 one sheep skin sold at approximately 6,000 Tugrik, in July 2016 one sheep skin didn't have any value and today it sells at 500 Tugrik). Many herders are in debt. For the majority of herder households the market place for animal products is very far; they are mainly located in urban centres. The other big problem is that younger generations of herders lack the desire to keep the pastoral lifestyle alive. Young people avoid this harsh manual labour prefering a modern lifestyle and the oppurtunites to study or work in cities. Therefore, many pastoralists face a big shortage in traditional kin-based labour and have to employ private contractors as herders.

2016 онд Монгол Улсын нийт хүн амын тоо 3,120900 хүрч, үүнээс 311400 нь мал аж ахуй эрхлэн амьдарч буй малчин хүмүүс байсан байна.[3] Сүүлийн үед Монголчуудын олон мянган жилийн түүхтэй уламжлалт нүүдэлчин ахуй соёл, түүнийг өвлөн тээж яваа малчдын амьдрал Монгол Улсын улс төр, нийгэм, шинжлэх ухааны салбарт нэг чухал сэдэв болж, хурцаар хэлцэгдэж байна. Юуны өмнө Монголчуудын энэхүү уламжлалт амьдралын хэв маягийг түүхэн талаас нь товч харъя:

---

[1] All figures are based on the statistics from National Statistical Office of Mongolia (Mongolian Statistical Yearbook 2016. Ulaanbaatar).
[2] Mongolian National Broadcaster, News "Tsagiin khurd", 3 February 2017.
[3] National Statistical Office of Mongolia 2017: Mongolian Statistical Yearbook 2016. Ulaanbaatar.

1. Монголчуудын уламжлалт нүүдлийн соёл, мал аж ахуй эрхлэн амьдарч ирсэн түүхээс

Монголчууд Төв ба Зүүн Хойд Азийн хоорондох газар нутгаар хэдэн мянган жилийн өмнөөс малаа маллан амьдарч ирснийг олон түүхийн баримт өгүүлдэг. Их Эзэнт гүрний үеэс Манж Чин улсын үе дуустал хуулиар малын бэлчээр, отрын бүс нутгыг тодорхойлж, хааны албат түшмэл, ноёд тайж нар энэхүү хуулыг мөрдөхөд анхаардаг байсан байна (Janzen 2008: 13). 1918 онд Автономит Монгол Улсад болсон анхны хүн амын тооллогоор 647500 хүн бүртгэгдэж (Boikova 2007: 35), нийт 9,6 сая мал тоологджээ (Hartwig 2007: 103). 1921 оны Ардын Хувьсгал, 1930аад онуудад өрнөсөн аж үйлдвэр байгуулах, 1950аад онуудын хотжих хөдөлгөөнөөр хүн амын тодорхой хэсэг суурин амьдралд шилжиж эхэлсэн байна. 1930 онд эхэлж, 1955 оны үеэр улс даяар өрнөсөн Нэгдэлжих хөдөлгөөн нь мал аж ахуйн цаашдын хөгжил, Монголчуудын нүүдлийн соёл иргэншилд том нөлөө үзүүлсэн. Социалист нийгэм задрах хүртэл малчид улсаас бүх талын татаас, дэмжлэг үнэгүй машин, техник, хүний ба малын эм, эмнэлгийн үйлчилгээ гэх мэт авч байв. Малчдын хүүхдүүд мөн бусдын адил үнэгүй боловсрол эзэмшиж, сумын төвүүдэд байрлах сургуулийн дотуур байруудад үнэгүй сууж байлаа. Харин өнгөрсөн зуунд малчин өрхийн тоог Монгол Улсын нийт өрхийн тоотой харьцуулахад энэ үзүүлэлт үргэлж буурч байсан байна: 1925 онд нийт өрхийн 87 % малчин өрх байсан бол, 1956 онд 63 % болж цөөрчээ. Социалист систем нурахаас нэг жилийн өмнө буюу 1989 онд нийт хүн амын ердөө 16 % малчин өрх байсан байна (Hartwig 2007: 104). Ардчилсан нийгэм байгуулагдсны дараа 1992 онд мал хувьчлагдах явцад уламжлалт мал аж ахуйгаа эрхлэх нь олон мянган хүнд амьдралын гол баталгаа болсон. Зах зээлийн нийгэмд шилжих хэцүү бэрхшээлтэй үед олон суурин газрын хүмүүс амьдрахын тулд "Шинэ малчид" болж хөдөө мал дээр гарсан байна. 2016 онд нийт Монгол Улсад бүртгэгдсэн 859100 өрхийн 160700 нь малчин өрх байсан байжээ.[4] Доорх хүснэгт малчин өрхийн тоог сүүлийн 100 жилийн дотор хэрхэн өөрчлөгдөж буйг харуулж байна:

Он	Малчин өрх
1918	125,000
1956	151,000
1989	69,000
2011	154,917
2014	149,735
2015	153,085
2016	160,700

Хүснэгт: 1918-2016 онуудын нийт малчин өрхийн тоо. Эх сурвалж: Hartwig 2007; National Statistical Office of Mongolia 2010-2016, нэгтгэсэн Ganchimeg Altangerel

Харин өнөөдөр даяаршлалын эрин үед Монголчуудын уламжлалт нүүдлийн соёлыг өөрлөн, мал аж ахуй эрхлэн амьдарч буй малчид өдөр тутмын амьдралдаа олон шинэ саад бэрхшээлүүдтэй тулгарч байна. Үүнд гадны болон дотоод олон нөлөөлөх хүчин зүйлүүд байна.

---

[4] National Statistical Office of Mongolia 2017.

2. Өнөөгийн мал аж ахуйд нөлөөлж буй гадны хүчин зүйлүүд:

2.1. Цаг уурын өөрчлөлт, ган, зуд, малын бэлчээрийн хомсдол ба доройтол

Монгол Улсын цаг уур дэлхийн бусад улс орнуудтай харьцуулахад хамгийн ихээр уур амьсгалын өөрчлөлтөнд өртөж байгааг эрдэмтэн, судлаачид тодорхойлсон байна.[5] Тэдний судалгаагаар Монголын жилийн дундаж агаарын температур 1940 оноос хойш 2,1 хэмээр дулаарчээ (Азийн хөгжлийн банк 2014: 2). Энэхүү уур амьсгалын өөрчлөлт нь Монгол Улсад байгалийн аюулт үзэгдүүд болох ган, зудын давтамжийг ихэсгэж улмаар хуурайшилт ихэснээс малын бэлчээрийн өвс ургамал хатаж, олон гол горхи, нуур усгүй болж, ширгэсэн байна (мөн тэнд: 7). 2007 оноос хойш эрчимтэй хөгжиж буй уул уурхай байгаль орчин бохирдож, сүйдэхэд бас гол үүрэг гүйцэтгэжээ. Уул уурхайн компаниуд их хэмжээгээр газрын гүний цэвэр ус хэрэглэдэг нь, малчид ба малын ундны ус хомсдоход бас нөлөөлсөн байна. Мөн тодорхой тооны уул уурхайн компаниуд ойр орчныхоо гол горхийг бохиртуулсан жишээнүүд байна.[6] Хангайн болон Төвийн бүс нутгуудаар хөдөө аж ауйн газар, малын бэлчээрийн талбай нь илүү талхлалтанд өртөж, бэлчээрийн доройтолд орсон гэж судалгааны үр дүнгүүд харуулж байна.[7] Мөн төв суурин газруудад ойрхон, эсвэл төв замын дагуух нутгуудаар бэлчээрийн доройтол илүү хүнд байдалд орсон байна. Өнөөгийн байдлаар нийт малын бэлчээр нутгийн (ойролцоогоор 112 сая га талбай) 65 % орчим нь цөлжсөн гэсэн судалгаа бна.[8]

Малын бэлчээрийн энэ хүндрэлтэй асуудал дээр нэмээд дээр дурдсан ган, зудын аюул сүүлийн жилүүдэд их тохиолдож байна. Монгол Улс өмнө нь ойролцоогоор 10-20 жилийн давтамжтай болж байсан зуднаар[9] олон тооны мал сүргээ алдаж байжээ. Жишээлбэл 1944-1945 оны зуднаар нийт мал сүргийн 32.2 % (өөрөөр хэлбэл 8.76 сая мал), 1967-1968 оны зуданд 11.9 % (2.6 сая мал) хорогдсон байна. Зах зээлийн нийгэмд шилжсний дараах 1999-2002 оны зуданд нийт малын 25 % (10 сая), 2009-2010 оны зуданд 16 % буюу 7 сая мал сүрэг хорогджээ (Азийн хөгжлийн банк 2014: 8). Яг өнөөдөр Монголын 15 аймгийн 110 гаруй суманд "алдарт" Мичин жилийн зуд болж, зөвхөн Хэнтий аймгийн хойд талын Дадал, Биндэр, Баян-Адрага, Норовлин сумдын мал бэлчээртэй гарч чадахгүй олон хоноод байна.[10] Зун хур тунадас бага орсоноос өвс ногоо бага ургаж зун, намрын цагт сайн тарга авч чадаагүй мал өвөл, хаврын зуданд илүү их өртөгийг эх сурвалжууд онцолдог. Өнгөрсөн зун олон аймгийн нутгаар бороо бага орж, зуншлага муу, гандуу байсан. Өвөл мөн эрт эхэлж 11 сард ихэнх нутгаар олон хоног дараалан их цас орж, цасан шуурга болсон. Иймээс өнөөдөр олон аймгийн малчид цаг агаарын маш хүнд нөхцөлд өвөлжиж байна.

2.2. Эдийн засгийн чадавх

1992 оны хувьчлалаар мал хувийн өмч болсны дараах зах зээлийн шижилтийн хэцүү үед малын тоо толгойгоо өсгөх нь малчин өрхүүдэд маш чухал болсон. Энэ нь гэр бүлийнх нь амьдралын гол баталгаа болж байсан тул малчид энэ тал дээр илүү анхаарч, малаас авах ашиг, шимийг өсгөх, тодруулбал мах, арьс шир, ноос, ноолуурт илүү ач холбогдол өгсөн (Janzen 2008: 11). 1990 онд Монгол Улс нийт 26

---

[5] Швейцарийн хөгжлийн агентлаг 2015; Азийн хөгжлийн банк 2014.

[6] Жишээ дурдахад Завхан аймгийн Дөрвөлжин сумын нутагт орших "Баян-Айраг" алтны уурхайн ойролцоо 2014 оны 8 сард шувуу олноор үхэж, газрын хөрсөнд химийн хортой бодис болох цианит натри нэвчсэн байсан нь тогтоогдсон байна. Эх сурвалж: http://www.medee.mn/main.php?eid=59856

[7] Janzen 2008: 8; Швейцарийн хөгжлийн агентлаг 2015: 15.

[8] Швейцарийн хөгжлийн агентлаг 2015: 15.

[9] 1944-1945, 1967-1968, 1978-1979, 1999-2002, 2009-2010 онуудын өвөл маш хүнд зуд тохиож байжээ (Азийн хөгжлийн банк 2014: 7-8).

[10] Mongolian National Broadcaster 2017: "Цагийн хүрд хөтөлбөр" 2017 оны 1 сарын 28-ны дугаар.

сая мал тоолж байсан бол 2016 оны төгсгөлд нийт 62 сая толгой мал тоолжээ (Sneath 2008: 44; National Statistical Office of Mongolia 2017). Малынхаа тоо толгой өсгөх нь малчдад эдийн засгийн чадавхийг авчрах болсон тул, олон малчид малынхаа чанарт бус тоонд илүү анхаарч олон зуугаараа мянгат малчин болсон байна. Жишээлбэл Хөвсгөл аймгийн Шинэ-Идэр сумын сумын малчин Л.Мишиг 2016 онд зөвхөн бог мал гэхэд 5000 гаруйг тоолуулсан байна.[11] Ямааны ноолуур малын бусад түүхий эдээс эдийн засгийн хувьд илүү ашигтай бүтээгдэхүүн тул малчид ялангуяа 1999 оноос хойш ямаа өсгөхөд илүү анхаарч эхэлсэн байна (Janzen 2008: 11). 2007 онд жишээлбэл нэг кг ямааны ноолуур ойролцоогоор 33 америк доллар хүрч байсан бол[12] 2016 оны 2 сард энэ нь Улаанбаатарын малын түүхий эдийн зах дээр дунджаар 50.000 төгрөгний үнэтэй зарагдаж байжээ.[13] Хуучин социалист нийгмийн үед малын сүргийн бүтцийн харьцаа 100 хоньд 10 ямаа байж (мөн тэнд: 16). Учир нь "ямаа хүйтэн чанарын амьтан, хөрз нь хүйтэн. Өвс, ургамлыг угаар нь ёроолоор нь тасдаж иддэг"[14] гэж малчид үздэг байна. Харин өнөөдөр олон малчид санхүүгийн өндөр үр ашгийг харгалзан мал сүргийнхээ дийлэнх хувийг ямаа болгон өсгөж байгаа юм.

Олон малчид мал сүргийнхээ тоог өсгөж, хувийн амьдралаа сайжруулсан ч өнөөдөр тэд малынхаа түүхий эдийг зарж борлуулах зах зээлээс хол амьдарч байна.[15] Ихэнхдээ том хот суурин газруудад байрлах малын түүхий эдийн зах нь хэдэн зуун, бүр мянга гаруй километрийн зайд орших бөгөөд малчид малынхаа мах, сүүн бүтээгдэхүүн, арьс шир, ноос, ноолуурыг зах зээлийн ханшаар шууд зарж чадахгүй, ченж буюу наймаачдаар дамжуулан хямд үнээр зарж борлуулж байгаа юм. Мөн янз бүрийн бүс нутгуудаар малын халдварт өвчин удаа дараалан гардаг нь тэдэнд малынхаа түүхий эдийг зарахад сөргөөр нөлөөлдөг.

3. Өнөөдрийн малчдын бодит амьдрал
3.1. Малчин болсон түүхээс

2010-2013 онуудад Улаанбаатар, Зүүн бүсийн гурван аймгуудад,[16] 2014-2016 онуудад Хэнтий аймагт,[17] 2016 оны зун Баруун бүсийн Ховд, Завхан, Говь-Алтай аймгуудад[18] явуулсан хээрийн судалгааны үеэр би янз бүрийн насны малчидтай уулзаж ярилцлага хийсэн. 2011 оны зун Хэнтий аймгийн Баянхутаг сумын 47 настай малчин эмэгтэй Ш. төрсөн ах, эгчийнхээ хамт 500 гаруй мал маллаж байв. 10 настай хүүхдийн ээж энэ эмэгтэй социалист нийгмийн үед "сумын хүн эмнэлэгт 17 жил, цэцэрлэгт 18 жил хөдөлмөрлөөд" дараа нь малчин болсон түүхээ ингэж ярьж байлаа:

"Хувьчлалд бид нар, 90 онд л бид нар чинь дандаал энэ нэгдлийн, сумын төсвийн байгууллага харсан ажилчид байсан юм чинь. Тэгээд ээж маань

---

[11] Mongolian National Broadcaster 2017: "Цагийн хүрд хөтөлбөр" 2017 оны 2 сарын 13-ны дугаар.

[12] Нэг ямаа самнахад ойролцоогоор 250 грамм ноолуур самнадаг бна (Janzen 2008: 11).

[13] Эх сурвалж: http://www.olloo.mn/n/26046.html.

[14] Говь-Алтай аймгийн Хөхморьт сумын малчин А.-н 2016 оны зун ярьсан яриа.

[15] Janzen 2008; Sneath 2008; Азийн хөгжлийн банк 2014.

[16] Монгол Улсын өрх толгойлсон ээж нарын тухай диссертацийн ажилд зориулан хийсэн хээрийн судалгааны үеэр хот суурин газрын ба хөдөөний малчин ээж нартай уулзаж ярилцлага авсан. Тус судалгааны ажлын тухай ном "Altangerel 2015: "Der Sinn meines Lebens ist die Zukunft meiner Kinder": Zur Lebenssituation alleinstehender Mütter in der gegenwärtigen Mongolei" үзнэ үү.

[17] 2014-2016 онуудад Хэнтий аймгийн Өмнөдэлгэр, Биндэр, Батноров, Дэлгэрхаан, Мөрөн, Баян-Хутаг сумдаар Монголчуудыг соёлын өв мөн монгол эр хүний тухай хээрийн судалгаа хийж, олон хүмүүстэй ярилцлага авсан.

[18] Монголын янз бүрийн үндэстэн, ястнуудын соёлын өвийг судлах судалгааны ажлаар хээрийн судалгаа хийж, төрөл бүрийн ястнуудын төлөөлөгч малчин хүмүүстэй уулзаж ярилцсан.

яахав эртнээсээ мал аж ахуй эрхэлж байгаад л тэгээд тэрний нь үндэслээд хэдэн малын л, 30, 40 малын л хувьчлал өгсөн. Тэгээд тэрнийгээ яахав ээж маань өсгөж өгч байгаад 95 онд нас бараад. Тэгээд тэрний араас өөрсдөө амьдрахын эрхэнд тэгээд өсгөхгүй гээд яахав дээ. (...) тийм ш дээ, манайх хувьчлалд 39 хонь, 4 ямаа л авч байсан ш дээ."

2016 оны 7 сарын сүүлд энэ малчин эмэгтэйтэй дахин уулзахад ах, эгчийнхээ хамт "Мянгат малчин" болсон, малын тоо толгой нь 1100 орчим болсон гэж ярьж байв.

Дараагийн жишээ бол 72 настай малчин Д.[19] Тэрбээр социализмын үед өөрийн төрсөн нутагтаа, сумын төв дээр малын эмч хийж байгаад 1992 оны хувьчлалаар 50 хүрэхгүй мал авсан байна. Өнөөдөр тэрбээр Хэнтий аймгийн Дэлгэрхаан, Өмнөдэлгэр сумын зааг дээр 1300 гаруй мал маллан амьдарч байна. Тэр: "Хуучин нийгмийн үед малын эмч хийж байсан болохоор, мал маллах хэцүү биш байсан. Өнөөдөр ингээд малтайгаа, нутагтаа их сайхан байнаа" гэж ярьж байлаа. Энэ хоёр малчин хоёулаа хуучин нийгмийн үед сумын төв дээр ажиллаж байгаад 1990ээд онуудад хөдөө мал дээр гарсан байна.

3.2. "Малын буян" ба малчдын санхүүгийн давуу тал

2011 оноос хойш жил дараалан улс даяар цаг уурын байдал таатай, өвөл дулаахан байсан нь малын тоо толгой өсөхөд сайнаар нөлөөлсөн байна. Үүнийг нэг жишээгээр авч үзэхэд Хэнтий аймгийн Баянхутаг сумын малчин Ш.-н мал гэхэд таван жилийн дотор хоёр дахин өсжээ. Түүний ярьснаар мал нь өнөөдөр түүний гэр бүл, ах дүүсийнх нь "амьдралын баталгаа" болж, тэд "малынхаа хүчээр амьдарч байна". Тодруулахад: "Өнөөдөр хөдөлмөрлөж байхад угаасаа хүндрээд байх юм байхгүй ш дээ. (...) Малын буян байна, малын буян гэдэг чинь угаасаа тасардаггүй байхгүй юу монголчуудад" гэж ярьж байлаа. Санхүүгийн хараат бус байдлаа малчин Ш. дараах байдлаар тодорхойлж байв:

"Малынхаа баас, шээсийг, өтөг бууцийг цэвэрлээд тэгээд өвөлдөө түлчихнэ. Түүхий эдээ зараад хэрэгцээтэй юмыг нь авчихна, махыг нь зарчихна, өөрсдөө идчихнэ. Тэгэхлээр л энэ малынхаа юунаас салдаггүй байхгүй юу бид хэд чинь."

72 настай малчин өвгөн Д. өнгөрсөн зун малаа нэгэн "туслах малчин"- тай хамтран маллаж байв. Түүний сумын төв дээр амьдардаг 42 настай том охин нь нөхөртэйгөө амралтын өдрүүдээр ирж аавдаа тусалдаг. Зээ хүү нь Улаанбаатар хотод оюутан тул, түүний сургалтын төлбөр, "бусад зардлыг малынхаа ашгаас төлдөг, энэ нь ямар ч асуудалгүй" гэж тэр охинтойгоо хамт ярьж байлаа. Энэ хоёр малчны ярьснаар тэд малынхаа буянаар өнөөдөр өөрсдийнхөө өдөр тутмын амьдрал дахь хэрэгцээт зүйлс, хоол хүнсээ хангаж мөн цаашилбал бусад шаардлагат эд зүйлс жишээлбэл машин, техник, эмнэлгийн үйлчилгээ, хүүхдүүдийнхээ сургалтын зардал, тэдний хот суурин газарт амьдрах байрны хөлс гэх мэтийг малынхаа түүхий эдийг зарж борлуулан ямар ч бэрхшээлгүйгээр төлөх чадвартай болсныг харуулж байна.

3.3. Малчдын өдөр тутмын амьдралд тулгарч буй бэрхшээлүүд

Малчин хүний амьдрал мал сүргийн тоо толгойноос хамааралгүйгээр жилийн дөрвөн улиралд тогтмол гадаа хийгддэг, биеийн хүчний хүнд ажил. Иймээс мал маллах нь ганц хүний хийх ажил биш бөгөөд, олон хүний хамтын хөдөлмөр юм. 2016 оны зун Говь-Алтай аймгийн Хөхморьт сумын малчин эмэгтэй А. малчин

---

[19] 72 настай малчин Д., түүний 42 настай охинтой 2016 оны зун гэрт нь ярилцсан.

хүний өдөр тутмын амьдралыг ингэж бодитойгоор тайлбарлаж байлаа:

"Өглөө ингээд хөдөөний амьдрал чинь өглөө маш эрт босно. Зуны цагт чинь бол 5 цагт босно. Өвлийн цагт бол 7 цагт босно. Тэгээд л үнээгээ саана. Тэгээд л үхэр малынхаа хүүц энээ тэрээ гээд зөндөө юм гадуур хийнэ. Цас мас орчихсон байх юм бол цасаа цэвэрлэнэ. Зун бол үнээгээ саагаад, сүүгээ хөөрүүлнэ, аарц, ааруулаа тавина, таргаа бүрнэ. (…) Өө үнээ малын, малын ажил гэдэг чинь ямар барагдах биш дээ. …. Тэгээд л юмаа янзалчихаад мал хунар оройны ажил бас эргээд л өглөөний ажлаа давтагдана ш дээ тээ. Тэгээд л оройн хоол, эргээд л унтах цаг болно. Дахиад л өглөө болно, дахиад л нөгөө ажилаа давтаад л хийнэ ш дээ бид нар чинь хөдөөний улсууд. Нэг ажилаа маш их давтаад л хийгээд байна. (…) Хавар болохоор ямаагаа самнана, адуугаа хөөвөрлөнө. Тэмээтэй айл бол тэмээгээ гурван сард бас зургаан сард ноосолно. Наадмын өмнө бүх хонины ноосоо хяргана. Найм, есөн сард бүх хургаа хяргана. Тэгээд намар болохоор өвөлжөөндөө бэлдэнэ дээ."

"Энэ бүх ажлыг хийхгүйгээр мал маллана гэж байхгүй" гэж нөхөр нь эхнэрээ дэмжин хэлж байв. Цаг уурын байдлаас их шалтгаалдаг мал аж ахуйд ялангуяа өвлийн хатуу хүйтэн цаг, хавар мал төллөх үеэр нэмэлт ажиллах хүч хэрэгтэй болдог байна. Харин өнөөдөр олон малчид ажиллах хүчинээр дутагдаж бүр залгамж халаагүй болох аюулд өртөөд байна. 2015 оны 9 сард Улаанбаатар хотод болсон "Малчдын залуу халаа" нэртэй хуралд оролцсон малчид "хөдөөд голдуу 40-өөс дээш насны хүмүүс мал маллаж байгааг" онцолж байлаа (Мөнхзул 2015). Хүүхдүүдээ сургуульд сургахын тулд олон малчид жил бүрийн 9 сарын нэгнээс 6 сар хүртэл салж, ихэвчлэн эхнэр нь хүүхдүүдээ авч сумын төв дээр амьдран, нөхөр нь мал дээр ганцаараа үлддэг олон тохиолдол байна. Олон малчид өнөөдөр хүүхдээ их, дээд боловсролтой болгохыг зорьж, тэднийг Улаанбаатар, Дархан гэх мэт хотууд руу сургуульд илгээж байна. Энэ хүүхдүүд сургуулиа төгссөний дараа эргээд мал дээрээ очих нь бараг үгүй. Хот суурин газрын орчин үеийн амьдралын хэв маяг мөн Монгол Улсад даяаршлалын нөлөөн доор үсрэнгүй хөгжиж буй цахим ертөнц, техникийн нөлөө энэ хүүхэд, залуучуудад маш их нөлөөлж байна. Иймээс олон малчид залгамж халаагүй болж байгаа тул мал аж ахуйдаа "туслах малчин" авч гэрээгээр ажиллуулж байна. Дэлгэрхаан сумын 72 настай малчин Д. үүнд тодорхой жишээ болж байна. Өнгөрсөн зун тэрбээр 1300 гаруй толгой малаа нэг эрэгтэй "туслах малчин"-тай хамт маллаж байв. Түүний охин, хүргэн хоёр сумын төв дээр ажиллаж, амьдардаг ба "гурван зээ хүү нь бүгд малчин болохгүй гэж шийдсэн" хэмээн өвгөн малчин ярьж байлаа. Түүний "туслах малчин" нь Улаанбаатараас ирсэн 50 гаруй насны хүн байв. Мөн дээр дурдагдсан 5000 гаруй бог малтай Хөвсгөл аймгийн Шинэ-Идэр сумын сумын малчин Л.Мишиг өнөө 15 "туслах малчин" гэрээгээр ажиллуулан мал сүргээ хариулж байна.[20]

Өнөөдөр мөн олон эх сурвалжууд малчин залуучууд, эрчүүд "ажилд дургүй", "залхуу" болсон тухай шүүмжилж байна.[21] Хээрийн судалгааны үеэр уулзсан зарим малчид "эрчүүд малаа маллахгүй, залхуу болж, эхнэрээрээ ихэнх ажлаа хийлгэж" байгааг онцолж байв. Хэнтий аймгийн Баянхутаг сумын малчин эмэгтэй М. ярилцлагандаа үүнийг дараах байдлаар тайлбарлаж байв:

"Тэгээд нөгөө одооны улсууд чинь тэгээд эр нь ажил хийхээсээ эм нь ихэнх нь ажил хийчих болчих юм. Эрчүүд нь нэг айхтар ажил хийгээд байхгүй

---

[20] Mongolian National Broadcaster 2017: "Цагийн хүрд хөтөлбөр" 2017 оны 2 сарын 13-ны дугаар.
[21] Altangerel 2015: 148-153; Өдрийн сонин 2016 оны 01 сарын 06-ны дугаар: "1967 оны зуд 140 гаруй хоног үргэлжилжээ".

юм хараад байхад залуу улсууд чинь. Тэгээд хүүхдээ харна, ажлаа хийнэ, нөгөөдүүл чинь бас хэцүү л байдаг байлгүй дээ хөөрхий амьтад. Тэгээд яахав дээ, тэгээд одоо хүүхдээ өлсгөөд яахгүй, одоо хийлгүй яахав дээ. Тийм мал ахуйтай улсууд чинь айл болгонд хэцүү".

Малчин Ш. үүнийг батлан: "Эрчүүд бор дарсаа дийлэхгүй байна, бор дарсандаа толгойгоо мэдүүлчихсэн. Дээр үед эр хүн гэдэг чинь шал өөр байсан. Эр хүмүүс жинхэнэ монгол эр хүн байсан" гэж тодорхойлж байв (Altangerel 2015: 149). Тус аймгийн Дэлгэрхаан сумын 72 настай малчин өвгөн Д. өнгөрсөн зун мөн л үүнийг нотлон, малчин эрэгтэйчүүдийн энэхүү зан авир нь гэр бүл, хамтаан садных нь хүмүүст хүнд тусдаг тухай ярьж байв. Хөдөө орон нутагт ажиглагдаж байгаа бас нэг таагүй зүйл бол 1990 оноос хойш гэр бүл салалт ихсэж, олон малчин эмэгтэйчүүд өрх толгойлон малаа хариулан амьдарч байгаа явдал юм. Миний судалгааны ажиглалтаар энэхүү өрх толгойлсон малчин эмэгтэйчүүд нь ихэвчлэн цөөн тооны мал маллаж мөн өөр нэг өрх толгойлсон малчин эмэгтэйтэй айлсан амьдарч байгаа юм.

3.4. Малчдын хамгийн том асуудал: бэлэн мөнгөний хомсдол

Өнөөдөр олон малчид малын тоо толгойгоо өсгөж, амьдралын баталгаатай болсон ч олон зуун малчид өдөр тутмын амьдралдаа санхүүгийн том бэрхшээлтэй хэвээр байна. Тодруулж хэлэхэд энэ нь бэлэн мөнгөний хомсдол юм. 2016 оны зун надтай ярилцсан Зүүн ба Баруун бүсийн аймгуудын малчид "бэлэн мөнгөгүй, хэцүү байгаа" тухайгаа хэлж байв. Тэдний тодорхойлсноор гол шалтгаан нь малын түүхий эдийн үнэ унасан явдал гэж байв. Жишээ дурдахад хонины нэг арьс 2016 оны 7 сард "ямар ч үнэгүй" болж, "шууд хаягдаж" байв.[22] Харин есөн сарын сүүлчээр нэг хонины арьс Улаанбаатарт ойролцоогоор 500 төгрөгний үнэтэй болсон байна (MNB 2016).[23] 72 настай өвгөн малчин Д. өнгөрсөн зун ярилцлагандаа "2014 онд нэг арьс дунджаар 6000 төгрөгөөр зарагдаж байсан" тухай яриад, харин өнөөдөр "хонины нооосны ханш унаж, малын түүхий эд зарах зах зээл хол, малын түүхий эд авдаг цэгүүд зөвхөн хотод, аймгийн төвд байдгийг" онцолж байв.

Дээр өрх толгойлсон малчин эмэгтэйчүүд ихэвчлэн цөөн тооны мал малладгийг дурдсан. Мэргэжлийн хүмүүс буюу судлаачид өнөөдөр нэг малчин өрх 200 толгой малнаас доош малтай бол амьдралын эмзэг бүлэгт хамаарна гэж тодорхойлж байна (Janzen 2008: 14). 2011-2013 оны хээрийн судалгааны үеэр зарим өрх толгойлсон малчин эмэгтэйчүүд санхүүгийн маш хүнд нөхцөлд амьдардаг, "банкнуудад их өртэй" гэж ярьж байлаа. 2012 оноос Монгол Улсын эдийн засаг хямарч эхэлснээс шалтгаалан, ажилгүйдэл ихсэж, ард түмний амьдрал хэцүү болж байгааг олон эх сурвалжууд мэдээлж байна.[24] Үүний үр дүнд өнөөдөр хүнсний болон өргөн хэрэглээний барааны үнэ бас өсөж байгаа юм.

4. Малчдын талаар төрөөс авч буй арга хэмжээ

Өнгөрсөн жилүүдэд Монголын улс төрчид малчдад туслах, малын бэлчээр зохистой ашиглах, цөлжилтийн эсрэг тэмцэх талаар олон арван арга хэмжээг Олон Улсын болон Монголын төрийн байгууллагуудтай хамтран хэрэгжүүлсэн байна. 2016 оны 6-н сард шинээр бүрэлдсэн Улсын Их хурал (УИХ), дараах сард

---

[22] 2016 оны 7 сард Хэнтий аймгийн Дэлгэрхаан сум, 9 сард Ховд аймгийн Дөргөн суманд хээрийн судалгааны үеэр малчдын ярьсан ярианаас.

[23] Эх сурвалж: http://www.mnb.mn/i/96251

[24] Altangerel 2015: 153-160; Mongolian National Broadcaster 2017: Цагийн хүрд 2017 оны 2 сарын 3-ны дугаар

нь байгуулагдсан Засгийн газар малчдын амьдралыг дэмжих талаар зарим нэг тодорхой арга хэмжээг авч эхлээд байна. Жишээ дурдахад энэ хоёрдугаар сарын эхээр УИХ-аас малчдын тэтгэврийн насыг таван насаар урагшлуулах шийдвэр гаргаж,[25] 2018 оноос эхлэн эрэгтэй малчид 55 насандаа, эмэгтэй малчид 50 насандаа тэтгэвэрт гарч, тэтгэврийн мөнгө авахаар болжээ. Мөн "Насны хишиг" нэртэй тэтгэлгийг ахмад настай бүх хүнд нэг жилд 2 удаа олгохоор болсон байна.[26] Эхний мөнгийг энэ Цагаан сарын баярын өмнө олгож, дараагийн мөнгийг нь ирэх долдугаар сард Наадмын өмнө олгохоор шийдвэрлэжээ. Мөн зудтай байгаа аймгийн малчдад өнгөрсөн оны 12 сараас эхлэн өвс үнэгүй тарааж, малын тэжээл тал үнээр нь өгч байна.[27] Бас нэг жишээ бол: УИХ-н хамгийн залуу гишүүн Гантулга "Залуу малчдыг дэмжих аян"-г 21 аймагт өрнүүлэхээр болж, аймаг бүрээс малд дуртай, хөдөлмөрч нэг залуу малчинг сонгон тус бүр 50 хонь бэлэглэхээр болсон байна.[28] Тэрбээр хэвлэлд өгсөн ярилцлагандаа "Эр орныхоо хөдөө талыг эзэнтэй болгох, малд дуртай, ажилсаг малчин залуучуудын амьдралыг дээшлүүлэх, уламжлалт мал аж ахуйгаа бататгах зорилготой энэ аяныг эхлүүлсэн" гэж ярьж байв. Энэ аянаа тэрбээр Хэнтий аймгаас эхлэн тус аймгийн нэг малчин айлаас 50 хонь худалдан авч, нэг малчин залууд бэлэглэж өгсөн байна. Мөн өнөөдөр улс төрчид Монгол Улсад аялал жуулчлалын салбарыг хөгжүүлэх нэг гол тулгуур нь нүүдлийн мал аж ахуй эрхэлж буй малчдын амьдрал гэж харж байна. Төр засгийн олон хүмүүс эх орноо гадаадын улс орнуудад, ард түмэнд нь "Nomadic by Nature" гэж суртчилан, дэлхийд ганцхан байгаа нүүдлийн соёл иргэншилтэй иржо танилцахыг уриалан, суртчилгааны олон ажлууд хийж байгаа юм.

5. Дүгнэлт

Өнөөдөр Монголын малчид өдөр тутмын амьдралдаа гадны болон дотоод олон хүчин зүйлүүдээс хамаарсан саад бэрхшээлтэй тулгарч байгаа боловч олон мянган жилийн түүхтэй уламжлалт нүүдлийн соёл, ахуйгаа тээн, байгаль орчинтойгоо нарийн холбоотой амьдарч байна. Судалгаагаар хүн ам нягт суурьшсан Төвийн бүс мөн бэлчээр багатай том хот суурин газрын ойролцоо эрчимжсэн фермерийн мал аж ахуй түлхүү хөгжих хандлага байна. Харин алслагдсан аймгууд ба хүн амын нягтшрал багатай нутгуудад нүүдлийн мал аж ахуй өнгөрсөн нийгмээс бага зэргийн ялгаатайгаар хэвийн оршиж байгаа бөгөөд, цаашид ч энэ хэлбэрээрээ байх болов уу. Малчдын ирээдүй, Монголчуудын нүүдлийн өв соёлын цаашдын хөгжлийн төлөвийн талаарх миний асуултанд Ховд аймгийн Дөргөн сумын тэмээчин эхнэр нөхөр хоёр 2016 оны зун:

> "Монголчууд хэзээ ч малтайгаа хамт амьдарч ирсэн, энэ хэзээ ч алга болохгүй. Мал байгаа цагт малчин хүн байж л байна. Өөрсдийн үр хүүхэд малчин болдоггүй юмаа гэхэд өөр мал маллах хүн зөндөө байна".

гэж хариулж байлаа. Ирээдүйд нүүдлийн мал аж ахуй мөн малчдын өдөр тутмын амьдралд мэдээж олон өөрчлөлт гарч ирж, тэд олон шинэчлэлтэй тулгарна. Харин Монгол Улсын Засгийн газраас хөдөө аж ауйн гол бүтээгдэхүүн мах, сүү, түүхий эд боловсруулж буй малчдаа нарийвчилсан тодорхой бодлогоор дэмжиж ажиллах нь чухал байна. Үүнд мах, сүүний үйлдвэрлэлийг аймаг бүрт байгуулах, малын

---

[25] Mongolian National Broadcaster 2017: Цагийн хүрд 2017 оны 2 сарын 3-ны дугаар.

[26] 65-69 насны хүмүүс нэг удаадаа 50,000 төгрөг, 70-79 настай ахмадууд 80,000 төгрөг, 80-89 настай хүмүүс 150,000 төгрөг, 90-с дээш настай ахмадууд 250,000 төгрөг тус тус нэг удаа авна. Эх сурвалж: http://www.montsame.mn/dotood-medee/44722

[27] Mongolian National Broadcaster 2017: Цагийн хүрд 2017 оны 2 сарын 3-ны дугаар.

[28] Mongolian National Broadcaster 2017: Цагийн хүрд 2017 оны 2 сарын 7-ны дугаар.

бүтээгдэхүүний экспортыг нэмэгдүүлэх, малын түүхий эд зарах худалдааны цэгийг малчдад ойртуулж, ченжүүдээр дамжуулахгүйгээр шууд зарах боломжийг нээх, банкны зээлийн хүүг бууруулах гэх мэт алхамууд юм. Ингэвэл өнөөгийн даяршлалын эрин үед Монголчуудын олон мянган жилийн түүхтэй уламжлалт монгол ахуй, зан өвийг өдөр тутмын амьдралдаа бодитойгоор хэрэгжүүлэн амьдарч яваа малчдад том дэмжлэг болох ба улмаар Монгол Улс нүүдлийн соёл иргэншилээ хадгалж үлдэхэд маш том ололт болно.

НОМ ЗҮЙ

1. Азийн хөгжлийн банк 2014: Монгол Улсын бэлчээрийн тогтвортой байдал: Уур амьсгалын болон хүрээлэн буй орчны өөрчлөлтөнд дасан зохицох талаар. Мандалионг.

2. Altangerel, Ganchimeg 2015: "Der Sinn meines Lebens ist die Zukunft meiner Kinder": Zur Lebenssituation alleinstehender Mütter in der gegenwärtigen Mongolei. Ulaanbaatar: Monsudar.

3. Boikova, Elena 2007: Common-Law Marriage in Pre-Revolutionary Mongolia. In: V. Veit (Hg.): The Role of Women in the Altaic World. Wiesbaden: Harrassowitz: 35-38.

4. Hartwig, Jürgen 2007: Die Vermarktung der Taiga: Die politische Ökologie der Nutzung von Nicht-Holz-Waldprodukten und Bodenschätzen in der Mongolei. Stuttgart: Franz Steiner Verlag.

5. Janzen, Jörg 2008: Mongolia's Pastoral Economy and Market Integration. In: Janzen, Jörg and Enkhtuvshin, Batboldyn (Eds.): Proceedings of the International Conference: Dialog between Cultures and Civilizations: Present State and Perspectives of Nomadism in a Globalizing World, Ulaanbaatar 9-14 August 2004, Development Studies 1. Ulaanbaatar: 3-26.

6. Мөнхзул, Ч. 2015: Залуу малчдын тоо эрс цөөрснийг сануулав. Цахим сонин "Өнөөдөр", 2015 оны 9 сарын 28-ны дугаар, http://mongolnews.mn/хоймор/1otd (орж уншсан өдөр: 2015.10.01).

7. Mongolian National Broadcaster 2017: "Цагийн хүрд хөтөлбөр" 2017 оны 1 сарын 28-ны дугаар. Улаанбаатар.

8. Mongolian National Broadcaster 2017: "Цагийн хүрд хөтөлбөр" 2017 оны 2 сарын 3-ны дугаар. Улаанбаатар.

9. Mongolian National Broadcaster 2017: "Цагийн хүрд хөтөлбөр" 2017 оны 2 сарын 7-ны дугаар. Улаанбаатар.

10. Mongolian National Broadcaster 2017: "Цагийн хүрд хөтөлбөр" 2017 оны 2 сарын 13-ны дугаар. Улаанбаатар.

11. National Statistical Office of Mongolia: Mongolian Statistical Yearbooks 2010-2016. Ulaanbaatar.

12. Өдрийн сонин 2016: 1967 оны зуд 140 гаруй хоног үргэлжилжээ. Дугаар 2016 оны 1 сарын 06-ны дугаар. Улаанбаатар.

13. Sneath, David 2008: Mobile Pastoralism and Sociotechnical Systems: Decollectivisation and Rural Reform in Mongolia. In: In: Janzen, Jörg and Enkhtuvshin, Batboldyn (Eds.): Proceedings of the International Conference: Dialog between Cultures and Civilizations: Present State and Perspectives of Nomadism in a Globalizing World, Ulaanbaatar 9-14 August 2004, Development Studies 1. Ulaanbaatar: 43-54.

14. Щвейцарийн хөгжлийн агентлаг 2015: Монгол орны бэлчээрийн төлөв байдлын үндэсний тайлан. Ногоон алт төсөл. Улаанбаатар.

МОНГОЛЧУУД БОЛОН ШИВЭЙ (МЭН-Ү ШИВЭЙ) АЙМГУУДЫН УГСАА ХАМААДЛЫН ТҮҮХ БИЧЛЭГИЙН АСУУДЛААС

Д.Одсүрэн
(СУИС)

ABSTRACT

Researchers had considered Schiwei Province as the ancestors of Mongolians since mid of the 19th century. Name of Schiwei Province was respectively mentioned as Men-u schiwei in the book named 'History of the Tang dynasty' compiled in 945 and as Men-wa schiwei in the book called 'New history of the Tang dynasty' compiled in 1045-1060. In particular, this theory was significantly developed at the beginning of the 20th century. As of today, numerous domestic and foreign researchers have been studying the ethnic origin of Mongolians in the relevant concept. However, there are researchers who believe that the Schiwei provinces were not related to the origin of Mongolians. They believe that the name "Mongol" was recorded in the history as Mugulyui and the Jujan (Nirun) people were the ancestors of the Mongolians in the 10-12th century. Moreover, the researchers who believe that the ethnic origin of the Mongolians is not related to the Schiwei provinces have published several articles in the last few years. In my article, I do try to raise this topic and to review the research works published within the same topic from the historical angle.

The keywords: Mongolians, Men-u Schiwei, ethnic origin, concept and theory.

Өгүүллийн товч утга. 945 онд эмхэтгэсэн "Тан улсын хуучин түүх"-нээ Мэн-ү шивэй, 1045-1060 онд эмхэтгэсэн "Тан улсын шинэ түүх"-нээ Мэн-ва шивэй гэж тус бүр ганц ганц удаа нэрийг нь дурсдаг нэгэн Шивэй аймгийг XIX зууны дунд үеэс эхлэн эрдэмтэд монголчуудын дээдэс гэж үзсээр ирсэн. Ялангуяа XX зууны эхнээс энэ онол ихээхэн дэлгэрч өнөөдөр дотоод, гадаадын олон эрдэмтэн тухайн үзэл баримтлалын үүднээс монголчуудын угсаа гарвалын асуудалд хандах нь түгээмэл болжээ. Гэвч монголчуудын угсаа гарвалд шивэй аймгууд огтоос хамаагүй гэж үздэг судлаачид бас байсаар ирсэн. Тэд монгол гэдэг нэр хятад сурвалжнаа Мугулюй гэж анх тэмдэглэгдсэн, жужанчууд бол X-XII зууны язгуурын монголчуудын өвөг дээдэс мөн гэж үздэг. Түүнчлэн шивэй аймгууд монголчуудтай угсаатны хамааралгүй гэж үздэг судлаачдын цөөнгүй өгүүлэл сүүлийн хэдэн жилд олны хүртээл болжээ. Тус өгүүлэлд энэ сэдвийг, сэдвийн хүрээнд хэвлэсэн судалгаануудыг түүх бичлэгийн үүднээс авч үзэхийг оролдож байна.

Түлхүүр үг. Монголчууд, Мэн-ү шивэй, угсаа гарвал, үзэл баримтлал, онол

XIII-XIV зууны монголчуудын ойрын өвөг дээдэс хэн байсан тухай судалгаанд хоёр үндсэн чиглэл ноёрхдог.

Нэгдэх чиглэлийг баримтлагчид нь монголчуудыг түүхэнд анх Тан улсын үед тэмдэглэсэн гэж үздэг. Хоёрдахь чиглэлийг баримтлагчид энэ онолыг үгүйсгэдэг бөгөөд XII-XIII зууны монголчуудын ойр өвөг дээдсээр Жужаны хаант улсын монгол хэлтэн овог, аймгуудыг нэрлэдэг. Тун цөөн эрдэмтэн энэ онолыг баримталдаг.

Бараг гадаадын бүх эрдэмтэд болон Монголын олон судлаач 941-945 онд Лю Сюй нарын эмхтгэсэн Цзю Тан шу (Тан улсын хуучин түүх)-гийн 199 бүлгийн доорд, Бэйди, Шивэйн бүлгийн 5358-р талд дурдсан Мэн-ү (蒙兀) шивэйг монголчуудын нэрийг түүхэнд анх дурдсан хэрэг, монголчуудын дээдэс мөн гэж үзэж бичсээр ирсэн. Үндсэндээ одоо болтол "Түрэг, Уйгурын үеийн монгол аймгуудын түүхийг Шивэй (室韋, shiwei) аймгуудтай холбон тайлбарлах хандлага хүчтэй хэвээр байна".[1] Тиймээс монголчуудын угсаа гарвалын судалгаанд одоо хүртэл нөлөөтэй хэвээр байгаа "Мэн-ү шивэй бол монголчуудын дээдэс мөн" гэсэн онол яаж үүсч, түгэж дэлгэрсэн түүхийг судлах ёстой байх. Мөн эрдэмтдийн зүгээс үнэмшилтэй гэж итгэдэг шивэй нар монголчуудтай хэрхэн холбогдож байгааг түүх бичлэгийн үүднээс судлах нь Монгол ба Шивэй хоёрын аль алины угсаа гарлын хамаадлыг нэгэн тийш болгоход судлаач нарт хэрэг болохуйц тойм болж болох юм.[2]

Монголын түүхчдээс хамгийн анх Монгол, Шивэй хоёрыг нэг гарвалтай гэж таамагласан хүн бол А.Амар юм.[3] Тэрбээр 1934 онд "нанхиадууд нь Монголыг нэрлэхдээ элдвээр хэлэх бөгөөд ер чухам үндэс ёсны жинхэнэ чанараар бус, аль нэгэн өөрсдийн холбогдолоор буюу нэр хоч өгөхийн үүднээс элдэв нэр нэрлэж байсан нь үе үе нэн адилгүй байсан бөгөөд нанхиадууд нь сүүлийн үесэд монгол үндэстнийг Татаби буюу Татар, Дада, Дахэ хэмээх буюу Хибэ, Шивэй хэмээх зэргээр нэрлэж"[4] байсан гэж анх бичжээ.

Түүнээс хойш Монголын эрдэмтдээс ахмад түүхч-археологич Х.Пэрлээ тус саналыг баримталж 1959, 1969 оны нэгэн сэдэвт бүтээл болон 1966 оны БНМАУ-ын түүхийн тэргүүн ботиудад өөрийн үзэл онолоо тусгажээ. Түүхийн ухааны марксч-ленинч арга зүйг мөрдлөг болгон, олон улсын монголын судлалын орчин цагийн амжилтыг нэгтгэж шинэ олдсон баримт материал, нээлтийг өргөн ашиглаж, нийгэм эдийн засгийн байгуулал, хөдөлмөрч үй олны аж байдал, ангийн тэмцэл зэрэг үндсэн асуудлуудад гол анхаарлаа хандуулсан "БНМАУ-ын түүх"-ийн тэргүүн ботид уг асуудлыг дараах байдлаар бичсэн байдаг. Үүнд "монголчуудын гарал үүслийн тухай асуудлыг түүхийн шинжлэх ухаан одоо болтол нэгэн тийш болгон бүрэн шийдвэрлэж чадаагүй байна. Гэвч шинжилгээний зарим нэг мэдээ, баримт, үндэслэлийг энд товч төдий өгүүлэх хэрэгтэй ... Шивэй гэдэг нэр дорно зүгийн сурвалж бичигт манай эрний VI зуунаас эхлэн янз бүрийн хоч ялгарах тэмдэг нэртэйгээр уван цуван тэмдэглэгдэн нэмэгдсээр иржээ. Шивэй гэж нэрлэдэг олон аймгийн дунд монгол гэдэг нэртэй аймаг оршиж байжээ. ... Шивэй нарыг монгол угсааны гарал үүсэлтэй нягт холбож үзэх нь зүйтэй. Мэнгу шивэйг олон эрдэмтэн жинхэнэ монголчуудын элэнц дээдэс гэж үздэг болжээ"[5] гэх зэргээр Х.Пэрлээ бичжээ. 1955 оноос эхлүүлж БНМАУ-ын гурван боть түүхэнд

---

[1] *Дэлгэржаргал П.* Монголчуудын угсаа гарвал. УБ., 2005. т. 120

[2] *Сүхбаатар Г.* Сяньби. УБ., 1971. т. 67

[3] *Билэгт Л.* Раннемонгольские племена (этногенетические изыскания на основе устной истории). УБ., 2007. с. 180-181

[4] *Амар А.* Монголын товч түүх. УБ., 1989. т. 80

[5] БНМАУ-ын түүх. Тэргүүн боть. УБ., 1966. т. 7, 168-170

цухас дурдсан саналаа Х.Пэрлээ тусгай бэсрэг зохиол болгож 1969 оны Түүхийн судлал сэтгүүлд хэвлүүлсэн. Шивэй (Мэн-ү шивэй) ба монголчуудын угсаа хамаадлын тухай өгүүлсэн энэ зохиолоос Х.Пэрлээгийн гүйцэд боловсруулсан үзэл баримтлалыг харж болох юм. Хамгийн гол нь тэрээр "Судрын чуулган"-д тэмдэглэсэн монголчуудын аман түүхийн мэдээг шивэй нарын түүхтэй хамаатуулан "судлан үзэх нь чухал", язгуурын "монгол, тайжиуд, татар нарыг Шивэй аймагт шууд сүлбээтэй гэж эрдэмтэн нар удаа дараагаар санал гаргасан байна, олон эрдэмтэн сэдсэн тэр саналуудыг нэгтгэн, өөрсдийн саналыг нэмэрлэх нь монголын түүхчдийн үүрэг билээ" гэж энэ судалгааг явуулах болсон шалтгаанаа дурдсан. Аман түүхийн мэдээнд дурдах Монгол нэр манай эрний өмнөх 700-аад оны цаанах цаг үед холбогдоно, харин Татар (да-дан)-тай бараг нэгэн үед нангиад бичигт "Мэнг-у" хэмээн монголчуудыг тэмдэглэх болсон гэж бичсэн Х.Пэрлээ, манай эрний өмнөх III-II зууны заагт Эргүнэ кунгаас нүүж гарсан Монгол аймгийн зарим "цөөнх хэсэг нь зүүн хойш шилжисхийн Амур мөрний өмнүүр очиж, уугуулын Монгол (Мынг-у) нэрээ хадгалан Шивэйн олон аймгийн дотор орших болсон, мэө III зуунаас хойших тэдний түүхийг сэргээн мэдэхэд монгол аймгуудтай удам угсаагаар холбоотой шивэй нарын түүхийг судлан үзэх нь чухал, Шивэй нэр нь Сяньби гэсэн үг сунжирсан гэж нэр өндөр хятадач П.Пеллио үзсэн, энэ саналыг зөвлөлтийн зарим эрдэмтэн дэмжсэн байна. Энэ нь тийм их үндэстэй биш хуусдуу "онол" бололтой. Б.Алтанбагана Шивэй гэдэг нангиад галиг үсгийг үзээд "элдсэн арьсан оромжитон" хэмээх утгатай нэрийтгэл байж болох юм гэсэн билээ. Бидний бодлоор энэ тайлбар үнэнд нилээд дөхөж очсон. Шивэй нарыг монгол аймгуудтай нилээд ноцтой холбож үзэх нэгэн чухал асуудалд эрдэмтэн нар бага бага зөрөөтэй санал гаргасаар ирсэн, асуудлыг сайтар нягтлах гэж сүүлийн жилд монголын түүхч нар чармайн оролдсоор байна, ялангуяа Мынг-у шивэйг Хамаг Монголын нэг хэсэг гэж нотлохыг чармайж байгаа явдал билээ"[6] гэж өөрийн саналаа боловсруулсан байдаг.

Шивэй нар монголчуудтай хэрхэн холбогдох талаарх Х.Пэрлээгийн хэвлэгдсэн судалгаануудаас ажиглахад түүний санал бүрэлдэж хөгжихөд П.Пеллио, Э.Паркер, Ван Говэй, Б.Алтанбагана, Л.Л.Викторова нарын үзэл баримтлал багагүй нөлөө үзүүлжээ. Жишээ нь, Орхоны түрэг бичгийн дурсгалд тэмдэглэсэн Гучин татар, Есөн татарыг Шивэй аймгуудтай, Да шивэйтэй Тайжиут аймгийг адилтгаж үзсэн Ван Говэй, Л.Л.Викторова, Э.Паркер, Б.Алтанбагана нарын саналыг дэмжиж байгаагаа хэлсэн байдаг[7].

Монголчуудын угсаа гарвалд Шивэй (мэн-ү шивэй) аймаг хэрхэн холбогдох талаар Х.Пэрлээгийн дэвшүүлсэн үзэл онол хожим олон монгол судлаачдад нөлөөлсөн.

Жишээ нь, С.Бадамхатан, А.Очир, Д.Цэвээндорж нар Х.Пэрлээгийн бүтээл, түүний дотор шивэй ба монголчуудын тухай түүний судалгаа Монголын түүх судлалд ямар нөлөө үзүүлснийг үнэлж дүгнэжээ. Тэд "эртний судалын эд өлөг, угсаатны зүйн хэрэглэгдэхүүн, бичигдэл түүхийн мэдээтэй харгалдуулан шинжээд, монголчууд нэгэн үе Эргүнэ мөрөн, Их Хянганы умард хэсэгт нутаглаж байжээ

---

[6] *Пэрлээ X.* Гурван мөрний монголчуудын аман түүхийн мөрийг мөшгөсөн нь //Түүхийн судлал. Tomus VIII, fasc. 6. УБ., 1969. т. 91, 105, 114, 121, 122

[7] *Пэрлээ X.* Гурван мөрний монголчуудын аман түүхийн мөрийг мөшгөсөн нь //Түүхийн судлал. Tomus VIII, fasc. 6. УБ., 1969. т.121-122

гэсэн чухал санаа дэвшүүлсэн юм. Энэ санаагаа цаашид гүнзгийрүүлэн, эрт цагт Хэнтийн нурууны зүүн хойд хэсэг, Эргүнэ мөрний умард биеэр төлөв нутаглаж явсан Шивэй нарын олон аймгийн доторх Мэнгү (монгол) шивээтэй монголчуудын гарал үүслийг холбон нотолжээ." Ингэж Х.Пэрлээгийн анх томьёолсон нь монголын түүх судалд нэгэнт байршлаа олсон юм гэж дүгнэсэн байдаг.[8]

Гэхдээ Монголын түүх судлал хөгжихийн хэрээр тухайн асуудалд хандах судлаачдын байр суурьт олон янз байдал ажиглагдаж эхлэв. Ялангуяа XX зууны ерээд оны сүүлээс эхлэн шивэй (мэн-ү шивэй) нар болон монголчуудын угсаа гарвалын холбоо хамаарлыг хөндсөн судалгаанууд олны хүртээл болжээ.

Хятадын түүхэн сурвалжийн шивэй аймгуудын тухай мэдээ түүнийг үндэслэж Оросын эрдэмтдийн зүгээс боловсруулсан зарим үзэл баримтлалыг эргэн анхаарууштай санагдаж байна гэсэн археологич Д.Эрдэнэбаатар Монгол нутгаас элбэг олддог руни бичгийн дурсгалд цөөнгүй дурьдагдан байгаа татар аймгуудын тухай асуудлыг зэрэгцүүлж хөндөж тавих нь зүйтэй гээд Отуз, Токуз татарыг зарим судлаач эртний шивэй аймгуудтай адилтган үзсэнд би санал нэг байна гэжээ. Түүний дэвшүүлсэн бас нэг сонирхолтой санал бол эртний түрэгүүдтэй Төв Азийн нүүдлийг нэгтгэн захирах эрх мэдлийн төлөө эн тэнцүү өрсөлдөж байсан "токуз огуз нар уйгуруд биш харин Түрэгийн зүүн хойд хэсгээр нутаглаж байсан шивэй аймгууд байсан бололтой. Үүний нэг баримт нь [хэмээгээд] Уйгурын Моюнчур хааны гэрэлт хөшөөний бичээсийг тайлж уншихдаа"[9] Е.Е.Маловын хийсэн дүгнэлтийг үндсэн баримт болгожээ. Гэхдээ бусад судлаачид энэ дүгнэлтийг зөвшөөрсөн эсэх нь мэдэгддэггүй, учир нь дундад эртний Түрэг, Уйгурын түүхийг судлаачдын ихэнх нь токуз огузууд бол Жужаны үеийн өндөр тэрэгтнүүд, хожмын уйгур, пугу зэрэг түрэг хэлтэн аймгууд гэж үздэг.[10] Д.Эрдэнэбаатарын өгүүллийн өөр нэг сонирхолтой санал бол "археологийн дурсгалуудын байршлыг ажиглаж байхад эртний түрэгүүд, дорно зүгийн шивэй нартай Хэнтий нурууны салбар уулс, Сэлэнгэ мөрөн, Байгал нууараар хил нийлж байсан бололтой. Гэвч энэ нь бүрэн тогтоогүй харилцаа холбооны хөдөлгөөнтэй зааг бүс нутаг байсан"[11] гэсэн санал болно.

Монголчууд зарим нэг шивэй аймгуудтай угсаа гарвалын холбоотой байж болохыг дурдсан хоёр ч өгүүллийг П.Дэлгэржаргал 2001, 2002 онд хэвлүүлжээ.[12] Ялангуяа Мэнгу шивэй аймгийн угсаа гарлыг сурвалжилсан өгүүлэлдээ Х.Пэрлээгийн дэвшүүлсэн "саналд олон үнэтэй санаа байгаа ч зарим дүгнэлтүүдийг нягтлан үзэх шаардлага тавигдаж байна. Хэдийгээр хятад сурвалжуудад Хятан, Шивэй нарыг угсаа гарал нэгтэй хэмээн хэлж болохуйц зарим нэг баримт байдаг боловч шивэй аймгуудын аж ахуй, ёс заншил, соёлын талаар өгүүлсэн сурвалжийн

---

[8] *Өлзийбаяр С.* Монгол улсын шинжлэх ухаан. Боть 27. УБ., 2009. т. 201

[9] *Эрдэнэбаатар Д.* Эртний шивэй аймгуудын тухай (МЭ VI-IX зуун) //Ойрад товчоон. Боть 1(1), V дэвтэр. Ховд, 1999. т. 25-26

[10] *Сүхбаатар Г.* Монгол Нирун улс (330 орчим-555 он). УБ., 1992. т. 56-59 ; Монгол улсын түүх. Тэргүүн боть. УБ., 2003. т. 333-334 ; *Батсүрэн Б.* Өндөр тэрэгтнүүд ба эртний түрэгүүд (VI-IX зуун). УБ., 2009. т. 238

[11] *Эрдэнэбаатар Д.* Эртний шивэй аймгуудын тухай (МЭ VI-IX зуун) //Ойрад товчоон. Боть 1(1), V дэвтэр. Ховд, 1999. т. 28

[12] *Дэлгэржаргал П.* Шивэй аймгуудын угсаа-түүхийн зарим асуудал //МУИС-ийн ЭШБ. №8(174), 2001. т. 107-115 ; *Дэлгэржаргал П.* Мэнгу шивэй аймгийн угсаа гарлыг нэхэн сурвалжлах нь //МУИС-ийн ЭШБ. Түүх, №188(14), 2002. т. 8-11

ихэнх мэдээ шивэй нарыг монгол гаралтай биш болохыг баталж байна. "Вэй улсын судар"-ын Шивэйгийн шастирт дурдсан шивэй нарын эрхлэх аж ахуй, зан үйл, ёс заншил нь онголчуудынхаас эрс өөр ялгаатай болохыг баталж байна" гэж үзсэн байдаг. Мэн-ү шивэйгийн тухайд харин өөр санал гаргажээ. Түүний үзэхээр "Хуучин Тан улсын түүх", "Шинэ Тан улсын түүх"-ийн Шивэйгийн шастирт дурдсан Мэнгу шивэй, Мэнва шивэй нэрээр тэмдэглэгдсэн "тэрхүү аймаг нь "Эргүнэ күн"-ий домогт дурдагддаг Монгол угсааны аймаг мөн бололтой. Өөрөөр хэлбэл, Жужаны хаант улс түрэгүүдэд цохигдон мөхөхөд "Эргүнэ күн"-д шилжин суусан Жужаны ноёлох аймаг мөн хэмээн үзэж байна" гэсэн саналаа дэвшүүлжээ. Үүнийгээ таван зүйл баримтаар нотлохыг оролдсон байдаг.[13]

Хожим 2005 онд хэвлэсэн "Монголчуудын угсаа гарвал" бүтээлдээ монголчууд болон шивэй нарын угсаа хамаадлын асуудлыг нэг зүйлд багтааж авч үзжээ. Хамгийн гол ололтын нэг нь өмнөх судлаачдын гуч гаруйд хүргээд байдаг Шивэй аймгуудын тоог 22 гэж тогтоосон явдал болно. Шивэй аймгуудын нутаглаж байсан газар нутгийн тухай Чжэн Индэгийн судалгааг дэмжсэний дээр "өнөөгийн судалгааны түвшинд Мэн-ү шивэй, Увань аймгуудыг монгол гаралтай хэмээн баттай хэлж болохоор байгаа бөгөөд бусад шивэй аймгуудыг монгол угсааны аймгууд гэж үзэх сурвалжийн мэдээ сэлт олдохгүй байна. Энэ бүгдээс үзвэл, 1. Шивэй аймгууд нь угсаа гарвалын хувьд гол төлөв манж-түнгүс хэлт, анчин гөрөөчин, хагас малчин овог, аймгууд байсан байна. 2. Шивэйгийн нутагт эртнээс нааш хөрш зэргэлдээ монгол хэлт Ухуань (увань) зэрэг аймгууд шилжин суурьшиж байсан бололтой. 3. Мэн-ү шивэй аймаг нь Шивэйгийн нутагт шилжин суурьшсан монгол аймаг байжээ. Энэ аймаг нь "Судрын чуулган"-ы "Эргэнэ гүн"-ий домогт тэмдэглэсэн монгол аймаг мөн. 4. Сурвалж бичгүүдээс Мэн-ү шивэй, Увань хоёроос бусад шивэй аймгуудыг монгол гаралтай гэж нотлохоор сурвалжийн мэдээ сэлт олдохгүй байгаа нь Шивэйгийн нутагт монгол гаралтай өөр аймаг ерөөс байгаагүй гэсэн үг биш болохыг тэмдэглэж байна"[14] хэмээн дүгнэсэн.

Х.Пэрлээгийн урсгалыг дэмжсэн өөр нэг судалгаа 2003 оны "Монгол улсын түүх" таван боть зохиолын тэргүүн ботид хэвлэгдсэн. Археологич Д.Баяр "монгол" нэрээр дэлхийн тавцанд тодрон гарсан тэр улс үндэстний эх үүсвэр бол "мэнгү шивэй" хэмээх аймаг гэж тэр дүгнэсэн явдал нь Х.Пэрлээтэй адил саналтай гэж үзэхэд хүргэнэ. Тухайлбал, эх нутаг, өвөг дээдсийн голомтоо тууштай сахин үлдэж, нүүдэлч малчин байдлаа хэвээр хадгалан хожмын монгол угсаатны шууд дээд өвөг дээдэс болсон нь, түүхнээ шивэй хэмээх нэрээр тэмдэглэгдэн үлдсэн *нүүдэлч гөрөөчин* аймгууд. Сурвалжид хадгалагдан үлдсэн мэдээ тэднийг Дорнод Ху (дунху)-гаас гаралтай сяньби нарын үр хойчис болохыг тодорхой заадаг. Сурвалжид дурдсан шивэй аймгуудын дотор мэнъу нэртэй аймаг, мөн хожмын монголчуудын гол овог аймгийн нэг болох улоху (олхунуд) аймгийн нэр гарч байгаа нь үүнийг улам ч үнэмшилтэй болгох төдийгүй, эртний ухуань аймгийн үлдэгдэл шивэй нарын дунд хуучин нэрээ хадгалсаар нэг аймаг болон оршиж байгаа нь өвөг монгол угсаатан монгол шивэй нарын үндсэн хэсэг нь эртний дунху, сяньби нараас эх үүсэлтэй болохыг харуулна гэж бичсэн Д.Баяр гэхдээ шивэй

---

[13] *Дэлгэржаргал П.* Мэнгу шивэй аймгийн угсаа гарлыг нэхэн сурвалжлах нь //МУИС-ийн ЭШБ. Түүх, №188(14), 2002. т. 8-10
[14] *Дэлгэржаргал П.* Монголчуудын угсаа гарвал. УБ., 2005. т. 120-131

нэртэй томоохон угсаатны бүлэг бүрэлдэхэд хөрш зэргэлдээ харь овог, аймгууд оролцсоныг сурвалжийн мэдээ тодруулан зааж байна гэжээ. Улмаар шивэйн 8-9 том аймаг, 20 гаруй бага овог, нийтдээ гуч орчим аймгийг Орхоны түрэг бичээс дэх Гучин Татар аймагтай адилтгаж үзсэн Ван Говэй, Х.Пэрлээ саналыг дэмжжээ. Гэвч Д.Баяр шивэй нарыг монголчуудтай удам гарвалын холбоотой гэж үзэхдээ аж ахуй, зан заншлын зарим онцлогыг цохон заагаад "тэдний аж амьдралын дадал заншлыг ажиглахад *умар зүгийн ой хөвчийн анчин гөрөөчин* овог аймгийнхантай ижил төстэй, нийтлэг зүйл харагдана" гэж бичсэн хэрнээ энэ нь тэдний очсон газраа дасан зохицох оролдлого, хөрш зэргэлдээ овог, аймгийн дадал заншлаас зээлсэний илрэл гэж дүгнэжээ. Бас үс засалтын байдал нь дундад зуун монголчууд лугаа төстэй, хувцас хунар нь киданчуудтай нэгэн адил гэсэн зүйлийг онцгойлж тэмдэглэжээ[15].

Үндсэндээ Д.Баярын үзэл бодол өмнөх үейин судлаачдын саналыг, мэдээ баримттай хослуулж бага сага шинэчилж дурдсан шинжтэй харагддаг.

Д.Эрдэнэбаатар (1999), П.Дэлгэржаргал (2001, 2002, 2005), Д.Баяр (2003) нарын дараа А.Очир болон У.Эрдэнэбат, Ч.Амартүвшин нар товч боловч өөрсдийн саналыг ном бүтээлдээ тусгасан.[16] Гэхдээ эдгээр судлаач Х.Пэрлээгийн саналыг дэмжсэн ч маш товчхон байдлаар өөрсдийн бодлоо тоочсон тул энэ удаа цухас тэмдэглээд өнгөрье.

X, XI зууны үед эмхтгэсэн хятад сурвалжид тэмдэглэсэн шивэй түүний дотор мэн-ү шивэй аймагтай[17] монголчуудыг угсаа гарвалын хувьд холбоотой гэж үзсэн эрдэмтдийн судалгаанаас үзэхэд Х.Пэрлээгийн бүтээлүүд зохих нөлөө үзүүлсэн байна. Гэтэл дээр цухас дурдсанаар түүний судалгаанд Б.Алтанбагана, Л.Л.Викторова нарын орчуулга, судалгаа чухал дэмжлэг болжээ гэж үзэж болохоор байна. Ийм учир монголчуудыг шивэй аймгуудаас гаралтай гэж үзсэн гадаадын эрдэмтдийн судалгааны товч тоймыг толилуулах шаардлага тулгарч байна.

Гадаадын эрдэмтдээс хамгийн анх мэн-ү шивэй бол монголчуудын өвөг дээдэс гэж үзсэн эрдэмтэн бол Л.Билэгтийн бичсэнээр Германы К.Риттер юм байна[18]. Тус саналыг анх толилуулсан эрдэмтдээр К.Ширатори, П.Пеллио, Ван Говэй нарыг ч бас нэрлэдэг бололтой[19].

Ингэж бичсэн судлаачдын зөв биш бололтой. Л.Билэгтийн хэлсэнчлэн, мэн-ү шивэйг Чингис хаанаас хоёр зууны өмнөх Байгал нуурын гол мөрний мужийн нэг аймагт хамаатай, монъ-гу буюу монгол гэсэн мөрүүд үнэхээр 1856 оны К.Риттерийн "Землеведение Азии" гэсэн орчуулгын бүтээлд бий.[20] Гэхдээ мэн-ү шивэй бол монгу буюу монгол мөн гэж хэлсэн хүн нь яг үнэндээ К.Риттерийн бүтээлийг герман хэлнээс орос хэл рүү орчуулсан П.Семенов юм байна. К.Риттерийн зохиолыг орчуулахдаа дагалдуулсан тайлбартаа тэрээр ийн бичиж үлдээжээ. Тэгэхлээр П.Семенов бараг анх мэн-ү шивэй аймгийг монгол угсаатан гэж хэлсэн

---

[15] Монгол улсын түүх. Тэргүүн боть. УБ., 2003. т. 359, 351-353, 357

[16] *Очир А*. Монголчуудын гарал, нэршил. УБ., 2008. т. 112 ; *Эрдэнэбат У, Амартүвшин Ч*. Дугуй Цахирын хадны оршуулга (X-XII зуун). УБ., 2010. т. 89-90

[17] *Мункуев Н.Ц*. Мэн-да бэй-лу («Полное описание монголо-татар»). М., 1975. с. 89

[18] *Билэгт Л*. Раннемонгольские племена (этногенетические изыскания на основе устной истории). УБ., 2007. с.180

[19] *Батсүрэн Б*. Мэнгү Шивэй, Да Шивэй, Улохоу аймгийн тухай //Угсаатан Судлал. Tomus XX, fasc. 1. УБ., 2011. т. 1-2

[20] *Риттер К*. Землеведение Азии. Ч. 1, перевел и допонил П.Семенов. СПб., 1856. с. 423, 434, 709

хүн болох учиртай.

Түүний дараа Манж Чин улсын Ту Жи (1856-1921) гэдэг эрдэмтэн 1903 онд "Монголын түүхийн тэмдэглэл" зохиолдоо "монгол бол шивэй лүгээ үүсэл нэгтэй аймаг угсаатан"[21] гэж хэлжээ. Өвөр Монголын эрдэмтэн Сүрбадрахын бичснээр бол Ту Жи анх шивэй монгол хоёрыг үүсэл нэгтэй гэж хэлжээ. Энэ саналыг нь Дундад иргэн улсын эрдэмтэн Ван Говэй "Ляо улс, Алтан улсын үеийн Монголын тухай шинжлэл" гэсэн бүтээлдээ хөгжүүлсэн юм байна[22].

Ту Жигийн дараа дорно зүгийн эрдэмтдээс К.Ширатори шивэйг монголчуудтай холбож үзжээ. Тэрээр "Вэй улсын судар"-т гардаг Амур, Зея голын бэлчрээр төвлөрсөн Шивэй аймаг нь дан Монгол эсвэл Тунгус биш харин холимог угсаатан, Мэн-ү шивэйг Шилка гол, Онон мөрний саваар нутагладаг монголчуудын өвөг болно, эдгээр Хянганы баруун этгээдийн Шивэй нь, Ногоон (Нонни) голоор суудаг шивэй нараас угсаа гарвал өөр, эд нар л жинхэнэ монголчууд мөн гэжээ[23].

П.Семенов, Ту Жи, К.Ширатори нарын удаа дараа дэвшүүлсэн санал өрнөдийн судлаачдын дунд түгэж, монголчуудын угсаа гарвалын тухай гол онол болоход "П.Пеллиогийн хэлсэн зүйл нэлээдгүй үүрэг гүйцэтгэжээ"[24].

П.Пеллио өөрийн саналыг 1920 онд анх толилуулжээ. Тэрээр шивэй аймагт бараг монгол хэлтэн мөн гэж тооцож болох Мэнгү буюу Мэнва аймаг байсныг Тангийн үеэс эхлэн сурвалж бичгүүд тэмдэглэж эхэлсэн. Энэ нь Монгол нэр анх гарсан хэрэг гэж 1920 онд бичжээ. Жилийн дараа "Туюухунь ба Супигийн тэмдэглэл" өгүүлэлдээ, "Сяньбийн асуудал ихээхэн бүрхэг, өөрийн зүгээс би нэр хоч нь Тан, Сүнгийн үе хүрээд Шивэй хэмээгдэх болсон Сяньбиг Монгол хэлтэн аймаг гэж үзэхийг зөвшөөрнө. Тэгээд ч Тангийн үеийн Шивэй аймагт, Чингис ханы монголчуудаас салгаж болохгүй, XII зууны тэргүүн хагасын Мэнгү, Мэнгүс, Монгултай нэг утгатай Мэнгү байсныг мэдэх бөлгөө" гэж мэнгү нарыг монгол гэх үзлээ бататгажээ. 1929 оны өгүүлэлдээ саналаа гүнзгийрүүлж Тан улсын хоёр сударт анх монголчууд, Мэнгү шивэй нэрээр түүхэнд гарч эхэлснийг бид мэднэ, тэд Шивэйн нэг салбар, Монгол, Манжуурын хязгаарт Хөлүнбуйр, Эргүнэ мөрний эхээр нутаглаж байсан, Тан улсын хуучин судрын Мэнгүгийн тэр үеийн дуудлага *Mung-nguət бөгөөд *Moṅɣol-ын галиг мөн гэж үзсэн байна[25].

П.Пеллиогийн дараа өрнө зүгийн судлаачдаас Зөвлөлтийн эрдэмтэн Л.Л.Викторова шивэй ба монголчуудын угсаа хамаадлын асуудлыг нухацтай авч үзжээ. "Шивэйн тухай өгүүлж эхлэхээс өмнө Пелльогийн дэвшүүлсэн, мартагдаад байгаа нэг онц сонирхолтой санал байдгийг чухалчилмаар байна, харамсалтай нь судалгаанд цаашдаа өргөн хүрээтэй тархалт олж чадаагүй. Түүнийг гэхдээ Фын Цзя-шэн, Виттфогель нар өөрсдийн ажилдаа удаа дараа иш зааж хэрэглэсэн" гэж Л.Л.Викторова П.Пеллиогийн санал 1940-50-иад онд чухам ямар нөхцөл байдалд оршиж байсан тухай тодорхойлжээ. Түүнийхээр хэдхэн эрдэмтэн л судалгаандаа П.Пеллиогийн саналыг хэрэглэж байсан бололтой. Л.Л.Викторовагийн хувьд

---

[21] *Ту Жи*. Монголын түүхэн тэмдэглэл. Тэргүүн дэвтэр. ӨМАХХ., 2007. т. 1

[22] *Сүрбадрах*. Монгол үндэсний язгуур үүсэл. ҮХХ., 1988. т. 223-224

[23] *Батсүрэн Б*. Мэнгү Шивэй, Да Шивэй, Улохоу аймгийн тухай //Угсаатан Судлал. Tomus XX, fasc. 1. УБ., 2011. т. 1

[24] *Билэгт Л*. Раннемонгольские племена (этногенетические изыскания на основе устной истории). УБ., 2007. с. 180

[25] *Батсүрэн Б*. Мэнгү Шивэй, Да Шивэй, Улохоу аймгийн тухай //Угсаатан Судлал. Tomus XX, fasc. 1. УБ., 2011. т. 2

"шивэй" нэрийг "сяньби"-тай холбож тайлбарлах нь илүү үр дүнтэй оноолт болох бөгөөд харин тэр өөрөө Гучин татар (Отуз татар) нарыг Шивэй гэж үзсэн байна.[26]

Шивэй аймагт холбоотой сурвалжийн мэдээг "угсаатны хамаадал, хэл, газар нутаг, уур амьсгал, хөрс ургамал, ан амьтан, нийгэм улс төрийн зохион байгуулалт, ял шийтгэл, гэрлэлт, оршуулга, хувцас хунар, гоёл чимэглэл, үс засалт, амьдралын хэв маяг, гар урлал, үйлдвэрлэл, ан гөрөө, газар тариалан эрхлэлт, тээврийн хэрэгсэл, нүүдэл суудал, зэр зэвсэг гэсэн" сэдэвт хуваан авч үзээд, орчуулсан эрдэмтэн бол П.Рачневский. Түүний судалгааны нэг давуу тал бол "хятад сурвалж дахь шивэй нарын эрхлэх аж ахуйн талаарх мэдээг үндэслэж, тэднийг нэг талаас их төлөв гахай, үхрийн аж ахуй эрхэлдэг, сул хөгжсөн газар тариалантай хагас суурьшмалууд, нөгөө талаас ойн анчин, гөрөөчид болохыг маш тодорхой харуулж байна. Өмнөд болон зүүн шивэйн бүлгийн эрхлэх аж ахуйн шинж нь тэднийг тунгус хэлтэн ард түмэнтэй адилтгах боломжийг олгохын дээр монголчуудын уламжлалт, түүхэн эрхлэх аж ахуйгаас эрс ялгаатай болохыг харуулж байна гэж үзсэн" явдал болно. Хамгийн гол нь тэрээр Шивэйн зарим анчин гөрөөчин овог, аймаг монгол хэлтэн байх гэж таамаглажээ. Зарим судлаачийн үзэхээр бол Х.Пэрлээгийн судалгаа хойч үеийн монгол эрдэмтэд нөлөөлсөн бол П.Рачневскийн судалгааг өрнөдийн эрдэмтэд одоо ч гэсэн ишилсээр байдаг гэнэ.[27]

Монголчуудтай угсаа гарвал нэгтэй эсвэл нэг үүсэлтэй хэмээх санал дэвшүүлсэн эрдэмтдийн талаарх судалгааны товч тоймоос үзвэл энэ саналыг дэвшүүлсэн анхдагч нь П.Семенов (1856) бололтой. Түүний дараа Ту Жи (1903), К.Ширатори (1910), П.Пеллио (1920), Ван Говэй (1926), А.Амар (1934), Л.Л.Викторова (1958), П.Рачневский (1966), Х.Пэрлээ (1966, 1969) нар тухайн үзэл онолыг баримталж байжээ гэж дүгнэж болохоор байна. Сүүл үеийн монголын эрдэмтдээс баримт, судалгаа сайтай санал, таамаглал дэвшүүлсэн эрдэмтдээр Д.Эрдэнэбаатар (1999), П.Дэлгэржаргал (2001, 2002, 2005), Д.Баяр (2003) нарыг юуны түрүүнд нэлэх нь зүйтэй байх. Тэдэнтэй ижил саналыг мөн А.Очир (2008), У.Эрдэнэбат, Ч.Амартүвшин (2010) нарын эрдэмтэд баримталдаг юм байна.

Тус онолыг дэмжигч эрдэмтдээс гадна уг үзэл баримтлалыг эрс шүүмжилдэг, бүр үгүйсгэгч монгол судлаачид байдаг. Тэдний тухай өгүүлэхээс өмнө бас нэг бүлэг эрдэмтдийн судалгаанаас дурдах нь зүйтэй байх. Бидний ойлгосноор мэн-ү шивэй ба монголчуудын угсаа гарвалыг учир холбогдолд хандаж байсан тэдгээр эрдэмтдийн үзэл баримтлал буюу байр суурь их сонирхолтой санагдсан. Чухамхүү, шивэй болон монголчуудын угсаа хамаадлын талаар Н.Ишжамц (1965, 1974), Г.Сүхбаатар (1971, 1992) нарын баримталж байсан үзэл баримтлал өвөрмөц байр суурь эзлэнэ.

XX зууны жараад оны үеийн судалгааны ажилдаа "Монгол" гэдэг аймгийн нэр хятадын Тан улсын сударт тэмдэглэгдэн үлдсэн байна, Мэн-ү аймгийг VII-VIII зууны үед Ононгийн дунд, адаг, Эргүнэ голын сав газраар нутаглаж байсан шивэй нарт хамааруулж тэмдэглэжээ. Шивэй гэдэг бол ганц аймгийн нэр биш, харин монгол, түнгүс угсааны янз бүрийн аймгийн ерөнхий нэр, тэдний дунд

---

[26] *Викторова Л.Л.* К вопросу о расселении монгольских племен на Дальнем Востоке в IV в. до н.э. – XII в. н.э. //Ученые записки ЛГУ, №-256. Серия востоковедческих наук. Вып. 7. Л., 1958. с. 54-62

[27] *Батсүрэн Б.* Мэнгү Шивэй, Да Шивэй, Улохоу аймгийн тухай //Угсаатан Судлал. Tomus XX, fasc. 1. УБ., 2011. т. 8, 13-14, 17 ; *Батсүрэн Б.* VI-X зууны монгол аймгууд (түүх-угсаа гарвалын шинжилгээ). Түүхийн ухааны доктор (Ph.D)-ын зэрэг горилсон бүтээл. УБ., 2012. т. vi

Мэн-ү шивэй гэдэг аймаг байсан нь "Монгол" гэдэг нэртэй аймаг мөн[28] гэж бичиж байсан Н.Ишжамц өөрийнхөө арай хожуу хэвлэгдсэн бүтээлдээ энэ талаар нэг ч үг дурдаагүй нь сонирхолтой. Тэр 1970 онд хэвлэсэн нэгэн сэдэвт томоохон бүтээлдээ (22-39 талд) Шивэй ба Монголын угсаа гарвалын холбоо хамаарлын талаар юу ч хэлээгүй[29] хэрнээ харин X-XI зуунд Цзубу-татарын хаант улс оршиж байсан гэж үзжээ.[30]

Г.Сүхбаатарын судалгаа мөн ийм нөхцөл байдал үүсгэдэг. Шивэйн тухай тэрбээр дараах зүйлийг өгүүлжээ. Юуны урьд тэрээр П.Пеллио, Фан Чжуанью нарын судалгаанаас толилуулжээ. Дараа нь "сяньби, шивэй хоёр нэгэн үг хэмээн үзсэн нь миний бодоход зөв байж болох юм, гэхдээ энэ хоёр эрдэмтний санал хангалттай үнэмшүүлмээр баталгаагүй байна. Иймд нэг үг хэмээн олон талаас нь батлууштай. ... Одоо сяньби, шивэй хоёр нэг үг болох эсэх талаар ярья. Шивэй гэдэг үг хятадын сурвалж бичигт анх тобагийн Их Вэй улсын үед гарсан байна. "Вэйшугийн" 100 дугаар бүлэгт Шивэй улсын эзлэх газар нутаг зэргийг заасан байдаг. Мөн "Вэй шу" дотор сяньби хэмээх нэр бас байсан. ингэхлээр яагаад нэг номд нэг нэр хоёр тэс өөр үсгээр, хоёр өөр дуудлагаар гарч байна гэдэг асуудал аяндаа гарна. Энэ бол шивэй, сяньби хэмээх хоёр үг нэг үг гэдгийг үгүйсгэх тун ноцтой зүйл билээ. Сяньби хэмээх үгийн утгыг улируулан авч үзэхэд уг үг монголын "шивээ, сүв" гэдэг үг мөн байж болмоор байна. Ингэхлээр шивэй, сяньби хоёр дуудлагын хувьд иохирч болох талтай. ... Фан Чжуанью ... "татар, шивэй" хоёр бол нэг угсаатан мөн хэмээн дүгнэж байна. Фан Чжуанью-гийн энэ дүгнэлт зөв бололтой, ... жужан бол дунхугийн удам, сяньбийн угсааны татар нэртэй аймаг байсан хэмээн бид үзэж буйг эрэгцүүлэн бодоход, шивэй, татар хоёр нэг угсаатан хэмээсэн нь бас сяньби, шивэй хоёрын нэг үг болохыг ч дам нотолж байна гэж үзэж болно. Түүнчлэн шивэй нарын нэг хэсэг нь монгол нэртэй монгол аймаг байсан, сяньби нар монгол угсаатанд хамаарагдах нь сяньби, шивэй хоёрын нэг үг болохын мөн дам нотолгоо мөн" гэж үзжээ. Түүний бичсэнээс үзвэл сяньби, шивэй хоёр нэг үг, бараг нэг аймаг угсаатан, бас шивэй нарын дунд монгол (мэн-ү шивэй) нэртэй монгол аймаг байна, татар шивэй хоёр ч нэг гэсэн нь П.Пеллио, Фан Чжуанью, Л.Л.Викторова, П.Рачневский нарын санал лугаа нэг үзэл баримтлалтай байжээ гэж үзэхэд хүргэнэ.

Гэтэл 1992 онд хэвлэсэн түүхийн дээж бичигтээ "монгол шивэй гэж яг язгуур монголчууд биш бололтой"[31] гэж зурвас дурдсан явдал нь Г.Сүхбаатарыг XX зуун жар-далаад онд баримталж үзэл баримтлалаасаа ухарчээ гэж зарим судлаачийг үзэхэд хүргэсэн бололтой.[32]

Н.Ишжамц, Г.Сүхбаатар нарын өгүүлсэн зүйлээс ажиглахад тэд эхэн үедээ шивэй ба монголчуудын угсаа гарвалын онолыг дэмжиж байснаа хожим энэ байр сууринаасаа ухарсан гэж ойлгогдохоор байна. Ялангуяа Г.Сүхбаатар энэ санаагаа 1992 онд маш тодорхой толилуулжээ.

---

[28] *Ишжамц Н.* Монгол угсаатан үүсэн бүрэлдсэн тухай //Угсаатан судлал. Tomus II, fasc. 14. УБ., 1965. т. 24-25

[29] *Батсүрэн Б.* VI-X зууны монгол аймгууд (түүх-угсаа гарвалын шинжилгээ). Түүхийн ухааны доктор (Ph.D)-ын зэрэг горилсон бүтээл. УБ., 2012. т. iv

[30] *Ишжамц Н.* Монголд нэгдсэн төр байгуулагдаж феодализм бүрэлдэн тогтсон нь. УБ., 1974. т. 4, 29

[31] *Сүхбаатар Г.* Монголын түүхийн дээж бичиг. Тэргүүн дэвтэр. УБ., 1992. т. 72-ын зүүлт 2

[32] *Батсүрэн Б.* VI-X зууны монгол аймгууд (түүх-угсаа гарвалын шинжилгээ). Түүхийн ухааны доктор (Ph.D)-ын зэрэг горилсон бүтээл. УБ., 2012. т. iv-v

Шивэй нарыг монголчуудтай угсаа гарвалын хувьд огт хамаагүй, тийм үзэл баримтлагч нарыг шүүмжлэгсэд бол Л.Билэгт, Б.Батсүрэн нар юм гэж С.Өлзийбаяр үзжээ.[33]

Бидний судалсанаар бол Х.Пэрлээгийн боловсруулсан урсгалыг баримтлагч нартай санал нэгдээгүй судлаачдын нэгд Д.Гонгорыг нэрлэж болох юм. Тэрээр монголчуудын өвөг дээдэс манай эриний VI зуун хүртэл Хүннү, Сяньби, Жужан "гэх зэрэг янз бүрийн нэр цолоор түүх сударт тэмдэглэгдэн явсан боловч манай эриний VI-VIII зууны үе хүрээд гэнэт сураг алдарч бараг нэр дурсагдахгүй шахам болдог байна. Үүний учир шалтгааныг Монголын судлагдахуунд нарийвчлан тунгааж, нягтлан тайлбарласан зүйл энэ хир хараахан үгүй билээ. Гэтэл тэрхүү элэр балар үе нь Судрын чуулган хэмээх их зохиолд тэмдэглэсэн нэгэн аман домог-түүхийн ёсоор бол монгол овгуудын олонхи нь Эргүнэ Күн гэдэг газар нутагшин сууж байсан хэмээх цагийн сүүлч үетэй таацан онолдох бололтой"[34] хэмээн бичсэн нь дээрх байдлаар ойлгоход хүргэж байгаа юм.

Л.Билэгтийн хувьд сурвалжид тэмдэглэсэн шивэй нарын газар нутгийн тухай мэдээ болон шивэйчүүдийн аж ахуй, нийгмийн байдлын тухай мэдээ нүүдэлчин монгол хэлтэн овог, аймгуудын тухай мэдээ зангитай таарч тохирохгүй байгааг гол баримтаа болгож мэн-ү шивэй зэрэг шивэй аймгууд монголчуудтай угсаа гарвал нэг биш болохыг батлахыг оролджээ.[35]

Шивэй ба монголчууд угсаатны хувьд гарал үүсэл нэг биш гэж үздэг судлаачдын нэг Б.Батсүрэн өөрийн саналаа гаргаж тавихдаа гол баримтаар оршин ахуйн гол зөрөө, зан үйлийн ялгаа, аж ахуйн өөр нөхцөл байдлыг голлон баримталжээ. Мөн шивэйчүүдийн газар нутгийн тухай мэдээ, судлаачдын саналыг нэгтгэж улмаар түүхэн баримтыг үндэслэсэн схем боловсруулснаар мэн-ү шивэй нарын нутгийг тогтоохыг бас Мэн-ү шивэй, Да шивэй, Улохоу нар Шивэй доторх аль угсаатны бүлэгт багтаж болохыг тодруулахыг оролджээ. Түүнчлэн Шивэйг монголчуудтай хамаатай гэсэн онолыг шүүмжлэхдээ археологийн судалгааны үр дүнг ашиглажээ.[36]

Монголчуудын угсаа гарвалын судалгаанд томоохон байр суурь эзэлдэг Шивэй (Мэн-ү шивэй) бол монголчуудтай угсаа гарвалын холбоо хамааралтай гэж үздэг онолыг баримталагчид болон түүнийг шүүмжлэгч монгол эрдэмтдийн судалгааг түлхүү авч үзсэн тоймоос дараах зүйлийг ажиглаж болно.

Энэ онолыг дэмжигч эрдэмтдийн дунд Х.Пэрлээгийн судалгаа зохих жин дарж харьцангуй ихээр бусдадаа нөлөөлсөн судалгаа гэдэг харагдаж байна. Зарим эрдэмтдийн үзэж байгаачлан түүний онол Монголын түүх судлалд өөрийн гэсэн байр сууриа эзэлсэн гэдэг нь эргэж харуушгай дүгнэлт болжээ. Учир нь Н.Ишжамц, Д.Гонгор, Г.Сүхбаатар нарын судалгаа гэхэд энэ чиглэлийг дэмжиж байснаа сүүлд нь байр суурв өөрчлөгдсөн байна. Тэгээд ч өнөө цагт энэ онолыг баримтлагчид ч гэсэн яг Х.Пэрлээгийн боловсруулсан онолыг тэр чигт нь баримталдаггүй болох нь П.Дэлгэржаргалын судалгаанаас ажиглагдана. Уг онолыг эсэргүүцэж

---

[33] *Өлзийбаяр С.* Монгол улсын шинжлэх ухаан. Боть 27. УБ., 2009. т. 205-207

[34] *Гонгор Д.* Халх товчоон. I. УБ., 1970. т. 44

[35] *Билэгт Л.* Раннемонгольские племена (этногенетические изыскания на основе устной истории). УБ., 2007. с. 178-202 ; *Өлзийбаяр С.* Монгол улсын шинжлэх ухаан. Боть 27. УБ., 2009. т. 205-207

[36] *Батсүрэн Б.* Мэнгү Шивэй, Да Шивэй, Улохоу аймгийн тухай //Угсаатан Судлал. Tomus XX, fasc. 1. УБ., 2011. т. 1-32

шүүмжлэгчид Монголын эрдэмтдийн дунд тун бага хувийг эзэлж байгаа ч тэдний боловсруулж гаргаж ирж байгаа үндэслэлүүд нь баримт мэдээ, судалгаа, хэрэглэгдэхүүн ашигласан байдлаараа уг онолыг дэмжигчдийн боловсруулсан үндэслэлээс дутахааргүй болох мэдэгдэж байна.

Эцэст нь дүгнэж хэлэхэд монголчуудын угсаа гарвалын судалгаанд томоохон орон зай эзэлдэг "шивэй-монголчуудын угсаа хамаадлын асуудал" цаашид ч гэсэн өөрийн дэмжигч, шүүмжлэгчдээр эгнээгээ өргөтгөсөөр байх нь дамжиггүй боловч найдвартай баримт мэдээг үндэслэж ац хагалах цаг тун ойртжээ гэж ойлгож болохоор байна.

НОМ ЗҮЙ

1. Амар А. Монголын товч түүх. УБ., 1989
2. Батсүрэн Б. Мэнгү Шивэй, Да Шивэй, Улохоу аймгийн тухай // Угсаатан Судлал. Tomus XX, fasc. 1. УБ., 2011, тал 1-32
3. Батсүрэн Б. VI-X зууны монгол аймгууд (түүх-угсаа гарвалын шинжилгээ). Түүхийн ухааны доктор (Ph.D)-ын зэрэг горилсон бүтээл. УБ., 2012
4. Батсүрэн Б. Өндөр тэрэгтнүүд ба эртний түрэгүүд (VI-IX зуун). УБ., 2009
5. БНМАУ-ын түүх. Тэргүүн боть. УБ., 1966
6. Гонгор Д. Халх товчоон. I. УБ., 1970
7. Дэлгэржаргал П. Шивэй аймгуудын угсаа-түүхийн зарим асуудал // МУИС-ийн ЭШБ. №8(174), 2001, тал 107-115
8. Дэлгэржаргал П. Мэнгу шивэй аймгийн угсаа гарлыг нэхэн сурвалжлах нь // МУИС-ийн ЭШБ. Түүх, №188(14), 2002, тал 8-11
9. Дэлгэржаргал П. Монголчуудын угсаа гарвал. УБ., 2005
10. Ишжамц Н. Монгол угсаатан үүсэн бүрэлдсэн тухай // Угсаатан судлал. Tomus II, fasc. 14. УБ., 1965, тал 21-29
11. Ишжамц Н. Монголд нэгдсэн төр байгуулагдаж феодализм бүрэлдэн тогтсон нь. УБ., 1974
12. Монгол улсын түүх. Тэргүүн боть. УБ., 2003
13. Очир А. Монголчуудын гарал, нэршил. УБ., 2008
14. Өлзийбаяр С. Монгол улсын шинжлэх ухаан. Боть 27. УБ., 2009
15. Пэрлээ Х. Гурван мөрний монголчуудын аман түүхийн мөрийг мөшгөсөн нь // Түүхийн судлал. Tomus VIII, fasc. 6. УБ., 1969
16. Сүрбадрах. Монгол үндэстний язгуур үүсэл. ҮХХ., 1988
17. Сүхбаатар Г. Сяньби. УБ., 1971
18. Сүхбаатар Г. Монгол Нирун улс (330 орчим-555 он). УБ., 1992
19. Сүхбаатар Г. Монголын түүхийн дээж бичиг. Тэргүүн дэвтэр. УБ., 1992
20. Ту Жи. Монголын түүхэн тэмдэглэл. Тэргүүн дэвтэр. ӨМАХХ., 2007
21. Эрдэнэбаатар Д. Эртний шивэй аймгуудын тухай (МЭ VI-IX зуун) // Ойрад товчоон. Боть 1(1), V дэвтэр. Ховд, 1999, тал 25-32
22. Эрдэнэбат У., Амартүвшин Ч. Дугуй Цахирын хадны оршуулга (X-XII зуун). УБ., 2010
23. Билэгт Л. Раннемонгольские племена (этногенетические изыскания на основе устной истории). УБ., 2007

24. Викторова Л.Л. К вопросу о расселении монгольских племен на Дальнем Востоке в IV в. до н.э. – XII в. н.э. // Ученые записки ЛГУ, №-256. Серия востоковедческих наук. Вып. 7. Л., 1958, стр. 41-67
25. Мункуев Н.Ц. Мэн-да бэй-лу («Полное описание монголо-татар»). М., 1975
26. Риттер К. Землеведение Азии. Ч. 1, перевел и допонил П.Семенов. СПб., 1856

ДАЯАРШИЛ БА МОНГОЛ ГЭР БҮЛИЙН ОРЧИН ДАХЬ ҮНДЭСНИЙ СОЁЛ

Ч.Мөнхтуул
(Минзу их сургууль)
Д.Наранцэцэг
(СУИС, Соёл урлаг судлалын хүрээлэн)

ABSTRACT

This article examines about the power of globalization other than the power of the state in mongolian families. It is globalization came with the open policy of international trade(food, sugar, KFC etc) and the rights of free media(western, korean and chinese drama etc). Globalization accelerates the process of individualization. And also flipped decrease national culture.

Түлхүүр үг: үндэсний соёл, даяаршил, гэр бүл, индивидуалчлал

Даяаршил (globalization) гэдэг нь үндэстнүүдийн хоорондын соёлын, мэдээллийн, байгалийн баялагийн болон капиталын үйл ажиллагаагаар бүтээгдсэн тусгаар тогтносон олон улсын холбоо ба комплексийн өсөлт хийгээд хөгжлийг зааж байгаа бөгөөд эдгээр олон зүйлийн хөдөлгөөнд хүрдэг нийгэм, соёлын эсэргүүцэл болон өөриймшүүлэн хүлээн авах байдлыг багтаадаг зүйл билээ. Даяаршил буюу даяарших явц нь хүн төрөлхтний харилцан хамаарал, харилцан ойлголцол, харилцан мэдээлэл нэмэгдэх үйл явцад хүссэн хүсээгүй нөлөөлж, угтаа улс орнуудын үндэсний ухамсрыг соёл-оюуны довтолгоогоор дарах гэсэн алсын зорилготой их гүрний улс төрийн бодлого, үзэл суртлын зэвсэг маягийн үүргийг гүйцэтгэж байдаг гэж хэлж болно. Соёлын хүн судлалд бол даяаршлыг зөвхөн барууны хэлбэртэй соёлын тархах үйл явц гэж үзэх бөгөөд мэдээлэл, цэрэг арми, хоол хүнсний сүлжээ, худалдаа, мэдээллийн хэрэгсэл гэх мэт маш олон зүйлээр тархдаг гэж үздэг юм. Сүүлийн хэдэн жилд даяаршлын энэ үйл явц бага багаар эрчээ алдаж байгааг бас дурдах хэрэгтэй байх. Учир нь, даяаршлын эсрэг сүүлийн жилүүдэд БНХАУ-аас Ази, Европыг холбосон "Нэг бүс-нэг зам" гэдэг бодлого хөтөлбөрийг гарган ирж байна. "Нэг бүс-нэг зам" хөтөлбөрийн даяаршлын бодлого үйл явцаас ялгаатай нь Хятадын төрийн хүчтэй оролцоонд тулгуурлаж байдаг билээ[1]. Бидний ажигласнаар өнөөгийн Монголын гэр бүлд энэ хоёр хүчин зүйлийн нөлөө аль аль нь байна. Хэдийгээр "Нэг бүс-нэг зам"-ын бодлого нь харьцангуй хожуу тунхаглан гарч ирсэн шинэ тулгар зүйл боловч үндэсний телевизээр гарч байгаа уран сайхны кино нэвтрүүлгүүд, хамтын ажиллагаатай байгууллага хоорондын харилцаа зэргээр дамжин монголчуудын дунд хурдтай тархах болжээ. Олон соёлын уулзварт байгаа бидний ухамсарт гадаад мэдээллийн нөлөө, зориудаар бэлтгэсэн тусгай хөтөлбөрүүд ямх ямхаар нэвтэрч, гадны соёлын нөлөөнд автан, үндэсний сэтгэлгээний онцлог, үндэсний соёл, язгуур чанараа уусгаж, үндэсний соёлыг нийтийн соёл орлох хэмжээнд хүрээд байна. Нийтийн соёлд эерэг сөрөг талууд зэрэгцэн оршиж, давуу соёлын загвар, нөлөөгөөр цөөн хүн амтай жижиг буурай орны соёлын дархлаа амархан суларч байдаг. Бид өнөө

---

[1] Bulag U.E. The Mongols at China's Edge: History, and the Politics of National Unity. Rowman and Littlefield Publishers, INC, Lanham, Boulder, New York, Oxford., 2002. p95

үед гадны давуу соёлын эерэг сайн талыг хүлээн авч өөрсдийнхөөрөө баяжуулж хөгжүүлж явахаасаа илүү сайн мууг ялгалгүй шууд хүлээн авч байна. Мэдээллийн нээлттэй байдлын доор барууны соёл манайд түрэмгийлэн орж ирсэн гэхээсээ илүү бид өөрсдөө сайн дураараа даган дуурайж, түүнд автах явдал их байна. Иймд бид энэ хэсэгт өнөөгийн Монголын гэр бүлд төрөөс өөр ямар хүч ямар арга замаар яаж нөлөөлж, үндэсний соёлын байр суурийг хөндөж, хүч (power)-ийг бууруулж буй тухай буюу цаад утгаараа Даяаршлын нөлөөгөөр Монгол гэр бүлийн дотоодод гарсан өөрчлөлтийн тухай өгүүлэхийг зорилоо. Ингэхдээ бид даяаршлын тархалтын олон хэлбэр дотроос гадаад худалдаа болон мэдээллийн хэрэгслийн хоёр зүйл хэлбэрийг сонгон авав. Гадаад худалдааны бодлого нээлттэй болсноос хойш Монгол гэр бүлийн хүнсний хэрэглээний олон төрөл зүйл өөрчлөгдөж, тэр дундаа сахарын хэрэглээ эрс нэмэгдсэн нь өнөөдрийн нийт хүн амын, өрх гэр бүлийн эрүүл мэндийн ноцтой асуудал болж байна. Барууны соёл (Western culture) нь KFC, Kings Burger гэх мэтийн Улаанбаатар хотод нээгдсэн түргэн хоолны олон салбаруудаар дамжин Монголд нэвтэрч, гэр бүлийн гишүүдийн "индивидуалчлал"-ыг илэрхийлэх хэмжээнд хүрч ирээд байна. Мөн мэдээллийн хэрэгслийн "чөлөөт, нээлттэй" байдал доорх гадаад орнуудын (барууны, Солонгос, Хятад) олон ангит кино гэр бүлийн амьдралд ихээхэн нөлөө үзүүлж байна. Энэ нь гэр бүлийн доторх үндэсний соёлыг нэгмөсөн устгаж байгаа үйлдэл хараахан биш бөгөөд одоохондоо гадны соёл, үндэсний уламжлал соёлтой зэрэгцэн оршиж байгаа ч зарим тохиолдолд үндэсний соёлыг хүрээний гадна талд гаргаж байгаа байдал ажиглагдаж байна. Тэгвэл өнөөгийн Монголын гэр бүлийн орчин дахь үндэсний соёлд, гэр бүлийн гишүүдийн дотоод харилцаанд төрөөс өөр хэн, хэрхэн, ямар арга замаар нөлөөлж вэ?

Нэгэн жишээ: ""...Халтар царайт"[2] гэдэг кино гарч эхэлж байсныг санаж байна. 1994 онд билүү дээ. Манай сумын төвийн урд бригадаас 20 орчим мотоциклтой залуучууд тэр киног үзэх гэж сумын төвд орж ирлээ гэж байсан. Тэр үеийн сумын төв одоогийнх ийм сайхан тог цахилгаантай биш. Зөвхөн оройд л нэг хоёр цаг тог асдаг байсан. Бусад үед тог байхгүй. Гэвч тэр нь тогтмол бас асахгүй. Байнга л тоггүй болчихдог байж билээ. Оройд лаагаа л барьдаг байлаа. Тийм үед тэр киногоо үзэх гээд бүр хойт Үенч сумруу хүртэл машин, мотоциклоор сундлалдаад, чихээд явцгааж байсан. Тэр кино тухайн үед залуучуудад үнэхээр их нөлөө болох шиг болсон. Бидний үеийнхний эцэг эхээсээ айдаг, үгээр нь байдаг, хүндэтгэдэг тэр нэг байдалыг өөр болоход тэр кино нөлөөлөх шиг л болсон. Тэр кинонд залуучуудын амьдрал тэс өөр гарч байсан. Тэр залуучуудын хайр сэтгэл энэ тэрийн асуудал их нээлттэй байгаа юм чинь. Миний санахаар дараагаар нь хэд хэдэн охин оргож суусан юм болоод байсан шүү. Их нөлөө болсон доо..."[3].

Дээрх жишээнд өгүүлсэнчлэн барууны соёлын олон зүйл 1990-ээд оны эхэн үеэс телевизээр цацагдах болсон олон ангит кино (зөвхөн барууны кино гэж хэлж бас болохгүй. Учир нь 2000 оноос хойш солонгосын телевизийн олон ангит кино маш их нөлөө үзүүлсэн) болон "гадаад худалдааны нээлттэй байдал", "хил нээгдэх" үйл явцын доор гаднаас импортоор орж ирэх болсон олон төрлийн бараа бүтээгдэхүүний хэрэглээгээр барууны соёлыг тээн ирж, түүний дотор гэр бүлийн харилцаанд яаж нөлөөлж байгаа тухай ярих юм. Даяаршил нь гэр бүл дэх

[2] Венесуэлийн телевизийн олон ангит кино. Анх 1992 онд Венесуэлийн телевизээр цацагдсан. Харин 1994 онд Монголд гарсан билээ. Энэхүү кинонд залуучуудын чөлөөт амьдрал, өөрөө өөртөө эзэн болох гэх мэт асар олон барууны гэр бүлийн хэв маягийг харуулсан бөгөөд тухайн үеийн монголын залуучуудад (ялангуяа хөдөө орон нутгийн) маш их нөлөөлсөн гэдэг.
[3] Ховд аймгийн төвийн иргэн 60 настай Н-тэй хийсэн ярилцлагын тэмдэглэлээс. 2017 оны 6 сарын 7 нд.

төрийн зохицуулалтад ч нөлөөлөх болж, түүнээс ч илүү гэр бүлийн амьдралын олон зүйлийг удирдаж байгааг олон жишээгээр дурдаж болно. Гэвч бид цаг хугацааны "хомс" байдлаас үүдэн өргөн цар хүрээнд авч ярих боломжгүй тул өмнө дурдсанчлан даяаршлын тархалтын гол хоёр хүчин зүйлийн нөлөөг л ярих болно. Энэ нь *нэгд*, өнөөдрийн гэр бүлийн өдөр тутмын амьдрал дундах хоол хүнс *хоёрт,* мэдээллийн хэрэгслийн нөлөө хэмээн харж байна. Учир нь даяаршлын нөлөөгөөр үүссэн энэ хоёр хүчин зүйлийн улмаас өрх гэрийн доторх үндэсний соёлын байр суурь буурч байгаа хандлага байх тул энэхүү төрийн оролцооноос ангид импортын бараа бүтээгдэхүүн болон мэдээллийн хэрэгслийг дагаж орж ирж буй даяаршлын далбааны доорх гадна (өрнө, баруун гэх мэт)-ы хүч (power)[4], эрх мэдэл (authority)-ийн тухай тусгайлан судлахыг хүссэн хэрэг. Ингэхдээ бид индивидуалчлал*(Individualism)*[5]-ын онолын өнцгөөр асуудлыг харах бөгөөд энэ нь эцэстээ уг хандлагын хүрээнд монголоор жишээлсэн хэлэлцүүлгийг нэмнэ хэмээн найдаж байна. Тус өгүүлэлд ашигласан эх хэрэглэгдэхүүн нь ерөнхийдөө хоёр зүйлээс бүрдэх бөгөөд *нэгд,* Соёл урлаг судлалын хүрээлэнгээс орон нутагт болон Улаанбаатар хотод хийсэн судалгааны үеийн "оролцон ажиглалт"-ын баримт, ярилцлага судалгааны тэмдэглэл хийгээд социологийн судалгааны үр дүн; *хоёрт*, энэ сэдэвтэй холбоо бүхий эрдэмтдийн судалгаа, баримт эх сурвалжууд юм.

1.   **Хоол хүнс ба даяаршил**

     Монголчууд ухамсарт амьдралынхаа ихэнх цаг хугацааг гэр бүлдээ биш өөрийн ажил хэрэг, карьерийн өсөлтөд зарцуулах болсон өнөө үед гадны соёлын нэвчилт түрэлтийн улмаас үндэсний соёлд орж ирж байгаа нэгэн том өөрчлөлт зайлшгүй хоол хүнстэй холбогдож байна. Бид энэ тухай тодорхой жишээгээр авч яръя.

     Нэгэн жишээ: "...*Биднийг хүүхэд байх үеэс өнөөдрийн идэж уудаг энэ бүхэн тэс өөр болсон. Ийм зүсэн зүйлийн юм тэр үед огт байсангүй. Саяхан болтол. Миний санаж байгаагаар хүүхэд байхад хамгийн амттай хоол сүүлний тос хайлуулаад үлдсэний дараах шимэлдэгт нь хуурсан бор гурил л байсан. Бид чинь зун нь цагаан идээгээ иднэ. Өвөлд нь махаа л иднэ. Энэ баруун хил нээгдээд бүр сүүлд л энэ "цуйван"[6] гэдэг хоол гарч ирсэн. Ер нь олон ногоо тэгж л орж ирсэн ш дээ. Тэрнээс өмнө ийм олон янзын хоол мэдэх ч үгүй л байсан. Одоо ч энэ хүүхдүүдийн идэж уудаг ч бүр түмэн янзын юм байх болжээ. Юу идэж уудагийг нь мэдэх ч арга алга даа....*"[7]

---

[4] Энд би англи хэлний *power* гэдэг үгийг монгол хэлнээ махчлан хүч хэмээн буулгаж байгаа юм. Монгол хэлэнд *power*-г эрх мэдэл мэтээр хэрэглэх тохиолдол байдаг ч энэхүү монгол нэр томьёо миний санахад англи хэлний *authority* гэдэг үгтэй илүү тохирох тул хүч гэдэг монгол хувилбарыг сонгож авлаа (Бум-Очир; 2008).

[5] Индивидуалчлал гэдэг бол орчин үеийн гэгдэх нийгмийн доторх, гэр бүлийн доторх хувь бодгалийн бие даасан, тусгаарлах хандлагын талаарх нэр томьёо юм. Гэвч энэ бол тогтсон онол биш. Харин зүгээр хандлага гэж хэлж болох бөгөөд түүнийг судлах 3 зүйлийн онолын хандлага байна. Хамгийн эхнийх нь "бие хүн" гэдгийг төвлүүлж үзэх түүх-соёлын байр суурь болон рационал ба нийгмийн гэсэн гурван төрлийн өнцгөөр тухайн асуудлыг судалж байдаг.

[6] Цуйван гэх энэ хоол бол хятадын хань үндэстэн тэр тусмаа хятадын хойт бус нутаг болох Хэбэй, Шаньши, Хэнань болон Бээжингийн нэрийн хоол болох "chao mian" болон "meng mian"-тэй адилавтар боловч Монголчуудын хийж байх арга маяг, орц нь бас нэгэн өөрийн онцлог бүтээж байна. Учир нь хятад иргэд монголчуудын хийж байгаа цуйванг хараад энэ "chao mian" байна гэж бас яг хэлэхгүй. Монголчууд тэднийхийг хараад бас яг цуйван гэж хэлэхгүй. Гэсэн мөртлөө үүнийг монгол хоол гэж бас хэлэхгүй. Тэгэхээр монголжуу маягийн нэгэн төрлийн хоолыг бүтээж байна гэж хэлж болно.

[7] Ховд аймгийн төвийн иргэн 80 настай Н-тэй хийсэн ярилцлагын тэмдэглэлээс. 2017 оны 6 сарын 7нд.

Нэгэн жишээ"*... Би анх 2004 онд их сургуулийн оюутан болж Улаанбаатар хотод орж ирэх үед одоогийн энэ олон түргэн хоолны газар ерөөсөө байгаагүй. Энэ олон сүлжээ хоолны газруудойрын 5 жил дотор л ийм их болсон. Дараа нь би Хятад улсад явсан. Тэнд бас л иймэрхүү газруудолон байдаг юм билээ. Гэхдээ хятадын онцлогийг оруулчихсан түргэн хоолны газрууд бас нээгдэж эхэлсэн байдаг юм. Өөрөөр хэлбэл барууны түргэн хоолны сүлжээг оруулж ирээд зогсохгүй зэрэгцүүлээд хятад маягийн түргэн хоолыг бас хийдэг юм байна лээ. Манайд бол тийм юм алга. Яг өөрийн онцлогоороо л байх шиг байдаг юм...*"[8]*

2013 оны 5 дугаар сард "Таван богд" групп[9] олон улсын түргэн хоолны KFC[10] сүлжээг Монголд оруулан ирж, анхны салбарыг нээсэн нь одоогийн Үндэсний номын сангийн урд талын салбар байв. Үйлчлүүлэгчдийн тоо нь зөвхөн хамгийн анх нээгдсэн энэ салбарт гэхэд л өнөөдрийн байдлаар анхны өдрийнхөөс хэдэн арав дахин өссөн[11] байна. Одоогоор тус сүлжээ Улаанбаатарт нийтдээ 10 салбар болж өргөжөөд байгаа юм. Уг сүлжээний Монгол дахь салбарууд нь багц болон дан, хачир гэсэн төрлөөр чицца, филле, зингер, твистер, попкорн, өндөгтэй тарт гэх мэт төрлийн хоолоор олон нийтэд үйлчилдэг. Энд бидний ажигласан нэг зүйл бол сүүлийн үед гаднаас орж ирж байгаа бараа бүтээгдэхүүнд монгол нэр оноож өгөх явдал дутагдалтай болжээ. Эдүгээ хүн төрөлхтөн гурван мянга орчим хэлээр ярьж байгаа нь хэрэг дээрээ мөн тийм тооны соёлын бие даасан бодгаль амьд сэрүүн оршин тогтиож, хөгжиж хөдөлж байна гэсэн үг. Гадны соёлыг "монголжуулах", "өөрийн хөрсөнд буулгах" нэгэн боломж бол монгол хэл, монгол нэршил байх болов уу. Дэлхийн улс орнуудын эдийн засаг, улс төр, оюун санааны амьдрал улам бүр ойртон даяаршиж байгаа энэ эрин үед "тухайн ард түмний унаган язгуур соёлын үндсэн бүрдвэр, соёл судалыни гол хэрэглэгдэхүүн"[12] болсон хэлний тухай асуудлыг онцгой анхаарах нь чухал юм.

Бидний анхаарлын төвдөө авсан нөгөө нэг зүйл нь энэхүү түргэн хоолны олон улсын сүлжээний Монголд нэвтэрсэн явдал монголчуудын тэр тусмаа Улаанбаатар хотын хоолны салбарт өөрчлөлт авч ирээд зогсохгүй түүнээс илүүтэйгээр Монголчуудын гэр бүлийн орчин дахь үндэсний соёлд зарим өөрчлөлтийг тусгах нэг цэг болоод байна. Тэр нь гэр бүлийн гишүүдийн хэн нь энэ төрлийн хүнсийг хэрэглэдэг вэ гэдэгтэй холбоотой асуудал. Мөн хүмүүс яах гэж энэ сүлжээ түргэн хоолны газар ирдэг вэ гэдэг тухай асуудал. Энэ төрлийн хоолыг гэр бүлийн "залуу, бага насны" гишүүдийн найзуудаараа юм уу ангиараа ирж иддэг хүнсэнд албан бус байдлаар тооцогддог гэж хэлж болохоор. Тодорхой хэлбэл тухайн сүлжээ

---

[8] Улаанбаатар хотын иргэн Д.Ю-тай хийсэн ярилцлага. 2017 оны 6 сарын 14 нд

[9] Тус групп нь 1995 онд байгуулагдсан, худалдаа (*Toyota, Volkswagen, Tavan bogd international, Bridgestone, Toto, Tavan bogd menegment, Smart, L'occitane*), үйлдвэрлэл (*Gobi, Altan taria, Ulaanbaatar print*), үйлчилгээ (*Toyoto, Volkswagen, KFC,PizzaHut, Tavan bogd washyoki, Hitachi, Support services mongolia,*), санхүүгийн үйлчилгээ (*khaan bank*), аялал жуулчлал, зочид буудал *(Juulchin, Airlink, Duty free, Kempinski Hotel)*-ын чиглэлд үйл ажиллагаа явуулдаг; олон улсын худалдаа үйлчилгээний сүлжээг Монголд оруулж ирж байгаа цөөн тооны томоохон компаний нэг.

[10]Энэ бол олон улсын түргэн хоолын сүлжээ компаны нэр юм. 1930 онд 40 настай Харланд Сандерс тухайн үед ажиллуулж байсан бензин колонктоо өөрийн тусгай нууц жороор амталсан амтат шарсан тахиагаа анх жуулчдад амтлуулж амжилтын гараагаа эхлүүлж байжээ. Амбан захирагчаасаа цоллуулсан хурандаа цолоор өөрийгөө эрчилсэн тэрээр тэтгэвэрт гарах хугацаагаа 10 жилээр хойшлуулсны үр дүнд Америк болон Канад улсад 600 гаруй франчайз рестораитай болсон байв. Өдгөө дэлхийн 130 гаруй оронд өдөрт 12 сая гаруй үйлчлүүлэгчтэй гэсэн ерөнхий судалгаа байна.

[11] Судлаач Ч.Мөнхтуулын Монгол дахь сүлжээ рестораны менежер А-тай 2017оны 08 сарын 09-нд хийсэн ярилцлагаас .

[12] Сумьяа Б. Монголын нүүдэлчдийн соёл: Оршиходс эс оршихо. Уб., 2001, 30-р тал

хоолны газар ирж буй үйлчлүүлэгчид нь голдуу залуучууд байдаг. Гэтэл өнөөдөр Монголын хүн амын 27,7 хувийг хүүхэд, 37,5 хувийг залуучууд эзэлж байгаа тоон баримт байна..

Түүнчлэн тухайн бүтээгдэхүүний талаарх олон нийтийн мэдээллийн хэрэслээр гарах сурталчилгаанд уг бүтээгдэхүүн залууст зориулсан хүнс мэтээр "дахин тайлбарлах" (representation)[13] аж. Мөн энд дан залуучуудыг ажилд авч байна. Энэ бүх байдал нь эргээд тухайн хоолны газарт ирж байгаа үйлчлүүлэгчид зөвхөн тухайн бүтээгдэхүүнийг идэхийн төлөө гэхээс илүү тодорхой орон зай эсвэл "нийгмийн бүлэг" (community)-ийн орчин үүсгэхийн төлөө ирдгийг харуулж байгаа юм. Өөрөөр хэлбэл энэ бол "залуу" гэгдэх бүлгийн өөрсдийн хувь хүний юм уу нэг ижил хүсэл сонирхлын бүлгийн орон зай болж харагдаж байна. Угтаа тус сүлжээ хоолны газар нь "түргэн хоол" гэдэг утгаараа баруунд тархсан атал монголын хувьд үйлчлүүлэгчдийн саатах цагаас үзэхэд энэ утга нь өөрчлөгдсөн байгааг харж болохоор. Монголын үйлчлүүлэгчид уг сүлжээний газар багадаа 30 минут саатдаг. Баруунд бол 2-3 минут л зарцуулах нь ажиглагдана. Энэ чиглэлийн хүнсний үйл ажиллагааг явуулж байгаа бизнес эрхлэгчид (entrepreneurship)[14] ч яг энэ байдлаар ойлгож, бизнесийн үйл ажиллагаагаа тэр байдал руу нь чиглүүлж байгааг бидний өмнө дурдсанчлан сурталчилгаанаас болон тэдний ажлын "KFC бол гэр бүл, найз нөхөд, хайртай дотны хүмүүстэйгээ хамтдаа чөлөөт цагаа өнгөрөөх хамгийн тохиромжтой"[15] газар гэсэн уриатай ажиллаж байгаагаас нь харж болох юм. Энэ нь өнөөгийн гэр бүлийн доторх залуу үеийнхний зүйл мэт (ялангуяа 18 нас хүртэлх хүүхдүүд) байдлыг бүтээсэн нь нэг талаар гэр бүлийн доторх хувь хүний орон зайг тэлэхэд хүргэж байна. Тодруулбал, өнөөгийн монголын гэр бүлийн "индивидуалчлал"-ыг ч илэрхийлж байна гэсэн үг. Энгийнээр хэлбэл өнөөгийн гэр бүл гэдэг бол улам бүр хувь хүний орон зай болох хандлага руу явж байна. Тэр нь юугаар илэрч байна гэхээр энд дурдан буй түргэн хоол мэтээр дамжин гэр бүлийн гишүүн бүр өөрийн гэсэн хүсэл эрмэлзлийн хүнстэй оршихын зэрэгцээ энэ мэт хувь хүн өөрийн хүсэл, сонирхлыг илүүд үзэх хандлагатай болж байгаа юм. Мэдээж хувь гэр бүлийн доторх хүсэл, түүний төлөөх байдал гэж байх боловч тэрхүү "цөм гэр бүл" (эсвэл бага гэр бүл) дотроо мөн хувь нэг хүний байр суурь хүчтэй болж эхэлж байна. Тэр нь яг дээрх түргэн хоол мэтээр тод илэрдэг. Энэ нь өмнө өгүүлсэнчлэн барууны хүнсээр дамжсан тэдний соёл, түүний хүч, эрх мэдэл "хялгасан судас мэт" орж ирж байгааг давхар харуулна.

Бидний социологийн судалгааны явцад Улаанбаатар хотын оролцогчид (*судалгаанд оролцогчдын 75.7% (1633) нь гэртээ үндэсний уламжлалт хоол, 8.1% (174) нь гадуур хоол, 4.8 (103) нь гэртээ азийн бусад үндэстэнүүдийн хоол, 3.8% (83) нь гадуур европ хоол, 3.7%(80) нь хариулаагүй, 2.1% (38) нь бусад төрлийн хоол хүнс хэрэглэдэг гэсэн байна*[16]) голдуу баяр ёслолын үеэр гэрээс гадуур гарч хооллодог тухайгаа тэмдэглэсэн байна. Тэд голдуу хятад болон солонгос хоолонд

---

[13] Аливаа мартагдагдсан юм уу соёлын цөмд хэрэглэгдэхгүй байсан зүйлийг төр, аль эсвэл аль нэг хүчний байгууллага дахин сэргээж хэрэглэхдээ өөр нэг утга өгч тайлбарлах үйл явцыг хэлдэг. Бидний тохиолдолд KFC бол баруунд байх түргэн хоол гэдэг утгаасаа өөр утгатай болж залуучуудын хүнс юмуу сүлжээ ресторан болж тайлбарлагдаж байгаа юм.

[14] Хувиараа бизнес эрхлэх эсвэл аж ахуйчлал (*entrepreneurship)*-ыг тодорхойлох уламжлалт хандлага бол шинэ ямар нэгэн бичил бизнесийг эхлүүлж байх үе шат, хөрөнгө орлого нь хэрхэн яаж нэмэгдэж байх (Butt:2015) мэтээр дүрслэгдэж байсан. Гэвч 2000-аад оны үеэс эхлэн түүнийг тайлбарлахдаа илүү нэг хувь бие юмуу (багаараа ч юмуу) яаж, яагаад ижилсэлтийг үүсгэж ажиллаж байгааг судлах байдал бий болоод байна (Scott, S,Venkatraman,S:2000).

[15] http://kfcmongolia.com/index/index/category/kfc_mongolia

[16] СУИС, СУСХ "Гэр бүлийн орчин дахь үндэсний соёлын өнөөгийн байдал, чиг хандлага" социологийн судалгааны тайлан. Улаанбаатар хот. 2017.

гэр бүлээрээ ордог тухайгаа өгүүлж байсан юм. Тэдний хариултаас анхаарах ёстой зүйл бол энэ байдал ойрын 1-2 жилд Улаанбаатар хот болон бусад аймгуудын төвд хятад хоолны газар олноор нээгдэх болсонтой холбоотой бий болж байгаа зүйл хэмээн үзэж байна. Учир нь Хятадын "Нэг бүс-нэг зам"[17]хөтөлбөрийн хүрээнд хоёр улсын засгийн газар хоорондын "чөлөөт худалдааны бүс"[18] болон бусад эдийн засаг, соёлын олон арга хэмжээгээр дамжин хятад иргэд Монголд ирж бизнес хийх болсон юм. Тэдний орж ирсний дараах монголчуудтай харилцах "байнгын бус дамнасан харилцаа" (Trans-temporal hinges[19])-ны хүрээнд үүсэн бий болох олон төрлийн ярвигтай асуудал ч байна. Бид энэ харилцаа эцэстээ монгол үндэсний гэр бүлд хэрхэн яаж нөлөөлж байгааг л энд өгүүлэх болно. Учир нь тэдгээрийн нэлээд хэсэг нь хүнсний салбарт ажиллах болсон. Зарим нь санамсаргүй тохиолдлоор ч энэ салбарт орж ажиллах болсон бололтой байна. Тухайлбал, биднийг орон нутагт судалгаа хийж байх үед нэгэн хятад гэр бүл аймгийн төвд хятад хоолны газар нээж ажиллуулж байсан юм. Тэд яаж монголд ирж ажиллах болсон, бас тэдний хоолны газарт ямар хүмүүс ирдэг тухай өгүүлэхдээ:

"Манай гэр Шинжаанд байдаг. Ганц охинтой. Бид тэндээ гэр бүлийн бичил бизнес эрхэлж байсан. Ашигтай ч байсан. Сайн мөнгө хураадаг байсан. Гэтэл бидний сайн танил нэг шинжааны монгол үндэстэн охин байдаг байсан юм. Тэр бидэнтэй их дотно, харилцаа сайн байдаг байлаа. Түүний аав нь Монголтой харилцаа сайн. Байнга л нааш цааш явдаг байсан. Охиных нь хэлж байгаагаар манай аав та нарт сайн тусалж чадна. Та нар Монголд бизнес хийгээч гэдэг байв. Манай нөхөр маш итгэмхий хүн учраас яваад үзээд ирэхээр болсон юм. Тэгээд эхлээд Ховдод ирсэн. Манай хүн ямар ч монгол хэл мэдэхгүй. Нөгөө охины аав орчуулгыг нь хийж байсан. Монголын засаг захиргааны хүнтэй уулзаад л энд ногооны зоорь барихаар болсон байсан. Тэгээд эхлээд мөнгө оруул гэж хэлсэн байсан. Манай хүн ч буцаж ирээд хөрөнгө оруулалт хийсэн. Энэ үед ч, дараа нь ч Монголд очиход тэр орчуулагч биднийг өөр хүмүүстэй харьцах хэрэггүй гэдэг байсан. Сүүлд мэдэхнээ биднийг биш түүнийг хөрөнгө оруулагч гэж хүмүүс боддог байсан юм байна лээ. Бид хэлгүй учраас түүнд бүгдийг даатгаж байсан. Байж байгаад л мөнгө хэрэгтэй, мөнгө оруул гээд байсан. Бид бараг бүх л мөнгөө хөрөнгө оруулалт болгосон. Дараа нь шаардлагатай том машин тэргээ аваад энд ирсэн. Одоо бидний амьдарч буй энэ байшинг харуулсан. Маш хүйтэн, дулаалга хийгээд амьдарч болно гэсэн. Тэгж байтал нөгөө орчуулагч болон аймгийн захиргааны хүн хоёр бидний хамтын ажил боломжгүй болсон гэдэг юм байна. Яагаад гэхээр

---

[17] "Нэг бүс, нэг зам" нь БНХАУ-ын санаачлагаар гарч ирсэн гадаад худалдааны зам бөгөөд Ази, Европ, Африкийг 5 чиглэлээр холбох юм. Тус бүсэд хамаарагдсан улсуудын хооронд "худалдааны чөлөөт бүс"-ийг байгуулах бөгөөд татварын хөнгөлөлт эдлэх гэх мэт давуу талтай юм. Судлаач Э.Булаг үүнийг өдөр ирэх бүрт эрчээ алдан буй Америкийн голлон удирдаж байгаа даяарчлалын дороiтмол байдалтай зэрэгцүүлэн эсрэгээр нь Хятадын гарган ирж буй Ази тивийн эмх журмыг дахин шинээр байгуулах гэсэн санаачлага гэж үзэж байгаа юм. Монгол улс бол анхнаасаа энэ бүс нутгийн байгаагүй. Өөрөө хүсэлт өгч орсон. Гэвч судалгааны явцад ажигласнаар энэ төслийн тухай монголын жирийн олон нийт төдийлэн сайн мэдэж ойлгохгүй. Гэвч засгийн газар юмуу ШУА-ийн зарим нэг хүрээлэнгүүдээс энэ талын маш олон арга хэмжээнд оролцож байгаа нь ажиглагдаж байна. Мөн түүнчлэн Монголд худалдаа хийж буй БНХАУ-ын харьят зарим иргэд л энэ тухай мэддэг. Учир нь тэдний Монгол улсад оруулж иж байгаа бараа бүтээгдэхүүний татварыг Хятадын хил дээр хөнгөлдөг байна.

[18] Энэхүү чөлөөт бүс гэдэг нь Монгол, Хятад, Оросын хамтарсан худалдааны замын дагуух Хятад улсын талаас үзүүлж буй дэмжлэг болгог Хятадаас гадагшаа гаргаж байгаа бараа бүтээгдэхүүнд татвар тавихгүй байгаа бүс юм.

[19] Morten Axel Pederson and Morten Nielsen. 2013. Trans-Temporal Hinges: Reflections on a comparative Ethnograpic Study of Chinese Infrastructural Projects in Mozambique and Mongolia. Social Analysis, Volume 57, Issue1, Spring, 122-142.

аймгийн төвийн захиргааны хэрэгжүүлэх төсөл бүтээгүй гэж хэлсэн. Бид бүх хөрөнгөөрөө машин болон хэрэгтэй бүх зүйлийг аваад ирсний дараа шүү дээ. Бид яах ч аргагүй байдалд орж бөөн хэрүүл болсон. Арга буюу авч ирсэн юмаа хаяад явалтай биш. Эндээ суух болсон. Жуулчины зөвшөөрөлтэй орж ирсэн учраас 3 сар болоод буцах болдог. Энд хоол хийгээд байх гэхээр хоолны ногоо байхгүй. Тиймээс өөрснөө жаахан ногоо тариад хоол хийж байна. Орон нутгийн захиргаанаас ирээд бөөн юм болдог. Та нарт ийм зөвшөөрөл байхгүй гээд. Бид өвөл энэ хоолны газрыг нээсэн. Эхэн үедээ ямар ч хүн орж ирэхгүй байсан. Одоо сүүлийн хоёр сараас л хүн ихсэж байна. Ихэвчлэн хятадууд л ирж байна. Гэхдээ монголчууд ч бас ирж байгаа. Гэр бүлээрээ ирдэг. Аймгийн төвийн даргынх ч ирсэн шүү. ...”[20] гэв.

Энэ байдлаас харахад Хятадын “Нэг бүс- нэг зам” бодлогын хүрээнд монгол улсад хүнсий салбарт ажиллаж буй бизнес эрхлэгчдийн үйл ажиллагаа Монголын гэр бүлийн хоолны орчинд нөлөө үзүүлж байгааг харж болох юм. Гэвч өмнө хэсэгт өгүүлээд байгаа даяаршлын нөлөөгөөр орж ирсэн хүснээс ялгаатай нь энд тодорхой улсын өөрийн соёлоо түгээх гэсэн бодлогын нөлөө дам утгаар түрж орж ирж байгааг бид бас анзаарч байх нь зүйтэй болов уу. Бас нөгөө талаар хэдий дам хүчний бодлогын нөлөөн доор боловч даяаршилаас ангид бас нэг соёл нэвчин орж ирж буйг ч анхаарч байх нь зүйтэй болов уу.

Судалгаанд оролцогч ялангуяа хөдөө орон нутгийн залуу, дунд насны иргэдийн олонх нь “уламжлалт” монгол хоолоо л байнга хийдэг тухайгаа ярих боловч судалгааны үед ажигласнаар тэд ч мөн цуйван, будаатай хуурга мэтийн хоолыг энгийн цагт хийх нь түгээмэл байгаа юм. Гэтэл энэ нь яг тэдний бодож байгаа “уламжлалт” гэх хоолны төрөл зүйлд хамаарахгүй гэдгийг төдийлөн бүгд мэддэггүй. Өөрөөр хэлбэл эдгээр нь “монголжуу болсон эсвэл монгол маягийн” болсон хоол билээ.

Тэгэхээр бидний энд онцолж хэлэхийг хүсэж буй зүйл бол өнөөгийн гэр бүл дэх иргэдийн хоолны байдал нь ерөнхийдөө барууны түргэн хоолны хэв маяг, Азийн бусад үндэстний хоол, “монголжуу болсон” юмуу “монгол онцлог бүхий болсон” хоол, эртнээс нааш түгээмэл хэрэглэж ирсэн “уламжлалт” гэгдэх дөрвөн зүйлийн хоолны хэрэглээ байгаа тухай юм. Гэвч хамгийн сүүлийн хэв маяг нь хамгийн бага хэрэглэгдэх болсныг анхаарах хэрэгтэй. Энэ төрөл нь голдуу өрх гэрийн “өндөр настан”-ы хүнс мэтээр ойлгогддог, эсвэл үндэстний онцгой баяр ёслол, тухайлбал, цагаан сарын үеэр хийдэг хоол мэт болсон байна. Энэ нь эцэстээ өнөөгийн өрх гэрийн доторх хүнсний юмуу хоолны хэрэглээнд үндэстний “уламжлалт” гэгддэг хоол хамгийн бага байр суурьтай байгааг илтгэж байна (Гэхдээ энэ нь устсан гэсэн үг биш). Шалтгаан нь юу юм бэ?

Үүнээс гадна гэр бүлийн орчинд түгээмэл хэрэглэгддэг, монгол үндэсний соёл биш гаднаас орж ирсэн мөртлөө хамгийн нөлөө бүхий хэрэглээ болсон нэг зүйлийн хүнс бол чихэр (сахар) юм. Ялангуяа бага насны хүүхдийн хүнсний хэрэглээнд хамгийн ихээр агуулагдаж байна. Тодруулбал, “Монголын хүн амын хүнсний хэрэглээний бодит хэрэглээний судалга”[21]-нд өгүүлснээр:

“Монгол улсын 15-24 насны эрэгтэй, эмэгтэйчүүдийн чихэр амттан болон согтууруулах бус ундаанаас авах илчлэгийн хэмжээ бусад насны бүлгүүдээс 2-3 дахин өндөр бөгөөд тухайн насныхны чихрээс авах илчлэг 65 хувьтай байна. Мөн сүү цагаан идээний боловсруулалттай холбоотой хөдөөгийн гэр бүлүүдэд сахарын

---

[20] Судлаач Ч.Мөнхтуулын Ховд аймаг дахь хятад хоолны газрын тогооч, хан үндэстэн Ц-тэй 2017 оны 06 сарын 7 нд хийсэн ярилцлагаас.

[21] ХХААЯ, ШУТИС, ШУТС.2006. Монголын хүн амын хүнсний бодит хэрэглээний судалгаа. Улаанбаатар хот. 2006

хэрэглээ бас хотынхоос өндөр байна".

Судалгааны үед ярилцагч эцэг эхчүүдийн олонх нь хүүхэддээ зарцуулах зардлын тал хувь нь чихрийн хэрэглээнд байгаа тухайгаа ч өгүүлж байна.

"...Хэрвээ энэ хэдэд чихэр авч өгөхгүй бол ер нь л бөөн юм болно шүү дээ. Хүүхдүүд ер нь л чихэргүй бол байхгүй. Зөвхөн хүүхэд ч гэж дээ. Томчууд ч гэсэн. Хүмүүс чихэргүй тараг уудаггүй ш дээ. Шөлтэй хоол руу элсэн чихэр хийж иддэг хүнийг ч би харж л байсан. Ялангуяа Улаанбаатарт бол чихрийн хэрэглээ хэт их л дээ. Манай аав ээж бол бүр дөрвөлжин сахарыг дангаар нь идээд байдаг. Сонин шүү...".[22]

Энэ бүхэн нь чихрийн хэрэглээ гэр бүлийн дотор хэр нөлөө ихтэй байгааг харуулах ч Монгол улсын хувьд хамгийн гол асуудал нь энэ хэт их хэрэглээ нь хүн амын эрүүл мэндийн томоохон асуудал болоод байгаа билээ. Монгол Улсын хүүхдийн өвчлөлийн хамгийн их хувийг өнөөгийн байдлаар чихрийн зохисгүй хэрэглээнээс үүдсэн шүдний өвчин болон агаарын бохирдлоос үүдсэн амьсгалын замын өвчин эзэлж байна. Тэр тусмаа хүүхдийн өвчлөлийн 70 хувь нь чихрээс үүдсэн шалтгаантай байгаа юм. Энэ чиглэлээр өмнө нь голдуу анагаахын салбарын, нийгмийн эрүүл мэндийн байдалд хандсан судалгаа хийж иржээ. Тиймээс өвчлөлд нь л голчлон анхаарлаа хандуулсаар ирсэн байдаг. Өнөөгийн хүмүүс ялангуяа нийгмийн эмзэг давхаргад ямар барууны стандартын хүнс тэжээл дутуу байгаа тухай анхаардаг түгээмэл хандлага байна. Магадгүй энэ нь тухайн чиглэлийн судалгааг голдуу баруунны байгууллагуудаар хийлгэж ирсэнтэй холбоотой гэж хэлэхэд ч буруудахгүй биз ээ. Үгүй бол төрөөс буюу төрийн харъяаллын эрүүл мэндийн байгууллагуудаас хийлгэдэг (гэвч маш бага тоогоор) ч тэдгээр судалгааны дүгнэлт нь аль нэгэн хүн амын дутагдалтай хүнсний талаар голчилж анхаардаг нийтлэг шинжтэй байна. Тухайлбал, "Монголын хүн амын хүнс тэжээлийн байдал-үндэстний IV судалгаа"[23]-г энд дурдаж болох юм. Тухайн судалгааны үр дүнд гэр бүлийн хүрээн дэх хүнс тэжээлийн дутагдал болон хүүхэд, эмэгтэйчүүдийн бүлэгт ямар нөлөө үзүүлж байгааг өвчлөлийн талаас нь дүгнэлт хийсэн байна. Уг судалгаанд хүн амын эмзэг бүлэгт баруунны эмнэлгийн стандартаар ямар ямар тэжээл байх ёстойгоос юу нь байгаа, юу нь байхгүй талаас нь их анхаарсан байдаг. Харин тэрхүү өвчлөлд сахар, сахар агуулсан бүтээгдэхүүн юм уу, баруунны хүнсний талын үүдэлтэй нөлөө оршиж байдгийг дурдаагүй байдаг. Нөгөө талдаа өнөө хэр нь "Монголын төрөөс эрүүл мэндийн талаарх баримтлах бодлого", "Монголын төрөөс соёлын талаар баримтлах бодлого"-ын аль алинд энэ асуудлыг тодорхой тусгаагүйгээр үл барам, уялдаа холбоо муутай байдгаас энэ асуудал үүдэж байх мэт. Өөрөөр хэлбэл, энэ бидний судлах асуудлаас ангид зүйл гэж хардаг хандлага байна.

Иймээс бид энэ судалгаандаа чихрийн хэрэглээ гэр бүлд хэт их орж ирж байгаа нь өвчлөлтэй холбогдохоос гадна өөр соёлын хүч орж ирж буй үзэгдэл болох талаас нь л анхаарахыг хүссэн хэрэг.

Монгол Улсын хил гаалиар сүүлийн 5 жилд орж ирж байгаа[24] сахар, сахарын төрлийн бараа бүтээгдэхүүний тоон үзүүлэлтийг /кг-аар/ харъя:

2012	2013	2014	2015	2016

---

[22] Судлаач Ч.Мөнхтуулын Улаанбаатар хотын иргэн 40 настай Д-тэй 2017 оны 8 дугаар сарын 10 нд хийсэн ярилцлагаас.

[23] Монголын хүн амын хүнс тэжээлийн байдал-Үндэстний IV судалгаа. Уб., 2010.

[24] Монгол Улсын Гаалийн ерөнхий газрын "Гадаад худалдааны барааны статистик мэдээлэл"-ээс авав.

Сахар	45,375,908.7	45,822,425.6	46,503,112.4	40,346,536.1	50,861,252.8
Элсэн чихэр	44,896,399.1	44,441,379.0	44,583,379.0	39,274,295.1	50,039,029.7
Ёотон	474,636.6	764,414.3	1,298,789.7	1,055,663.0	762,873.9
Химийн цэвэр сахар / лактоз, мальтоз, глюкоз, фруктоз/ хиймэл зөгийн бал	746,865.0	631,620.7	646,546.3	1,035957.1	2,361,603.8
Хар бурам	3,583.8	5,547.5	4,149.5	406.1	324.0
Чихэр, чихрийн зүйлс, бохь	11,638,411.0	10,952,000.7	10,928,365.5	11,066,354.9	11,219,462.6
Хатуу чихэр	3,638,126.4	5,213,556.7	5,502,179.3	5,544,228.9	6,206,547.0

Энэхүү тоон мэдээллээс харахад Монгол Улсын хил гаалиар орж ирж байгаа сахар, чихрийн хэмжээ хүн амын хэрэглээг дагаад тогтмол зугуухан өсөлттэй байна. Харин химийн цэвэр сахар, хиймэл зөгийн бал, сахар орлуулагч бүтээгдэхүүнүүд огцом өсөлттэй орж ирсэн байгаа нь анхаарал татаж байна.

Эдгээр сахар, сахарын төрлийн бүтээгдэхүүн 1998-2016 он хүртэл хугацаанд нийт 30 орчим орноос их бага хэмжээгээр орж иржээ. Үүнээс 2004 он хүртэл БНХАУ, Бельги улсаас, 2005-2006 онд БНХАУ, Их британи улсаас, 2007-2016 он хүртэл Тайланд, Малайз улсаас хамгийн их хэмжээгээр импортолж авчээ. Зөвхөн сүүлийн ганц жилд л гэхэд хил гаалийн хяналттайгаар 121,451,094 кг сахар, сахаран бүтээгдэхүүн орж ирсэн байгаа нь Монгол Улсын хүн амын тоонд харьцуулбал нэг хүнд ноогдох сахаран бүтээгдэхүүний хэмжээ 40 гаруй кг байна. Монголын зах зээлд, түүнийгээ дагаад гэр бүлийн хэрэглээнд сахарын хэрэглээ хэт их хэмжээнд хүрсэн нь олон төрлийн өвчлөлийн суурь болж мэднэ. Нөгөө талаар гадны соёлын хүчтэй түрэлт гэдэг талаас нь судлах зайлшгүй шаардлага урган гарч байна.

Сахар, сахарын хэрэглээ нь Монгол гэр бүлийн дотор урьд өмнө байгаагүй боловч өнөөдөр нэгэнтээ юугаар ч орлуулшгүй хүнсний зүйл нь болжээ. Гэтэл монгол хүн бие физиологийн талаасаа угаас лактоз задлах онцгой чадвартай гэсэн судалгаа байдаг. Лактоз гэдэг нь хөхтөн амьтдын сүүнд агуулагдах нэг төрлийн чихэр юм. Хүний бие лактозын тусламжтайгаар сүүний лактозыг галактоз, глюкоз хоёр болгон задалж цусанд шимэгдүүлдэг ажээ. Гэтэл монголчуудын хүнс тэжээлийн зүйлд өөрчлөлт орж, тэр дундаа сахарын хэрэглээ хэт их болж, хиймэл сахарын орцтой, химийн найрлагатай бүтээгдэхүүний хэрэглээ огцом ихсэж байгаа нь цаагуураа монгол хүний угаас төрмөл лактоз задлах чадварыг дарангуйлж, улмаар монгол хүний удмын санд ч нөлөөлөхгүй гэсэн баталгаа, судалгаа өнөө хэр алга байна.

Зөвхөн дээр өгүүлсэн сахарын зохисгүй хэрэглээ нь олон зүйлийн өвчлөлийг үүсгэж байна л гэсэн судалгаа бий. Судалж байгаа, хэрэглэж байгаа аль нь ч энэ асуудал гэр бүлийн орчин дахь үндэсний соёлд нөлөөлөх эсэх тухай хараахан бодож үзэхгүй байгаа юм.

Бидний ажигласнаар зарим улс оронд энэ талаар тодорхой үндэсний бодлоготой байна. Тухайлбал, Япон, Хятад гэх мэт улсууд гадны хүнсний сүлжээг улсдаа оруулж ирэхдээ өөрийн үндэсний юмуу үндэстний соёлын онцлог бэлгэ тэмдгийг нэмэхийг эрмэлздэг. Гэтэл Монгол улсын хувьд энэ асуудал "бодлогын цоорхой" мэт явж байдаг. Энэ нь шууд утгаараа тухайн соёлтой нүүр тулж буй байдлыг л харуулж байгаа хэрэг. Учир нь бидний хамгийн сайн мэдэхээр хүнсний төрөл зүйл дотор кофены олон зүйл дээр хятад нь улаан, япон нь ногоон өнгийн үндэсний бэлгэ тэмдэгийг оруулж өгсөн байдаг. Гэтэл Монгол улсад бол яг эх хэв маягаар нь оруулж ирэх хандлага түгээмэл байдаг нь мөн л бидний өмнө дурдсан үндэсний соёлын хүчийг бууруулах үйлдэл л болоод байгаа юм. Ялангуяа кофений хэрэглээний тухайд энэ нь илт ажиглагддаг. Гэтэл кофе нь Монголын өнөөгийн гэр бүлийн хүрээн дэх чухал хэрэглээ төдийгүй өмнө дурдсан индивидуалыг илэрхийлэх хамгийн тод жишээ болоод байна.

Бидний дурдан буй хүнсий бараа бүтээгдэхүүн, хоолны төрөл зүйл даяаршлын давалгаан доор Монголд орж ирж гэр бүлийн гишүүдийн хүнс хоолны хэрэглээний төрөл зүйлийн өөрчлөлт, түүнийг дагасан бүлгийн ялгаа зөрүүг үүсгэж байна. Энэ нь төр өрх гэрийн дотроос байр суурийн хувьд салж одсон, 1990 оны эхэн үеийн "гадаад худалдааны чөлөөт байдал", "хил нээгдсэн"-тэй нягт уялдаатай зүйл юм. Өөрөөр хэлбэл, хил нээлттэй болж, зөвхөн дан ганц Оросын нөлөөтэй байдлаас ангижирсан нь үүнд ихээхэн нөлөөлсөн бололтой. Залуучуудын амьдрал, тэдний гэр бүлийн доторх "индивидуал" болоход мэдээж дан ганц гадаад худалдааны чөлөөт байдал нөлөө үзүүлсэн гэвэл хэт нэг талыг барьсан болох юм. Учир нь социализмын үед ч Оросын нөлөө, түүний бараа бүтээгдэхүүнээр дамжсан олон зүйлийн "индивидуалчлах" үйл явц бүр нарийн хэлбэл төрийн оролцоотой өрнөснийг бид тодорхой мэднэ. Гэвч 1990 оноос өмнө бол төр өөрөө энэ бүхнийг хүчтэй бодлогоор зохицуулж байсанд л оршино. Харин 1990 оноос хойших үеийн гол ялгаа нь гэвэл цэвэр даяаршлын нөлөөгөөр, Монголын төрийн оролцоогүйгээр, хувь хүмүүсийн гадны бараа бүтээгдэхүүний хэрэглээг дагасан өөрчлөлт байсан юм. Түүнчлэн энэхүү гэр бүлийг "индивидуалчлах" үйл явцад олон нийтийн мэдээллийн хэрэгсэл маш их нөлөө үзүүлж байна. Бид дараагийн хэсэгт энэ тухай авч үзье.

2.   Телевизийн олон ангит кино ба даяаршил

Социализмын үеийн төрийн оролцоотой, хэт хурдтай "индивидуалчлал" болж байсан орчны гэнэтийн уналтын дараагаар залуучууд эргээд эцэг эхийн хараа хяналтад орох байдал ихээхэн түгээмэл болж иржээ. Социализм байгуулах явцаа Монголын төр гэр бүлийн доторх залуу гишүүд болон эмэгтэйчүүдийн байр суурийг ихээр өргөж, илүү их бүтээн байгуулалтын бэлгэ тэмдэг болгож байв. Тэр нь "уламжлалт" хэмээн нэрлэж болохуйц гэр бүлийн дотоод үйл ажиллагааг өөрчлөхөд түлхэц үзүүлэх бодлого байжээ. Тухайлбал олон нийтийн үйл ажиллагаа, ажлын байр, хамтын хөдөлмөр гэх мэт олон үйл ажиллагаа нь гэр бүлийн гишүүдийн нийгмийн оролцоог нэмэгдүүлэхээс гадна тэдний хувийн орон зайг ихээр өргөж байсан юм. Гэвч социалист байгуулал Монголд задран унасны дараагаар ялангуяа хөдөө орон нутагт залуучууд "хөсөр хаягдсан" гэж хэлж болох байдалд орсон юм. Социалист олон нийтийн байгууллагын ажиллагаа, бүтээн байгуулалт зогссоноор олноор ажлын байргүй болов. Маш энгийнээр хэлбэл хөдөө орон нутгийн залуучууд мал маллахаас өөр ажилгүй болсон нь эргээд социализмын өмнөх үеийн байдалд орохад хүргэжээ. Үүнтэй зэрэгцээд олон байгууллагууд хувьчлагдах болсон юм. Төрийн үйл ажиллагаа, социалист байгууллын сурталчилгааны гол зэвсэг болж байсан хэвлэл, мэдээллийн хэрэгсэл хувьчлагдах хандлага руу шилжсэн байна. Үүнийг дагалдаад мэдээллийн хэрэгсэл чөлөөтэй болж эхэлсэн. Чухам тэр цаг үед телевизээр цацагдах болсон олон ангит кино, барууны соёл, даяаршлын хандлагыг тэдэнд авч ирэв. (ялангуяа орон нутагт) Чөлөөт телевизийн олон суваг бий болсон нь хүмүүсийн амьдралд тэр тусмаа гэр бүлийн амьдралд өөр ертөнцийн тухай олон зүйлийг дэргэд нь авч ирсэн юм. Сүүлийн жилүүдэд Солонгосын "савангийн дуурь"[25] гэж нэрлэгддэг олон ангит кино монголчуудын гэр бүлийн амьдралд чухал байр суурьтай орж ирэв.. Хүмүүсийн зурагтаар үздэг гол зүйл олон ангит эдгээр солонгос кинонууд болж хувирав. Бидний хийсэн социологийн судалгаагаар нийт "оролцогчдын 482 буюу 9.7% телевизийн олон ангит цуврал гадаад кино үздэг. Харин 1369 буюу 27.5 % нь мэдээ үздэг"[26] гэсэн байна. Ар араасаа цуврах болсон олон соёлын тухай кинооос харж байгаа зүйл нь тэдний гэр бүлийн амьдралд, гэр бүл дэх үндэсний соёлд ч хувиралт авчрав. Хүмүүсийн идэж уух, өмсөж зүүх, хоорондын харилцаанд хүртэл эдгээр кино цувралуудын нөлөөгөөр тэдний хэв маяг, амьдралын хэвшлийг даган дуурайх үзэгдэл илт нэмэгдэв. Ингэж гадны соёлын нөлөөгөөр монголчуудын үндэсний соёлын дархлаа сулрахад манай олон нийтийн хэвлэл, мэдээллийн хэрэгсэл, телевизүүд гол түлхэц болж байна. Манай хэвлэл мэдээллийн хэрэгслийн гол зорилго бол ард иргэдийн соёлжих, гэгээрүүлэх, тэднийг ёс суртахууны шилдэг зан чанараар хүмүүжүүлэх, улс төр, эдийн засаг, соёл шинжлэх ухааны янз бүрийн салбарын мэдлэг олгох үнэт зөв мэдээллээр хангах явдал байх учиртай. Монголын телевизээр ямар ч хяналт цензургүй гарч байгаа реклам сурталчилгаа ч үүнд багагүй нөлөөтэй. Арилжааны сувгаар гарч байгаа хэдхэн минутын реклам сурталчилгаа л гэхэд асар их мэдээллийг дамжуулж байдаг. Гадны баяр ёслолыг дэвэргэж, ашиг орлого олох гэсэн ард иргэд, эсвэл санаатайгаар өөрийн соёлыг түгээх гэсэн гадныхны оролдлогод монголын телевизүүд хөл залгуулж байна. Үүний нэгэн жишээнд 10-р сарын 30-нд тэмдэглэдэг ''Halloween'' хэмээх барууны хэв заншлын баярыг дурдаж болно. Хэдийгээр манайд энэ өдрийг албан ёсоор биш боловч цэцэрлэг, сургуулиас эхлээд бага насны, өсвөр насныхан тэмдэглэж, жил бүр хамрагдах хүний тоо өсөж байна. Монголчуудын зан заншил, амьдралын хэв маяг, ертөнцийг үзэх үзэлд нь огт тохирохгүй энэ мэт гадны зарим улс орны баярыг тэмдэглэдэг болоход телевиз, мэдээллийн хэрэгслийн нөлөө маш их байна. Монголын нийгэм, тэр дундаа залуу үе бусад гадаад орнуудын бодлогоор хэрэгжүүлж байгаа соёлын нөлөөлд автах нь их байгаа учраас энэ бүхэнд төрөөс хяналт тавьж ажиллах нь зүйтэй болов уу хэмээн санана.

Улмаар сүүлийн хэдэн жилд Хятадын олон ангит кинонууд ихээр гарах болов. Энэ бол тодорхой хэмжээнд бодлогоор гарч ирсэн төрийн оролцоотой зүйл болохыг бид өмнө нэгэнтээ дурдсан билээ. Учир нь сүүлийн жилүүдэд өдөр ирэх

---

[25] Солонгосын олон ангит кинонууд бол Ази даяар маш олон улсад нөлөөгөө түгээсэн зүйл. Уг цувралуудад голдуу их гэр болон цөм гэр бүлийн харилцаа, хадам бэрийн харилцаа болон цөм гэр бүлийн тусгаар болох байдал хийгээд эхнэр нөхрийн, эцэг эх хүүхдийн асуудлуудыг хөнддөг. Түүнчлэн залуучуудын хайр сэтгэл үндсэн сэдэв нь болж байдаг.

[26] СУИС, СУСХ, 2017. "Гэр бүлийн орчин дахь үндэсний соёлын өнөөгийн байдал, чиг хандлага" социологийн судалгааны тайлан. Улаанбаатар хот.

бүр эрчээ алдан буй даяаршлын эсрэг шинээр Хятадын төрийн бодлогын дагуу Ази даяар хэрэгжүүлж буй "Нэг бүс- нэг зам" төслийн хүрээнд Монгол улстай соёлын салбарт хамтран ажиллах явцдаа урлаг, соёлын олон үйл ажиллагааг хамтарч хийж байгаагийн нэг нь киноны салбар юм. Хятадын киног Монголын телевизүүдээр үзүүлэх болсон нь энэ салбарын хамтын ажиллагааны шууд үр дүн гэж харж байна. Бидний ажиглаж байгаагаар энэ нь гадны соёлын шууд нэвтрэн орж ирэх үзэгдэл мөн боловч тухайн төрийн бодлого зохицуулалтын доор орж ирж байгаагаараа даяаршлын түрэн орж ирэх нөлөөнөөс ялгаатай байна. Өөрөөр хэлбэл, өрнийн болон Солонгосын цуврал кинонууд төрийн оролцоогүйгээр, хувь хүний чөлөөт сонголтын үндсэн дээр орж ирсэн зүйл. Гэвч хүн төрөлхтний даяарших явц болон "Нэг бүс-нэг зам" хөтөлбөр аль аль нь Монголын гэр бүлийн орчинд онцгой нөлөөлж байна. Өөрөөр хэлбэл Монголын төрийн зохицуулалтаас ангид орж ирж буй нэг төрлийн хүч гэж хэлж болно.

ДҮГНЭЛТ

Энэхүү өгүүлэлд түргэн хоол, чихрийн хэрэглээ болон хэвлэл мэдээллийн хэрэгсэл, олон ангит киногоор дамжин гэр бүлийн амьдралд хэрхэн гадны соёлын нөлөө түрж нэвчин орж ирж, ямар үр дүнд хүргэж буйг социологийн судалгаанд түшиглэн гаргав. Судалгааны үр дүнг ерөнхийлөн хэлбэл, даяаршил, түүний нэвчин орж ирж байгаа хэлбэрүүд нь гэр бүлийн доторх "язгуурын соёл" болон "үндэсний соёл"-ыг өөрчлөгдөхөд нөлөөлөх гол хүчин зүйл болж байна гэсэн дүгнэлтэд хүрч байна. Зөвхөн гэр бүлийн доторх үндэсний соёлд нөлөөлөөд зогссонгүй, цаад утгаараа гэр бүлийн хүрээн дэх Монголын төрийн нөлөөг ч бууруулж байгаа юм. Гэвч энэ бол зөвхөн Монгол улсад үүсэн бий болсон нөхцөл байдал биш юм. Өнгөрсөн зууны 90-ээд оны эхэн үеийн Азийн олон улс оронд болсон хувьсгалт хөдөлгөөнүүд Монголыг ч дайрч улмаар гадаад худалдааны нээлттэй байдал бий болж, социалист лагерийн систем задран, нуран унасан нь уг системд байсан олон улсад бидний дурдан буйтай адил өөрчлөлтийг авч ирсэн гэдгийг та бид мэднэ. Энэ утгаараа үүнийг зөвхөн Монголын гэр бүлд үүссэн өөрчлөлт буюу хувийн эрх ашгийг дээдэлсэн "индивидуалчлал" гэж хэлж болохгүй юм.

Судалгааны явцаас харахад Монголын гэр бүлд өнөөгийн байдлаар уламжлалт гэж хэлж болохуйц "язгуур соёл", "үндэсний соёл", "даяаршлын тархалт доор орж ирсэн барууны соёл", "Нэг бүс-нэг зам" хөтөлбөрийн нөлөөгөөр орж ирж буй "Хятад маягийн соёл" гэх олон соёл зэрэгцэн орших хандлага байна. Энэ нөхцөлд хүн өөрөө өөрөөрөө байх чөлөөт сонголтыг эрхэмлэхийн зэрэгцээ өөрийн үндэсний соёлын язгуур өвөрмөц чанарыг дээдлэн хадгалж, үүнд төрөөс ч бодлогоор зохицуулалт хийж өгөх нь зүйтэй мэт санагдана.

Бид энэхүү бүлэгт даяаршлыг дагалдан орж ирсэн олон соёлын нөлөөллөөс зөвхөн гэр бүлийн орчинд илүүтэй өөрчлөлт авч ирсэн хоёр хүчин зүйл дээр төвлөрөн ярилаа. Гэтэл үүний цаана бодлогын хэмжээнд авч үзэхээс аргагүй болоод байгаа гадаад үгийн гаж нөлөө, гадны баяр ёслолын нөлөө монголчуудын үндэсний соёлд хэрхэн нөлөөлж, үндэсний бахархлаа алдах хэмжээнд хүртэл өөрчлөгдөж байгааг анзаарахгүй орхиж болохгүй. Бид энд хүн төрөлхтний соёл иргэншлийн ололтот тал болох баталгаат боловсрол, баталгаат үйлчилгээ, мэдээллийн өргөн солилцоо, чөлөөтэй урсгалаар дамжуулан мэдлэг сэтгэлгээнийхээ цар хүрээг нэмэгдүүлэх боломцоо олгож буй даяаршлыг үгүйсгэх гэсэнгүй. Гагцхүү даяаршлын эрин үед гадны соёлын хүчин зүйлсийн нөлөөгөөр монгол үндэсний соёлыг бусад соёлоос ялгаруулж байгаа язгуур ба уламжлалт чанараа алдахгүй байх тэр дархлааг бид өөрсдөө тогтоох хэрэгтэй болсныг сануулахыг зорьлоо. Учир нь үндэстний хэл, үндэсний уламжлалт соёл бол тухайн үндэстэн оршин байхын тулгуур хүчин зүйл билээ.

АШИГЛАСАН МАТЕРИАЛ

1. Бум-Очир Д., Мөнх-эрдэнэ Г. Нийгэм, соёлын хүн судлалын онолын үүд. Уб.,2012
2. Сампилдэндэв X. Өрх гэрийн Монгол ёсон. Уб., 1999
3. [Свен Хедин]. Түмэн газрын цайны их замаар. Уб., 2015
4. Bulag U. E. 2002. The Mongols at China's Edge: History, and the Politics of National Unity. Rowman and Littlefield Publishers, INC, Lanham, Boulder, New York, Oxford.
5. Morten Axel Pederson and Morten Nielsen. 2013. Trans-Temporal Hinges: Reflections on a comparative Ethnograpic Study of Chinese Infrastructural Projects in Mozambique and Mongolia. Social Analysis, Volume 57, Issue1, Spring, 122-142.
6. СУИС, СУСХ "Гэр бүлийн орчин дахь үндэсний соёлын өнөөгийн байдал, чиг хандлага" социологийн судалгааны тайлан. Улаанбаатар хот. 2017.
7. Монгол Улсын Гаалийн ерөнхий газрын Гадаад худалдааны барааны статистик мэдээлэл
8. ХХААЯ, ШУТИС, ШУТС.2006. Монголын хүн амын хүнсний бодит хэрэглээний судалгаа. Улаанбаатар хот. 2006
9. Монголын хүн амын хүнс тэжээлийн байдал-Үндэстний IV судалгаа. 2010.

Mongolia and Northeast Asian Studies Vol. 2(2)
@Association for the History and Culture of the Mongols, Japan 2016

"БОДЬ МӨРИЙН ЗЭРЭГ" БА "ШАШНЫ ЗЭРЭГ" ТЭРГҮҮТЭН СУРВАЛЖ БИЧГИЙН ХАРЬЦУУЛАЛТ

COMPARISON OF "LAM RIM" WITH "BSTAN RIM" AND OTHER RESOURCES

Г.Мягмарсүрэн

("Зүүн Хүрээ" дээд сургууль)

ABSTRACT

The time of composing "lam rim" by Zonkhapa, the before or the later, there are many more works related to "lam rim". "lam rim" and "bstan rim" look like that they are generally different, but some topics such as the bodhi mind, understanding of middle path and analyzing meditation and stabilizing meditation, will only found in "lam rim". The one of specific difference between "lam rim" by Zongkhapa and "bstan rim" is the starting point of teachings. As for the comparison of content, "bstan rim" and "lam rim" and other resources like "lam sgron", they shared similar in terms of value. Since, "lam rim" was composed in the last period, it contains all the good qualities former resources.

    Богд Зонхов (1357-1419) "Бодь мөрийн зэрэг" (tib.byang chub lam rim) бүтээлээ туурвин зохиох чухам тэрхүү цаг үе ба түүнээс өмнөх хийгээд хойтох үеийн бусад эрдэмтэн мэргэдийн зохиосон бодь мөрийн номлолтой холбоотой зохиол бүтээл бас ч цөөнгүй гарчээ. "Бодь мөрийн зэрэг" зохиогдохын өмнө гарсан бүтээлийн төлөөлөгч гэвэл зарлиг увдисны ёсны мэргэдийн зохиол бүтээл нэн ялангуяа "Хөх цоморлиг" (be'u bum sngon po), "Үлгэрлэл ном" (tib. dpe chos), "Шашны зэрэг" (tib.bstan rim) зэргийг нэрлэж болно. Зарлиг увдисын ёсны мэргэдийн зохиосон бодь мөрийн зэргийн бүтээл нилээд олон байх боловч тэдгээрээс ихэд алдаршсан нь "Хөх цоморлиг" (tib.be'u bum sngon po), "Үлгэрлэл ном" (tib.dpe chos) хоёр болно. "Хөх цоморлиг" нь Бодово[1] (po to ba) гэгээний айлдварыг Долва Шаравжамц (dol ba shes rab rgya mtsho) эмхэтгэн, Лхабри Ганва (lha 'bri sgang ba) тайлбарыг зохиожээ. Энэхүү "Хөх цоморлиг" судрыг богд Зонхов ихэд хүндэтгэн "гэвш мөн л бол "Хөх цоморлиг" судрыг сайн үзэх хэрэгтэй" хэмээн магтан өгүүлсэн байдаг, мөн өөрийн бодь мөрийн зэрэг сударт олон удаа энэ судраас эшлэл авсан нь үзэгдэнэ" гэж[2] Тууган гэгээн Лувсанчойжиням (thu'u bkwan blo bzang chos kyi nyi ma) өгүүлжээ.

    "Үлгэрлэл ном" нь их, дунд, бага гэж гурван зүйл байна. Давва (grab pa) хэмээхийн эмхэтгэсэн нь бага "Үлгэрлэл ном" болно. Браггар (brag dkar) хэмээх өмнөх номд тулгуурлан, өөрийн багшаас сонсож, сурч авснаа нэмж, олон үлгэр нэмж нийлүүлэн эмхэтгэсэн нь дэлгэрэнгүй "Үлгэрлэл ном" гэдэг бол Жэгом зонва (lce sgom rdzong ba) хэмээх урьдах хоёр зүйл судраас арай илүү ойлгомжтой нэгэн судар зохиосон нь дунд "Үлгэрлэл ном" болох бөгөөд үүнийг "Үлгэрлэл ном эрдэнэ давхарлаг" (dpe chos rin chen spungs pa) хэмээн нэрлэдэг[3] байна.

---

[1] Бодова Ринчэнсал (po to pa rin chen gsal) (1027-1105)

[2] thu'u bkwan grub mtha', thu'u bkwan blo bzang chos kyi nyi mas brtsams, kan su'u mi rigs dpe skrun khang, 1991, 101

[3] Бодь мөрийн зэргийн тэмдэглэл мэргэдийн сэтгэлийг булаагч, ngag dbang phun tshogs, lam rim zin bris mkhas pa'i yid 'phrog, lha sa, 1967

Зарлиг увдисны ёсны Долүнба Лодойжунай[4] (gro lung pa blo gros 'byung gnas) зохиосон "Их, бага шашны зэрэг" (bstan rim che chung), мөн түүнчлэн Шарава Ёндондагва (sha ra ba yon tan grags pa) хэмээхийн зохиосон "Бага бодь мөрийн зэрэг" (lam rim chung ngu), "Их бодь мөрийн зэрэг" (lam rim che ba) гэж бас бий.

Долүнба Лодойжунай зохиосон "Их шашны зэрэг" (bstan rim chen mo) нь "Бодь мөрийн зул" зохиолын бусадтай харьцуулашгүй гайхамшигтай нэгэн тайлбар мөн[5] бөгөөд богд Зонхов энэ "Шашны зэрэг" судрыг үзэж болгоох үедээ ахуй их тахил сэлтийг өргөж, өргөл хүндлэл үзүүлж байсан гэх ба гурван төрөлхтөний зам мөр тус бүрийн мөн чанар, тоо ялгал, эрэмбэ дараалал, тус бүрийн санаа бодол, бясалгал, дадал зэрэг бодь мөрийн зэргийн хамаг утгыг заан үзүүлснээрээ бусадтай адилтгашгүй гайхамшигтай шасдир хэмээн сайшаан магтаж байсан гэдэг. Түүгээр ч барахгүй өөрийн зохиосон "Бодь мөрийн зэрэг"-ээ ч "Шашны зэрэг"-тэй их төлөв адилавтар зохиосон гэдэг.

Төвдийн их эрдэмтэн Дунгар Лувсанпэрэнлэй (dung dkar blo bzang 'phrin las) бичихдээ: "Бодь мөрийн зэрэг" ба "Шашны зэрэг" хоёр нь ерөнхийдөө ялгаатай мэт байвч нарийвчлан ажиглавал бодь сэтгэл, төв үзлийн бүлэг зэрэгт "Шашны зэрэг"-т байхгүй олон зүйлийн утга агуулга "Бодь мөрийн зэрэг"-т байна. Жишээлбэл урьдын Төвдийн мэргэд ажиглан бясалгах, агуулан бясалгах хоёрыг хоорондоо тэс өөр мэтээр ойлгож байсныг "Бодь мөрийн зэрэг"-т түүнийг эрс няцааж, энэхүү хоёр бясалгалыг хамтадган, хоршуулж хэрэглэх ёстой учир холбогдолыг маш нарийн тайлбарласан байдаг.

Мөн бодь сэтгэлийг үүсгэх арга замын тухай өгүүлэхдээ бодьсадва Амарлингуй тэнгэр (tib.zhi ba lha)-ийн өөрөөс бусдыг эрхэмлэх бодь сэтгэл үүсгэх сургаал, хутагт Төрвөлгүй (tib.'phags pa thog med) бандидын шалтгаан, үр долоон увдисын үүднээс бодь сэтгэл үүсгэх хоёрыг хамтадган, анхааран авч хэрэглэх арга замыг тодорхой заасан байдаг бол "Шашны зэрэг"-т эдгээр хоёр арга замыг тус тусд нь салгаж өгүүлсэн байдаг.

"Бодь мөрийн зэрэг"-т амарлингуй орших бясалгалын үед тохиолдох машид нарийн живэх сэтгэл ба диян бясалгалын ялгаа, сэтгэлийн цацрал ба догшрох хэмээхийн ялгал, жинхэнэ бодитой амарлингуй орших ба түүн лүгэ адил сэтгэлийн ялгал, би үгүйг онох амарлиунгуй орших ба би үгүйг эс онох амарлингуй орших хоёрын ялгаа, бусад шашинтан ба бурханы шашинтаны бясалгалын ялгаа, амарлингуй орших бясалгалын олон янз байдал зэргийг маш тодорхой өгүүлсэн нь "Шашны зэрэг"-т гарснаас нэн илүү тодорхой ойлгомжтой болсон" байна[6] гэжээ.

Өөр нэгэн зүйлийн ялгаа гэвэл "Бодь мөрийн зэрэг" зохиогдохоос урьд зарлиг увдисны гэвш дээдсүүд мөрийн зэргийн номлолыг нийтэд айлдах ёс журам байсангүй. Бусдаас далд дотны шавьдаа тусгайлан хөтлөн зааж, номлол увдисыг дамжуулдаг байв. Үүний нэгэн жишээ нь Адиша гэгээн бодь мөрийн увдисыг өөрийн дотны шавь Бромдонбад далд ном болгон айлдсан гэдэг. Хожим богд Зонхов ламын үеэс бодь мөрийн зэргийн номлолыг нийтэд номлох ёс дэлгэрчээ. Монголын номын мэргэдийн үйлс зохионгуйд ч эл ёс басхүү ажиглагдана. Үүний жишээ болгож Цахар гэвш Лувсанцүлтэмийг дурдаж болно. Цахар гэвшийн Бодь мөрийн зэргийн ай савд хамаарагдах бүтээлүүдээс хамгийн алдартай нь "далд ном"

---

[4] Долүнба Лодойжунай (gro lung pa blo gros 'byung gnas) (XI зуун)

[5] Biographical dictionary of Tibet and Tibetan Buddhism, compiled by Khetsun Sangpo, rgya bod mkhas grub rim byon gyi rnam thar phyogs bsgrigs, library of tibetan works and archives, dharamsala, h.p, 1973-1990, 16, thu'u bkwan grub mtha', thu'u bkwan blo bzang chos kyi nyi mas brtsams, kan su'u mi rigs dpe skrun khang, 1991, 92

[6] 'brong bu tshe ring rdo rje, dung dkar blo bzang 'phrin las, rten 'brel gyi dgongs pa'i mdzod 'dzin rje blo bzang grags pa'i bsam blo'i skor rags tsam gleng ba, "krung go'i bod kyi shes rig", 1995, 12

болгон зохиосон "Ламрим сайн номлолын зүрхэн шид бүхэн гарах" (lam rim legs bshad snying po dngos grub kun 'byung) хэмээх нэгэн боть бүлгээ. Энд нэг зүйлийг тэмдэглэхэд чухам яагаад эл бүтээлээ нууж далдлах болсон шалтгаанаа Цахар гэвш өөрөө айлдахдаа "гуч гаруй жил болтол гурамсан бясалгалаас үл салгахын үүднээс Бодь мөрийн зэрэг үүнд хичээн үйлдэж, бичиг болгон бичсэн эдгээр ч үндэслэл (дамжлага) төгөлдөр (rgyud ldan) дээд лам нарын амнаас сонссон гүн нарийн увьдас сөнөхийг (дамжлага тасрах) хайрлаж, шув шулууханаар илэрхийгээ бичсэн мөний тул төгс цогт Жово Адиша Ламрим үүнийг Бром багш гагцаарт далдах ном болгон хайрласан ба богд Зонхов ч Ламримын хөтөлбөр хайрлахын үед хэн болгоныг оруулдаггүй тэргүүтэн их учир шалтгаанаас үүдэн, зүрхнээс хэрэглэх хувь лугаа төгссөн номхотгохуун нэжгээд, хошоодоос бус хэн болгонд үл үзүүлэхийн цээр цэвэрлэлийг үйлдвээс өөр бусдад их тустай" хэмээн[7] таалж байжээ. Цахар гэвшийн энэ үг нь өдгөө цагийн "Бодь мөрийн зэрэг" бол нийт олонд зориулсан номлол хэмээн хөнгөмсөглөн бодогч бидний мэт заримууд ба "Диян бясалгал бол бурханы гэгээрлийг олох гол зам. Өөр юм хэрэггүй" хэмээн хөөрөн туйлшрагч буруу үзэл агуулагчид ба чухамхүү тоолох ёстой хар, цагаан үйл, түүний үрийг үл хэрэгсэн, бүхнийг өдөр, хоногын мэнгэ, суудалд хамаатуулагч их мэдэгчид тэргүүтэн оюун ухааны савны гурван гэмтэнээс[8] (snod gyi skyon gsum) сэргийлэн, зургаан хуран мэдэл[9] ('du shes drug), дөрвөн билэг чанар төгс[10] (mtshan nyid bzhi) хувь төгөлдөр шавь нарт дээрээс уламжлан ирсэн ёс журмын дагуу дамжуулан сургаж, сурч байх ёстойг сануулсан хэрэг болов уу.

Богд Зонховын бодь мөрийн зэрэг болон бусад бодь мөрийн зэргийн бүтээлүүдийн хоорондын ялгарах нэгэн онцлог гэвэл бодь мөрийн номлолын эхлэх цэгийг чухам ямар номлолоос эхлэн номлох талаас нь авч үзэж болно.

Гонбава гэгээн (slob dpon dgon pa ba) орчлонгоос гэтлэх сэтгэлээс эхлэж номлосон байдаг бол Пүчүнва (phu chung ba) гэгээн шүтэн барилдлагаас, Бодова (po to ba) гэгээн бурханыг шүтэхээс, Жанава (span snga ba) гэгээн дөрвөн үнэний номлолоос, Долвава (dol pa ba) гэгээн чөлөө учрал, олдоход бэрхийн номлолоос эхлэж бодь мөрийн зэргийн онол сургаалийг номлосон байдаг бол богд Зонхов өөрийн бодь мөрийн зэргийн номлолоо Тууган Лувсанчойжинямын "Тогтсон таалал"-д өгүүлсэнчлэн "бодь мөрийн зэргийн эхлэл хоорондоо адилгүй олон байх боловч "Хөх цоморлиг"-т:

Хамаг увдис хурахын эх тэргүүн нь

Хамгаас дээд буяны саданг үл орхих мөн" хэмээн айлдсан байдгаас улбаалан богд Зонхов өөрийн бодь мөрийн зэргийн онол сургаалаа багш буяны саданг шүтэх ёсноос эхлэж номлосон гэдэг.

Адиша гэгээний зохиосон "Бодь мөрийн зул", Долүнба Лодойжунай зохиосон "Шашны зэрэг", богд Зонховын "Бодь мөрийн зэрэг" гурвыг хамтадган харьцуулан үзвэл "Бодь мөрийн зул" нь шүлэглэсэн зохиол хэдий ч зөвхөн хоёрхон газар Энэтхэг эх сурвалжаас шууд эш татсан байдаг. Эдгээр хоёр нь "Баатар өглөг

---

[7] Цахар гэвш Лувсанцүлтим, "Богд Зонховын намтар", Д.Цэрэнсодном, Д.Наранцэцэг нар крилл бичигт хөрвүүлэв, Улаанбаатар, 2004

[8] Савны гурван гэм гэдэг нь сонсож сурсанаа үл тогтоох цоорхой сав мэт, эрдэм сурах санаа байвч муу буруу үзэлтэй хиртэй сав мэт, ерөөс эрдэм номд үл шамдах хөмөрсөн сав мэт гурван авир байдлыг тэвчих хэрэгтэй гэдэг.

[9] Өөрийгөө өвчтөн мэт бодох, ном заагчийг эмч мэт бодох, заасан номыг эм мэт бодох, заасан номыг шамдан анхааран авахыг өвчин эдгэрэх мэт бодох, түүнчлэн заларсан бурханыг дээд төрөлхтөн хэмээн сүсэглэх, бурхан шашны номын ёс өнөд орших болтугай хэмээн ерөөх эдгээр зургаан сэтгэлийг зургаан хуран мэдэл гэнэ.

[10] Аливаад үл туйлшрах шударга сэтгэл, сайн муугийг ялгах оюун ухаан, номд шамдах дур хүсэл эдгээр нь шавь хүний бүрдүүлсэн байх ёстой чанар мөн.

нэртийн айлтгасан судар" (dpa' byin gyis zhus pa'i mdo), "Тийн үл атхаглахад орох тогтоол" (rnam par mi rtog pa la 'jug pa'i gzungs) болно. Мөн "Гол мод байгуулахын судар" (sdong po bkod pa'i mdo), "Бодьсадвын газар" (byang chub sems dpa'i sa), "Илт онохуй чимэг" (mngon rtogs rgyan) нэрт цөөн судар, шасдирыг шүлэглэл дундаа дурдсан байдаг. Үүгээр жишээлэн бодвол "Бодь мөрийн зул" нь эшлэл, хэлцэлийн ухааны бусдын буруу үзлийг хориглох, өөрийн зөв үзлийг дэвшүүлэн тавих зэргийг товчлон хураaž, зөвхөн гол утга агуулгыг нэгтгэн товчоолсон байдалтай шасдир гэж дүгнэж болно.

Ерөнхийдөө "Бодь мөрийн зул", "Шашны зэрэг", "Бодь мөрийн зэрэг" нь өгүүлж буй утга агуулгын талаасаа адилавтар юм. Бодь мөрийн номыг гурван төрөлхтөний бодь мөрийн зэрэг, шалтгаан билэг барамидын хөлгөн, үр очирт нууц тарнийн хөлгөний ном ёсоор хувааж, хоосон чанарын үзэл баримтлалын хувьд хэтрүүлэгч ёсны төв үзэлтэний үүднээс асуудалд хандсан байдгаараа нийтлэг нэг онцлогтой гэж хэлж болохоор байна.

Цаг хугацааны хувьд "Бодь мөрийн зул" эхлэж бичигджээ. Түүний дараа "Шашны зэрэг" гарч, эцэст "Бодь мөрийн зэрэг" зохиогджээ.

Агуулгын хувьд "Бодь мөрийн зул" нь хураангуйлсан товчлол хэлбэртэй бол "Шашны зэрэг" нь түүний тайлбарын маягтай, эшлэл татах, эсрэгцэлийг няцаах, үзэл баримтлалыг дэвшүүлэх гаргах зэргийн хэмжээгээр ч том, агуулгаар ч баялаг юм. Мөн үүний хамт нэг тэмдэглэх ёстой зүйл нь Төвдийн түрүү үеийн бурхан шашны үзэл баримтлалыг дагасан тул ялангуяа судрын ёс, тарнийн ёсны номлолын хувьд "Бодь мөрийн зэрэг"-ээс ялгаатай зүйл нилээдгүй бий.

"Бодь мөрийн зэрэг" цаг хугацааны хувьд хамгийн сүүлд бичигдсэн тул урьд хоёр бүтээлийг хамаг сайн онцлог шинж бүгдийг багтааж чаджээ. Ингэхдээ "Бодь мөрийн зул"-ыг гол тулгуур эх сурвалж болгон, "Шашны зэрэг"-ийн ерөнхий утга агуулга лугаа уялдуулан, винайн аймаг савын ном сахил санваарыг суурь болгон эрхэмлэж, бурхан шашны онол сургаалийг маш нарийн эрэмбэлэн ялгаж, авч хэрэглэхэд амар хялбар байх талыг бодолцон зохиосон байна.

НОМ ЗҮЙ

1. "bod kyi bstan bcos khag cig gi mtshan byang dri med shel dkar phreng ba", mtsho sngon mi rigs dpe skrun khang, 1985

2. Бодь мөрийн зэргийн тэмдэглэл мэргэдийн сэтгэлийг булаагч, ngag dbang phun tshogs, lam rim zin bris mkhas pa'i yid 'phrog, lha sa, 1967

3. Biographical dictionary of Tibet and Tibetan Buddhism, compiled by Khetsun Sangpo, rgya bod mkhas grub rim byon gyi rnam thar phyogs bsgrigs, library of tibetan works and archives, dharamsala, h.p, 1973-1990

4. 'brong bu tshe ring rdo rje, dung dkar blo bzang 'phrin las, rten 'brel gyi dgongs pa'i mdzod 'dzin rje blo bzang grags pa'i bsam blo'i skor rags tsam gleng ba, "krung go'i bod kyi shes rig", 1995

5. Их бодь мөрийн зэрэг, Төвд хэлнээс орчуулсан доктор (Ph.D) Т.Булган, УБ., 2004

6. [Сумадираднаа]

1. "bod hor gyi brda yig min tshig don gsum gsal bar byed pa mun sel sgron me", Vol. I-II8CSM. UB, 1969

7. thu'u bkwan grub mtha', thu'u bkwan blo bzang chos kyi nyi mas brtsams, kan su'u mi rigs dpe skrun khang, 1991

8. Лувсанцүлтим, "Цахар гэвшийн намтар", монгол бичгээс буулгаж, удиртгал тайлбар хийсэн Д.Цэрэнсодном, Д.Наранцэцэг, УБ., 2010

9. Д.Ёндон, Төвд, Монголын уран зохиолын харилцааны асуудалд, , УБ., 1980
10. gro lung pa blo gros 'byung gnas, bde bar gshegs pa'i bstan pa rin po che la 'jug pa'i lam gyi rim pa rnam par bshad pa, khri byang bla brang dpe mdzod, mundgod, north kanara, india, 2001

МОНГОЛЫН БУРХАН ШАШНЫ НАМТАР ЗОХИОЛ ЭНЭТХЭГ, ТӨВДИЙН БУРХАН ШАШНЫ НАМТАР ЗОХИОЛТОЙ ХОЛБОГДОХ НЬ

THE CONNECTION OF THE BIOGRAPHICAL LITERATURE OF MONGOLIAN BUDDHISM WITH THE BIOGRAPHICAL LITERATURE OF INDIAN AND TIBETAN BUDDHISM

Д.Наранцэцэг
(Соёл урлаг судлалын хүрээлэн)

ABSTRACT

The most biographies which written by Mongolians in Tibetan or Mongolian language, look like that they quote largely from the biographies of the Sakyamuni Buddha, Jowo Atisha, Milaraipa, Zonkhapa, Dalai lama and Panchen lama or they followed almost completely the style and contents of biographies of Indian and Tibetan saints. As we see, firstly, Mongolian saints are considered as the incarnation of Indian and Tibetan learned scholars and masters, such as Undur gegen Zanabazar was the incarnation of Taranatha who was the Tibetan saint and who has Indian background. Secondly, Mongolian authors primarily admired the literature of Indian and Tibetan biographies and gradually they use them for their own necessity for reading, comprehending and translating them, and finally they adapted their style and created their own literature of biography of Mongolian saints which look like imitated but inherited the their own uniqueness.

Түлхүүр үг: *Монгол намтар зохиол, Энэтхэг, Төвдийн намтар зохиол, харьцаа холбоо*

Агуулгын товч: *Бидний үед хүрч ирсэн монголын бурхан шашны намтрын зохиол, буддын сэтгэгчдийн зохиол бүтээлд тулгуурлан авч үзвэл монгол бурхан шашны намтар зохиолын хөгжлийн гол үе нь XVII-XIX зууны үе буюу Данжуур судрыг төвд хэлнээс монгол хэлнээ орчуулан гаргаж, уран зохиолын хэлний хэл найруулга, нэр томъёо зэрэг тогтвортой болж ирсэн тэр үеэс хойш байгаа юм. Энэ цаг үе нь Монгол оронд Бурханы шашин, тэр дундаа Богд Зонхавагийн үндэслэсэн судар тарнийн номлол огоот бүрдсэн Гэлүгба ёсны шашин мандан дэлгэрч байсан үе бөгөөд Ойрадад Зая бандида Намхайжанцан, Жишод хувилгаан Агваандандзинпринлай, Өвөр Монголд Нэйж тойн, Цагаан диянч хутагт, Цахар гэвш, ар Халхын газарт Өндөр гэгээн Занабазар, Зая гэгээн Лувсанпринлай, Ламын гэгээн Лувсандандзинжалцан, Жалханз хутагт, Дарба бандида, Чин сүжигт номун хан, Шива ширээт тэргүүтэн Энэтхэг Төвдийн мэргэд бүтээлч нарын хувилгаан дүрүүд дараалан заларч, Монгол түмний буян заяа болон тодрон гарч өөр өөрийн нутаг орондоо шашины эхийг байгуулан, хуврагын аймаг сүм хийдийг цогцлоон байгуулж, шашин эрдэнэ наран мэт гийж байсан тул тэдгээр шашиныг гийгүүлэгч наран болсон олон хутагт хувилгаадын намтар зохионгуй ч шил шилээ даран гарсан юм. Эдгээр дээдэс лам нарын намтрыг бичиж ирсэн уламжлалыг харахад ихэвчлэн бурхан Шагжамуни, Жову Адиша, Милайраба, Зонхава, Далай лам, Банчэн эрдэнэ зэргийн намтраас эш татах буюу Энэтхэг, Төвдийн мэргэд* бүтээлчдийн намтар зохиолын агуулга ба хэлбэрийн онцлогийг бараг тэр хэвээр нь мөрдсөн байдал илт ажиглагдаж байна. Энэ нь нэг талаар монгол хутагт хувилгаадыг түрүү түрүү төрөлдөө Энэтхэг, Төвдийн мэргэн бүтээлч хувилгаан дүр•гэж үзэж байсантай холбоотой. Жишээ нь Өндөр гэгээн Занабазарын дээд дүр нь Энэтхэгийн Даранатын гэгээн байжээ, Даранатын гэгээний арван зургаа дахь дүр нь халх Монголын оронд Өндөр гэгээн болон хувилан мэндэлжээ гэж үздэг юм. Нөгөө талаар монгол зохиолчид эхэн үедээ энэтхэг төвдийн намтар зохиолыг уншиж ойлгох, орчуулах зэргээр өөрсдийн хэрэгцээ шаардлагад ашиглаж байгаад улмаар даган дуурайсан маягтай өөрийн ахуй онцлогт нийцсэн монгол бурхан шашны зүтгэлтдийн намтар зохиолыг туурвин бичих болсны илрэл байж болох юм.

Монгол хүний төвд хэлээр бичсэн бурхан шашны намтар зохиол бидний олж үзсэнээр нэг зуу орчим мэдэгдээд байна. Үүнээс 20 гаруйг зөвхөн Өндөр гэгээн тэргүүтэн Монголын найман богдын намтар эзэлнэ. Монголчуудын төвд хэлнээс орчуулсан бурхан шашны намтар зохиол мөн л өдий хэмжээний байгаагаас голдуу Бурхан багш, Энэтхэгийн 84 шидтэний зарим нэгний намтар, Ловон Бадамжунай, Зонхава Лувсандагба, Мил богд, Далай лам, Жибзундамба хутагтуудын намтар зонхилж байна. Харин монгол хэлээр зохиосон бурхан шашны намтар зохиол төдий л арвин биш бөгөөд Зонхава Лувсандагва, Өндөр гэгээн, Зая бандида, Цахар гэвш, Нэйж тойн зэрэг Монгол оронд их нэр нөлөө бүхий томоохон эрдэмтэн мэргэдийн намтрыг монгол, тод үсгээр бичиж байжээ. Тод үсгээр бичсэн Богд Зонхава, Өндөр гэгээн, Ойрадын зая бандида Намхайжамцын намтар цөөн боловч байх боловч энэ нь монголоор зохиосон уу, төвд хэлнээс орчуулж тод үсгээр бичсэн үү гэдэг дээр эрдэмтдийн санал нэгдэлтэй бус байсаар байна.

Монгол лам эрдэмтдийн зохиосон болон орчуулсан бурхан шашны намтар зохиол тоо хэмжээний хувьд харьцангүй цөөн боловч монголын бурхан шашны нийт зохиолын дотор эзлэх хүндийн жин багагүй юм. Монголчууд "дээдэс богд нарын намтар нь даган орогч шавь нарын гарын авлага мөн" гэж үздэг тул бурханы шашинд эхлэн суралцагч, сүсэглэгч хэн бүхэн дээдэс лам нарын намтар зохионгуйг үзэж судлан үлгэр дууриал болгосоор иржээ. Юуны учир ихэвчлэн төвд хэлээр нь үзэж судлаж байв гэвэл аль нэгэн дээдэс таалал болоход шавь нар бараа бологчид нь тухайн хүнийхээ намтрыг өөрөөс нь дээгүүр зиндааны ялангуяа Төвдийн мэргэчүүл, гэгээн хувилгаан хүнээр зохиолгохыг эрмэлзэж, хүсэлт гуйлт талбин зохиолгож байсантай холбоотой. Нөгөө талаар тухайн цаг үед Монгол оронд төвд хэлийг өөрийн эх хэлтэй адил сурч мэргэшсэн төвд хэлний боловсролтон нар олон байсан тул заавал монгол хэлээр бичих орчуулахыг чухалчлаагүй байж мэднэ. Мөн ч монгол бурхан шашны намтар зохиол нь Энэтхэг Төвдийн бурхан шашны намтар зохиолын уламжлалын нөлөөн дээр биеэ даасан төрөл зүйл болон үүсэн бүрэлдсэн, бичлэгийн арга хэлбэрийн хувьд ч Энэтхэг Төвдийн бурхан шашны намтар зохиолтой адил төстэй байдагтай холбогдож ирнэ.

Монголын мэргэд хутагтын орон, эрт цагийн бурхан бодьсатва нарын гэгээрсэн энэтхэгийн орны хэлийг үзэж судалж явсны баримт нуталгаа нэлээн арвин байх боловч харин бидний дурдан буй судалгаатай холбогдох энэтхэгийн мэргэдийн намтар зохиолыг шууд монголын хэлээр орчуулж байсан талаарх баримт мэдээлэл туйлын хомс бага бөгөөд бурхан шашны түрүү дэлгэрэлтийн үеэс шашны номыг төвдөд орчуулагдахаас өмнө монгол хэлээр шууд орчуулан авч үзэж байсан гэх нь Банзар тэргүүт цөөн хэдэн зохиол төдийхнөөр хязгаарлагдаж байгаа ч хожуу үеийн төвд, монголын мэргэдийн намтрыг өгүүлсэн зохиолын дотор газар орон, нутаг усны нэр, хаад дээдсийн алдар зэргийг санскрит эх уламжлалыг хадгалан бичсэн байдагт түшиглэн, бас ч энэтхэгийн их бага арван ухааныг багтаасан гурван аймаг савын номыг энэтхэгийн бандида, төвдийн хэлмэрч нар судар, шастир гэх хоёр ерөнхий ангилал дагуу Ганжуур, Данжуур гэх хоёр том цоморлиг болгон төвд хэлээр орчуулсныг монголын мэргэд цааш дамжуулан өөрийн хэлээр орчуулан үзэхдээ, тэдгээрийн дундаас Ганжуурын дотор гарах жинхэнэ уран зохиолын дурсгалд тооцож болох таван зуу орчим цадиг [1] байдгийг эрхбиш үзэж судалж байсан нь энэтхэгийн намтар цадигийн зохиолын уламжлал хожмоо монгол намтар зохиолын хөгжил төлөвшилд ямарваа нэгэн хэмжээгээр нөлөө тусгалаа үзүүлсэн гэж үзэх үндэстэй.

Өнөө хэр судлаачдын үзэж буйгаар монгол намтар зохиолын хамгийн эртний дурсгал болох "Бурханы арван хоёр зохионгүй" хэмээх зохиолыг Монгол Ганжуурын 61-р боть, Элдэв судрын аймгийн хоёрдугаар ботид байх "Хутагт агуу ихэд цэнгэсэн нэрт их хөлгөн судар"-аас эх үүсэлтэй хэмээдэг. Учир нь Чойжи-Одсэрийн төвдөөр зохиож, Шаравсэнгийн монголоор орчуулсан "Бурханы арван хоёр зохионгүй"-н төгсгөлийн үгэнд "Гайхамшиг бурханы арван хоёр зохионгүй хэмээгдэх үйлсийг нь олон монгол иргэн ухах болтугай хэмээн урьд олон төрлүүдэд удиргуулсны шашинд олон үйл үйлдсэн бодьсадва язгуртай Эсэн төмөр хан хоугийн үнэн чин сэтгэлээр бас бас дуртган өгүүлснээр номыг гийгүүлэгчийн нэрээр нь Чойжи-Одсэр хэмээн алдаршсан багшийн багш тэр богдын байгуулсан төвдчин гол бичгийг Шагжалигуудын тойн Шаравсэнгэ бурханы бодь сэтгэл үүссэнээс тэргүүлж, зарлиг хураасанд хүртэл цоолдон гаргаж орчуулаад бас бээр язгуурын судар хийгээд лүгээ тохиолдуулж монголчлон орчуулж оршуулвай" гэсэнд үндэслэн тэрхүү "язгуурын судар" нь лавтай "Хутагт агуу ихэд цэнгэсэн нэрт судар" мөн хэмээн судлаачид санал нэгддэг билээ. Тус зохиолын төгсгөлийн үг нь: "Энэтхэгийн убадини Зинамэдра , Данашила хийгээд их хэлмэрч вандэ Иш дэ орчуулж ариулаад, шинэ хэлээр засаж засаж оршуулав. Тэнгэрийн тэнгэр Дай Мин сэцэн Чингис хутагт хаан зарлигаар тэнсэл үгүй дээд хутагтны хөлийн тоосыг оройдоо авсан Самдансэнгэ Төвдийн хэлнээс монголчлон орчуулж оршуулвай" гэжээ. Үүнээс үзвэл уг зохиолыг эхлээд санскрит юм уу пали хэлнээс төвд хэлнээ орчуулаад, төвд хэлнээс дахин монгол хэлээр орчуулсан нь мэдэгдэж байна.

Бурхан багшийн цадиг түүхийг өгүүлсэн "Хутагт агуу ихэд цэнгэсэн нэрт их хөлгөн судар" хэмээх энэтхэгээс гаралтай энэхүү зохиолыг монголчууд зөвхөн өөрийн хэлээр орчуулаад зогсохгүй, бичлэгийн арга барил, хэв маяг, хэлбэрийг хүртэл даган дуурайж бичиж байсныг хожмоо зохиогдсон монгол бурхан шашны намтар зохиолуудаас тодорхой харж болно. "Бурхан багшийн арван хоёр зохионгүй", Нэйж тойны намтар" гэх дан үлгэр өгүүллэгүүдээр дагнаас хийсэн хоёр дурсгалыг дээрх зохиолтой харьцуулж үзэхэд зохиолын хэлбэр, бичлэгийн арга барилын хувьд нэлээд төстэй байх төдийгүй зохиолын дотор гарах газар орон, нутаг усны зарим нэр санскрит хэлээр байгаа нь Монгол намтар зохиол Энэтхэгийн намтар зохиолоос эх уламжлалаа авсны ул мөр, цаашилбал Монголын бурхан шашны түрүү дэлгэрэлтийн үед Банзар тэргүүтэн номыг төвдөөс орчуулахаас өмнө төвдөөр дамжуулах биш шууд энэтхэг хэлнээс үзэж судалж, орчуулж байсны баримт ч гэж хэлж болно.

Иймд бид Энэтхэг оронд бурхан багш, ертөнцийн чимэг гэгдсэн гэгээд мэргэдийн намтар цадигийг өгүүлсэн зохиол анх бичигдэж тэр нь улмаар Монголын бурхан шашны намтрын зохиол үүсэн бий болох, бүрэлдэн хөгжих эх суурь нь болж иржээ гэж үзэж байна.

Монголчууд хоёр зуу гаруй жил төвд хэлээр дамжуулан буддын ухаан, буддын шашин соёлыг үзэж, өөрсдийн ахуй соёлд суулган идээшүүлж, олон зүйл ном эрдмийг төвд хэлээр туурвин бүтээсэн байдаг. Улмаар төвд хэлт уран зохиол нь монгол судлал, монгол уран зохиолын салшгүй нэгэн бүрэлдэхүүн хэсэг болж монгол утга зохиолын түүхэнд чухал байрыг эзлэх болсон байдаг. Төвд монгол уран зохиолын энэхүү хэлхээ холбоо нь төвд хэл дээрх ном зохиолыг монгол хэлнээ орчуулах ажлаар бэхжиж иржээ. Энэ тухай 1920-оод оны үед Зөвлөлтийн алдарт монголч эрдэмтэн Б.Я.Владиморцов "Сүүлийн хоёр зуун жилд монголчуудын дундаас төвдөөр зохиолоо бичиж, Төвд оронд ч үлэмжхэн алдаршсан нэрт зохиолч, утга зохиолын зүтгэлтэн нар олон гарчээ" [2] хэмээн өгүүлсэн бол 1959 онд эрдэмт монгол лам Гомбожав хамба "Монголчуудын төвдөөр бичсэн зохиолын зүйл" [3] өгүүлэлдээ ингэж төвдөөр зохиол бүтээлээ бичдэг, сүнбумтай 208 зохиолчийг бүртгэн гаргаад түүнийгээ бүрэн бус хэмээн цохон тэмдэглэсэн байдаг. Мөн лам Иштавхай гуайн "Зарлиг зохиол туурвисан халх лам нарын нэрс" 1958, Локеш Чандрагийн "Дээдэс багш нарын сүнбумын гарчаг ураг садныг дурдах толь" 1961, Ч.Алтангэрэл гуайн "Монгол зохиолчдын төвдөөр бичсэн бүтээл" 1967, М.С.Өлзий профессорын "Дайчин гүрний монголчуудын төвд уран зохиолын судлал" 2014, Р.Бямбаа ламын "Монголчуудын төвд хэлээр туурвисан монгол хэлэнд орчуулсан ном зүйн бүртгэл" 2015 зэрэг бүтээлд энэ талын судалгаа хийж, зарим эрдэмтний бүртгэл гарчагийг хэвлүүлсэн нь эл чиглэлийн судлагааг ахиулсан чухал гарын авлага болсоор байна.

Бидний үед хүрч ирсэн монголын бурхан шашны намтрын зохиол, буддын сэтгэгчдийн зохиол бүтээлд тулгуурлан авч үзвэл монгол бурхан шашны намтар зохиолын хөгжлийн гол үе нь XVII-XIX зууны үе буюу Данжуур судрыг төвд хэлнээс монгол хэлнээ орчуулан гаргаж, уран зохиолын хэлний хэл найруулга, нэр томъёо зэрэг тогтвортой болж ирсэн тэр үеэс хойш байгаа юм.

Энэ үеийн Монголын түүхийг бичиж ирсэн уламжлалыг харахад шашин ном дэлгэрсэн ёсыг Энэтхэг Төвдөөс эх гаралтай гэх үзэл уламжлалын дагуу орчлон ертөнцийн үүсэл хөгжил, эртний хаадын дараалан суусан үлгэр түүх, шашны үүсэл хөгжлийг Энэтхэг Төвдийн хаадын уг язгууртай холбон авч үзсэн байдаг бол монголын бурхан шашны намтар зохиолыг бичиж ирсэн уламжлал нь ч энэ адил тогтсон хэв загвартай, эрэмбэ дараалалтай байна. Монгол зохиолчид бурхан шашины зүтгэлтэд, ихэс дээдсийн намтрыг бичихдээ ихэвчлэн бурхан Шагжамуни, Жову Адиша, Милайраба, Зонхава, Далай лам, Банчэн эрдэнэ зэргийн намтраас эш татах буюу Төвдийн холбогдол бүхий намтар зохиолуудын агуулга ба хэлбэрийн онцлогийг хадгалж, Зохист аялгууны тольд үзүүлсэн алив зохиолын зохиомж, хэлбэрийн номлолыг бараг тэр хэвээр нь мөрдсөн байдалтай буюу зохиомж хэлбэрийн талаар Дандины онолыг баримтлан эхлээд мөргөл, дараа нь юуны тухай бичихээ өгүүлж, эцэст нь өлзий ерөөлийн үгийг бичсэн байх ба гол хэсэгт тухайн хүний өөрийн чанарын дүр, үйл, чадал, юм дөрвийг буюу төрсөн газар орон хийгээд язгуур яс, нэрийдсэн шалтгаан, сонссон судалсан, үрсээр тэтгэсэн ёсыг гарган өгүүлсэн байдаг юм.

Монголчуудын бурхан шашны намтар зохиолыг бичиж ирсэн байдлаас харахад эхэндээ төвдөөс монгол хэлэнд орчуулах байсан бол сүүлээр нь төвд монголч хоёр хэлээр бичих болсон байна. Монголчууд монгол, төвд хоёр хэлээр туурвих болсноор төвдүүд монголын утга зохиолын өгүүлэмж, үүдэл санааг мөн авч байв. Монголын төвд хэлт утга зохиол нь хөгжлийнхөө турш Монголын нийт утга зохиолын нэгээхэн хэсэг болон төлөвшжээ. Өөрөөр хэлбэл, монгол хэлт уран зохиолтой эн зэрэгцэн хөгжиж, харилцан уялдаж, орон нутгийн аман зохиолд нөлөөлж байв. Манай зохиолчид төвд хэлээр бүтээлээ бичихдээ нэг талаас монголын аман зохиолын болон уран зохиолын материал дүр дүрслэлийн систем, зарим өгүүлэмжийг оруулж байлаа. Нөгөө талаас төвд хэлт зохиолчдын хувьд монгол, төвд аль алинаар нь туурвиж, бүтээлээ орчуулахдаа төвдийн уран зохиолын элементийг монгол уран зохиолдоо идээшүүлэн суулгаж байв.

Төвд монгол бурхан шашны намтар зохиолын тухай ярихад Монгол бурхан шашны намтар зохиолын хөгжилтөд үнэ өртөгтэй хувь нэмэр оруулсан төвдийн эрдэмтэн зохиолчдын талаар онцгойлон дурдах хэрэгтэй хэмээн санагдана. Төвдийн зохиолчид монголын эрдэмтэн лам нарын мэдлэгийг их өндөр үнэлж, Монголын том том багш нарт шавь орж, боловсрол олж байлаа. Жишээ нь зүүн Халхын Брагри Дамцагдорж (1781-1855) нь Банчин Чоглайнамжил болон Гүгэ Данзанжалцан зэрэг лам нарын багш байлаа [4]. Тэд бас монголчуудад хандаж аливаа сэдвээр зохиол бичихийг хүсч байлаа. Жишээ нь Төвдчүүдийн хүсэлтээр Цахар гэвш Лувсанцүлтэм төвд хэлээр Зонхавын намтрыг зохиож, Эрдэнэ номын хан Агванлхүндэвдаржай (Агвандорж) VI далай ламын намтрыг зохиож байсан юм. Үүний нөгөөтэйгүүр Төвдийн зохиолчид бас эргээд Монгол лам нар, багш нарынхаа намтрыг төвд хэлээр зохиож байв. Тухайлбал Тавдугаар дүрийн Далай лам Агванлувсанжамц бээр 4-р Далай лам Ёндонжамцын намтар "Ертөнцийн эрх баялаг хамгийг айлдагч Ёндонжамц сайн цогтын намтар чандмань эрхи" хэмээх барын судрын 52 хуудас зохиолыг, 7-р дүрийн банчэн богд Лувсанбал дандамбийнямчоглайнамжил бээр "Эрдэнэ ялгуугсан мэргэн бандида хутагт Лувсандамбадаржайгийн төрөл үесийн намтар" хэмээх урт барын 7 хуудас зохиолыг, Гүнтэн гэгээн Гончигдамбийдонмэ бээр "Шашны өмөг түшиг эрдэнэ ялгуугсан мэргэн бандида хутагт Лувсандамбадаржайгийн намтар чандмань толь" хэмээх урт барын 12 хуудас зохиолыг, Туган гэгээн Лувсанчойжинэм бээр Хөх хотын ойролцоох Тохачийн сүмийн богд цагаан лам Дашжамцын намтар "Бүтээлийн эрхэт Дашжамц шавь сэлтийн намтар үзэсгэлэнт сувд эрхи" хэмээх 8 хуудас зохиолыг тус тус бичжээ. Үүнээс гадна монгол эрдэмтэн лам нарын намтрыг зохион туурвихад нэлээд гаршсан гэж хэлж болох зохиолч бол Сэрмадтойсаннорвулин хийдийн хувраг ялгуугсны эрхэт дархан ханба, жалваан цорж хэмээн олноо алдаршсан Лувсанпринлэйнамжал билээ. Түүний төвд хэлээр монгол лам нарын намтрыг бичсэн зохиолоос "Зөөлөн итгэл номын хаан их Зонхавын намтар Чадагчийн шашны үзэсгэлэнт ганц чимэг гайхамшигт чандманийн эрхи хэмээх оршвой" хэмээх богд Зонхавын намтар, "Зөөлөн итгэл шашины зул Махабазар дара Жанжаа Ишдамбийжалцаншрибадрагийн төрлийн үес лүгээ сэлтийн цадиг гурван орныг үзэсгэлэн болгогч ганц чимэг сайн номлолын чандманийн эрхис хэмээх оршвой" хэмээх Жанжа хутагтын намтар, "Гэтэлгэгч богд цог төгөлдөр Жанлүн аръяа бандида ринбүчи Агванлувсандамбийжанцан сайн цогтын намтар мэргэдийн сэтгэлийг булаагч чандманийн эрхис хэмээх оршвой" гэх Аръяа жанлүн бандидын намтар гэсэн гурван зүйл "Чандманийн эрхи" одоогоор бидэнд мэдэгдээд байна.

Монгол болон төвдчүүдийн төвд хэлээр бичсэн монгол бурхан шашны намтрын зохиол нь монгол хэлээр бичсэн намтрын зохиолоос уран дүр, өгүүлэгдэхүүнийхээ хувьд дутуугүй баян боловч өнөө хэр төдий л олон зохиолыг эх монгол хэлээр орчуулж судалгааны эргэлтэд оруулж амжаагүй байсаар байна. Гэвч Монголоор бичсэн намтар зохиолыг уншихад ч төвд үгээр шууд хөрвүүлэн буулгаж болохуйц байдаг нь монголчууд намтар зохиолыг бичиж туурвихдаа зохиолын хэл найруулгын хувьд ч тогтсон хэв загвартай, нэгэн хэвшмэл, тогтсон арга барилтай байдгийг харуулж байгаа юм. Цаг хугацааны хувьд ч төвдчүүд энэтхэг, төвдийн аман бичгийн зохиолд тулгуурлан Жову Адиша, Бром Донба нарын намтрыг бичсэний дараагаар Монголд намтар гэх нэр томъёог хэрэглэж ирсэн байдаг нь Монгол оронд дэлгэрсэн цадигийн зохиол Энэтхэгээс уламжилсан бол намтрын зохиол Төвдөөс эх улбаатай болохыг давхар баталж байна.

Монгол лам эрдэмтэн, хутагт хувилгаадын намтрыг төвдийн мэргэчүүл зохион туурвисан нь нэлээдгүй бий. Тухайлбал Жанжаа хутагтын намтар болох Төвдийн эрдэмтэн Жалваан цоржийн зохиосон "Чандманийн эрхи" зохиолыг монгол бурхан шашны намтрын тоонд оруулан авч үзсээр ирлээ. Жанжаа хутагт нь монголын шашин соёлын түүхэнд балрашгүй гавъяа зүтгэл гаргасан эрдэмтэн, шашны томоохон зүтгэлтэн боловч түүний намтрыг монголын уран зохиолын түүхэнд оруулах тал дээр эрдэмтэд адил бус саналтай байна. Бидний үзэхээр Монголын бурхан шашны намтар зохиол гэх хүрээ хэвцээнд бид монгол эрдэмтэн мэргэдийн л монгол, төвд хэлээр бичсэн бурхан шашны намтар зохиолыг авч үзэх нь зүйтэй гэсэн санал дурдаж байна.

Зүүлт

[1] Ц.Дамдинсүрэн, Д.Цэнд, 1976, "Монгол уран зохиолын тойм". Улаанбаатар, 388 дахь тал

[2] Б.Я.Владиморцов, 1920, "Монгольская литература". Литература Востока, Сборник статей вып. 11, 8 дахь тал

[3] Гомбажав, 1959, "Монголчуудын төвд хэлээр зохиосон зохиолын зүйл". Studia Mongolica, Tom I. Fasc.23. Улаанбаатар,

[4] Д.Ёндон, 1980, "Төвд монгол уран зохиолын харилцааны асуудалд". Улаанбаатар, 3 дахь тал

БУРХАН ШАШНЫ НОМХОТГОХУЙН ОНОЛЫН ТУХАЙ ӨГҮҮЛЭХ НЬ

DISCUSSING ABOUT "CALMING CODE" OF BUDDHISM

Ш.Бадмаванчүг
(ӨМИС)

ABSTRACT

Buddhism is the cultural heritage of all human nations. A misunderstanding the true contents of interior concept "theory of calming code", Buddhism is considered as it reduces the courage to fight or to conquer. Buddhism is created and developed in the midst of conquest, and it has the history of 2500 years of conquest. "The theory of calming code" is not a just worthless religious theory of "surrender". In fact, the Buddhist theory of calming code is filled to full with theory of conquest and it never ceases to fight for conquest. To calm all the sentient beings needs to conquer. No conquest means no calm. The Buddhist theory of "calming code" is "conquering code".

Агуулгын товч: Бурхан шашны номхотгохуйн онол нь 2500 жилийн турш тэмцэл баримталж, гадаад ба дотоод гэх хоёр их тэмцлийг өрнүүлэн, хэв дууриал болж, өөрийгөө номхотгох, зохицох, хүчирхэгжүүлэх аргаар хамаг амьтныг сурган хүмүүжүүлсэн байна.

Түлхүүр үг: бурхан, бурханы шашин, номхотгохуйн онол

Бурханы шашин бол бүх хүн төрөлхтний соёлын өв хөрөнгө мөн. Бурханы шашны дотоод ухааны "номхотгох онол"-ын үнэн бодит агуулгыг буруу ойлгосноос болж бурханы шашныг "тэмцлийг зоригийг бууруулдаг мунхралын онол" гэж үздэг. Бурханы шашин нь тэмцлийн дунд буй болж, тэмцлийн дунд хөгжин бадарсан 2500 жилийн тэмцлийн түүхтэй юм. Бурханы шашны дотоод ухааны "номхотгох онол" бол зарчимгүй "бууж өгөх" онол биш. Үнэндээ бурханы шашны номхотгохуйн онол нь тэмцлээр дүүрч, буй болсон тэр цагаасаа эхлэн номхотгон тэмцэхийг ер зогссонгүй. Хамаг амьтныг номхотгоход тэмцэл хэрэгтэй. Тэмцэл байхгүй бол номхотгол байхгүй юм. Бурхан шашны "номхотгох онол" бол "тэмцэхийн онол" мөн. Тэмцэлгүй номхотгол гэж байхгүй мөртөө номхотголгүй тэмцэл бол ялагдал болж, тэмцлийн зориг үгүй бол "номхотгох онол"-ыг дурдсаны чухалгүй. Бид эрхбиш бурхан шашны буй болсон жич түүний хөгжилтийн явц дунд бурхан шашны онолыг системтэй ойлгосны суурин дээр "номхотгох онол"-ыг гүнзгий судлан шинжилбэл сая түүний тэмцлийг ил тод олж харах болно. Бурханы шашны "номхотгох онол"-ын зорилго, арга хэлбэр нь бусад тэмцлийн онолыг бодвол нууцгай мөртөө мэргэн байж, ялагдашгүй болохыг зорьсон байна. Хэрвээ бурхан ном нь тэмцлийн үзэлтгүй бол "ялагдашгүй бурханы шашин" гэх үгийг дурдсаны чухалгүй. Ялж ялагдах бол тэмцлээр дамжин буй болдог. Тэмцэлгүйгээр ялах гэдэг бол байж болшгүй. Бурханы шашин нь "номхотгох онол" гэж дурдсанаас бус "бууж өгөх онол" гэж дурдсангүй. Гагц ертөнцийн хүмүүс бурхан номын үгийн утга, номлолын агуулгыг шинжлэлгүй мунхагаар шүтсэн буюу ямар нэгэн засаг төрөөс бурханы шашныг ашиглаж, өөрийн засаг төрөө тогтуун байлгах үүднээс "номхотгох онол"-ыг "номхон шударгын онол" болгож, бурхан номыг гажуудуулсан байна.

***Нэг**. Өөрийгөө номхотгох бол номхотгохын онолын зангилаа*

Бурхан шашины номхотгохын онолд өөрийгөө номхотгохыг тэргүүн байранд тавьдаг. Даруй өөрийн биетэйгээ тэмцэлдэхийг маш чухалчилдаг билээ. Гэтэл өөрийн биетэйгээ тэмцэлдэхийг ертөнцийн маш олон хүмүүс ойлгохгүй байж, тэрчлэн иймэрхүү тэмцэл оршихгүй гэж боддог. Өөрийгөө номхотгох цөс зориггүй хүн бусдыг номхотгох чадал байхгүй. Тэгвэл хүмүүс өөрийн юугаа номхотгох, юутайгаа тэмцэлдэх вэ гэвэл өөрийн харанхуй мунхагтайгаа тэмцэлдэх, бие, хэл, сэтгэлийн арван хар нүгэлтэй тэмцэлдэх хэрэгтэй. Ертөнцийн хүмүүс мунхагийн харгайгаас нүгэл үйлддэг. Нүгэл үйлдсэнд сайн төгсгөл үгүй гэдгийг ертөнцөөрөө бүр мэдэрдэг ч гагцхүү мунхагийн учраас биеэ барьж дийлэхгүй нүгэлт үйлийг үйлддэг байна. Мөн ч өөрийгөө номхотгоход алтваа бүхэнд зарчимгүй номхрон дагах нэн ч биш. Гагцхүү хоёр үнэнээр суурь болгосон зүй ёсонд зохицож, зүй бусын өмнө эрэлхийлэн босч, зүй ёсонд дагуулж авах бол бурхан шашины номхотгохуйн онолын чухал агуулга мөн.

***Хоёр**. Өөрийн хүчирхэгжил бол номхотгохуйн онолын зорилго*

Ертөнцийн хамгийн хүчирхэг юм бол эрх зэрэг, эд мөнгө бус. Харин зүй ёс бол хамгийн хүчирхэг байдаг. Бурхан шашины номхотгол нь юуны өмнө өөрийгөө номхотгохоос эхэлдэг. Учир нь өөрийгөө номхотгох чадалгүй бол бусдыг хэрхэн номхотгох вэ. Зүй бус нь зүй ёсыг хүлээсэлдэг ч зүй ёс бол зүй бусыг ялдаг. Өөрийгөө номхотгоход маш их тэмцэл агуулагдаж байгааг хүмүүс ер нь сэрж мэддэггүй. Хүмүүс "өөрийн биетэйгээ тэмцэлдэх" бол бурхан шашны хамгийн их тэмцлийн онол гэж хэлж болно. Тэмцэл гэгч эсрэг тэсрэг хоёр талын хооронд л оршдог. Яахан ганц өөрийн талд тэмцэл орших вэ гэж боддоггүй нь олон юм. Бусадтай тэмцэлдэхэд тун амархан байж, ямар ч эвэршээл гэж үгүй, хутгыг чадлын хэрээр хэрэглэдэг. Гэтэл өөрийн биед хутга хэрэглэх гэгч энгийн хүний хийж чадах явдал бус. Өөрийгөө ёсонд нийцүүлж, биеэ номхотгон чадагч бол үнэнхүү баатар идтэн, авъяас билигтэн мөн. Нагаржунагийн "Чаръяааватара"-д "Урин хурьцал зэрэг нь гайгүй, баатар цэцэн ч бус байгаад намайг боол болгоод, миний сэтгэлд оршсоор, зоригоороо надыг хорлоход би хилингүй хүлцэх бөгөөд оронгүйгээс хүлцэх хэрэгтэй болжээ"[1] (p13b) гэж номлосон нь хүмүүс нисванисын хүлээсэнд хүлээслэгдэж байгаагаа өчүүхэн ч сэрж мэддэггүй байжээ. Хүмүүсийн бие, хэл, сэтгэлтэйгээ тэмцэл хийх гэгч маш хурц ширүүн мөртөө нарийн будлиантай байж, агуу их зориг цөс, авъяас билиг хэрэгсэх юм. Бурхан шашны номхотгохуйн онолын үнэн утгыг мэдэх бол туйлын чухал байж, харин тэмцлийг огоорох гэсэн санаа огт биш юм. Зүй ёс бол ялагдашгүй байдгаас зүй ёсонд нийцсэн ялагдашгүй хүчирхэг их болдог.

***Гурав**. Зүй ёс бол номхотгохуйн онолын баримжаа*

Бурханы шашины сургаалыг "Номхотгохуй сургаал ба тогтоох сургаал" (явдлын сургаал) гэж хоёр их системд хуваан болдог. Номхотгохуйн онолд өөрийгөө номхотгох ба бусдыг номхотгох гэж байдаг. Номхотгох гэдэг бол зарчимгүй номхон шударга боол зарц гэсэн явдал биш. Мөн ч ямар нэгэн эрх сүртнээс бусдыг захирах гэсэн ч бус. Харин хоёр үнэний зүй ёсонд номхон шударга байж, зүй ёсноос тэрслэх бодол сэтгэл үйл ажиллагааг хориглож хэлсэн санаа юм. Хүн үнэндээ заншлын

---

[1] Зонхава. "Бодь мөрийн зэрэг". Үндэсний хэвлэлийн хороо. 2003 он

боол, даруй зүй ёсны боол мөн. Харин ямар нэгэн эрх сүртэн буюу төр гүрний боол биш. Бурхан шашны номхотголын онолд маш олон агуулга агуулгадаж байдаг. Дан ганц номхон шударга болох явдал биш. Мөн ч ямарваа нэг хүн буюу төрд номхон шударга болох гэсэн явдал ч бус. Гэрээс гарч шашны ёсонд орогсод шашны ёсоор биеэ номхотгогч, гэрээс үл гарагсад ертөнцийн ёсоор бие засах хэрэгтэй. Төрийн ёс бол ертөнцийн ёсонд багтаж, мөн ч цаг үеийн хувиралт, төрийн мөхлийг дагалдан устдаг. Зарим үед төрөөс ёс бусын дүрэм тогтоол тогтоох үзэгдэл ч гардаг. Энэ бүхэн нь бүр зүй ёс ба зүй бусын тэмцлээр дамжин эцэстээ устдаг. Ёсыг олсон ялагдашгүй байдаг бол хорвоо ертөнцийн жам ёс юм. Бурхан шашны номхотгохуйн онол бол хүн төрөлхтнийг хоёр үнэний зүй ёсонд тохиролцохыг шаардсан явдал юм.

Дөрөв. Хэв дуурайлал бол номхотгохуйн онолын арга

Хэв дуурайллын хүч бол хамгийн их итгүүлэх хүчтэй ялагдашгүй заан сургалтын арга хэлбэр мөн. Бурхан шашны бусдыг номхотгох онолоор авч хэлбэл, номхотгохын арга хэлбэр нь төрийн хууль цаазыг бүтээл маш боловсон байж, баларлаг бүдүүлэг цаг үеэс давсан дээд хэмжээний боловсон нийгэмд зохилдсон, илд жадаар цогцыг тамтаглан, зарлиг заавраар оюун санааны даралт үзүүлэн номхотгох бус, харин номхотгохууныг ухамсарт түшиглэж, өөрийн биеэр хэв дуурайлал үзүүлэн, бусдыг дотоод сэтгэлээс нь бишрүүлэн дагуулдаг тул "үзүүлэгч бурхан" гэж нэрлэдгийн учир түүнд буй. Мөн ч хар албаар цаг бусыг хайхралгүйгээр дарангуйлан номхотгох бус, харин сэхээрүүлэн номхотгохоор зорилгоо болгодог. Энэхүү номхотгол нь маш удаан даамгай хүлцэнгүй тэмцлийн аргыг авдаг байна. Учир нь бурхан шашны хамаг эцсийн зорилго бол хамаг амьтныг мунхагаас авран, сэхээрлийн замд оруулан, бодийн мөрийг олгож, бурхан болгох явдал болно. Энэхүү, ажиллагааг нь хүмүүний нэг хэдэн төрөлд биелүүлж дийлэх ажил биш. Хүний нэг насыг хорвоо ертөнцийн цаг хугацаатай харьцуулвал гилбээн гилбэх мэт охор байдаг тул охорхон хугацаанд номхотгохыг биелүүлэх гэж албадах бус. Харин үйлийн үрийн боловсрол, ерөөл барилдлагын завшааныг биелүүлдэг байна. Энэхүү тэмцлийн энэхүү тэмцлийн арга нь хүмүүст "бурхан шашинд тэмцлийн зориг байхгүй" гэсэн эндүү ойлголтыг өгдөг байна.

Тав. Номхон шударга бууж өгөх нь номхотгохуйн онол бус

Бурхан шашны "номхотгохуйн онол" дахь номхотгол бол дан ганц номхон шударга болох явдал биш. Харин зүй ёсны өмнө номхорч, зүй бусын өмнө хүчирхэгжих онол мөн. Учир нь зүй ёс нь зүй бусыг ялдаг, хэдийгээр зүй ёсон зарим үед нугарал бүдрэл учирдаг ч, хамгийн эцэст ялалт олдог тул бурхан шашныг "ялгуусны шашин" гэж хэлдэгийн учир үүнд буй. Иймээс ялалтанд хүргэдэг зүй ёсоор замнагчид нь зүй бусын өмнө хамгийн их хүчирхэг этгээд болж зогсдог. Харин зүй ёс ба зүй бусыг ялгалгүй, аливааны өмнө номхорон толгой бөхийх гэсэн явдал бус. Мөн ч бусдыг номхотгон дарлах гэсэн явдал нэн ч бус. Бурхан шашны номхотгохуйн онолын өөрийгөө номхотгох бол өөрийгөө хүчирхэгжүүлэх арга байж, бусдыг номхотгох бол зүй ёсонд оруулан хүчирхэгжүүлэх арга мөн. Бурхан шашны хүн төрөлхтнийг түүний сэхээрэлтэнд түшиглэн номхотгох бол ямарваа засаг төрд байхгүй дээд хэмжээний боловсон тэмцлийн арга ухаан мөн. Өөрийгөө хүчирхэгжүүлэх бол ялалт олохын бат суурь болно. Бурхан шашны хэдэн мянган жилийн турш ялагдалгүй тэмцэж ирсэний шалтгаан үүнд байдаг. Ямар нэгэн засаг төр буюу шашны дээд давхаргатнаас өөрийн нүдний өмнөх эрх ашиг, эд мөнгөө батлахын төлөө бурхан шашны номхотгохуйн онолыг гажуулан ажиглажээ.

Ерөнхийлөн хэлбэл, бурхан шашны номхотгохуйн онол нь тэр чигээрээ тэмцлийн онол мөн. Зөрчил тэмцлийн салсан хэрэг бодис гэж оршдоггүй. Зөрчил бол хэрэг бодисын орших хэлбэр мөн. Бурхан бол агуу их, учир нь тэр бол нэгэнт сэхээрсэн, өөрийн биеэрээ дуурайлал болжээ. Бурхан ном бол агуу их, учир нь тэр бол сэхээрлийн замыг заасан үнэн ёс, гэтэл хувраг бүгд агуу их бус, учир нь тэр бүр мөсөн сэхээрээгүй бурхны шавь, сэхээрлийг зорин, мунхагтай тэмцэлдэж, мунхагийн дундаас сэхээрч, сэхээрлийн дундаас мунхардаг буяны садан. Эдгээр садны зарим нь хоёр мянган жилийн турш бурхан номыг ойлгох ба ойлгохгүйн дундуур, аймаг бүлэг байгуулан нэр төр хөөцөлдөн, төр засагтай холбоолон, би чамайг дэмжиж, чи намайг өргөх арилжааны ном болгож, ашиг тустайгаа холбож, хэсэг бусгаар гаждуулан, бурхан номын үнэнгэх утга санааг өөрчлөн, хувь заяаны онол, мунхарлын онол болгон үхмэл шүтүүлж, хамаг амьтны ашиг тусыг ардаа таягдаснаас, бурхан шашны номхотгохуй онол нь ертөнцийн хүнд буруу ойлголт өгсөн байна.

НОМ ЗҮЙ

1. Сүмбэ хамба Ишбалжир. Бурханы шашны түүх. ӨМАХХ. 1993 он
2. Баатар. "Монголын ёс зүйн үзэл санааны түүх". ӨМАХХ. 2002 он
3. Үнэн. "Монголын шашин суртахууны үзэл санааны түүх" ӨМАХХ. 2003 он
4. 宗喀巴。菩提道次第广论（汉藏对照版）2010.5页
5. 宗喀巴。菩提道次第广论（汉藏对照版）2010，5页
6. 释印顺。印度佛教思想史。中华书局。2011.3页
7. 王森。西藏佛教发展史略。中国藏学出版社。2010.1页
8. 印度佛教汉文资料选编。北京大学出版社。2010.11页
9. 释印顺。戒律学论集。中华书局。2010.6页
10. 劳政武。佛教戒律学。宗教文化出版社。1999.9页

БУРХАН ШАШНЫ ӨӨРИЙГӨӨ ТАНИХ ОНОЛЫН ТУХАЙ ӨГҮҮЛЭХ НЬ

ABOUT SELF-CONSIDERATION OF BUDDHISM

Ж.Оюунбилиг
(ӨМИС)

ABSTRACT

The teaching of Buddhism is the theory of human study. In the teachings, we can fount out a method of consideration for ourselves, consideration for society and further more consideration for whole outer universe.

In this article, we accurately discuss about from the very beginning of human origin till the very last moment of human life.

Түлхүүр үг: бурхан шашин, хүн, танилт

Агуулгын товч: Бурхан шашны онол бол нэг зүйлийн хүн судлалын ухаан мөн. Тэр нь өөрийгөө таних, нийгмийг таних, тэрчлэн гадаад орчинг таних танилтын явц мөн. Үүнд хүн төрөлхтний өөрийгөө таних бол хамгийн үндсэн танилт болохыг хүний ирэлтээс эхлэн хамаг эцсийн төгсгөлийн агшин зуур хүртэл нарийлаг шинжлэн судалсан байна.

Бурхан шашны соёл бол өвөг дээдсээс үлдээн өгсөн агуу их соёлын өв хөрөнгө мөн. Бурхан шашны онол бол сансарын зургаан орны тухай номлосон ч хүний ертөнцийн бодит амьдралаар суурь болгож номлосон юм. Шагжамуни бурханаас шашины онолоо Сухавадийн орноос бус, тэнгэрийн орноос ч бус, харин хүний ертөнцөд иж төрөөд, ертөнцөөс уйдаж, мөнх бус үхлийг таниулж, нирваны хутгийг үзүүлэн номложээ. Ертөнцийн хүн юуны өмнө биеэ таних, нийгмийг таних, ертөнцийг таних, цаашилбал орчлонг таних хэрэгтэй. Хүн төрөлхтөн буй болсон тэр цагаас хүн соёл эхэлсэн юм. Араатан амьтнаас өөрийг ялгаж үзэх тэр цагаас өөрийн танилт эхэлж, бүлэглэн амьдрах тэр цагаас нийгмийг таньж эхэлсэн, байгалийг түшин үр үндэс түүж малтахаас эхлэн байгалийг таньж эхэлсэн байна. Иймээс хүн төрөлхтний өөрийг таних, байгалийг таних, нийгмийг таних бол хүн соёлын эхлэлт болох нь дамжиггүй.

Бурхан шашны онолд бас үзэгдэж гарт баригдахгүй тэнгэр, асури, бирд, там гэх дөрвөн орны учир явдлыг ч номлосон байна. Тэгвэл энэ дөрвөн орон бодитой орших ба эсэхийг би энд магадлал хийхгүй. Олж үзэхгүй юм чинь "оршихгүй" гэж хэлэхийг буруу гэж буруушаахгүй. Гэтэл олж үзэх юмсыг "оршихгүй" гэж магадлах нь ч шинжлэх ухаанч үзэгдэл бус гэдгийг мэдэх хэрэгтэй. Орших ба эс орших нь хүмүүсийн танилтад хязгаарлагддаггүй. Одоо шинжлэх ухаан хөгжөөд гадар орчлонгийн хүн байх эсэхийг судалж эхэлсэн, хүнд сүнс байх эсэхийг сэжиглэж эхэлсэн нь хүн төрөлхтний танилтын давшилт мөн.

1. Хэн болох ба хаанаас ирсэн гэдгээ мэдэх

Хүн төрөлхтөн буй болсон тэр цагаас өөрийгөө "би" гэж таньсан явдал бол хамаг анхны танилт мөн. Өөрийгөө "би" гэж мэдмэгц адгуус амьтанаас ялгагдсан "хүн" гэдгээ мэдэж эхэлжээ. Гэтэл энэ бол зөв оновчтой бүрэн гүйцэд танилт бус, цогцын дүрд халхлагдсан танилт болжээ. Бурхан шашины онолд энэ танилтыг үгүйсгэж, "би" гэгч бол махбод цогц төдий, үнэн "би" гэгч байхгүй, эцгийн дусал, эхийн цусан дээр "тийн мэдэл" барилдаж бүтсэн, эцэг эхийн үргэлжлэл мөн гэж өөрийн танилтыг хамгийн өндөр оргилд хүргэсэн байна. Тэгвэл "би" хаанаас ирэв. Хүн болсон ирэл гарлаа мэдэх хэрэгтэй. Хаанаас ирснээ мэдэх хүн бол сая жинхэнэ хүн, мөн ч хаана буцдагаа мэддэг хүн. Ирсэн газраа мэдэхгүй хүн, мөн ч буцах газраа мэдэхгүй нь лавтай. Ийм хүмүүс хүний тоонд багтахгүй. Махбод биеийг эцэг эхийн тэндээс олсон нь тодорхой, гэтэл барилдаж бүтсэн "тийн мэдэл" хаанаас ирэв гэдэг бол бурхан шашны онолын гол чухал онолын нэгэн мөн. Мөн ч ертөнцийн хүний үргэлж сэжиглэж, магадлалыг олохуйяа бэрх асуудлын нэгэн болой. Бурхан шашны онолд хамаг амьтан зургаан зүйл нь сансарын зургаан оронд ээлжлэн төрдөг ёсоор бодвол "тийн мэдэл" сансарын зургаан орны завсарт эргэлдэж буй. Тэнгэрт төрвөл тэнгэр болж, хүнд төрвөл хүн болж, адгуусанд төрвөл адгуус болж, тамд төрвөл тамын амьтан болдог юм байна. Манай ярьдаг "сүнс" буюу. Иймээс ертөнцийн хүмүүс аван үзмэгц өөрийгөө "би" гэж ав амархан, тов тодорхой таниад, нарийвчлан шинжих тутмаа "би" нь "би биш" болж төөрөгддөг байна. Хармагц таньдаг цогцын "би"-ийг нэвтэлж дийлбэл "би"-ийн хоосон нь мэдрэгдэж, өөрийн танилт оргилдоо тулж, мунхагийн харанхуй гийгүүлэгдэн өмнөх зам дурайн харагдах болно. Ертөнцийн хүн хэн гэдгээ мэдвэл юу хийхээ мэддэг, хаанаас ирснээ мэдвэл яаж хийхээ мэддэг. Монголын зүйр сэцэн үгэнд "биеэ мэдвэл хүн, бэлчээрээ мэдвэл мал" гэдэг учир үүнд буй.

2. Өөрийн бие мөнх бусыг таних

"Их нирван судар"-т: "Тариалангийн аливаа тарьцын дотор намрын хураалт дээд, алив мөрийн дээд, алив хуран мэдэхийн дотор мөнх бус хийгээд үхэхийг хуран мэдэх дээд болой" [1] (p.60) номлосончлон, ертөнцийн хүн өөрийгөө хэн болох, хаанаас ирсэн гэдгийг мэдсэний эцэст өөрийн хүний ертөнцөд заяасны төгсгөлд юу болох гэдгээ тодорхой мэдэж, цаг үргэлж мартаж болохгүй. Хэрэг бодасын эхлэлтийг ойлговол түүний төгсгөлийг ч ойлгох хэрэгтэй. Эхлэлтгүй төгсгөл, төгсгөлгүй эхлэлт гэж байдаггүй юм. Иймээс ертөнцийн хүнд төрж мэндэлсэн цаг байхын эцэст үхэж одох цаг байхыг мэдэх хэрэгтэй. Ертөнцийн хүн мунхагийн харгайгаас амьдарч байгаа үедээ үхэхээ мэдэхгүй омгорхог сагсуу, мөнхрөх шиг аашилж, үхэхийн цагт олж амьдарсангүй шиг гашуу гэмээ тавьж, өвчүү цээжээ малтаж маажих нь юутай мунхаг. Төрсний эцэс үхэх, үхэхийн эцэс төрөх бол орчлонгийн жам ёс юм.

3. Мөнх бусын учир шалтгааныг таних

Ертөнцийн мөнх бус, ертөнцөд амьдарч байгаа хүнд мөнх бус. Бид энд хөвөө хязгаар нь ч үзэгддэггүй ертөнцийн мөнх бусыг судлан шинжлэхийг түр байж, хүн болж амьдарсан эрхэнд бид яахдаа мөнхөрч дийлдэггүй учир шалтгаан, адагт санаандаа тултал урт наслаж дийлдэггүй учир шалтгааныг эрж сүвэгчлэх нь өөрийг танихын бас нэгэн танилт мөн. Төрөхөд хэн намайг төрүүлсэн, үхэхэд хэн намайг үхүүлсэн, төрөхөд төрөхийн нөхцөл, үхэхэд үхэхийн нөхцөл байна. Эдгээр нөхцөл шалтгааныг судлан шинжлэх бол оюун мэдэлтэй төрсөн хүний эрхбиш бодон сэтгэхийн их явдал мөн.

(1). Үхлийн эзэн хэн болохыг таних

"Үхлийн эзэн магад ирэхэд ямар ч аргаар түүнийг хориглоход бэрх, хэр зэргийн гэр ордонд заяавч үхэх гэдэг нь үнэнтэй" [2] (р.62) гэж богд лам номлосон юм. Ертөнцийн газар хүний махбод биеийг авч төрсөн мөнхөрсөн хүн ер нь гарсангүй. Ертөнцөд хүн гэж дуудагдах нэрийг олсны гол шалтгаан нь ертөнц хүний махбод цогцыг авч төрсөнд байдаг юм. Гэтэл хүний ертөнцөд ирэхэд "хүний махбод цогц"-ыг олохгүй бол хүний ертөнцөд ирж дийлэхгүй. Иймээс тийн мэдлийг ачаалагч эзэн нь "махбод цогц", үхэж одохын эзэн нь ч "махбод цогц" байх нь гарцаагүй.

(2). Амьдарч оршихын хэмжээгээ мэдэх

Ертөнцийн алив хэрэг бодас бүр тогтсон хэмжээ хязгаартай байдаг. Хэмжээ хязгааргүй бодас гэж байж чадашгүй. Зөвхөн урт охорын зөрөөний хэмжээ төдий. Богд лам Зонхавын номлосон "Сар барагдсаар жил болж, өдөр барагдсаар сар болж, хоног ч өдөр шөнө ээлжилсээр дуусах болой. Үдийн өмнө болтол удалгүй нэг өдөр барагдаж, нас хоногийн хэмжээ нь улам цөөрч, үлдсэн насанд нэмэр байдаггүй. Энэ нь өдөр шөнө ээлжлэн явдагт буй" [3] (р.62) гэсэн шиг хүн төрсөн цагаасаа эхлэн үхлийн зүг ойртож байх нь гарцаагүй учир тул насны хэмжээ хасагдаж байхаас биш нэмэгдэх явдал байхгүй. Гэтэл энэ насны хэмжээг хэн тогтоож өгсөн буй. Ямар нэгэн бурхан сахиулсан тогтоож өгсөн бус. Харин "хүн" нэрийг дуудуулж өгсөн "махбод цогц" амь насны чинь хэмжээг тогтоож өгсөн билээ.

(3). Амьдарч оршихын шалтгааныг таних

Ертөнцийн хүний үхэх нь гарцаагүй, гэтэл хэзээ үхэх гэдэг нь тогтсон хугацаа байхгүй, монголын зүйр үгэнд "Магад үхэхээ мэдэвч маргааш үхэхээ мэдэх" гэдэгчлэн амь нас хэмжээтэй гэдэг боловч хэмжээндээ тулах эсэх бол нэгэн чухал асуудал болно. Насны хэмжээ хүрээгүй байтал үхчих ч байж мэднэ. Насны хэмжээ тулсан байтлаа илүү хэдэн жил амьдарчих ч магадгүй. Амьдарч оршихын хэмжээ гэгч харьцангуй тогтуун бус. Насны хэмжээ тогтсон гэж бардам санаж суух болох биш. Тогтсон хэмжээнд тулах ба эсэхийн зангилаа нь өөрийн гадаад нөхцөл ба дотоод нөхцлөөс тогтоогдож болно. Даруй хүний амьдарч байгаа гадаад орчин болох хүний ертөнцийн нөхцөл шалтгаан ба махбод биеийн дотоод дахь хямрал болно. Үнэхээр хүний бие олохуйяа бэрх ч эвдэхүйеэ хялбар болой. Иймээс амьдын цаг эрхэм нандин, цагийг амжихын чухал чанарыг ойлгож мэдэх бол хүн бологсдын өөрийн биеэ таньсан эсэхтэй шууд холбогдоно.

4. Үхлийн шинжээ таних

Ертөнцийн хүний ёс онолоор бол яаж үхсэн ч болог, хүн үхээд амьсгаа хураавал нэг насны явдал учир төгссөн хэрэг, түүний үхсэн учир шалтгаан, шинж тэмдгийг нарийлаг судалж сүвэгчилсэн нь ямар ч хэрэггүй илүүц явдал болно. Гэтэл бурхан шашны ёс онолоор бол өнөөдрийн амь нас эцэслэл нь маргаашийн амь насны эхлэлт гэж, хүний орчлонгийн үхэж төрөхийн хэлхээ холбооны дунд хүний амь насны эхлэлт төгсгөлийг хамтад нь судлан сүвэгчилсэн байна.

(1). Үхэх нөхцлөөр авч үзвэл

Ертөнцийн хүн үхлээс мултарсан хүн нэг ч байхгүй. Хүн болж төрсний эцэст үхэж дуусах нь лавтай. Гэтэл үхэгсэдийг хураангуйлж үзвэл насны туйлдаа тулж, насаа барж үхсэн, бие махбод эрүүл чийрэг ч идэж өмсөхдөө зөвгүй өлбөрч үхэх буюу өлбөрлөөс болж тардаж туйлдаад буян барагдаж үхсэн, насны хэмжээ дууссан ч бус эд буянаа ч барсан бус, есөн шалтгаанаас болж тэгш бусаар үхсэн гэж гурван зүйлд хуваадаг. Ертөнцийн хүн тэгш бусаар үхэх нь маш олон тоог эзэлдэг юм. Одоогийн шинжлэх ухааны гэрчилснээр хүмүүс зуу илүү насалж болно. Гэтэл зуу илүү насалсан маш ховор чухаг. Үнэхээр хүний амьдрах нөхцөл цөөн байж, үхэх нөхцөл олон буй.

(2). Үхэх сэтгэлээс нь авч үзвэл

Үхэх сэтгэл гэгч даруй үхэхийн үеийн сэтгэл мөн. Ардын уламжлалт ярианд хар цагааны зааг дээр гэж ярьдаг. Энэ зааг дээр ямар сэтгэл төрөгдөх вэ гэвэл гурван зүйлийн адил бус сэтгэл төрөөд үхэх болно. Даруй буянт сэтгэл төрөгдсөнөөр сүсэг тэргүүтэн буян номыг хуран мэдэх сэтгэл төгсөн үхэхийг буянт сэтгэл төгсөн үхэх гэдэг. Буян бус үйлийг санагалзаж үхэхийг нүгэлт сэтгэл төгсөн үхэх гэдэг. Буян нүгэл хоёрыг эс дурдан, эш эс үзүүлсэн сэтгэл төгсөн үхэх гэдэг. Ертөнцийн ёсоор бодвол үхэх хүний эцсийн бодол сэтгэлийг судалж шинжилсэний хэрэгцээгүй. Бурхан шашны ёсоор авч хэлбэл хүний үхэх үеийн хамаг эцсийн бодол сэтгэл нь амьдарч байгаа үеийн бодол сэтгэлээс арван хувь дахин цаашилбал зуу мянган хувь дахин үйлдэлтэй юм. Хар цагааны даваан дээр завдан залбирч, бодол сэтгэлээ засаж дийлэх ба эсэх нь эргэх төрлийн хувь заяаны зангилгын явдал болно.

(3). Үхэх янз байдлаас нь үзвэл

Ертөнцийн хүний үхэж төрөх нь өөрийн санаагаар тогтоогддог бус. Ямар нөхцлөөр, ямар сэтгэлээр, ямар янз байдлаар үхэх гэдэг нь ч өөрийн санаа бус. Үхсэн шинжээс нь үхлийн мөрийг олж хардаг байна. Хүн үхвэл илчээ хурааж бие нь хөрдөг тул илч хураахын адил бус даруй цээжнээс эхэлж хураах ба бөгснөөс эхэлж хураах гэж, үхэгсдийн зүс царайгаар нь амарлингуй ба амарлингуй бус гэж хоёр зүйлээр шинжин, нэг насных нь үйл явдлыг шинждэг. Хүн төрөлхтний соёлын өв хөрөнгө болсон бурхан шашин нь хий хоосон номлол биш. Хүний амьдралын дүр төрхийг бүдүүвч төдий л ажигласан бус, нарийн нямбай ажиглаж шинжлэн судалдгаас нь бурхан шашны хүн судлалын нарийлагаас нарийлаг гэдгийг ойлгож болно.

Ерөнхийлбэл, танилт бол давшилтын үндэс мөн. Танилтын суурин дээр хүн төрөлхтөн нэн сайн сайхан эрэн сүвэгчилдэг. Одоо цагийг танихгүй бол ирээдүйг таньж дийлэхгүй, өөрийгөө танихгүй бол бусдыг нэн ч таньж дийлэхгүй юм. Бурхан шашны онол нь хүн төрөлхтөн эрхбиш өөрийгөө гүйцэд танихын үүднээс хүний тухай бүрэн гүйцэд нарийлаг судлалыг өрнүүлсэн байна.

Зүүлт тайлбар:

[1], [2], [3] Данжин, Раднабазар нарын орчуулсан "Бодь мөрийн дэс дарааллын дэлгэрэнгүй өгүүлэл". Үндэстний хэвлэлийн хороо. 2003 он.

НОМ ЗҮЙ

1. Зонхава. "Бодь мөрийн дэс дарааллын дэлгэрэнгүй шастир". Баруун Түмэдийн бар хэвлэл. 1882 он

2. Цахар гэвш Лувсанцүлтим. "Богд Зонхавын намтар". Цагаан уулын сүмийн бар хэвлэл.

3. Содбилиг. "Шашны толь". Өвөр Монголын Сурган хүмүүжлийн хэвлэлийн хороо. 1996 он.

МОНГОЛЧУУДЫН ХУРИМЛАХ ЁСНЫ УЛАМЖЛАЛ, ОРЧИН ҮЕ

MONGOLIAN TRADITIONAL MARRIAGE CUSTOMS IN MODERN LIFE

З.Нинжбадгар

(СУИС, Соёл урлаг судлалын хүрээлэн)

ABSTRACT

Although Mongolian traditional marriage ceremony and other related customs are somewhat preserved, certain features are evidently changed and some of them even forgotten due to various factors like progress of social developments, state policy, foreign religion and culture, etc. Whereas traditional customs related with marriage are well respected and practiced in rural areas they are somewhat mixed or co-existent with foreign marriage ceremonies and customs in urban areas.

However it is an unavoidable fact that any given traditional culture and customs are susceptible to change due course of time and change of social life, it is significant for us to preserve our Mongolian cultural traditions in harmony of modern day rhythms.

Аливаа үндэстэн угсаатны хуримын ёс, зан үйлээс тухайн ард түмний түүх, соёл, шашин шүтлэг, амьдралын хэв маяг гэх мэт олон зүйлийг харж болдог.

Монголын угсаатны бүлгүүдийн хуримын ёслол, зан үйл нь өөр өөрийн өвөрмөц онцлогтойгоос гадна хотжилт, даяаршил зэргийг дагалдан хот суурин болон хөдөө орон нутаг дахь хуримын ёсонд ялгаа бий болжээ. Ялангуяа Улаанбаатар хотод болж буй хуримын ёс нь монгол болон бусад орны шашин, соёлын нийлбэр өөрөөр хэлбэл, монгол, гадны орны ёс, зан үйлүүдээс бүрдэх болов.

Бид энэ удаад Монгол Улсын Соёл Урлагийн Их Сургуулийн Соёл урлаг судлалын хүрээлэнгийн 2015-2017 онд хэрэгжүүлж буй "Гэр бүлийн орчин дахь үндэсний соёлын өнөөгийн байдал, чиг хандлага" суурь судалгааны хүрээнд энэхүү өгүүллийг нийтлүүлж байгаа бөгөөд монголчуудын хуримлах ёсон дахь мартагдаж гээгдсэн, хувиран өөрчлөгдсөн хийгээд шинээр нэвтэрсэн зүйлсийн талаар өгүүлэх болно. Ингэхдээ тус хүрээлэнгээс 2017 онд Монгол Улсын Дорноговь, Хэнтий, Ховд, Хөвсгөл аймаг, Улаанбаатар, Эрдэнэт хотын 2157 хүнээс авсан социологийн асуулга, ярилцлага, судлаачийн ажиглалт, монголчуудын уламжлалт хуримын ёслол, зан үйлийн талаар судалсан судалгааны бүтээлүүдэд тулгуурлан авч үзэв.

Ураг барилдаж, шинэ айл өрх гал голомт үүсгэх нь хүний амьдралын хамгийн нандин зүйл юм. Тиймээс Монголчууд "ёсолж аваагүй бол эхнэр биш" гэж ам дамжуулан ярьдаг байсан нь тэдний гэрлэлт, хуримын ёсонд хэрхэн хандаж байсныг илтгэнэ.

Монголчууд хуримын ёс, зан үйлийн ач холбогдлыг эрдэмтэн судлаачид зохиол бүтээлдээ дараах байдлаар тэмдэглэжээ. Үүнд:

1. Амьдралаа холбож буй хосын ирээдүйн амьдралд нь сайн сайхныг бэлгэдэх, хүндэтгэх
2. Төрөл садан, нутаг усны түмэн олондоо гэр бүл болсноо мэдэгдэх, баталгаажуулах
3. Гэр бүлийн бат бөх байдлыг бий болгох

4. Өвөг дээдсийнхээ бүтээсэн соёлын үнэт өвийг тээн хадгалах, уламжлуулах арга ухаан
5. Өмч хөрөнгө өвлүүлж шинэхэн гэр бүлийн амьдралын эдийн засгийн үндсийг бүрдүүлж өгдөг гэжээ.

Тодруулбал, бидний өвөг дээдэс хуримын ёслол, зан үйлийн гол ач холбогдол нь гэрлэж буй хосын ирээдүйн амьдралд нь сайн сайхныг бэлгэдэх, тэднийг хүндэтгэхэд оршино гэж үздэг байсан бөгөөд энэ нь гэрлэж буй хосод цаашдаа бат бөх тогтвортой гэр бүл болох ёстой, өвөг дээдсийнхээ ёс уламжлалыг хойч үедээ залгамжлуулах үүрэгтэй гэсэн ойлголтыг аяндаа бий болгодог байна. Тухайлбал, *"Хурим бол гэр бүлийн баталгаа гэдгээс дутахгүй хүчтэй ёс суртахууны хүчирхэг чухал хэв заншил гэж боддог. Эцэг эх, ахмад дээдсээрээ ерөөлгөж, өөрсдөө үүрдийн гал голомт үүсгэж байгаагаа амлан өчиж хурим хийдэгсэн, тэгэж ёслон андгайлсан залуу хос дахин гэр бүлээ цуцалж яаж тэднийгээ дахин урьж хурим хийх вэ, гэр бүл болох хурим хүнд нэг л тохиолддог зүйл. Эцэг эх, ахмад дээдэс нь ч яаж дахин цугларч ёслох билээ. Иймээс хурим бол ёс суртахууны маш их чухал баталгаа мөн. Харин зарим нь хурим хийж гэр бүл болж ёслохоо больж байна. Энэ буруу. Хуримыг заавал хийдэг заншилтай болгох хэрэгтэй юм. Хурим бол гэр бүл бологсдыг эхнээс нь бат тогтвор суурьшилтай болгох талаар хийж буй нийгмийн ёс суртахууны уламжлал баталгаа юм"*[1] гэж Говь-Алтай аймгийн Тамч сумын[2] настны хэлснээс дээр өгүүлсэнчлэн монголчуудын хуримын ёслолд хэрхэн хандаж, үнэлж байсан нь харагдана.

Өнөөдөр Монголчууд хуримын ёслолд хэрхэн хандаж, түүний ач холбогдлыг хэрхэн үнэлж байгааг тодруулах үүднээс "Таны бодлоор хурим нь ямар ач холбогдолтой вэ?" гэсэн асуулга авахад судалгаанд оролцогчдын 39.2% (846) нь гэр бүлийн тогтвортой байдлыг бий болгох, 26.8% (579) нь гэрлэж буй хосын ирээдүйн амьдралд сайн сайхныг бэлгэдэх, хүндэтгэх 22.3% (482) нь ардын ёс заншил, өв уламжлалыг хадгалах уламжлуулах, 1.4% (31) нь өмч хөрөнгө өвлүүлэхэд оршино гэж хариулсан бол 1.1% (24) нь бусад гэжээ. Харин 5.4% (117) нь хурим ач холбогдол багатай гэж хариулсан байна.

Энэхүү судалгааны дүнгээс үзвэл, хурим хийх нь гэр бүлийн тогтвортой бат бөх байдлыг бий болгоход ач холбогдолтой гэсэн хариулт давамгай байгаа боловч гэрлэж буй хосын ирээдүйн амьдралд сайн сайхныг бэлгэдэх, тэднийг хүндэтгэх, ардын ёс заншил, өв уламжлалыг хадгалах, өвлүүлэх уламжлал тодорхой хэмжээнд хадгалагдаж байгаа нь ажиглагдлаа. Гэхдээ үр хүүхдүүддээ өмч хөрөнгө өвлүүлж шинэхэн гэр бүлийн эдийн засгийн үндэс бүрдүүлж өгдөг гэсэн үнэлэмж тун бага түвшинд байгаа анхаарал татахуйц болжээ. Судалгааны дүн дээр өгүүлсэн монголчуудын хуримын ёс, зан үйлийн гол ач холбогдол болох "амьдралаа холбож буй хосын ирээдүйн амьдралд нь сайн сайхныг бэлгэдэх, хүндэтгэх" гэсэн үнэлэмж 2-рт эрэмбэлэгдсэн нь өнөөдөр уламжлалт сэтгэлгээ хэрхэн өөрчлөгдөж байгааг харуулав.

Тус судалгаанд хамрагдсан хүмүүсийн 5.4% хурим нь ач холбогдол багатай гэж хариулав. Тэд хурим хийх нь эцэг эх, ар гэрийнхэндээ санхүү эдийн засгийн хүндрэл учруулдаг, өнөөдөр хурим хийсэн ч, хийгээгүй ч ялгаагүй гэр бүлийн тогтворгүй байдал, салалт их болсон гэж үзэж байна.

Монголын уламжлалт гэрлэх ёсонд хүүгийн эцэг, эх өөрсдийн санаанд нийцсэн охины удам судар, бие бялдар, ааш зан, ажил үйлсийг нарийвчлан харж

---

[1] Ц.Дашжамц. Монголын ард түмний ёс суртахууны дэвшилт уламжлалаас. УБ., 1968. т. 66-67
[2] Говь-Алтай аймгийн Тамч сум нь одоогийн тус аймгийн Тонхил сум.

бэрээ сонгодогийн зэрэгцээ жил, нас, мэнгэ, суудал нь ивээл байх, махбодын барилдлагыг тааруулахад ихээхэн анхаардаг байжээ. Энэ нь гэрлэж буй хосын ирээдүйн амьдрал бат бөх, сайн сайхан, буян заяа тэгш байхад нөлөөлдөг гэж үздэгтэй холбоотой юм.

Өнөө цагт эцэг эхчүүд ихэвчлэн бэрээ сонгохоо больсон боловч бэр болох охин, хүргэн болох хүүгийн удам судрыг харж, хос хоёрын жил, махбод зэргийг харгалзан үздэг уламжлал байгаа нь манай судалгаанд оролцогчдын 56.7% (1224) нь бэр, хүргэн болох хүний жил, мэнгэ, махбод зэргийг харж судалдаг гэсэн бол 32.5% нь (702) нь үгүй гэж хариулсанаас харагдав.

Уламжлалт хуримын ёсонд бэр сонгосны дараа хүүгийн эцэг, эх нутаг нугын тохитой томоотой гэсэн настай 2, 3 хэлмэрч хүнийг цагаан эсвэл саарал морь унуулан өлзийтэй сайн өдрийг сонгон хэл дуулгахаар явуулдаг. Үүнийг "ам туршних", "ам сонсгох", "ам авах" гэх мэтээр нутаг нутагт өөрөөр нэрлэх нь бий. Ингээд хэд хоносны дараа хүүгийн талаас бэр гуйхаар очиж далд утга бүхий уран үгийг хэлж охины эцэгт хадаг барьдаг байна. Охины эцэг зөвшөөрөл хадгийг авах ба эс зөвшөөрвөөс хадгийн үзүүрээс утас сэмэлж аваад буцаан өгдөг аж.[3] Зарим нутагт хадаг барихын оронд хөөрөг барьж бэр гуйдаг. Охины эцэг, эх зөвшөөрсөн тохиолдолд худ ураг боллоо хэмээн бэсрэг найр хийж, сүй тавьдаг. Сүй бэлэг бол гэр бүлийг бататгаж тогтоох, бага балчир залуу хосыг амьдрал ахуйн аар саар гачаал бэрхшээлээс гэтэлгэх, эд хөрөнгө малаа ариг гамтай эдэлж өсгөж хураах, эв эетэй аж төрөх, айл өрхийн эдийн засгийн үндсийг бүрдүүлж өгч байгаагаараа[4] ач холбогдолтой. Сүй бэлгийн хэмжээ, утга санаа нь тухайн айлын хөрөнгө чинээний байдлаас голчлон шалтгаалдаг[5] байв. Сүй бэлгийн хариуд бэрийн талаас "инж" хэмээх бэлэг төхөөрөн өгдөг. Тухайлбал, охиныхоо үс гэзэгний чимэг зүүлт, хувцас хунар, ор дэрний хэрэглэл, авдар сав болон эмээл хазаартай морь, мал зэргийг инжинд оруулдаг.

Бэр гуйх зан үйл нь нийт монголчуудын дунд түгээмэл боловч нутаг нутаг, угсаатны бүлэг бүрт харилцан адилгүй байдгийг дурдууштай.

Өдгөө ихэнх тохиолдолд залуу хос гэрлэхээр шийдсэний дараа товлосон сайн өдөр хүүгийн талын ойр дотны хүмүүс идээ цагаа бэлтгэн охины эцгийн гэрт очиход охины тал мөн идээ цагаа бэлтгэн хүндэтгэн угтаж, амар мэндээ мэдэлцэн, охины эцэгт хадаг барьж ирсэн учир шалтгаанаа далд утгатай, уран үгээр айлтган охиныг бэр болгон гуйхад охины эцэг зөвшөөрч буйг илэрхийлэн хадгийг авч бэлгэтэй сайхан үг хэлж ерөөдөг болсон байна. Сүй бэлэгт хөрөнгө санхүү, орчин нөхцөлийн онцлогоос шалтгаалан малаас гадна эд зүйлс, хувцас хунар, машин тэрэг өгдөг болжээ.[6]

Өнөө цагт хүүгийн тал бэр гуйх хүнийг архи сайн ууж, даадаг хүн байх, охины тал бэр гуйхаар ирсэн хүмүүсийг архи дарсаар шахаж "хөлөөрөө гарч чадахгүй болтол" нь уулгах ёстой гэсэн ташаа ойлголт бий болсноор тэрхүү бэр гуйхаар очсон хүн нь архиндаа хордож үхсэн тохиолдол гарч байгааг анхааруушай. Мөн хүнтэй гэрлээгүй цэл залуухан, ёс заншил уламжлалын талаар мэдлэг хомс хүнийг "ерөөл сайн хэлдэг" гэсэн шалгуураар, түүнчлэн эхнэр нөхрөөсөө салсан, хагацсан хүнээр бэр гуйлгаж буй тохиолдол гарч байна.[7]

Өвөг дээдсийн ёсоо дагавал нутаг усандаа нэр хүндтэй, удам угсаа сайтай,

---

[3] Ц.Баасандорж, А.Очир. Ойрад хуримын ёс. УБ., 2005. т. 85

[4] Г.Цэрэнханд. Монгол ахуй-угсаа соёлын судалгаа. УБ., 2015. т. 350

[5] Монгол ёс заншил, зан үйлийн товчоон. УБ., 2009. т. 396

[6] МУБИС-ийн МБУС-ийн оюутан н.П-тэй ярилцсан ярилцлагын тэмдэглэлээс. 2015. 03.06

[7] Завхан аймгийн Дөрвөлжин сумын иргэн. н.Р, УБ хот. ХУД-ийн иргэн Т.Б нартай ярилцсан ярилцлагын тэмдэглэлээс. 2017.10.18, 11.13

ахмад настай, тохитой томоотой, уран цэцэн үгтэй, элэг бүтэн, ажил үйлс нь өөдрөг хүнийг сонгон бэр гуйлгах ёстой билээ. Тийм баймааж залуу хосын амьдрал сайн сайхан, тогтвортой байна хэмээн үздэг.

Уламжлалт гэрлэлтийн ёсонд бэр гуйж, сүй бэлэг хэлэлцсэний дараа хурим найр хийх өдөр хоногоо товлож, хуримын ёслолоо хийн гэр бүл болсоноо түмэн олондоо мэдэгдэж баталгаажуулдаг байжээ. Өдгөө цагт бэр гуйсны дараа хурим хийх нь тухайн гэр бүл бологдсын эдийн засаг гэх мэт олон зүйлээс шалтгаалах болов.

Гэрлэлт, хуримын уламжлалт ёсонд хүүхэд төрүүлэхээс өмнө бэр гуйж, хурим найраа хийдэг байсан бол орчин үед ёс дэгийг хатуу баримтлалгүй хуримлаж гэрлэх нь түгээмэл ажиглагдах боллоо.

Тус судалгаанд оролцсон хүмүүсийн 34.7% (749) нь уламжлалыг баримтлан буюу хүүхэд төрүүлэхээс өмнө бэр гуйж (гуйлгаж), хуримлаж гэрлэжээ. 18.5% (400) нь ёс журам баримтлалгүй, 13.6% (295) нь хүүхэд төрсний дараа бэр гуйж хурим хийсэн бол 7.8% (170) нь хүүхэд төрөхөөс өмнө бэр гуйсан боловч хурим хийгээгүй гэж хариулав. Харин 5.5% (120) нь бэр гуйсан боловч хурим хийгээгүй, 2.6% нь бусад байдлаар гэрлэсэн гэжээ. Харин 16.9% (365) нь хариулаагүй байна. Энэхүү судалгааны дүн өнөө үед дээр өгүүлсэнчлэн ёс журмыг баримтлалгүй гэрлэж байгаа нь түгээмэл болсныг харуулав.

Чингэж хүүхэд төрүүлэхээс өмнө хуримлаж, гэрлэсэн нь нийгэм, эдийн засаг санхүү, цаг зав хомс зэрэг олон шалтгаануудтай холбоотой юм. Тухайлбал, социалист нийгмийн үед дэг ёсыг чанд баримтлалгүй гэрлэх нь түгээмэл байсан билээ. Түүчлэн хүүхдээ төрүүлсэн боловч хуримаа хийж амжаагүй байгаа залуухан хосын аав *"манай хүү, бэр хоёулаа Солонгост сургуульд сурдаг. Манай хоёр хүүхэдтэй. Тэгээд сургуульд суралцаад зав зай байхгүй байсан болохоор хуримаа хийх боломжгүй байсан. Харин одоо сургуулиа төгсөцгөөж байгаа болохоор энэ жил хуримаа хийх гэж байгаа"*[8] гэснээс уламжлалт ёсыг тэр бүр баримтлаж чадахгүй байгаагийн зарим шалтгаан тодрох биз ээ.

Монголчуудын гэрлэлт, хуримын ёсонд хурим болохоос өмнө хүүгийн тал шинэ гэрийн мод бэлтгэн, ах дүүс нутаг усныхандаа хэл өгч гэр бүрлэг хийдэг уламжлалтай бөгөөд гэр бүрлэгэнд ирэх хүмүүс гэрийн сэлбэг авчирч шинэ гэрээ барьж төхөөрдөг байна. Гэр бүрлэгийн үеэр зарим нутагт охины ээж, бэргэн эсрий авчирч хоёр ээж хамтран өрх оёдог, зарим нутагт охины ээж, өрх эсгэх нэг эрэгтэй хүний хамт ирж өрх эсгүүлэн хоёр ээж гар хүрэн бусад хүмүүс хамжилцан оёдог[9] бол зарим нутагт бэлэн өрх, үүд авчирдаг. Гэр битүүлж барьж дууссаны дараа анхны галыг асаан гэр бүрэлгэний найр хийж, хүүгийн тал гэрийг, охины тал гэр доторх эд хогшлыг ероөдөг байна. Гэр бүрлэгтэй зэрэгцэн охины тал гэрийн дотоод тавилца, ор дэр, хөнжил зэргийг бэлддэг.

Шинэ гэрийн анхны галыг буриадад эцэг нь, захчин, торгуудад жил нас таарсан хүнээр, өөлдөд аавын галаас гал таслан авах, халхын зарим нутагт хүүгийн ээж, охины ивээл жилтэй бэргэн асааж бадраадаг байна. Гэр бүрлэгийн найрын дараа зарим нутагт охины эцгийн хүүгийн талын бэргэн, охины бэргэнтэй хамтран гудас, дэр, хөшиг оёж, оёсон ширдэгээ шинэ гэрийн өмнө дэвсэж хоёр ээж дээр нь хүүхдүүд суулгаж дунд нь идээ цагаа, чихэр жимс тэргүүтэн сөгнөж тэднийг дайлан, шинэ айл өнөр болохыг бэлгэддэг[10] ёс бас байв. Гэр бүрэх ажилтай бараг давхцан охины талд ор оёх, эд оёх, дэр нийлүүлэн оёх ч гэж нэрлэгдэх шинээр

---
[8] Дорноговь аймгийн Сайншанд сумын иргэн н.Б-тэй ярилцсан ярилцлагын тэмдэглэлээс. 2017.07.03
[9] Монгол ёс заншил, зан үйлийн товчоон. УБ., 2009. т. 140
[10] Мөн тэнд.т. 141

гэрлэгсдийн ор дэр, хөнжлийг хоёр талаас харилцан гаргаж, цагаан хурганы арьс, цагаан эсгий зэргийг залган оёж хийдэг аж. Энэ нь ХХ зууны дунд үе хүртэл хэвээр хадгалагдаж байсан бололтой.[11]

Ийнхүү хүүгийн тал гэр орон сууцаа, охины тал гэрийн доторх зүйлсийг бэлддэг байсан бол өнөө үед аль боломжтой тал нь гэр, орон сууц болон бусад зүйлсийг бэлтгэх, эсвэл худ ургууд хамтран бэлтгэх, түүнчлэн залуу хосууд өөрсдийн хүчээр бэлдэх болжээ. Ийнхүү орчин, санхүү эдийн засгийн боломжоос шалтгаалан өөрчлөгдөж байгаа боловч эцэг эхчүүд гэрлэж буй хүүхдүүдийнхээ хамтын сайхан амьдралын бат үндэс суурийг бий болгох, нэг хэсэгтээ орон сууц, хэрэглээний эд зүйлдээ санаа зовнилгүй амьдрах нөхцөл боломжийг бүрдүүлдэг сайхан уламжлалаа хадгалсаар байна.

Дээр өгүүлсэнчлэн гэр орон, эд зүйлээ бэлтгэсний дараа хуримын зан үйл болдог уламжлалтай. Урьдаас товлосон бэлгэт сайн өдөр бэрээ авчран хурим найраа хийнэ. Энэхүү өдөр эхлээд бэр мордуулах ёсол үйлдэнэ. Зарим нутагт үүнийг бэр буулгах гэнэ. Охиноо мордуулах эсвэл шинэ гэр хаяандаа буулгахыг охины талд шийддэг байжээ. Шинэ гэр буулгахаар шийдвэл охины эцгийн тусгайлан заасан газар буюу их төлөв охины эцгийн гэрийн зүүн ба хойд талд гэрээ барьж, энэ өдөр охины тал бэлтгэсэн тавилгаа гэрт байрлуулдаг байв.[12]

Бэр мордуулахад сондгой тоотой хүмүүс очиж бэрээ авч, тэгш тоотой болж ирдэг. Энэ нь тэгш жаргалтай байхын бэлгэдэл юм. Бэр мордуулах үед хүргэн хүү нум саадаг агсаж очин гэрт орохдоо нум сумаа хадмын гэр дээр тавьдаг. Хүргэн хадам эцэгтээ тамхилах тамхилах ёс үйлдэнэ. Энэ үед хадмын талаас хүргэнд цамц өмсгөн, бүс бүсэлж "хүргэн хувцаслах" ёс үйлдэх бөгөөд энэ нь хүргэн хүүгээ өөрийн болголоо гэсэн утгыг агуулдаг. Үүний дараа худын талын хүмүүс худгуйн талд бэлэг сэлт өгнө. Эдгээр ёслолыг гүйцэтгэж худынхныг дайлж цайлсны дараа охиныг эцгийн гэрт оруулж цайлдаг ба хүний сүлд хэмээн эцэг, эх нь охиныхоо хуучин бүсийг авч үлдэн, охиныхоо буян хишгээс гэртээ авч үлдлээ гэж үздэг байна. Мөн эл үеэр охины эцэг хүргэн хүүгийн бяр чадлыг шалгахаар тэвштэй махнаас шагайт чөмөг авч өгөхөд хүргэн хүү шагай мултлан авч засаад морь буулган хадагт ороож өвөртөлдөг ажээ.

Охиныг тусгай цагт авах бөгөөд хадмын талын жил, мэнгэ таарсан хүн гэрээс хүчээр авч гарч буй дүр үзүүлэх ба охин ч гарахгүйн тулд юмнаас зуурах юм уу үеийн охид, жижиг хүүхдүүд гараас нь булаацалддаг бол зарим нутагт охин гэрээс явахад уйлж морддог ёс бий. Учир нь дуулж ирсэн хүүхэн зовдог, уйлж ирсэн хүүхэн жаргадаг гэсэн бэлгэдэлт сэтгэлгээтэй холбоотой юм.

Охиноо мордуулахад ээж нь бэргэдийн хамт дагалдан явахаас бус эцэг нь хүргэж өгдөггүй ёстой.[13] Тиймээс "ээж хүргэлтэнд, аав эргэлтэнд" гэдэг хэлц үг хийгээд үйл бий болжээ. Ингэж охиноо эцэг хүн хүргэдэггүйн тухай бидний сайн мэдэх "Монголын нууц товчоо"-нд тодорхой өгүүлсэн байдаг билээ. Түүнчлэн эцэг хүн охиноо хүргэж очвол өрхийн тэргүүний хувьд нэр хүндээ алдсан явдал гэж цээрлэдэг.

Бэр, бэрийн талынхан хүүгийн эцгийнд ирэхэд гэрийн үүдийг ацтай баганаар дарж зогсож, уран үгээр цэц булаалддаг ёс монголын ихэнх нутагт байсан нь эцгийн босго ариун, хаалга хавх нь хишиг ихтэй тул ингэж ац баганаар хашиж дарж оруулахгүй бол онгод бурхан нь уурладаг гэж үздэгтэй холбоотой юм.

Бэрийг ирмэгц шинэ гэрийн урд цагаан эсгий дэвсэн баруун үзүүрт нь

---

[11] Г.Цэрэнханд. Монгол ахуй-угсаа соёлын судалгаа. УБ., 2015. т. 397
[12] БНМАУ-ын угсаатны зүй. I боть. УБ., 1987. т. 264
[13] Г.Цэрэнханд. Монгол ахуй-угсаа соёлын судалгаа. УБ., 2015. т. 399

будаагаар нар, зүүн талд нь сарын дүрслэн хүргэнийг нарын дүрсэн дээр, бэрийг сарны дүрсэн дээр тус тус суулган шаант чөмөгний бүдүүн үзүүрийг хүргэнд, нарийн үзүүрийг бэрд атгуулан хоёуланг ургах наран зүг хандуулан

Шар наранд мөргөм үү

Шаант чөмөг атгам уу

гэж хэлэн гурван удаа наранд мөргүүлдэг. Энэ нь нар шүтэх эртний хүмүүсийн шүтлэгтэй холбогдон үүссэн зан үйл юм.[14] Баяд хуримын ёсонд чингэж шаант чөмөг, шар наранд мөргөдөг бол халх хуримын ёсонд хөшиг тайлсны дараа гэрлэгсдэд зориулан хүүхний талын чанаж бэлтгэсэн бүтэн хонины махыг үхэгнээс задалж иддэг ба шагайт чөмөгний бүдүүн талыг эмэгтэй нь атгаж, нөхөр нь хонгооос барьж татаж авaad хоёул идэж, гэрлэсэн чөмөг гэж нэрлэгдэх чөмгийг мөлжөөд хадгаар боож дээд дэрэндээ хадгалдаг[15] ёстой.

Худ, худгүйн талаас нэг, нэг эмэгтэй шинэ бэрийг дагуулан гэрт оруулж (тэднийг бэргэд гэдэг) үсийг нь хагалан самнаж, чимэг зүүлт зүүн эхнэр хувцас өмсүүлж дуусмагц хадам эх нь бэрд аягатай сүү амсуулсаны дараа гал бурхан, хадам эцэг эх, нохой, айрагны хөхүүрт мөргүүлэх ёслол үйлддэг ба тус бүрт нь мөргөх ёслолын үг хэлдэг байна. Бэр мөргөх үедээ галын магтаал, тахилгын үгийг хэлж, хадмын ам бүлд бэрийг багтаан өршөөл үзүүлэхийг гуйдаг. Бэр мөргүүлэх ёсны далд ёгт утга нь эмэгтэй хүнийг эрийн боол, гэрийн зарц, айлын хамжлага болгож байгаа хэрэг биш, ариун ёс суртахууны эрхэм дээд чанар болсон ачлал элбэрлийн журмыг сахиулж үеэс үед тасралтгүй хөгжиж ирсэн гал голомтыг нь дээдлэн, өвөг дээдсийнх нь шүтээнийг хүндэтгэн, буурлаас нь буян гуйж, аав ээжээс нь ерөөл авч тогтоогоод тэр айлын гал голомтыг залгуулах хөвгүүн үр төрүүлж өсгөе, төр түмэндээ өрх өсгөж, сум сунгая гэсэн нандин сэтгэлийн ариун бат журам юм.[16]

Зарим нутагт бэр мөргүүлсний дараа гурван хоногийн турш түүнийг хөшигний цаана оруулж, өрхийг нь ч татуулахгүй, идээ цайг нь ч хийлгүүлэхгүй суулгана. Гурван хоног өнгөрөхөд хөшиг тайлах ёслол болох бөгөөд ойр хавийн садан төрлийн хүмүүсийг урьж, шинэ бэрийн цай уулгана.[17]

Бэр гуйх, сүй хүргэх, шинэ гэр мялаах зэрэгт ихэвчлэн нэг ерөөл хэлдэг бол хуримын үед сархадын, гэрлэх, бэрийн, найр өндөрлөх зэрэг хэд хэдэн ерөөл хэлдэг. Хуримын ерөөл нь гэр бүл бололцох явдлын нийгмийн учир холбогдлыг тодчилон тодорхойлсон буюу бэрд аж байдал, ёс суртахууны зүйлийг сургамжилсан, бэрийн эхийн ачийг магтсан, хурим найрын дэг ёсны талаар зочдод учирласан зэрэг утга агуулгатай, ерөнхийдөө сургаалын шүлгийн аястай[18] байдаг байна.

Энэхүү бэр мөргүүлэх ёслол нь хуримын гол хэсэг бөгөөд үүнийг "их хурим" гэнэ. Их хурим төдий л унжирдаггүй уртын дуу арван түрлэг, морин хуурын арван татлагаар хуримын найр дуусах ба энэ үед завхай богино дуу дуулах, шог ярихыг цээрлэдэг уламжлалтай. Улмаар найр өндөрлөх ерөөл тавьж, их хуримыг өндөрлөдөг байна. Монголчуудын уламжлалт дэг ёсны дагуу аливаа найрыг товолсон цагт эхэлж нарийн зохион байгуулалттай хийж тодорхой цагт төгсдөг байсан бөгөөд ялангуяа бэр буулгах хурим, хүүхдийн найрыг нар шингэхийн өмнө дуусгадаг заншилтай[19] байжээ.

---

[14] Х.Сампилдэндэв, Н.Уртнасан, Т.Доржадагва. Монгол зан үйл, баяр ёслолын товчоон. УБ., 2006. т.129-130

[15] БНМАУ-ын угсаатны зүй. I боть. УБ., 1987. т. 266

[16] Г.Цэрэнханд. Монгол ахуй-угсаа соёлын судалгаа. УБ., 2015. т. 381

[17] Мөн тэнд.

[18] Х.Сампилдэндэв, Н.Уртнасан, Т.Доржадагва. Монгол зан үйл, баяр ёслолын товчоон. УБ., 2006. т.131

[19] Х.Сампилдэндэв. Монгол хуримын яруу найргийн төрөл зүйл. УБ., 1981. т. 91-92

Их хурим өндөрлөсний дараа 3 хоногийн дараа хадмууд бэр, хүргэн хоёр хэрхэн бие биедээ дасаж, санаа сэтгэл хэр нийцтэй байгааг нүдээр харж шалган эргэж ирэх бөгөөд энэ үед эргэлтийн найрыг хийдэг. Энэ нь хуримын ёсололын үргэлжлэл болно. Энэ үед баярын хундага өргөж, үр хүүхдийн элбэрэл журмын ероол тавьж лимбэ үлээн, бэсрэг дуу дуулан найр хөгжөөнө. Мөн хүргэний ид хавыг үзэхээр сур харвуулах, бэрийн оёж хатгасныг шалгаж сорих зан үйл хийж найрыг өндөрлөдөг байна.

Бэрийн эцэг эргэлтийн найр хийгээд мордохын өмнө зүүж явсан хэтнээсээ цахиур чулуу гаргаж охиныхоо урд хормой дээр тавьж, гэрийн бат холбоо салах сарнихгүйгээр байхыг бэлгэдэн ероол тавьдаг заншилтай. Үүгээр уламжлалт хурим лах ёсон өндөрлөдөг ажээ. Хурим найр дууссаны дараа охины ээжийг буцахад "Эхийн цагаан сүүний харамж" хэмээх халуун хошуутай мал амлах буюу гүү хөтөлгөж өгдөг[20] ёс байв. Эхийн цагаан сүүний харамж нь ээж охиноо эрүүл энх өсгөн бойжуулж, бидэнд өглөө гэсэн хүндэтгэлийн зан үйл юм. Энэ үеэс эхлэн бэр хүн хадамтайгаа харьцах харьцаа, биеэ зөв авч явах ёс журам, ахас ихсийг хүндлэх горим зэргийг багтаасан "бэр бэрлэх" хэмээх цээрийн ёсыг баримтална. Бэр хуримнаас хойш хэсэг хугацаа өнгөрсөний дараа төрсөн гэртээ очдог бөгөөд үүний бэр төрхөмчлөх ёс гэнэ. Төрхөмчлөх ёс монгол туургатанд нийтлэг байх боловч цаг хугацааны хувьд харилцан адилгүй байна. Халхад эргэлтийн найраас хойш гурав хоноод, дөрвөдөд гурван сар, дарьгангад нэг сар болоод төрхөмчилдөг байна.[21] Бэрийг төрхөмдөө очих үед түүнд эцэг, эх нь инж хэмээх өмч хөрөнгө таслан өгдөг уламжлалтай.

Өнөө үед товлож сонгосон сайн өдрөө хүргэн хүү эцэг, эх төрөл садангийн хамт ирэн эхнэрээ авах бөгөөд охины эцгийн хаяанд гэр барин авах нь бараг үгүй болсон байна. Энэ нь хот суурин газрын иргэд ихэвчлэн байшин орон сууцанд амьдрах болсонтой холбоотой юм. Харин бэрээ авахдаа сондгой тоотой ирдэг ёс хадгалагдаж байгаа бөгөөд хөдөө орон нутагт "хүргэн хувцаслах ёс" хадгалагдсаар байна.[22] Мөн зарим нутагт галын бурхан, хадам эцэг, эхэд мөргүүлэх, шагай мултлах ёс хадгалагдаж байгаа боловч зарим газарт эцэг эхийнхээ амар мэндийг мэдэж, тэдний сургаал үгсийг сонсдог болов. Үүний зэрэгцээ мандаж буй наранд сүү өргөж, ирээдүйн амьдралаа даатгадаг ёс бий болжээ.

Улаанбаатар хотын Гэрлэх ёсололын ордонд гэрлэлтээ баталгаажуулж, хуримын ёсолоо хийж буй хосуудад тусгайлан бэлдсэн тулганд анхны галаа бадраах, тус ордны ероолч хосын ирээдүйн амьдралд сайн сайхныг бэлгэдэн ероодог болжээ. Хөшиг тайлах ёсны тухайд бэлгэдлийн утгыг агуулсан байдлаар баруун монголчууд одоо ч хийсээр байна.[23]

Мөн хот суурин газар дахь хуримнаас хойш 3 хоногийн хадмууд залуу хосыг хэрхэн амьдарч байгааг, хүргэний ид хав, бэр оёж хатгасныг шалгадаг ёс уламжлал орхигдож, охины эцэг охиноо хүргэж өгөхгүй боловч ресторан цэнгээний газарт болж буй найранд очиж хамт найрлах болов. Бэр 3 жил төрхөмдөө очдоггүй ёс өөрчлөгдөж, эцэг эхийнхтэйгээ хаяа дэрлэн, зарим нь эцэг эхтэйгээ хамт амьдарч байна. Бэр бэрлэх зан үйл урьдын уламжлалт байдлаараа мөрдөгдөхөө больсон боловч бэр нь хадам эцэг, эхийгээ хүндлэх, тэдний үг сургаалыг сонсох, баримтлах ёс байсаар байгаа билээ.

---

[20] БНМАУ-ын угсаатны зүй. I боть. УБ., 1987. т. 266
[21] Ш.Эрдэнэцэцэг. Баяд хуримын зан үйлийн бэлгэдэл. УБ., 2015. т. 80
[22] Монгол ёс заншил, зан үйлийн товчоон. УБ., 2009. т. 190
[23] Мөн тэнд. т. 193

Хөдөө орон нутагт гэрлэж буй хос үндэсний дээл хувцас хэрэглэл өмсөж хэрэглэж байгаа бол хот суурин газарт хуримлаж буй хос үндэсний хувцас өмсөх нь багасаж европ хувцас, эдлэл хэрэглэл, гоёл чигмэглэлийг хэрэглэх болов. Хосуудын эмэгтэй нь цагаан даашинз, толгойн титэм, цагаан бээлий, эрэгтэй нь хар эсвэл цагаан өнгийн хүрэм, өмд, цагаан цамц, бээлий өмсөж, ёсолын зангиа зүүдэг болсон байна. Харин сүүлийн үед хуримын ёсол, найрын эхэн үед дээр өгүүлсэн европ хувцас, хэрэглэлийг өмсөж, зүүх бөгөөд найрын дунд үеэс дээл өмсдөг болжээ. Гэрлэх ёсолын ордонд буй хуримыг ажиглахад хуриманд оролцогсод үндэсний хувцсыг өмсөх нь элбэг болжээ.

Европын орнуудад хуримын цагаан даашинз нь бүсгүйн цэвэр ариун байдлыг илэрхийлдэг ажээ. Манайд хүүхэд төрүүлсэн эмэгтэй цагаан даашинз өмсөн хуримлаж буйг харсан гадаад эмэгтэй ихэд гайхаж, цочирдсон тухай профессор С.Дулам Соёл урлаг судлалын хүрээлэнгийн зохион байгуулсан "Гэр бүлийн орчин дахь үндэсний соёл" эрдэм шинжилгээний хуралд хэлэлцүүлсэн илтгэлийнхээ үеэр өгүүлсэн билээ. Энэ нь биднийг аливаа зүйлийн учрыг ололгүй сохроор дагаж дууриадгийн илрэл өөрөөр хэлбэл, бусдын соёлын учир утга бэлгэдлийг сайтар ухан ойлгож байхыг сануулж байнаа гэсэн үг.

Түүнчлэн гэрлэгсэд хуримын ёсолын үеэрээ хууль ёсоор гэрлэлтээ батлуулах, гэрлэсний баталгаа болгож бөгж солилцож зүүх, тухайн газар нутгийнхаа шүтээн, хүндэтгэлийн газруудаар явж зураг татуулах, дүрс бичлэг хийлгэх, ресторан цэнгээний газарт хуримын найраа зохион байгуулах болов. Мөн ресторанд болж буй хуримын найр цайллагыг ажиглахад "Сүүн ёсол" хэмээх өрөн тавьсан хундагуунуудын хамгийн дээд талынхыг сүүгээр дүүргэн, улмаар бүх хундагын дүүргэж ёроолын сүүтэй хоёр хундагыг гэрлэж буй хүүхдүүддээ барьдаг ёсолыг хоёр ээж хийх болжээ. Энэ нь угтаа Францаас гаралтай "Оргилуун дарсны ёсол"-ын монголчилсон хувилбар аж.[24]

Хот суурин газрын хуриманд бэргэдийн үүрэг өөрчлөгдөж, залуухан эмэгтэйг бэргэнээр сонгох болов. Өөрөөр хэлбэл, зарим бэрүүд шинэ хувцас өмсөхгүй, өмсөх хувцас, үс гэзгээ өөрийн сонирхлоороо сонголт хийх болсонтой уялдан хуримын ёсолын үе дэх бэргэний үүрэг өөрчлөгдөж, зарим тохиолдолд бэрийн хувцас солих үед хамт байж туслалцах боловч ихэнхдээ хуримын гэрч болж гарын үсэг зурах үүрэг түлхүү болжээ.[25] Гэхдээ зарим нутагт уламжлалт ёсоо баримтлан бэргэнээ сонгож байна.

Монгол ёсонд нас тогтсон, ураг төрөл, нутаг усандаа нэр хүндтэй, элэг бүтэн, авга буюу ясан талын бэр эмэгтэйг бэргэнээр сонгож, тэд бэрийн үсийг хагалах, гоёл чимэглэлийг зүүлгэх, хувцас хэрэглэлийг өмсгөх, шинэхэн хосуудыг хооронд дасгах, ирээдүйн амьдралд хэрэг болох зөвөлгөө өгөх зэрэг үүргийг гүйцэтгэдэг байсан ажээ. Тийм ч учраас бэр, бэргэний холбоо насан туршдаа байдаг учир тэднийг хүндэтгэн бэргэдэд зориулан тусгай найр хийдэг ёс баяд хуримын ёсонд байдаг. Эдүгээ баяд хуримын бэргэдийн найр хийх уламжлал үндсэндээ орхигджээ.

Сүүлийн үед европ бусад орны соёлын нөлөөгөөр залуу хос гэрлэхийн өмнө хуримын дурсгалын зураг татуулах, дүрс бичлэг хийлгэх, хосуудын найз бүсгүйчүүд, залуус ижилхэн даашинз, хослолоор ижилсэн хуримын гэрч болох зэрэг шинэ үзэгдлүүд бий болов. Ингэж ижил хувцасаар ижилсэх нь европ,

---

[24] Шинэ цагийн Монгол хурим. Үндэсний тойм сэтгүүл. 2016. 05. 10 (2016-05-10) // http://eagle.mn/r/10439

[25] Х.Оюунчимэг. Монголчуудын гэрлэх ёсолын уламжлал, шинэчлэлийн асуудал. Соёл судлалын доктор (Ph.D)-ын зэрэг горилсон бүтээл. УБ., 2012. т. 100

америк хуримын ёс бөгөөд хуримлаж буй бүсгүйг муу ёрын сүнснээс хамгаалж, төөрөгдүүлэх арга гэж үздэг христосын шашны үзэл аж. Эл ёсыг манайд хуриманд сүр жавхаа нэмэх, харагдах үзэмжээс нь хамаарч христосын шашинтай, шашингүй хамаарахгүй байлцуулах болжээ.[26] Хуримын ёслолын дараа зарим залуус "бал сарын аялал" хийж амардаг болсон байна. Хуримын ёслолын арга хэмжээг зохион байгуулдаг компани аж ахуйн нэгж байгууллагууд байгуулагдаж үйл ажиллагаа эрхэлдэг болжээ.

Мөн сүүлийн жилүүдэд олон жил ханилсан хүмүүс тухайлбал, 25-аас дээш жил ханилсан хосууд мөнгөн, хамтын амьдралаа эхэлснээс хойш 50 жил болсон хосууд алтан, 60-аас дээш ханилсан хосууд очир эрдэнийн хуримын ёслолыг үйлдэх зэрэг монголчуудын уламжлалт гэрлэлт, хуримын ёсонд байгаагүй цоо шинэ үзэгдлүүд ч гарч байна.

Анхны мөнгөн хуримыг 1993 онд, алтан хуримыг 1995 онд, очир эрдэнийн хуримын ёслолыг 2006 онд тус хийсэн бөгөөд 2017 оны 9-р сарын байдлаар мөнгөн хуримын ёслол 39, алтан хуримын ёслол 77, очир эрдэнийн хуримын ёслолыг Гэрлэх ёслолын ордонд зохион байгуулжээ.[27] Ийм хуримын ёслолыг эцэг, эхийгээ болон тэдний олон жилийн хамтын амьдралыг хүндэтгэн үр хүүхдүүд нь санаачилж хийдэг байна.

1990-ээд оноос христос, мүүн зэрэг шашин шүтлэг эрчимтэй дэлгэрснээр тэрхүү ёсоор гэрлэж хуримын ёслол хийх хосууд бий болжээ. Тухайлбал, Улаанбаатар хотын "Мөнхийн хайр" хэмээх христосын сүмд 1993 оноос хойш өнөөг хүртэл 60 гаруй хос гэрлэсэн байна. Эл гэрлэлтийн үед сүмийн номлогч ертөнцийн эзний өмнөөс хосуудыг ерөөн, олонд гэрлэснийг зарлаж, баталгаажуулах ба хосууд ертөнцийн эзний өмнө андгай тангараг өргөдөг байна. Үүний дараа хийх хуримын найрыг өнөөгийн хуримын ёсоор ууц, идээгээ тавин, ресторан цэнгээний газарт хийдэг ба итгэгчид архи дарс огт хэрэглэдэггүй аж. Түүнчлэн хосын аль нэг тал бэр гуйхаар бол монгол ёсоо баримтлан бэрээ гуйдаг байна.[28]

Өнөө цагт уламжлалт хуримын ёс, зан үйл ихээхэн хувиран өөрчлөгдөж байгаа нь дээр өгүүлсэн бүхнээс харагдаж байна. Энэхүү хувирал өөрчлөлт нь гэрлэлт, хуримын ёслолын талаар баримталсан төрийн бодлого, монгол хуримын ёс, зан үйлийн тухай мэдлэгийн дулимаг байдал, бусдыг учир шалтгаангүйгээр даган дууриах сэтгэлгээ, гадны шашин, соёлын, мэдээллийн хэрэгслийн нөлөө, нийгмийн хөгжил дэвшил, монголчуудын амьдралын хэв маягт гарсан үлэмж өөрчлөлт, айл өрхийн эдийн засаг санхүүгийн боломж зэрэгтэй холбон үзэж болохоор.

Социализмын он жилүүдэд дэвшүүлэн хэрэгжүүлсэн "социалист аж төрөх ёс"-той холбоотойгоор монголын уламжлалт ёс заншил, зан үйлийг социалист агуулгаар баяжуулах, шинэчлэх гэсний дагуу хуримын ёслол, зан үйлд нилээд өөрчлөлт оржээ. 1960 оны эцэс, 1970 оны эхэн үед тухайн үеийн залуучуудын байгууллага болох Монголын Хувьсгалт Залуучуудын Эвлэлийн Төв Хорооны санаачлагаар зарим баяр ёслолын горимыг "боловсронгүй" болгох хэд хэдэн зүйл хэлэлцэж шийдвэрлэсний дотор ялангуяа гэрлэлт, гэр бүл, хуримын ёслолын асуудлын талаар авч үзэн, 1970 онд хуримын ёслолын шинэ горим боловсруулан түүний үндсэн дээр хот суурин, хөдөө орон нутагт хуримын ёслолыг зохион

---

[26] Шинэ цагийн Монгол хурим. Үндэсний тойм сэтгүүл. 2016. 05. 10 (2016-05-10) // http://eagle.mn/r/10439

[27] Судлаачийн Гэрлэх ёслолын ордноос авсан статистик мэдээллийг ашиглав.

[28] Улаанбаатар хот дахь "Мөнхийн хайр сүм"-ийн номлогч Л.Т, итгэгч У.Г нартай ярилцсан ярилцлагаас. 201.7.11.03

байгуулах болжээ. Улмаар 1974 онд ЗХУ-ын тусламжаар барих Гэрлэх ёслолын ордны шавыг тавьжээ.

1976 оны 6-р сарын 11-нд БНМАУ-ын АИХ-ын Тэргүүлэгчид 118-р зарлигаараа Гэрлэх ёслолын ордонд гэрлэлт бүртгэх ёслолын журмыг батлав.[29] Энэхүү зарлигтай зэрэгцэн 1976 оны 6-р сарын 12-нд Улаанбаатар хотод Гэрлэх ёслолын ордон үүд хаалгаа нээн[30], шинэ гэр бүл бологсодын хуримын ёслолыг "Гэрлэх ёслолын ордонд гэрлэлт бүртгэх ёслолын журам"-ын дагуу зохион байгуулах болжээ. Гэрлэх ёслолын ордон үүд хаалгаа нээж залуу хос гэрлэж хуримын ёслолоо хийх болсон тэр цагаас бөгж солилцох, хуримын тусгай өмсгөл өмсөх, хуримын хөнгөн тэргээр дурсгалт газраар явах [31] болов. Тэр үеэс Гэрлэх ёслолын ордонд зохион байгуулагдаж буй өнөөгийн гэрлэлт, хуримын ёслолын дэг бүрэлдэн бий болсон байна. Тус ордон 1990 оноос хойш нийгмийн өөрчлөлтийг дагалдан уг журам дахь зарим үг хэллэгийг өөрчлөн, уламжлалт монгол хуримын ёс, зан үйлээр гэрлэлт, хуримын ёслолыг зохион байгуулах болжээ.[32]

Нэгдэлжих хөдөлгөөний жилүүдэд хөдөө нутагт гэрлэлт, хуримын шинэ хэлбэрүүд дэлгэрэв. Нэгдлийн зүгээс гэр бүл болох шинэ хэлбэрийг дэмжиж, өрх үүсэхэд ихээхэн анхаарал халамж тавих болж, гэрлэгсэдийн захиалгаар эсгий гэрийн зориулалт бүхий мебель захиалан өгөх болон тэднийд гэрийн мод, бүрээс бэлтгэхэд нь тус дэм үзүүлдэг[33] болжээ. Архангай аймгийн Их тамир сумын төвд Гэрлэх ёслолын өргөө байгуулагдаж залуу хос хуримын ёслолоо тэмдэглэх болсон байна. Энэ мэтээр социализмын он жилүүдэд төр засаг тухайн нийгмийн онцлогтоо тохируулан гэрлэлт, хуримын ёсонд үлэмж өөрчлөлт оруулсан байна.

Улаанбаатар хотын Гэрлэх ёслолын ордонд 1976 оноос өдгөө хүртэл нийт 36800 гаруй хос гэрлэлт, хуримын ёслолоо хийсэн байна.[34]

Социализмын он жилүүдэд уламжлалт соёл, ёс заншлыг үеэ өнгөрөөсөн, хоцрогдсон "феодалын ёс" хэмээх үзлээр бүхэл бүтэн нэг үеийг хүмүүжүүлсэн нь монгол ёс заншлын талаарх мэдлэг хомс, огт мэдлэггүйд хүргэжээ.

Сүүлийн үед үндэсний соёлын талаарх мэдлэг дулимагхан хүүхэд залуус гадаад улс оронд суралцаж, ажил хөдөлмөр эрхлэх болсон, мэдээллийн хэрэгслийн нөлөөгөөр гадны соёлын утга учрыг ололгүй даган дууриах болов. Мөн хуримын үед залуу хосод өгөх бэлэг сэлтээрээ нэг нь нөгөөсөө илүү гарах буюу бусдаас дутахгүй гэсэн монгол хүний нэрэлхүү зан чанараас болж сэтгэл санаа, санхүү эдийн засгийн хүндрэл үүсгэдэг болжээ.

Хэдийгээр монголчуудын хуримын ёслол, зан үйлд үлэмж хувирал өөрчлөлт гарч буй боловч өвөг дээсийнхээ ёс заншлыг сэргээж, уламжлалт ёс, зан үйлээ баримтлан хуримлахыг хичээдэг болж байна.[35]

Дээрх бүхнээс үзвэл, монголчуудын хуримын ёс, зан үйлийн ач холбогдлыг үнэлэх уламжлалт үнэлэмж, хандлага өөрчлөгдөж байна. Хөдөө орон нутагт харьцангуй уламжлалт ёс заншлаа баримталж байгаа бол хот суурин газарт монголчуудын уламжлалт болон гадны хуримын ёсон, зан үйл зэрэгцэн орших болов. Уламжлалт хуримын ёс, зан үйлийн хувирал өөрчлөлтөнд олон шашин соёл, мэдээллийн хэрэгсэл, уламжлалт соёл, ёс заншлын талаарх мэдлэг ойлголт хомс, төрийн бодлого, нийгмийн өөрчлөлт хотжилт зэрэг олон зүйл нөлөөлж байна.

---

[29] Монголын хууль тогтоомжийн түүхэн эмхэтгэл. ҮI боть. УБ., 2010. т. 284
[30] Аз жаргалын алтан хаалга нээгдлээ // Залуучуудын үнэн. 1976. 06.14. №66 (5762)
[31] Мөн тэнд
[32] Гэрлэх ёслолын ордны ажилтан н.Амгалантай хийсэн ярилцлагаас. 2017.10.12
[33] Г.Цэрэнханд. Монгол ахуй-угсаа соёлын судалгаа. УБ., 2015. т. 130
[34] Гэрлэх ёслолын ордны даргын мэндчилгээ // www.weddingpalace.mn/about-us/history/
[35] Хөвсгөл аймгийн иргэн. УЗНАДС. Оюутан н.О-тай ярилцсан ярилцлагаас. 2017.11.13

Эцэст нь тэмдэглэхэд, он цаг улирч нийгэм өөрчлөгдөхийн хэрээр тухайн үндэстэн угсаатны уламжлалт соёл, ёс заншил хувиран өөрчлөгддөг ч бид монгол соёл, ёс заншлаа өвлөн орчин үетэйгээ зохицуулан хойч үедээ уламжлуулж үндэсний соёлоо хадгалан хамгаалах, зарим мартагдаж буй ёс заншил, зан үйлийг сэргээн мөрдөж хэвших нь чухал юм.

НОМ ЗҮЙ
Ярилцлага
1. Гэрлэх ёслолын ордны ажилтан н.Амгалантай хийсэн ярилцлага. 2017.10.12
2. Дорноговь аймгийн Сайншанд сумын иргэн н.Б-тэй ярилцсан ярилцлага. 2017.07.03
3. Завхан аймгийн Дөрвөлжин сумын иргэн. н.Р-той ярилцсан ярилцлага. 2017.11.13
4. МУБИС-ийн МБУС-ийн оюутан н.П-тэй ярилцсан ярилцлага. 2015. 03.06
5. Хөвсгөл аймгийн иргэн. УЗНАДС. Оюутан н.О-тай ярилцсан ярилцлага. 2017.11.13
6. УБ хот. ХУД-ийн иргэн Т.Б нартай ярилцсан ярилцлага. 2017.10.18
7. Улаанбаатар хот дахь "Мөнхийн хайр сүм"-ийн номлогч Л.Т, итгэгч У.Г нартай ярилцсан ярилцлага. 2017.11.03

Хэвлэгдсэн эх хэрэглэгдэхүүн
1. Монголын хууль тогтоомжийн түүхэн эмхэтгэл. ΥI боть. УБ., 2010

Судалгааны бүтээл
1. Баасандорж Ц, Очир А. Ойрад хуримын ёс. УБ., 2005
2. БНМАУ-ын угсаатны зүй. I боть. УБ., 1987
3. Дашжамц Ц. Монголын ард түмний ёс суртахууны дэвшилт уламжлалаас. УБ., 1968
4. Дулам С нар. Монгол ёс заншил, зан үйлийн товчоон. УБ., 2009
5. Сампилдэндэв Х. Монгол хуримын яруу найргийн төрөл зүйл. УБ., 1981
6. Сампилдэндэв Х, Уртнасан Н, Доржагва Т. Монгол зан үйл, баяр ёслолын товчоон. УБ., 2006
7. Цэрэнханд Г. Монгол ахуй-угсаа соёлын судалгаа. УБ., 2015
8. Эрдэнэцэцэг Ш. Баяд хуримын зан үйлийн бэлгэдэл. УБ., 2015

Диссертаци
1. Оюунчимэг Х. Монголчуудын гэрлэх ёслолын уламжлал, шинэчлэлийн асуудал. Соёл судлалын доктор (Ph.D)-ын зэрэг горилсон бүтээл. УБ., 2012

Сонин хэвлэл
1. Аз жаргалын алтан хаалга нээгдлээ // Залуучуудын үнэн. 1976. 06.14. №66 (5762)

Цахим хуудас
1. Шинэ цагийн Монгол хурим. Үндэсний тойм сэтгүүл. 2016. 05. 10 (2016-05-10) // http://eagle.mn/r/10439
2. Гэрлэх ёслолын ордны даргын мэндчилгээ // www.weddingpalace.mn/about-us/history/

"МОНГОЛЫН НУУЦ ТОВЧООН"-Ы НЭГЭН ЗАНШИЛТ ХЭЛЛЭГ

A CONVENTIONAL PHRASE IN THE BOOK OF 'THE SECRET HISTORY OF MONGOLIAN'

Б.Сүмбэр
(МУИС)

ABSTRACT

To define 'conventional word and phrase' based on those research, and to explain the traditionnal saying 'hog idej homool tulj' (means someone live a mendicity life) based on the statemensts above which present to the book of 'The Secret History of Mongolian'.

Зан заншил нь нэг үндэстэн угсаатны ард олны хамтаараа үүдэн бүтээж, эдэлж хэрэглэж, уламжлан өвлүүлдэг амьдарлын соёл юм. Зан заншил нь хүн төрөлхтний нийгмийн бүлэглэл амьдралын хэрэгцээнээс үүсч, зохих үндэстэн, цаг үе, газар орны дунд тасралтгүй бүрэлдэж, тархан дэлгэрч, улиран хувисч, ард олны өдөр тутмын амьдралд үйлчилдэг.[1] Заншил судлал нь эрдэм шинжилгээний тусгай нэр томьёо болсон нь Их Британы эрдэмтэн В.Ж.Томс (W.J.Thoms) 1846 онд "Folklore" гэх үгийг хэргэлснээс анх эхэлсэн гэдэг. "Folk" гэдэг нь Сайксн (Saxon) хэлний ард иргэд, "Lore" гэдэг нь эрдэм мэдлэг гэсэн утгатай үг юм.[2] Иймээс зан заншил нь ард олны үүдэн бүтээж, эдлэж хэрэглэж, өвлөн уламжилдаг амьдралын соёлын ачаалагч болдог бөгөөд улс үндэстний үг хэлэнд нь хадгалагдан шингэсэн шинжтэй байдаг.

Монгол хэлний заншилт үг хэллэг гэх нэр томьёог эрдэмтэн Y.Мандах "Монгол хэлний заншил судлал" хэмээх номдоо нийгмийн зан заншлыг тусгасан буюу шингэсэн үгийг бүхэлд нь заншлын үг гэдэг. Заншлын үгийн цар хүрээ өргөн болохоор, тэр болгоныг хамран ярилцах боломжгүй. Тэгэхлээр эрдэм шинжилгээнийхэнд голцуу түүний доторх эрдэм шинжилгээнд хэвшиж тогтворжин ахин дахин хэрэглэгддэг бөгөөд зан заншлын шинжээр хамгийн иш бэлэн байгаа нэг бүлэг үгсийг авч ярилцдаг[3] гэж тодорхойлоод хэвшмэл үг, ертөнцийн гурав, цээр үг, зеерэх үг, мэндчлэл үг, бэлгэт үг, худал үг, бузар үг, харь үг, зүхэл үгийг хамруулан оруулсан байна. Мөн дээрх номын удирдгалын хэсэгт "зан үйлийн хэл шинжлэл" болон "хэлний заншил зүй"-н ялгаа хүрээг өгүүлэхдээ "зан үйлийн хэл шинжлэл" гэвэл ихэвчлэн зан заншлаар илэрсэн хэлний үзэгдлийг хэл шинжлэлийн үүднээс ажиглаж, хэл шинжлэлийн арга онолоор түүний тус биеийхэн жам ёсыг сүвэгчлэхэд гол анхаарал тавьж, судлагдахуунаа хэлний авиа (үсэг), хэлний үгс, өгүүлбэр зүй гэх мэтийн системээр зохион байгуулах бөгөөд шинжлэх ухааны харьяаллын хувьд "нийгэм хэл шинжлэл", "соёл хэл шинжлэл" тэргүүтэнтэй зэргээр хэл шинжлэлийн хүрээнд харьяалагдах ёстой. Нөгөө "хэлний заншил зүй" бол харин хэлний хэрэглээн дээр илэрсэн хэвшил заншлыг голчлон ажиглаж, заншил зүйн үүднээс задлах шинжлэж, үг хэлийг хэрхэн хэлж хэрэглэх, юм үзэгдлийг яаж дүрслэж хүүрнэх, холбож дуулах ба тэдгээр хэвшил заншлын

---

[1] 民族学概论，钟敬文主编，上海文艺出版社，1998: 1-2。

[2] Y.Мандах, *Монгол Хэлний Заншил Судлал*, Үндэстний Хэвлэлийн Хороо, 2006: 9-10.

[3] Мөн тэнд, 2006: 51.

цаадах соёлын уг сурвалжийг сүвэгчлэн учир зүйг хайхад хүч тавих бөгөөд шинжлэх ухааны харьяаллын хувьд заншил зүйд багтаах ёстой[4] гэж тайлбарласан байдаг.

Хүн төрөлхтний биед суурилсан ухамсар[5], танихуйн үйл ажиллагааны бүтээгдэхүүн болсон үг хэлний үүсэл бүрэлдлийг үг хэлний тус биеэс хайн илрүүлдэг танихуйн хэл шинжлэлийн зарчмыг даган мөрдөж, зан заншлын соёлын агуулгыг мөн ялгалгүй тухайн үг хэллэгт шингэсэн үгсийн сангийн бүтэц агуулагад үндэслэн судлан шинжлэх боломжтой юм. Зан заншил нь хүний хэл, сэтгэхүй, танихуйн гурамсан харьцааны үр дүнд бий болсон мөртлөө эргээд хүмүүсийн ухамсар, үг хэл, үйл ажиллагаанд нөлөөлж, даган мөрдөхийг шаарддаг хүчин зүйл болж хувирдаг. Ахуй амьдрал, итгэл бишрэл, шашин шүтлэг, ёс суртахуун, хууль цааз, соёл урлаг гэх мэт хүн-байгаль, хүн-амьтан, хүн-нийгэмтэй холбоо харьцаанд орших соёлын өргөн хүрээний үг хэллэгийн дотроос хэвшин тогтворжсон, заншин журамлагдсан хэлний заншил[6]-аас нийгэм нийтийн соёл заншлыг тусгасан бүлэг үгсийг заншилт үг хэллэг хэмээн үзэж байна. Хүний ухамсарт үүссэн танихуйн тусгал тархины үг хэл үүсэх төвд нөлөөлөн хэл яриа болж илэрдэг бөгөөд гадаад үйл ажиллагааны хэвшин тогтворжсон дүрэмжлэл болох нийлмэл цогц мэдлэг бүрэлддэг. Энэ мэдлэгийн бүрэлдэлд танихуйн үйл явц, танихуйн туршлагаас гадна үг хэлний зуучийн үүрэг салшгүй холбоотой юм.

Үг хэл нь соёлын ачаалагчийн нэг хэлбэр болсоны хувьд тухайн соёлын бүхэлдээ агуулга бүтцийг шингэж хадгалсан байдаг. Тиймээс эдгээр усдаж баларсан, хуучран мартагдсан, гажуудаж өөрчлөгдсөн ёс заншлаа даяаршлын эрэн зуунд заншилт үг хэллэгээсээ эрин хайж, сэргээн өвлүүлж, уламжлан шинэчлэх бүрэн боломж нээгдэж байгаа юм. Тэдгээр аман яриа болон бичиг үсгийн хэлбэрээр уламжлагдан ирсэн мэндчилэх ёс, баатрын тууль, үлгэр домог, ардын дуу, хэлц үг, оньсого таавар, ероол магтаал, дом шившлэг, судар ном, зохиол туурвил зэрэгт тэмдэглэгдэн ирсэн ан агнуур, нүүдэл малжил, идээ умдаа, ураг хурим, шүтлэг бишрэл, цэрэг дайн, төр нийгэм зэрэг олон соёлын агуулагдахуун шингэсэн хэвшин тогтворжиж, заншин журамлагдсан заншилт үг хэллэгээс хүн-байгаль, хүн-амьтан, хүн-хүний хоорондох танихуйг ойлгон ухаарах, шинжлэн судлахад ач холбогдолтой юм.

Энэ өгүүлэлдээ "Монголын Нууц Товчоон" (МНТ)-ны нэгэн заншилт үг хэллэгийн талаар өгүүлэхийг зорив. МНТ бол одоо олдоод байгаа монгол хэлээр бичигдсэн хамгийн эртний үе 13-р зууны Монголчуудын улс төрийн түүхийн аварга бүтээлээр барахгүй соёлын түүхийг ч хамтад нь бичиж тэмдэглэсэн сурвалж бичиг болсоны хувьд, гадны соёл сэтгэлгээнд автаагүй монголчуудын уугуул сэтгэхүй, хэл, танихуй, ахуй соёл баялаг тэмдэглэгдэн үлджээ. Монголын Өндөрлөгт үе дамжсан нүүдэлчин угсаатны нэг болох монголчууд эрт дээр үеэсээ ан агнуур болон мал малжлыг хослуулан амьдрахдаа тухайн бүс нутгийнхаа байгаль орчинд дасан зохицсон өвөрмөц хэл сэтгэхүй, соёл заншил үүсэн бүрэлдэж, өвлөн уламжлагджээ. Гэхдээ 21-р зууны даяаршлын соёлын довтолгооноос улс үндэстэн бүхэн өөрийн үг хэл, үсэг бичиг, ёс заншлаа авч үлдэх, хамгаалж хөгжүүлэх явдал тулгамдсан асуудлын нэг болж байна. Аман зохиол, түүх бичлэг, уран зохиолын хам шинжийг хамарсан түүх соёлын үнэт бүтээл МНТ нь Олон Улсын Монгол Судлал (IAMS)-ын нэгэн том уурхай учраас хэл соёлын судалгааг нэн гүн гүнзгий, эрчимтэй хийх нь 21-р зууны монгол судалалын хандалга гэж үзээд энэ сэдвийг сонгож байгаа билээ.

---

[4] Мөн тэнд, 2006: 5.

[5] Н.Нансалмаа болон С.Долгор, *Танихуйн Хэл Шинжлэл*, УБ, 2014: 82-95.

[6] Хэлний заншил гэдэг нь хүмүүсийн хэл хэрэглээний үйлдлэг дунд хэлж сонсч, бичиж хэрэглэж дадсан бөгөөд олноороо хүлээн зөвшөөрч, дагаан журамладаг заншил дадлыг хэлнэ. Ү.Мандах, *Монгол Хэлний Заншил Судлал*, Үндэстний Хэвлэлийн Хороо, 2006: 25.

МНТ-ны соёл судлалын хүрээнд Булаг "МНТ-ны үндэстний хэлбэр" 1984 он, Сайн "МНТ-ны олон давхраат соёл" 1990 он, Хангай "МНТ-ны соёл судлал" 2004 он, В.Сайнцогт "МНТ-ны соёлын тайлалга" 2006 он, Н.Бөххад "МНТ-ны шинжлэл" 2008 он, А.Пунцаг "МНТ дахь ёс заншлын судалгаа" 2011 он, "МНТ дахь ёс заншил зан үйлийн тайлбар толь" 2012 онд гарсан бүтээлийг дурдаж болно. Зохиогчийн ажиглалснаар энэ салбарын судалгаа, шинжилгээ харьцангуй цөөхөн байсаар байна. Энэ салбарт нэн гүн гүнзгий, өргөн далайцтайгаар олон давхраат соёлыг уудлан нээж, одоо байгаа соёл уламжлалтайгаа харьцуулан судалж, монгол хүний хэл, сэтгэхүй, танихуйн харьцаа холбоог тогтоож, тархи мэдрэл судлалын төвшний олон ажлууд хүлээгдэж байна.

МНТ-ны 234-р зүйлд "бүрэн хишигтэн турхагуудыг, орд орчин ордын гэрийн хөвүүдийг, адуучин хоньчин тэмээчин үхэрчнийг, орд даран Төдэй чэрби ухаж атугай" хэмээн түшив. "Төдэй чэрби даран аж, ордын хойноос хог идэж хомоол түлж явтугай" хэмээн зарлиг болов[7] гэж гардаг. Үүнд:

хог 中豁黑h(k)uō hēi/碎草 suì cǎo идэж 亦咥周yì dié zhōu/喫着chī zhe

хомоол 中豁馬兀勒h(k)uō mǎ wū lè/乾糞qián fèn түлж 秃列周tū liè zhōu/燒着shāo zhe

хэмээх нэгэн сонирхолтой заншилт хэллэг байдаг. Энд "хог" гэдгийг "碎草/ хэмхэрсэн өвс", "идэж" гэдгийг "喫着/идэж", "хомоол" гэдгийг "乾糞/хуурай баас", "түлж" гэдгийг "燒着/ноцоож, шатааж, түлж" хэмээн орчуулагад нь тэмдэглэжээ. Энэ хэллэг Лувсанданзаны "Алтан товч"-д хог авч хомоол түлж[8], Жамбын "Асрагч нэртийн түүх"-д хог хамж хомоол түлж[9] гэж байгаа бол Ц.Дамдинсүрэн, Д.Гаадамба, Д.Цэрэнсодном, Т.Дашцэдэн, Ш.Чоймаа, Хуасай Дугаржав, Элдэндэй, Арджав, Тайчууд Мансан, Шонхор нар "хог идэж хомоол түлж" хэмээн Хятад галигласан уг эхийг мөрдөн хөрвүүлсэн байдаг. Тайчууд Мансан хүний үлдвэрийг эдлэх гэсэн үг[10] гэж, Ш.Чоймаа их нүүдлийн ард хаягдаж гээгдсэнийг бүрэн хамаарч яв гэсэн үг болой. "Итэж"-этэж, цуглуулж бөөгнүүлэх; эртний Түрэг хэлэнд "итэ-" хэмээх нь мөн адил утгатай буй[11] гэсэн тайлбар хийжээ. Орчин цагийн монгол хэлний утгаар энэ хэллэгийг ойлговол маш хачирхалтай, сонин зүйл болно. Гэхдээ ярианы хэлний "гол үерлэж хэвлээ идэх", "улаан эс нь цагаан эсээ идэх өвчин", "хүчил шүлтэд идэгдэх химийн урвал", "төмөр живэрч идэгдэх" гэх мэтийн хэллэгээс задлан шинжвэл "устах, үгүй болгох" хэмээх утга нь тодорхой болно. Бас зарим нутгийн аялгуунд "хомоол хош", "хумуг хош" (Өвөр Монголын Баарин аман аялгуу) гэвэл "хог" гэсэн утгаар хэрэглэгддэгийг ч анхаран үзэх чухалтай байна. Тэгэхээр энэ хэллэгийг хог хаягдлаа хумиж цэвэрлэх, арилгаж устах хэмээн ойлгох нь зүйтэй болов уу.

Залгаад энэ хэллэгийн соёл заншлын талаар тайлбарлая. 13-р зуунд монгол соёл уламжлал ид хөгжих нөхцөл бүрэлдэн мал сүрэг өсөн үржиж байжээ. Дөрвөн улирлын солигдлыг даган өвсний сор, усны тунгалгийг сэлгэн нүүдэллэдэг байсан нүүдэлчин амьдралын хэв маяг, аян дайн, цаг бусын гай түйтгэрээс шалтгаалан их хаадын орд өргөөг байнгийн нүүлгэж буулгаж байв. Энэ тухай Их Монгол Улс байгуулсны дараах үйл хэрэгт 245-р зүйлд "хойтуулаас нэгэн бор хошлог авчруулж Тэв Тэнгэрийн дээр ину тавиулж <<Хөлөг орууладхун! Нүүе>> хэмээж тэндээс

---

[7] Баяр, *Монголын Нууц Товчоон*, Өвөр Монголын Ардын Хэвлэлийн Хороо, 2012: 1130.

[8] Ш.Чоймаа, *Монголын Нууц Товчоо, Лувсанданзаны Алтан товч Эхийн Харьцуулсан Судалгаа*, УБ, 2002: 151.

[9] Мэн тэнд, 2002: 151.

[10] Тайчууд Мансан, *Шинээр Орчуулж Тайлбарласан Монголын Нууц Товчоон*, Өвөр Монголын Шинжлэх Ухаан Техник Мэргэжлийн Хэвлэлийн Хороо, Хоёрдахь хэвлэл, 2007: 307.

[11] Ш.Чоймаа, *Монголын Нууц Товчоон, Эртний Үг Хэллэгийн Түгээмэл Тайлбартай Шинэ Хөрвүүлэг*, 2011: 196.

нүүв", 247-р зүйлд "Чингис хаан Шар Дэгтэд буув", 250-р зүйлд "Чингис хаан хонин жил тэр морилсонд Хятад иргэний Ахутай нэрт Алтан хааны элсүүлж, Тангуд иргэний Илаху Бурханыг элсүүлж харьж, Саарь Хээрийг буув", 258-р зүйлд "Чингис хаан өөрөөн Ударар балгасанд буув", 259-р зүйлд "Ударар балгаснаас хөдөлж Сэмисгаб балгас буув", 264-р зүйлд "тэнд Чингис хаан харьж зуур Эрдиш зусч долдугаар он тахиа жил намар Туулын хар түнээ ордост буув", 266-р зүйлд "Чингис хаан Цаст дээр зусч", 267-р зүйлд "Чингис хаан Цаст хөдөлж Урхай балгас бууж", 272-р зүйлд "Өгэдэй хаан Шар Дэгдэрт буув", 282-р зүйлд "ордос бууж бүхүйд бичиж дуусав" гэх мэтээр тэмдэглэж байгаа нь 233-р зүйлийн "орд хадгалагуулдаж нүүхүйд... Гэр тэргэн, их агуруг нүүхүйд, суухуйд асрах хялбар буй юу?" гэдгээр давхар батлагдаж байгаа юм. Энэ ташрамд сонирхуулахад одоогийн Монгол Улсын нийслэл Улаанбаатар хот нь 29 удаа нүүдэллэж байсан гэх түүхэн баримт тэмдэглэл бий.

Нүүдэлчний амьдрал нь байгальтайгаа хамгийн ойрхон шүтэлцэн оршдог ахуй амьдрал болохоор монголчууд байгаль дэлхийн түмэн бодис амьтай, сүнс сахиустай хэмээн ойлгодог байжээ. Энэ ухамсар нь бөө мөргөлийн зан үйлд уламжлагдан ирснээр барахгүй хожмын шарын шашны зан үйлд ч нэвчин шингэсэн байж, тэрхүү байгалийн далдын хүчин зүйлээс айн эмээх, шүтэн дээдлэх, хайрлан хамгаалах хэл сэтгэхүй, ёс уламжлал хэвшин бүрэлджээ. Монгол хүний хэл сэтгэхүйд "онгон байгаль", "байгаль ээж", "эх байгаль" "эчгэ тэнгэр, эх газар", "ээж далай", "ээж нуур", "ээж мөрөн", "ээж хайрхан" "уусан ус аршаан, унасан шроо алт" хэмээн ээж аавтайгаа зүйрлэн нутаг усаа шүтэн дээдлэдэг бол овоо шанш, нуур булаг тахих, өглөө болгон цай сүүний дээжээ уул усандаа цацал өргөх зан үйл одоо ч үргэлжилсээр байна. Тухайн үед хааны ордны нүүдлийн хойноос хог хаядлыг устгаж, хомоол хошыг цэвэрлэн явдаг ажил үүрэг бол монголчууд ер энд тэнд дураар газар сэндэчихийг их цээрлэж...хот буурийнхаа цэвэр цэмцгэр байхыг их эрхэмлэдэг. Хэчнээн удаа нүүдэл хийж, ямар газар очсон ч голомтын үнсээ дарж, гэрийн бууриа шүүрдэн цэвэрлэж, хөдсөн тасархай, нэвтэс, гээгдмэл яс, хаягдмал бөс тэргүүтнийг нүдний далд оруулж, эрэг гангад булж орхино. Тэр ч байтугай, хөдөө гадаа ил үзэгдэх өгөр яс, мал адгуусны сэг зовлогыг ч эвтэй газар булж тавидаг[12] байсан өнө эртний ёс уламжлалын нэгэн баримт мөн. Үүнээс гадна Их Засагт ус болон гал үнэсэнд шээгсэдийг ална гэдэг зурвас байдаг. ...эртний хүмүүс усыг ч галтай адилаар шүтдэг байжээ. Тэд нар усыг туйлын ариун цэвэр юм хэмээн боддог байсан болохоор ямар нэгэн арга хэлбэрээр усыг бузартуулахыг хүлээдэггүй[13] цааз тогтоол хатуу мөрдөгдөж байсантай холбоотойг үгүйсгэхгүй.

Хүн байгалийн амин шүтэлцээтэй нүүдэлчин түмэн байгаль дэлхийгээ нүднийхээ цэцгий шиг энхрийлэн хайрлаж, хямгадан хамгаалж ирсэн соёлт боловсон өв уламжлалтай юм. Дэлхийн дулаарал, байгаль орчны элэгдэл, амьтан ургамлын мөхөн сөнөж, экологийн тэнцвэр алдагдсан хүнд хэцүү үеийг даван туулж байгаа хүн төрөлхтний нийгэм эргээд байгальдаа ээлтэй, байгальдаа буцах уриалга явуулж эхэлсэн байна. Энэ бол монгол хүний өвөрмөц сэтгэхүй, оюунлаг танихуй болон монгол соёлын үнэт зүйл хүн төрөлхтний ирээдүйн оршил, хөгжлийг тодорхойлохын баталгаа болж чадна гэдэгт эргэлзэхгүй байна.

---

[12] Р.Сүх. Монгол Ёс Заншил хийгээд Амь Ахуйн Орчин Тоорин. Өвөр Монголын Ардын Хэвлэлийн Хороо. 2002: 7
[13] Г.Намжил, *Чингис Хааны Засаг ба Билиг*, Өвөр Монголын Соёлын Хэвлэлийн Хороо, 1990: 33.

ДҮГНЭЛТ

Заншилт үг хэллэг бүрэлдэн бий болохдоо тухайн улс үндэстний оршин амьдарч байгаа байгаль орчин, ахуй амьдрал, соёл заншил, ёс уламжлал, ертөнцийн үзэл, сэтгэлгээний хандлага зэрэг хүчин зүйлээс шалтгаалдаг. Ийнхүү хэлэнд шингэсэн соёл, заншлыг уудлан гаргаж устан мартагдсныг нь сэргэн баяжуулах, гажуудан ташаарсныг нь цэгцлэн залруулах, хаягдан хоцрогдсоныг нь өөрчлөн шинэчлэх шийдэл нь хурд ихтэй даяаршлын орчин нөхцөлд хэл соёлоо хамгаалж хөгжүүлэхийн дархлаа юм.

МНТ-ны хэл хэллэгийн учир утгыг гүйцэд ухааран төгс ойлгож, зөв дүгнэн оновчтой тайлбарлахад монгол хүний хэл, сэтгэхүй, танихуйн гурамсан харьцаанд үүсэн бүрэлдсэн соёл, заншлаас эрин сурвалжлах хэрэгтэй бөгөөд нутгийн аялгууг ч орхигдуулалгүй анхааран авч шинжлэн судлах шаардлагатай байна.

НОМ ЗҮЙ

1. Баянсан. Ж. *Соёл, Хэл, Үндэстний Сэтгэлгээ*. УБ. 2002 .
2. Баяр. *Монголын Нууц Товчоон* (МНТ). Өвөр Монголын Ардын Хэвлэлийн Хороо (ӨМАХХ). 2012.
3. Бөххад. Н Бэлгүүдэй. *МНТ-ны Шинжлэл*. УБ. 2010.
4. Мандах. Y. *Монгол Хэлний Заншлын Судлал*. Үндэстний Хэвлэлийн Хороо. 2006.
5. Мансан. Тайчууд. *Шинээр Орчуулж Тайлбарласан Монголын Нууц Товчоон*. Өвөр Монголын Шинжлэх Ухаан Теник Мэргэжлийн Хэвлэлийн Хороо (ӨМШУТМХХ), Хоёрдахь хэвлэл. 2007.
6. *Монгол Зан Үйлийн Зүй*. Х.Дамбийжалцан. Люу Нингийн Үндэстний Хэвлэлийн Хороо. 1997.
7. *Монгол Зан Үйлийн Нэвтэрхий Толь*. Бүрэнтөгс найруулав. Аж Ахуйн боть. ӨМШУТМХХ. 1997.
8. Намжил. Г. *Чигис Хааны Засаг ба Билиг*. Өвөр Монголын Соёлын Хэвлэлийн Хороо (ӨМСХХ). 1990
9. Нансалмаа. Н. болон Долгор. С. *Танихуйн Хэл Шинжлэл*. УБ. 2014.
10. Пунсаг. А. *МНТ дахь Ёс Заншил Зан Үйлийн Тайлбар Толь*. ӨМАХХ. 2013.
11. Пунсаг. А. *МНТ дахь Ёс Заншлын Судалгаа*. УБ. 2011.
12. Сайн. *МНТ дахь Олон Давхраат Соёл*. ӨМСХХ. 1990.
13. Сайнцогт. В. *МНТ-ны Соёлын Тайлалга*. ӨМАХХ. 2006.
14. Сүх. Р. *Монгол Ёс Заншил хийгээд Амь Ахуйн Орчин Тоорин*. ӨМАХХ. 2002.
15. Хангай. *МНТ-ны Соёл Судлал*. ӨМАХХ. 2004.
16. Цэрэнсоднам. Д. *МНТ-ны Орчуулга Тайлбар*. ҮХХ 1993.
17. Чоймаа. Ш. *МНТ Эртний Үг Хэллэгийн Түгээмэл Тайлбартай Шинэ Хөрвүүлэг*. УБ. 2011.
18. Чоймаа. Ш. *Монголын Нууц Товчоо, Лувсанданзаны Алтан Товч, Эхийн Харьцуулсан Судалгаа*. УБ. 2002.
19. Элдэнтэй болон Ардажав. *МНТ Сийрүүлэл Тайлбар*. Өвөр Монголын Сурган Хүмүүжлийн Хэвлэлийн Хороо. 1986.
20. 民族学概. 钟敬文主编. 上海文艺出版社. 1998.
21. 颜斌. 曲. 民俗语言学. 辽宁教育出版社. 1989.
22. 作新. 王. 语言民俗. 湖北教育出版社. 2001.

АЛТАЙН УРИАНХАЙН БААТАРЛАГ ТУУЛИЙН ДҮРСЛЭЛИЙН ХЭВ МАЯГ, ХЭЛ ЗҮЙН ОНЦЛОГ

THE STYLE OF DESCRIPTION AND LANGUAGE FEATURES OF THE ALTAIC URIANKHAY HEROIC EPIC

Т.Энхтуяа
(МУБИС)
Н.Наранжаргал
(ХИС)

ABSTRACT

Heroic epics are among the more popular of the genre. Mongolian epics that originated in an earlier clan society still belong to a living tradition. The epics then continuously consolidated and developed, reflecting and incorporating societal changes in a manner that affected their motifs, narratives, and characters. This process brought about a gradual widening of plots, structure, and motifs, and an ever greater increase in volume, number, and type. Over time, epics have grown more and more artistically mature. This paper explores how the Altai-Uriankhay heroic epic structure formed and developed. It focused on the style of description and language features of the Altaic Uriankhay heroic epic.

Түлхүүр үг: адилтгал, зүйрлэл, чимэг үг, ихэсгэл, багасгал

Удиртгал: Хүн төрөлхтний оюуны соёлын гайхамшигтай бүтээл бол тууль юм. Эртний Грек, Ромын "Илиада", "Одиссей", Францын "Орланд баатрын дуулал", Энэтхэгийн "Рамаяана", "Махабарата", Оросын "Игорийн хорооны тууж", Киргизийн "Манас", Германы "Нибулингийн дууль", Хасагийн"Алтамиш" зэрэг тууль байдаг. Эдгээр бүтээлээс дутахгүй туулийг бидний монголчууд тэднээс өмнө бүтээгээд оюун ухааныхаа цангааг тайлж байсан билээ. Жишээ нь, "Жангар", "Гэсэр", "Хан Харанхуй", "Эргэл түргэл", "Бум Эрдэнэ", "Дань хүрэл", "Хүдэр мөнгөн тэвнэ", "Хүрэл алтан дөш" гээд олон сайхан бүтээл байдаг. Бид энэ гайхалтай оюуны бүтээлүүдээ дэлхийд таниулж чадаагүй байна. Манай Монголд нэг хоёроор биш, зуу зуугаар тоологдох тууль байдаг.(Б.Катуу, 1983) Монгол ардын аман зохиолын томоохон төрөл зүйлийн нэг болох баатарлагийн тууль нь монголчуудын танин мэдэхүйн сэтгэлгээний эртний уламжлалыг хадгалан үлдсэнийхээ хувьд судалгааны үнэт хэрэглэгдэхүүн болдог.Тэр нь ардын аман зохиолын хамаг охь дээжийг шингээсэн цоморлог шинжтэй туурвил бөгөөд монголчуудын ахуй, байгаль орчин, орчлон дэлхийгээ танин мэдсэн мэдрэмж төсөөлөл нэвт шингэсэн домог зүй, бэлгэдэл зүйн сонирхолтой өгүүлэмж, адилтгал зүйрлэл, дүр дүрслэлийг хадгалан ирснийхээ хувьд янз бүрийн мэдлэг ухааны ай савд хамрагдах ойлголт ухагдахууныг тодруулах эх хэрэглэгдэхүүн болж чадах учраас байгаль хийгээд хүмүүнлэгийн ухааны янз бүрийн мэргэжлийн эрдэмтэн судлаачдын анхаарлын төвд ямагт байдаг байна.

Монгол хэлний найруулга зүйд зонхилох байр суурийг эзэлдэг үгийг утга шилжүүлэн дүрслэх найруулгын арга зүйрлэсэн ур маягийн найруулгын төрлүүдийг жишээ баримтаар тодлон шинжилж утга хийгээд хэлбэр бүтэц, хэл зүйн үүрэг зэргийг цуваа цагийн хувьд хэл шинжлэлийн үүднээс задлан үзэхийг голчлон "Хүдэр мөнгөн тэвнэ" "Хүрэл алтан дөш" "Талын хар бодон" баатарлагийн туульсаар жишээлэн үгээр илэрсэн гоо сайхны сэтгэлгээний онцлог хэрхэн туссан түүнийг ямар аргаар дүрслэн илэрхийлсэн байдлыг товчлон энэхүү өгүүлэлдээ тусгахыг зорилоо.

Урианхай туульсыг сурвалжлан судлах талаар гадаад, дотоодын эрдэмтэд багагүй анхаарч ирснээс Оросын нэрт эрдэмтэн, академич Б.Я.Владимирцов Хан Хөхий уул, Тэс голоор хэлдэг баядын тууль, Булган, Чингэл голын нутгаар аялгуулан хэлдэг урианхай тууль нь бүхий л нарийн төвөгтэй бүтцээрээ ялгаатай байдаг гэж тэмдэглэсэн байдаг. Академич Б.Я.Владимирцов баруун монголд эрдэм шинжилгээний томилолтоор ажиллаж байх үедээ урианхайн хязгаараар явж туульч , дууч, ерөөлч зэрэг ардын билиг төгөлдөр авьяаснуудтай уулзаж, аман зохиол, түүхийн холбогдолтой асар их материалыг тэмдэглэсэн байдаг.

Эрдэмтэн Г.Ренчинсамбуу "Монгол ардын баатарлаг туульс" номдоо урианхайн нэрт туульч С.Чойсүрэнгийн хайлдаг " Эзэн улаан бодон" , " Аргил цагаан өвгөн" гэдэг туулийг хэвлүүлсэн нь өргөн олон уншигчдыг урианхайн туульд танилцуулах дээж нь болсон байна.

Доктор, профессор Х.Лувсанбалдан (1957) туульч Ш.Буянгаас монгол бичгээр тэмдэглэж авсан "Бужин даваа хаан" туулийг эмхэтгэн боловсруулж, зураг чимэглэл хийлгэн дунд сургуулийн сурагчдын уншлагад зориулан аман зохиол судлаач Б.Катуу (1983) ном болгон хэвлүүлжээ.

Г.Ренчинсамбуу, Т.Цогт нар (1958) Ш.Буянгаас "Эрийн сайн хэцүү бэрх" туулийг тэмдэглэн авсныг доктор Ж.Цолоо "Монгол ардын баартарлаг туульс" номондоо оруулж хэвлэсэн байна.

Аман зохиол судлаач, доктор Р.Нарантуяа (1985) "Аргил цагаан өвгөн" туулийн нэг, хоёрдугаар бүлгийг төрийн соёрхолт туульч Б.Авирмэдийн хайлсантай харьцуулж бүрэн эх гаргах зорилгоор тусгай ном болгон хэвлүүлжээ. Үүнээс өмнө энэ туулийг "Орчлонд үгүй үзэсгэлэнт оройн нарийн зээрд морьтой алтан хөвч" нэрээр нэгдүгээр бүлэг нь хэвлэгдэж байжээ.

Энэ мэтээр урианхай туулийг судлах талаар ололт амжилт ихтэй ч урлах арга эрдмийг нь төдийлөн судалсан зүйл өнөөг хүртэл гараагүй байна. Энэ нь бидний судалгааны ажлын үндсэн чиглэл болж өгсөн бөгөөд урианхай ардын туульсийн уран сайхны онцлог, хэл найруулгад дүн шинжилгээ хийх зорилгыг гол болгон ажилласан болно.

Алтайн Урианхайн баатарлаг туульд үгийн утга шилжүүлэх аргыг хэрхэн хэрэглэсэн, түүний яруу сонсголтой чанар нь чухам юунд оршин буйг уран сайхны үүднээс, хүний сэтгэлд хоногших уран чадварааc хайн, өгүүлбэр зүйн ур маягийг хэрхэн оновчтой хэрэглэсэн зэргийг нарийвчлан авч судлах нь зөвхөн урианхай тууль судлалд чухал ач холбогдолтой төдийгүй бусад туулиудтай харьцуулан судлахад чухал х хэрэглэгдэхүүн болох юм.

Алтайн урианхайн баатарлагийн туулийн уран дүрслэлийн хэв маяг, онцлог

Энэ өгүүлэлд бид Алтайн урианхайн баатарлаг туульд зүйрлэл, адилтгал, чимэг үг, хүншүүлэл, ёгтлол, хэтрүүлэл, ихэсгэл, багасгал гэсэн зүйрлэсэн ур маягуудыг хэрхэн ашиглаж уран яруу, сэтгэл хөдөлгөм дүр дүрслэл, хэлбэр бүтэц, үгсийн аймгийн илрэх байдал зэргийг дурдахыг зорилоо.

Монголын уран зохиолд түгээмэл байдаг уран найруулгын нэг нь чимэг үг юм. Аливаа чимэг үг нь юм үзэгдлийн байнгын онцлог шинжийг товойлгон үзүүлсэн өвөрмөц тодотгол мөн боловч чимэг үг бүрийн илэрхийлэх утгын цар хэмжээ, хүч чадал, уран сайхны нээлт харилцан адилгүй тул дотроо олон хэлбэртэй, тодорхой зааг ялгаатай байдаг. Алтайн урианхайн баатарлаг туульст чимэг үгс нь баатрын мал сүрэг, өргөө гэр, дүр төрх, сүр жавхлан, ялалт дийлэлт, гоо үзэсгэлэн, хүлэг морь, хувцас хунар, эдлэл хэрэглэл, зэр зэвсэг, эд хогшил зэргийг дүрслэхэд хэрэглэгддэг онцлогтой. Чимэг үгийг ямар ямар үгсийн аймгаар илэрснийг тодруулсныг дараах жишээнээс ажиглая.

Тэмдэг нэр: асар хүрэн, нарийн шар хонгор салхи, *тооны нэр:* **хорин хоёр** хөлтэй уяр зандан ширээ, ганц **нэг** хөх ногоо, *жинхэнэ нэр:* аюуш **торгон** хадаг, гурын **хүзүүн** сагалдарга, *үйл үг:* **бутартал уйлаад бужигнатал цацаад** цайгаа чанав, *дүрслэх үг:* **барс барс** гээд бараа гараад явна **торс торс** гээд тоос гараад явна г.м. Чимэг үгс нь хэлбэрийн хувьд тогтмол чимэг үг (шижир алтан дээвэр, дуран хар, таж торго, далай цагаан өргөө), зүйрлэлт чимэг үг (алтан нар, мөнгөн сар, хөвөн цагаан), дэлгэрэнгүй чимэг үг (тавин гүүний үнэтэй таж торгон алчуур, арван атан тэмээг ороогоод ирмээр алттай нарийн цагаан бүс) гэсэн гурван хэсэгтэй байна. Чимэг үгийн бүтэц нь нийлмэл (алтан бумба, хөх мөс, шилийн мод), гурав хүртлэх үг (шингэн дуутай хөхөө, нарийн зандан мод), гурваас дээш үгээр (нарийн гүрмэл хар уул, наян хоёр хөлтэй насар зандан ширээ гэх мэт) байна.

Зүйрлэл: *Баатрын нутаг ус мал сүрэг*
...Аягын дүнтэй шар наран
Алтан дэлхийд шинэхэн мандаж байхад л... (ХМТ, 165) гэж нарыг "аягын чинээ" гэж
Баатрын зэр зэвсэг, эд юмс
...Гунжин үхрийн чинээ саадагтай
Гунтын улаан жадаа гурав сэгсрээд...
...Алттай хөө хуягаа тайлаад
Арын мод шиг саадгаа буулгаад... (ХМТ, 217) гэж
Баатрын сүр жавхлан, ялалт дийлэлт Туульд баатар эрсийн тулалдах явцыг харуулахдаа зүйрлэлийг өргөн ашиглаж аль алины нь сүр хүч, бяр чадал, эрдэм авьяас, эрэмгий шинжийг илтгэсэн. Хоорондоо цохилдож байгаа чулууг **"үхрийн чинээ"**, **"хонины чинээ"** гэж зүйрлэсэн байна. Тулалдаанд дайран орж байгаа үеийг **"түймрийн оч"**, **"галын дөл"**, **"аргалын тоос"**-той гэх мэтээр холбоо үгийн бүтцээр зүйрлэж сүрлэг сайхан болгожээ.

Адилтгал: Алтайн урианхайн баатарлаг туульд адилтгалын хувилбаруудыг өргөн ашигласан байна. Тууль нь үлгэрийн шинжтэй хийсвэрлэл, хэтрүүлэл ихтэй байдгаас адилтгаж буй дүрслэл харьцуулалт нь ихэвчлэн хэтрүүлсэн, ихэсгэж багасгасан байх нь бөгөөд туулийн гол ба туслах баатрын сүр жавхлан, ялалт дийлэлт, нутаг ус, хүлэг морьдын ид хав, тэдний заяаны дагины гоо үзэсгэлэн, өнгө жавхааг илэрхийлсэн адилтгал нь өгүүлбэрийн бүтэцтэй байгаа нь ажиглагдлаа. Тухайлбал:
Баатрын сүр жавхлан. ялалт дийлэлт
...**Цаашаа харахад цастай цагаан уул болсон** хүү минь
Наашаа харахад наган цагаан уул болсон хүү минь... (ХМТ, 213)
...**Соёогоо гүйцээгээгүй шодон шар бодон болсон**
Зогдор зулгаа гүйцээгээгүй
Баатрын нутаг ус, мал сүрэг, найр наадам
...**Түмэн олон албатын олон цагаан гэрүүд**
Одон мичид болж ярайгаад байна... (ХМТ, 188) гэж баатар эрсийн албат иргэд

нь айл гэрээрээ амар түвшин, гадна дотноос дайрах дайсангүй байна гэдгийг од мичид адил хэмээн өгүүлбэрээр адилтган дүрсэлжээ.

Туульд баатруудын гадаад дүр төрх, эд хогшил, нутаг орон, сүр жавхлан, ялалт дийлэлтийг ихэсгэл, багасгалаар дүрсэлсэн нь цогцолбороор илэрсэн байгааг ажиглаж болох юм. Үүнийг дараах жишээнээс харвал:

Хэтрүүлэл: Ихэсгэл *Алтайн урианхайн баатарлаг туульд баатар эрсийн гадаад дүр төрхийг дүрслэхэд ихэсгэлийг ашиглахдаа:*

...Хоёр нүдний хооронд нь
Хоёр тэмээ хэвтүүлээд
Хомноод ачаад босгомоор
Өргөн уужим магнайтай төрсөн...(ХМТ, 89) хэмээн түүнийг бие бялдар сайтай, омог бардам, сүр хүчтэй дайчин болохыг нүд хоорондын зай, цээжний өргөн, далны өргөн зэргийг цогцолборын хүрээнд хэтрүүлэн дүрслэн үзүүлсэн байна.

Баатрын эд хогшлыг дүрслэхдээ:

...Таван зуун согтуу улаан баатрууд
Жаран алд зэлээ сунган татаад байна
Жараахай болсон унага даагаа барьж жигдлээд
Далан алд зэлээ татан сунгаж
Даагын унагаа барин жигдлээд байна... (ТХБ, 154) гэж найр хийхээр бэлтгэж байгаа идээ цагааны арвин ихийг хэтрүүлсэн дүрсэлснийг цогцолборын хэмжээнд утгыг тодруулж ойлгох юм.

Багасгал: Алтайн урианхайн баатарлаг туульст хүлэг морьд ид шидийн хүчээр бие багасган хувиргаж, хоорондоо тэмцэлдэх, эзэн баатартаа туслах үйл явцыг адал явдалтай сонирхолтой болгох үүднээс багасгал ашиглан цогцолбороор дүрсэлсэн нь олонтоо. Жишээ нь:

...Хөтлийн дүнтэй хүрэн шаргал морь
Хуучнаасаа хавьгүй тарган хүчтэй
Хий аргаар хүрэн шаргал морийг зогсоогоод
Эрээн хар бараан харцагад хувилгаад
Өмнө наран гарах зүгийг тэмцэж нисээд гараад явна... (ХМТ, 86) гэж хүлэг морь, хар, бор харцаганд хувилж нисэн эсрэг баатрын морьтой тэмцэлдэж байгааг дүрсэлжээ.

ДҮГНЭЛТ

Баатарлагийн туульсын туурвил зүйн онцлогийг нарийвчлан судалсан тохиолдолд үе үеийн хүмүүсийн амьдрал ахуй, гүүхэн үйл явдлын улбаа, тэдний бодит хийгээд хийсвэр үзэгдлийг хэрхэн төсөөлөн мэдэрч дүр дүрслэл, адилтгал зүйрлэл, домог бэлгэдлийн сэтгэлгээний ямар хувьслыг дамжин хөгжиж байв гэдэг нь ихээхэн сонирхол татах бөгөөд хамгийн үр өгөөжтэй үнэлэлт дүгнэлтийг өгч болох юм. Монгол ардын баатарлагийн туульсын хэлний өвөрмөц онцлогийг дотоод талаас нь гүнзгийрүүлэн судалж, эртний үеэс хэрэглэгдэж ирсэн хэллэгийн бүтэц хийгээд утга үүргийг нарийвчлан тодруулж эх хэлний судлалаар баталж нотлох явдал хэл шинжлэлд үнэ цэнэтэй билээ. Энэ талаар манай орны болон гадаадын монгол судлаач эрдэмтэд багагүй анхаарч үзэж, судалж шинжлэн өөр өөрсдийн үзэл онолыг дэвшүүлж, монгол хэлний судлалд хувь нэмрээ оруулсаар ирсэн. Ардын аман зохиолын хамгийн том төрөл зүйл болох баатарлагийн туульст дүрлэгдсэн байгалийн гоо сайхан, баатрын сүр жавхлан, ялалт дийлэлт, нутаг ус, харвах мэргэн эрч хүч, хүлэг морьдын ид хав, баатруудын бие бялдар, эр зоригийн гоо сайхан нь яруу үгийн утгын чимгээр цогцолсон байдаг. Тиймээс баатарлаг туулиас хэлний зүйн олон онцлогийг харах боломжтой байна. Үүнд:

1. Алтайн урианхайн баатарлаг туульст чимэг үгс нь баатрын мал сүрэг, өргөө гэр, дүр төрх, сүр жавхлан, ялалт дийлэлт, гоо үзэсгэлэн, хүлэг морь, хувцас хунар, эдлэл хэрэглэл, зэр зэвсэг, эд хогшил зэргийг дүрлэхэд өргөн хэрэглэгддэг бөгөөд тэрхүү чимэг үгс нь ихэвчлэн тэмдэг нэрээр төдийгүй тооны нэр, жинхэнэ нэр, үйл үг, дүрслэх үгийн аймгаар илэрчээ.

2. Туульд баатар эрсийн тулалдах явцыг харуулахдаа зүйрлэлийг өргөн ашиглаж аль алины нь сүр хүч, бяр чадал, эрдэм авьяас, эрэмгий шинжийг илтгэсэн дүйрлэл нь холбоо үгийн бүтэцтэй байна.

3. Алтайн урианхайн баатарлаг туульд адилтгалын хувилбаруудыг өргөн ашигласан байх бөгөөд туулийн гол ба туслах баатрын сүр жавхлан, ялалт дийлэлт, нутаг ус, хүлэг морьдын ид хав, тэдний заяаны дагины гоо үзэсгэлэн, өнгө жавхааг илэрхийлсэн адилтгал нь өгүүлбэрийн бүтэцтэй байгаа нь ажиглагдлаа.

4. Туульд баатруудын гадаад дүр төрх, эд хогшил, нутаг орон, сүр жавхлан, ялалт дийлэлтийг ихэсгэл, багасгалаар дүрсэлсэн нь цогцолбороор илэрсэн зэргээс авч үзвэл алтайн урианхайн баатарлаг туулиас уран дүрслэлийн болоод хэлний зүйн нарийн тогтолцоо цогцолсон болохыг тодруулах боломж их байна.

Товчилсон үгийн тайлбар

Талаан хара бодан (Талын хар бодон) --------------------.ТХБ
Күдир мөнгини тэмни (Хүдэр мөнгөн тэвнэ)----------------- ХМТ
Күрэл алтан дөши (Хүрэл алтан дөш)------------------------ХАД

НОМ ЗҮЙ

1. Катуу, Б. (1983). *Бужин даваа.* Улаанбаатар
2. Катуу, Б. (2001). *Алтай урианхайн тууль.* Улаанбаатар
3. Нарантуяа, Р. (1985). *Аргил цагаан өвгөн.* Улаанбаатар
4. Ренчинсамбуу, Г. (1958). *Монгол ардын баатарлаг туульс.*
5. Туяабаатар, Лха. (1995). *Алтай урианхайн баатарлаг туульс түүний эх сурвалж, өвөрмөц шинж.* Улаанбаатар
6. Цолоо, Ж. (1958). *Монгол ардын баатарлаг туульс* Улаанбаатар
7. Цолоо, Ж. (1966). *Баруун монголын баатарлаг туульс.* Улаанбаатар

HASBUU AND HIS NEW TRANSLATION FOR DREAM OF THE RED CHAMBER

Zayagatai
(Education Inner Mongolia University)

ТОВЧЛОЛ

Хасбуу хийгээд түүний шинээр орчуулсан "Улаан асарын зүүд"
Хасбуу бол Монгол үндэстний алдарт утга зохиолын орчуулагч, шүүмжлэгч,
онолч мөн. Тэрбээр Хятадын эртний алдарт роман "Хун лоу мэн"-ийг монгол
бичигт орчуулан буулгаж, оршил, үзэх арга, бүлэг бүрийн цохолбор, бүгдийн
хуулал зэрэг шүүмж цохолбор хадаж, монгол уран зохиолын онолын баялаг өвийг
үлдээсэн юм. Өгүүлэлд Хасбуугийн цохолбор, шүүмжид суурилж, түүний утга
зохиол сонирхогч биеч цогцын тухай ойлголт үнэлэлт, утга зохиол сонирхогч биеч
цогцын дахин бүтээх чадамжийн тухай өгүүлэлтийг задлан шинжилж, Хасбуугийн
"Шинэ орчуулсан Хун лоу мэн бичиг" нь өөрийн онцлог хэв намбатай, шинээр
бүтээгдсэн бага "Хун лоу мэн бичиг" болохыг тодорхойлсон байна.

Key words: Hasbuu, readers, New translation for Dream of the Red Chamber

The paper based on translator Hasbuu's comments, critical reviews would
be analyzed the amateurs' understandings, evaluation and re-creation capacity. New
translation for Dream of the Red Chamber by Hasbuu has the specific characteristic and
has been determined a new small novel of Dream of the Red Chamber.

Hasbuu is a famous translator, critic, literary theorist in Mongolian nationality.
He translated in Mongolian language the novel as Dream of the Red Chamber novel in the
120 chapters written by ancient China's famous author Cao Xueqin who composed new
translation in 40 chapters consists of introduction, reading ways, chapters' explanation
comments and all critical reviews and reserved the wealth legacy in Mongolian literature.

In 1974, Hasbuu's new translation was printed the title as Dream of the Red
Chamber in four volumes in School of Language and Literature, Inner Mongolian
University [1]. Chingeltei said "in 19th century, people didn't know outstanding literary
critic Hasbuu. But the publications for his translations and creations has also been
became his famous in Mongolian literature and academic levels" [2]

In the XIX century, Hasbuu, a famous translator, theorist of literature was
proficient in Manchu, Chinese, translated ancient China's realist novel as Dream of the
Red Chamber to certainly reflect on influences of art and literary theory. In his critical
reviews have been mirrored about views of his own works, structure of the chapters,
characters, beauties and his point of how to pay attention to the novel for amateurs.

1. Point of view on readers subjective concept

Literature dabblers consist of readers, listeners and audiences. On other hand
is presents people have needs of aesthetical and artistic expectation horizon, literature
and art hobbies, artistic feelings. In literature and art actions, aesthetical favors consist
of other objective understanding –readers' subjective understanding – readers, fans.
Aesthetical feelings are different trends; capacity; values depend on the dabbler's living

ages, nationality, social status, life behavior, education level, views, character and dissimilar thought.

The literary hobbies are considered "peace of the heart", "peace of mind", "peace of the body" and evaluated deeply about the literal amateur skills in the additional introduction of new translation for Dream of the Red Chamber translated by Mongolian famous literal theorist Hasbuu.

In reading ways of the novels, Hasbuu said "If you feel melodic romance when reading this book, it is very tasty and the best, if you like to read adventure history tales, it is the most flavorless and the worst". I wouldn't want those people should read it.

"Jin Sheng Tan created "Xi Xiang" who said that only thousands wise people in the palace have to read my book. But Hasbuu said that the herders and the farmers can read my book. When they seeing it if they read no understand, it is like "the shrub under the grasses". The novel meaning is deeply. I could mark up muzzle meaning by the dot, uncertain words by the droplet, deep meaning doctrine by the line and explained the deep meaning in the book. It helps wise people to open the gate to the deep meaning [5].

Hurelshaa assumed his quotes as "this work can been seen the herders and farmers"; and studied "The droplets on the deep meaning with uncertain words have been led "wise people" through the gate to "deep place"". He interrupted an ancient tradition for "Only wise people could read in the palace at the thousands periods", translated the book for the herders and the farmers. He taught the gate to the deep meanings by the signs on the meanings. This consists of introduction, reading ways in the first and chapters' explanation comments in the end, brief conclusions, 12 illustrations [6]. Hasbuu noticed "if they read no understand my book, it is like the shrub under the grasses". The meaning has been explained the herders and farmers could not understand to read my book. Thus, it is clear to lead off. The main problem of quotes of Sheng Tian is "he said that the flatters shouldn't see my book" but Hasbuu wrote that not only the flatters but also the herders and farmers should read my book. So, he also respected the herders and farmers to translated to disseminate "Dream of the Red Chamber" for them. It is their spiritual book" [7]

In my opinion, there are two following points:

Reason for readers' interests, expectation horizons are unlike, every reader can read dissimilar books. Hasbuu like "melodic genre" as "Dream of the Red Chamber" and Feudalism representative Jia Mu's interests is "adventure history" novel as "Journey to the West".

Author's point of view. The author's personal value is determined to write for which people or who read. Jin Sheng Tan write for "wise people in the palace" , not common people. And Hasbuu said "the herders and the farmers can read my book". However, if they no understand it like "the shrub under the grasses". The surface of its meaning is mentioned the herders and the farmers, we analyzed it is not the main plot. Hasbuu said "If you feel melodic romance when reading this book, it is the most mellow and best, if you like to read adventure history tales, it is the most flavorless and the worst" and the herders and the farmers' literature interests and expectation horizons are dissimilar. Thus, if the herders and the farmers like tale of adventure, it is like as "the shrub under the grasses". If the herders and the farmers want to read my "melodic romance" book, it has deep meaning with uncertain words but I explained to mark signs as "the droplet", "the line" on the meanings.

Hasbuu did not esteem royalties who buy many plantations, make some a servant at home, eat delicious foods and messes butter the kings, rich royalties, like rank, title and they are dishonest. He said "They can change the truth into false and false into truth", but "their false can change our truth in the life". Furthermore, I translated "Dream of the Red Chamber" to decorticate the dark masks of the social life for instance "To lubricate the enmity in by ink water"; "to revenge by the brush".

He expressed clearly own his point of view of readers that feudalism representatives and social lower level people want to read the adventure novel and it is their interests. Whereas "Bao Yu is like a pearl", "Dai Yu is wonderful" and "Xi Xiang Zi is melodic romance". People don not want to adventure novel, If you feel the melodic masterpiece novel as "Dream of the Red Chamber, it is very well, also herders and the farmers can see it". You have literature interest and "thought-reading " to read it. He said that "I am Cao Xueqin's "thought-reading", I look for readers with "thought-reading and expectation horizons" and readers for example "I will find their idea and they will feel my idea". Judging from Hasbii's thinking, the herders and the farmers are implied readers. The implied readers are real readers who preconceive idea of author. They know well relations between author's ideas in the novels [8].

From analyzing, a goal of Hasbuu's concept is to be enlightened in common at the time. He have been looking for many "thought- reading" people to introduce darkness of Feudalism period in the public eye.

2. The literature readers' recreation skill

The reader recreation skill is "literal interest is a kind of readers' spiritual operation to raise literature hobbies and operation is recreated new image with their characteristics" [9]. This is based on the work's objective contents; coordinating own their life, creating characters and types of art depend on politics and art development of that time.

Thousands readers understand and explained unlikely a literal character in novel reasons for literature readers' life, education background and interest. For example: China's famous author Lu Xue told "Dream of the Red Chamber" that I am imagining "a character as Lin Dai Wu has bob hair with India sweater who is slim, close-lipped, childish in the novel". Now This character compare with Lin Dai Yu in "Dream of the Red Chamber" novels before thirty and fourty years who must be differently. because of the character as Lin Dai Wu is in the heart of readers in that time [10]. This is the understanding as a literature character in the diverse thinking of different period readers.

Judging from aesthetics, "undetermined trend" of the literature narrative novels might involve to the readers .This is the author write flexible for readers and revealed endless form of the novel. "Undetermined trend" of the novel is motivated readers and given opportunity to the imagination for content, chapters in the novel and author's point of view" and involved on "Every reading can be recreated another new work". Causing two reasons, literature interests have various features and recreation skills. My translation book is melodic romance.

When Hasbuu was translating Cao Xueqin's "Dream of the Red Chamber", he used to various features and recreation skills in literature. This book was recreated melodic form [11]. He said "this book has not only Cao Xueqin's idea but also my new idea" [12] He was reading, he recreated new character in the text. The novel has different views and concepts. He mentioned different values of literature that "the novel is a masterpiece with deeply meaning. If you can feel it, Common people will know well in the novel" [13]. "The literature interests are unlikely depend on people's educational level and dissimilar thought". "To lubricate the enmity in by ink water"; "to revenge by the brush" is melodic romance and marvelous in new translation. I translated and explained so that. This is new Dream of the Red Chamber apart from the origin text because I only translated and explained meanings and the author's views" said [14]. "He read attentive the origin who explained carefully deep meanings with uncertain words; enriched the author's point of view; added own his encourage, good ideas, life's conscious and developed the origin" [15]. He recreated a new small dream of the Red Chamber focus on own his skill of literature interest.

"When I was reading, I connected my life acts; enriched my idea; filled the inane of the novel; reflected my life experience on the book. At this time, my literature world is on the novel, not be authors [16]. I named as "New small Dream of the Red Chamber attached my explanation reviews" said. Hasbuu said in the his translation "if future wise people will agree that Hasbuu translated and explained this work; they will be my "thought-reading" people. If they will explain another idea and review new meaning in the novel, this will be new Dream of the Red Chamber, if they will find my mistake in my new translation book, they will be teacher" [17]. He would challenge readers of the book by his said words to develop and recreate it furthermore.

Зүүлт:

[1] Цао Шүй чин, Гао Э зохиож, Хасбуу цохлон орчуулав. "Улаан асрын зүүд". Өвөр монголын их сургуулийн монгол хэл утга зохиолын салбар. 1974 он

[2] Чингэлтэй. "Өвөр монголын их сургуулийн монгол судлал". Хуудас 4

[3] 魏饴 刘海涛：《文艺鉴赏概论》，高等教育出版社，2004年9月。p25

[4] Заяатай. "Амтын онолын өртгийн биелэл". "Өвөр монголын нийгмийн шинжлэх ухаан". 2016 оны 1 дүгээр хугацаа

[5] [11] [12] [13] [14] [17] Б.Гэрэлт шүүмжлэн тайлбарласан "Монгол зохиолын онол өгүүлэхийн өв шүүлт". Өвөр монголын их сургуулийн хэвлэлийн хороо. 2003 оны 12 сар. Хуудас 261-262, 317, 363, 333, 265, 365

[6] Хүрэлшаа. "Хасбуу хийгээд түүний орчуулж цохолборлосон "Улаан асарын зүүд" ба Инжаннаши ба түүний зохиол бүтээлийн тухай холбогдол". "Хасбуугийн тухай судалгааны өгүүлэл". Өвөр монголын соёлын хэвлэлийн хороо. 1993 он, хуудас 214

[7] Д.Минъян. "Өвөр монголын багшийн их сургуулийн эрдэм шинжилгээний сэтгүүл". 1983 оны 2 дугаар хугацаа.

[8] 童庆炳主编：《文学理论教程》（修订二版），高等教育出版社，2006年4月。p338

[9] Б.Гэрэлт, Чулуу. "Утга зохиолын онолын хураангуй", Хөххот. Өвөр монголын их сургуулийн хэвлэлийн хороо. 1989 он 4 сар. хуудас 388

[10] 鲁迅文集，第五册，人民文学出版社，1973年。p588

[15] [16] 胡经之、王岳川主编，《文艺学美学方法论》，北京大学出版社，1994年。P345-346，P347

МОНГОЛЧУУДЫН ТӨВД НАМТАР ЗОХИОЛЫН УРАН ЗОХИОЛЫН ҮНЭ ӨРТӨГ

Шүй лин
(ӨМ-ын НШУА)

ABSTRACT

This paper analyzes the comprehensive situation of biographies written by Mongolian in Tibetan and shows their literary value through biographical theory construction, unique stylized creative methods, beautification and lyric poetry collocation.

Агуулгын товч: Тус өгүүлэл монголчуудын төвдөөр туурвисан намтар зохиолын ерөнхий байдалд задлалт хийж , утга зохиолын үнэ өртгийг нь намтар зохиолын онолын цогцлолт , өвөрмөц онцлогтой загварчилсан туурвилын арга зүй, уянга сэтгэлгээ нэмэгдүүлдэг шүлэглэлийн шигтгэл зэрэг хэдэн талаас тодруулан шинжэлжээ .

Түлхүүр үг: монголчуудын төвдөөр туурвисан намтар, утга зохиолын үнэ өртөг

Монгол лам эрдэмтдийн төвд намтар зохиол нь монгол уран зохиолын нэгэн эрхэм үнэт сурвалж бичиг болсны хувьд өвөрмөц онцгой утга урлагийн үнэ өртгийг агуулж байна .Энэ нь голдуу нэгэн иж элбэг баялаг агуулахуунтай туурвихуйн онол, өвөрмөц онцлогтой загварчилсан туурвилын арга зүй, урлаж гоёчлох чимэглэлийн арга ухаан, уянга сэтгэлгээ нэмэгдүүлдэг шүлэглэлийн шигтгэл зэрэг хэдэн талаас илэрч буй

1. Намтар зохиолын туурвилын онолын цогцлол монгол лам эрдэмтдийн төвдөөр туурвисан намтар зохиол ер нь зохиолын эхэн ба төгсгөлдөө юунд тус намтрыг бичсэн шалтгаанаа тушаах бөгөөд зохиолын завсрын шүлэг зэрэгт бас намтар зохиолын тухай үзэлт танилтаа дэвшүүлдэг .Энэ нь даруй монгол лам эрдэмтдийн намтар зохиолын тухай

онол үзэлтийн цогцлол болох бөгөөд монголчуудын утга зохиолын туурвихуйн онолд үзүүлсэн нэгэн их зүтгэл болно .Үүнд голдуу юунд намтар зохиол туурвих, намтар зохиолын агуулга, намтар зохиол гэдэг юу болох, намтар зохиолын ач тус, намтар зохиолын онцлог, намтар зохиол туурвих ёсон буюу шаардлага зэрэг талын асуудалд төвлөрч байна .Өөрөөр хэлбэл монгол лам эрдэмтэд өвөрмөц онцгой намтар зохиолын туурвилын онолыг цогцлоожээ .

Монгол лам эрдэмтэд намтар зохиол дотроо зөвхөн ингэж шалтгаан тодорхойлсон төдийгүй бас намтар зохиол гэж юу болох тухай үзэлт танилтаа дурджээ. Лувсансамдүвнямын "Цахар гэвшийн намтар"-ын эхэнд намтар зохиолын ирэлт буюу зорилтыг тайлбарласныг даруй намтар зохиолын ухагдахууны тухай сүвэгчлэлт гэж үзэж болно.

"Тэнгэр лүгээ сэлт хамаг ертөнц дахины гагцхүү итгэл хийгээд аврал ба өмөг садан хийгээд чухал амьдрахын орон

Гурван цаг арван зүгт оршсон их игүүлсэхүй лүгээ төгөлдөр ялж төгс нөгчсөн бурхад нугууд нь анх бодь сэтгэл үүсгэхүйгээс эхлэн

Сансрын их далайд живсэн энэлгэт амьтан нугууд бүгдэд эх нь гагц хөвгүүнээ энэрэхүйгээс ч эн их үлэмж энэрэхүйн их игүүлсэхүйгээр чухал дуртгаснаар

Эдгээр энэлэгт амьтан нугуудыг ямар мэт эрхин мэргэн аргаар орчлон хийгээд муу заяаны орноос удирдсугай би .

Өндөр язгуур хийгээд нирвааны мөрд зохиосугай би хэмээн ямагт сэтгэлдээ хоногшуулан үйлдэж түүний аргад хичээснээр

Эцэст тэвчил онолын эрдэм ухаадад огоот төгссөн дээд үрийг олсон" [1[(I.3v-4a) явдлыг тэмдэглэн зохиосон нь даруй намтар мөн ажээ.

Бурхад хорвоо ертөнцийн амьтан зургаан зүйлийг туйлаар нигүүлсэн хөөрхийлж бодь сэтгэл үүсгэснээс арга сүвэгчлэн тэднийг гаслал энэллийн далайгаас гаталгаж орчлонгийн эргэлт ба муу заяаны орноос удирдан гаргасугай гэж, эсвэл өндөр язгуртанд төрүүлэх буюу нирвааны мөрт оруулах гэж шамдан хичээснээр тэвчил онолын эрдэм хотол төгссөн дээд үрийг олсон нь даруй бурхан хувилгаад нарын намтар мөн.

Бурхны шашны судар шастир буюу бурхны шашны уран зохиолд бурхан бодьсадва нарын олон зүйлийн дүр байдал эрдэм ухааныг зураглан магтаж байсан нь даруй намтар зохиолын ирэлт болно.

Хожим нь бодьсадва ба богдсын дараалан ертөнцөд эглийн дүрээр саатсан зохионгуй, нэн цаашлан өөрийн багш ламын нэг насны зохионгуй явдлыг бичих болсноос жинхэнэ утга дээрх намтар зохиол болжээ.

Шүнлайв Содномжамц бээр намтар зохиолын гол эрхин нь юу болох тухай дурдсаны дараа "Тэр ч бас эшийн шашныг сонсож сэтгэхүйн үүднээс барих ба онолын шашныг бясалгахуйгаар өөрийн үндсэнд бүтээх үүднээс барих бөгөөд номлох, тэмцэх, туурвих гурвын үүднээс бусад нь арвитгах дээд төрлөхтөний зохионгуй д ямагт шүтэлцүхийн тулд номлох бүтээх хоёрын үүднээс бурхны шашинд үйл зохиох түүнийг намтар хэмээх бөгөөд алимадын байдлыг сэтгэлд ургуулснаар гэтэлгэхийн авъяасыг авахуулан чадахын тулд болой " гэж [2] (60r) намтар зохиолын ухагдахууныг дурдан гаргасан байна. Энэ бол монгол лам эрдэмтдийн дунд цөөн гарсан намтар зохиолын тухай онолын тодорхойлолт болно. Энд бурхны шашны дээд төрлөхтөн багшийн эшийн шашныг сонсож сэтгэх, онолын шашныг бясалгаж өөрийн үндсэнд бүтээх, номлох, тэмцэх, туурвих гурваар бусдын тус үйлдэх буюу шашныг арвитгаж дэлгэрүүлэх хэдэн чухал үүрэг чадавхийг дурдсаны дараа иймэрхүү чадавхит эрдэмт лам богдсын номлох ба бүтээхийн үүднээс бурхны шашинд үйл зохиох түүнийг намтар гэнэ гэж томъёолсон байдаг. Үүнийг бичигдэхүүний нөхцөл шалтгаан шаардлага зэрэг ба эрхэм дээд зорилгыг багтаасан томъёолол гэж үзэж болно.

Лувсанпэрэнлэйнамжилын "Жанлүн бандидын намтар мэргэдийн сэтгэлийг булаагч эрдэнийн унжлага " гэх намтар зохиолд бас дээд богдсын намтар гэж юу болох тухай шүлэглэн өгүүлсэн байна.

" Дээд садныг ёсчилан шүтэх ба

Дээдийн номыг эрснээр ханашгүй болсон ба

Дээд бусын явдлаар эс халдварлагдаснаар

Дээдийн дээд нугуудын намтар мөн болой" [3] (2v)

Энд дээдэс богдын намтрыг дээд буяны садныг ёсчилан шүтэх , дээдийн номд ханашгүй шамдах , дээд бусын явдлаар эс халдварлагдах гурван зүйлд хураангуйлан өгүүлэв.

Үүнээс гадна монгол лам эрдэмтдийн төвд намтар зохиолд бас намтрыг хэрхэн туурвих ёсон, намтар зохиол туурвихын ач тус зэргийг дурдсан байна.

Өвөрмөц онцлогтой загварчилсан туурвилын арга зүй

Монголчуудын төвдөөр туурвисан намтар зохиол нь тогтсон нэгэн дүрэм горим буюу загвараар бичигддэг. Хэдийвээр бодитой намтар зохиолуудын агуулга нь адил бус байдаг ч , ерөнхий загвар буюу дүрэм горим нь их төлөв адилавтар байдаг. Энд нэгэн зүйлийн уран бүтээлийн туурвилын загвар илэрчээ. Энэ нь мөн намтрын уран зохиолын нэгэн үнэ өртөг болох бөгөөд ид шид нь болох юм. Цахар гэвш Лувсанцүлтимийн " Зонхавын намтар "-т Зонхавын нэгэн насны үйл явдлыг есөн бүлгээр туурвихыг дурдсаныг алдарт дээдсийн намтар зохиолын агуулгын бүтцийн тухай нэгэн зүйлийн хэв загварыг үүдсэн гэж үзэж болох юм [4] (3-4) .Үүнд хойнох хоёр бүлгийн шавь нарын намтар ба анхны бүлгийн дээд дүрийн бэлгэ зарлигийн бүлгийг хасвал үнэндээ шууд Зонхавын тухай агуулга нь зургаан бүлэг болно .Энэ зургаа нь бусад мэргэдийн туурвидаг намтар зохиолын явцтай ерөнхийдөө адил байдаг .Даруй мэндлэх, гэрээс гарах, номд суух, тарни бясалгалд суух, сүм хийд байгуулж буяны үйлс хийх, нирваан дүр үзүүлэх зэрэг хэдэн явцыг голдож туурвидаг .

Лувсансамдүвнямын "Цахар гэвшийн намтар"-т намтар зохиолыг долоон алхмаар бичих жишээ гаргасан байдаг [1] (I.7v-8r) .Энэ долоог багцалбал, бичигдэхүүн багшийн мэндэлсэн, гэрээс гарч эрдэм сурсан, бүтээл бясалгал хийсэн, бусдын тусыг үйлдсэн, эрдэм төгсгөж бодь мөрийн зэргийг үйлдсэн, дүрст биеэ хураж нирваан дүр үзүүлсэн, хүмүүжүүлсэн шавь нарын үйл эрдэм ба шашныг машид дэлгэрүүлж зохиол бүтээл туурвисан зэрэг болно. Энэ долоог өмнөх Зонхавын намтрын зохиомжтой харьцуулбал өмнөх төрөл нуудийг дурдсан талаар дутуу байсан ч зохиол туурвилыг тусгайлан нэгэн бүлэгт өгүүлэхийг дурдаснаар онцлогтой болжээ. Гэвч гол агуулга буюу үйл явдлын явцын талаар нэгдэлтэй байна .

Алшаа лхазон Агванлхүндэвдаржайгийн туурвисан "Зургадугаар далай ламын нууц намтар"-т, намтар зохиолыг гурван бүлэгт хураан зохиох хэв загвар буюу жишээ гаргажээ. "Тэр мэтийн намтрыг номлохуйд гурав, гайхалтай хачин тэр шашны чанарт , анх алимад оронд мэндэлсэн ба сайтар гарч ширээнээ заларсан ёсон, хоёрдугаарт, бусдын тусад хатуужил эдлээд бүтээл үйлдсэн ёсон, гуравдугаар, доорд Амдуугийн оронд залраад шашин амьтны тусыг зохиож, гэтэлгэж нисваанисаас хагацсан ёсныг үзүүлсэн лугаа гурав болой" [5] (9r) гэсэн өгүүлэлтэд хэдийвээр гурван бүлгээр өгүүлсэн боловч бичигдэхүүний мэндэлсэн, гэрээс гарч ширээнд саатсан, бусдын тус үйлдэж хатуужил эдэлсэн, бүтээл бясалгал хийсэн, шашин амьтны тусыг зохиосон, нирваан дүр үзүүлсэн зэрэг зургаа долоон явцыг үзүүлсэн байдаг.

Бандид Гэндэнданзинжамц бээр "Гирти Лувсанпэрэнлэйн намтар"-таа их багшийн намтрыг туурвихад юуны өмнө гурван нууцын эрдмийг туурвих хэрэгцээг дурджээ. Тус шаардлагад бичигдэхүүний суралцлага судлал, бясалгал бүтээл, шашныг баригч, бодисадвын зэрэгт хүрэх зэргийг голдолсон нь их багшийн эрдэм бясалгал дотоод сэтгэлийн өндөр агаарыг товойлгох гэсэн үзэлт болно.

Алшаа лхазон Ишдамбийгомбын "Лондол ламын намтар"-т Лондол лам Агвааанлувсангийн зохионгуйг найман зүйлд хураангуйлан номложээ. [6] (5v-6r). Тухайлбал, бие мэндлэхийн ёсон, гэрээс гарч эрдэм суралцсан ёсон, бүтээл анхааран авах ёсон, буяны үйлс үйлдэх ёсон, үрийг ухаж бодисадвын явдлыг анхааран авах ёсон, зүүдний зөн билиг илрэх тэргүүтэн гайхамшиг үүссэн ёсон, шавь хүмүүжүүлсэн ёсон, дүрст бие хурааж нирваан дүр үзүүлсэн ёсон зэрэг наймд хураангуйлсан нь мөн дээрх эрдэмтдийн өгүүлэлттэй адилавтар бөгөөд намтар зохиолын агуулгын бас нэгэн зүйлийн онолжуулсан өгүүлэлт болжээ.

Чешой жанчүвдамбийдонмэгийн "Сэрдог хутагт дайчин номын ханы жэйрав намтар сүжиг төгөлдөр лянхыг мөшөөлгөгч наран хэмээгдэх оршивой"-д

"Энэ насных нь намтрын ялгалыг өгүүлэхүйд гурав, алимад зохистой хотол чуулганаар мэндэлсэн төрснийг өгүүлсэн ёсон, шүтээн түүнд иш онолын эрдэм эрсэн ёсон, эрээд шашин амьтны тусыг зохиосон ёсон болой" [7] (59v) гэж намтар зохиолыг гурван ёсонд хураангуйлан өгүүлсэн байдаг.

Эдгээрээс бид монголчуудын төвд намтар зохиолын нэгэн ерөнхий зарчим буюу загварыг танин мэдэрч болох бөгөөд уран бүтээлийн туурвилын арга зүй жич агуулгын бүтцийг мэдэж болно .

Урлаж гуажуулах чимэглэлийн арга ухаан

Монголчуудын төвдөөр туурвисан намтар зохиолын уран бүтээлийн сурвалж бичиг болсны шинж тэмдэг буюу онцлог гэвэл урлаж гоёлох чимэглэлийн арга ухаан болно. Юуны өмнө дуун аялгуу буюу хэл хэллэгийн талаар яруу зохистой байхыг эрхэмлэж, чимэглэж гуажуулахаар нэгэн зүйлийн хөөцөлдөл болгожээ. Дараа нь эвтэй найруулж эвсүүлэн найруулах зарчим, ургуулан зохиох зарчим, үзэсгэлэнт үйлдэх чимэглэлийн зарчимыг хэрэглэж яруу урныг эрхэмлэх болжээ. Хүмүүнийг зураглах талаар эрхэм дээд болгон зураглан магтах, хүмүүн чанарын эрхэмийг магтах, хачин сонин бэлгэ тэмдэг илрүүлэх, хачин домог үлгэр найруулж, эртний цадиг домгийг өсгөн нэмэх зэргийн арга ухааныг зөндөө хэрэглэдэг. Утгын тал ба хэл найруулгын талаар зохист аялгууны арга барилыг хэрэглэн чимэглэж урлах арга ухааныг чухалчлан ашигладаг. Гэвш Галсанбалжир, хамба равжамба Галсан-Ишийн "Дамцигдоржийн намтар" доторх "Үлгэрлэвээ , огторгуйд гагцхан сарны мандал ургаваас түүний дүрс нь газар дахь усад бүгдэд нэжгээд нэжгээд үзэгдэх мэт, арван зүгийн ертөнцийн орд бүгдэд цаглашгүй олон хувилгаанууд хичээл үгүйеэ өөсөөн хувилж амьтны тусыг зохиож агснаас бидэнд нь манай хувь лугаа хиртэй эглийн дүр бариад буяны садан багш болж аль тустайг зохиосон болой гэмээн мэдэх зохистойд магад буй" [8] гэх мэтийн үгсийг үзвэл адилтгал чимгийн аргыг хэрэглэж хэл хэллэгээ гуажуулж байх нь илт.

Доор сүмба хамба Ишбалжирийн "Өөрийн намтар" -т хэрхэн зохист аялгууны эс завсардсан хос төгөлдөр чимгийн арга ба яруугийн эрдэм доторх ойролцоо газар эргэх аргыг хэрэглэж, намтар зохиолоо яруу урсам болгосон оролдлогыг үзье ."Тэр мэт чөлөөний шүтээн (хүмүүний бие)-д толгой сүүл хэмээн өгүүлэх мэтээр, өөр бусдын төлөвлөгөө бүтэх ёсныг энд хураангуйлбаас:

Сайн сайн цагаан (буяны)
Үйл үйлээс бүтэхийн сайн хүмүүний биед
Ариун ариун шагшаабадын
Анхилам анхилам үнэр лугаа төгөлдөр бөгөөд
Шулуун шулуун сахил ба цэвэр ариун сахилд оршсон мэт
Олон олон ухааны орны усны сан (далай)-д
Дэнслэн дэнслэн зовох сэтгэлээр оршоод
Тодорхой тодорхой оюунаар
гүн гүн утгын зүрхэн эрдэнийг авахын тусад
Бат бат шамдал ба ядрал ядралын бэрхийн чуулганаар
Мэргэн мэргэн богдос тус тусаас
Яруу яруу эшийн шашны номыг дуун баригчийн балгад балгадаар
Нарийлаг нарийлаг сонсоод , тэрхүү утгыг хангинатал хангинатал мэдэхийн
тулд
Хурц хурц эш ухааны тэмцэхүйгээр сэжгийг таслаад
Дахин дахин сэтгэж, түүгээр бүрхэн бүрхсэн сэжгийн харанхуй
Алимад алимадыг тодруулан..." [9] (60v-61v)

Энэ хэсэг уран найраглалыг одоогийн харцаар үзвэл, уран найруулал буюу задгай шүлэг гэж бүр болно. Энэ нь Ишбалжирийн үйлс бүтээх хүсэл бөгөөд биелүүлж явсан мөрийн уран зураглал байж, мөн ч бусад буй бүхий шашинтадын биелүүлбээс зохих хүсэл шаардлага мөн. Энэ нэгэн охор хэсэгт эс завсардсан хос төгөлдөр чимгийг дөчин есөн удаа хэрэглэж, санаагаа урсам яруу илтгэн гаргасан нь үнэхээр гайхалтай. Үүнээс гадна төвдийн давталтын шинжтэй тэмдэг үг ба дайвар үгийг олон хэрэглэж, улам амьдлаг цовоо уур амьсгал нэмж, олон дүрслэг зураглалыг нэмэгдүүлсэн байна. Энд бас зохист аялгууны дүрст чимиг, адилтгал чимгийн аргыг хэрэглэж санаагаа улам гүнзгий бөгөөд ил тод болгохоор мэрийсэн билээ.

Уянга сэтгэлгэ нэмэгдүүлдэг шүлэглэлийн шигтгэл

Монгол лам эрдэмтдийн төвд хэлээр туурвисан намтар зохиолд бас нэгэн утга зохиолын үнэ цэн бүхий сурвалж бол даруй тахил төгсгөлийн шүлэг ба завсрын шүлэг байж, эдгээр шүлэглэлийн тус бие нь яруу гойд урлагийн бүтээл болохоор барам, бас намтар зохиолоо чимэглэх, уран яруу хөг аяс нэмэгдүүлэх, уянга сэтгэлгээ нэмэгдүүлэх, онол ёсныг тайлбарлах гэх зэргийн ур чадавхи гаргаж байдаг. Зарим утгаас авч хэлбэл монголчуудын төвд хэлний намтар зохиол нь яруу найргийн эрдэнэсийн сан хөмрөг болох юм. Гагц сүмба хамба Ишбалжирийн өөрийн намтар "Хамба эрдэнэ бандида хэмээн алдаршсаны явдал ёсныг өгүүлсэн дуун баригчийн тэжээл хэмээгдэх оршвой" гэх намтарт 400 гаруй бадаг шүлэг байж, дотор нь уянгалал шүлэг, сургаал шүлэг, шүүмжлэл шүлэг, гүр дуу, тайлбар шүлэглэл, онол ёсны шүлэглэл зэрэг олон зүйлийн шүлгийн төрөл зүйл байдаг. Энд Ишбалжирийн шүүмжлэл шүлгээс нэгэн бадгийг сийрүүлбэл :

"Эрхин ном үйлдэгч хэмээдэг зарим нь тэнэг бясалгалын намтрыг барьж

Эш ухаан суралцсан хэмээдэг зарим нь зэрэглээнийг хөөж

Олонх ихэс хүслийн эрдмийг анхааран аван үйлдмүй

Ая аа!Цөвийн цагийн үйл явдал сонин мөн уу бус уу" [9] (239v-240r) гэж шашны лам хувраг, номын хүмүүсийн уруудал доройтлыг илчлэн шүүмжилжээ. Их хүрээний равжамба Агвантүвдэн бээр "Жэвзүн бүхнийг айлдагч Содномдагвын намтар"-ын:

"Сайн хувиар ч далд холыг сонсох бэрхийн

Дээдийн номд үйлдсэн дээдийн намтар үүнийг

Сэтгэлд дуртгаснаар сэтгэлийг булаагч зохист аялгуугаар

Сайтар чимэглээд сайтар номлон өрнүүлэн үйлдмүй" [10] гэх шүлэгт сайн хувьт дээдийн намтрыг сэтгэлд дуртган сэтгэлийг булаагч зохист аялгуугаар сайтар чимэглэж үзэсгэлэнт болгож өрнүүлэн зохиох зорилтыг илрүүлжээ. Энэ нь мөн чимэглэж гоёлох, үзэсгэлэнт болгох зарчим ёсныг өгүүлсэн мөн ажээ .

Ерөнхийлөөд хэлбэл, монгол лам эрдэмтдийн төвдөөр туурвисан намтар зохиол нь элбэг баялаг эрдэнэсийн сан хөмрөг мөн байж, түүний түүхэн өртөг, үзэл санааны өртөг, утга зохиолын өртөг зэргийг сүвэгчлэн судлах нь бачим тулгам судалгааны үүрэг болж байна. Эдгээр намтар зохиол нь онолын цогцлолт, урлагийн амжилт хөөцөлдлөг, амт сэтгэлгээ ба оюунлаг сэтгэхүй нэмдгээр утга зохиолын өвөрмөц үнэ өртгийн системийг бүрдүүлсэн байна [11].

Зүүлт :

[1] Лувсансамдүвням "Гэтэлгэгч дээд лам адилтгалгүй ачит богд Сумадишилашрибадрын гэгээний ерөнхийн зохиол намтрыг товчийн төдий өгүүлсэн сүсгийн лянхыг мөшөөлгөгч нарны гэрэл дээд мөрийг гийгүүлэн

үйлдэгч хэмээгдэх оршвой . Монгол бичгээс хөрвүүлж удиртгал тайлбар бичсэн нь Д.Цэрэнсодном, Д.Наранцэцэг. 2010 он, Улаанбаатар

[2] шүнлайв содномжамц. "Шашны дээд иш салаа болсон дээд хувилгаан эрдэнэ Лувсанжигмэддамбийжалцаны цадиг тус тусын намтар сүсэг төгөлдөр нүгүүдэд домог (үг)-г үйлдэх эрдэнийн эрхис хэмээгдэх оршвой". Төвд судрын бар

[3] Лувсанпэрэнлэйнамжил. "Хутагт цог төгөлдөр дээд лам жанлүн арьяа бандида ринбүчи Агванлувсандамбийжалцанбалсамбуугийн намтар мэргэдийн сэтгэлийг булаагч эрдэнийн унжлага хэмээгдэх оршвой". Төвд судрын бар

[4] Цахар гэвш Лувсанцүлтим. "Богд Зонхавын намтар". Лүндэв бандида Лувсанцүлтим орчуулав. Өвөр монголын сурган хүмүүжлийн хэвлэлийн хороо. 2011 он .

[5] Алшаа лхазон Агваанлхүндэвдаржай. "Бүхнийг айлдагч нугуудын эрхт номын алдар балсамбуугийн намтар гайхамшигт сайн зохионгүйн яруу үг тэнгэрийн ятгын хөвчийн эгшиг дуун хэмээгдэх оршивой " ("Зургадугаар далай ламын нууц намтар"), төвд судрын бар.

[6] Алшаа Ишдамбийгонбо : "Агваанлувсангийн намтар сүсэг бишрэлийн эрдэнийг удирдагчийн морин тэрэг , төвд судрын бар ։

[7] Чешой Жанчивдамбийдонмэ : "Сэрдог хутагт дайчин номын ханы жэйрав намтар сүжиг төгөлдөр лянхыг мөшөөлгөгч наран хэмээгдэх оршивой", төвд судрын бар.

[8] гэвш Галсанбалжир, хамба равжамба Галсан-Иш : "Гурван цагийн бурхны нийтийн дүрс богд тойн лам Дамцигдоржбалсамбуугийн гэгээнтний намтар хувь сайтын далайд сүсэглэн орох олом хэмээгдэх оршивой". 2011 он. Ш.Сонинбаяр орчуулав , Улаанбаатар

[9] "Хамба эрдэнэ бандида гэмээн алдаршсаны явдал ёсныг өгүүлсэн дуун баригчийн тэжээл хэмээгдэх оршивой", төвд судрын бар.

[10] равжамба Агваантүвдэн : "Жэвзүн бүхнийг айлдагч Содномдагвын намтар", түвд судрын бар.

[11] Тус өгүүлэл бол улсын нийгмийн шинжлэх ухааны төслийн голдлогот сэдэв болох "Мин Чингийн үейийн монголчуудын намтар зохиолын сурвалж бичигийн эмхтгэл ба судлал " (зөвшөөрсөн номер: 17AZW023)-ын хэсэг бүтээл болно.

ЭЙНШТЕЙННИЙ ОНОЛД ХОЛБОГДОХ НЬ
INVOLVING TO THEORY OF EINSTEIN

Enkhtur Nasanjargal
(Мета-онол, аргазүй судлаач)

Key words: Model Crisis… Model Revolution … Model Paradigm Change

The temporary tent is the ger. But the body of earth which is real fruit is the ger in the eternal spirit intelligence. So what happened to respect gold and seek salvation?! It means that the life is same to disassembling, re-erecting or losing the temporary tent and the position in the earth spirit is the positive-spirit her or Mongolian ger analogous theory and its interpretation… Early, the people said about real and unreal two earths and could not find a natural order of the earth.

Einstein's theory of special relativity or the characteristics of light speed, space, time, mass and energy were decided within the "Modern optimal paradigm of human social development" /Principle/, "Cross line of three lines and principle of triple" / Approach/ and "Mongolian ger analogous approach and Modern literature theory creation" /Basic new paradigm/ (**"Social Enlightenment and Literature Theory– 4 volumes", Ulaanbaatar, 2009**). But Theory of General Relativity or appearance creating curve in the space due to the gravity was explained in the Modern philosophy –cognition guide and theory interpretation of new journal (**"Majestic and Intellectual Wonderful Heritage" Scientific journal 2013/1**).

Reason of the most people who like to extrinsic life is to love anything which is seen by eyes and held by the hand. But unreal earth is bodied by the Mongolian ger and the great abstraction is determined in the most common structure. Is it the best text of the Dissipative System theory?! But there is not a quant thing except this ontology and epistemology which affect to the space and time slowness as like the highest truth paradigm.

For the entropy growth law, it means that the earth is going to disorder or death time by time. It means that the death will come when the negative regime of this disordered cores prevail. There is a history that the appearance creating the order of some cores within disordered thing was called the Structural Dissipative Theory and it was awarded the Nobel Prize. It is regarded that Entropy Growth Law and Structural Dissipative Theory is related to the society and philosophy. It shows that every e structural and positive theory of substances covers the macro and micro environment. All of them are contained in our Ger positive /based on modern, affirmative, realistic and positive belief/ Meta-theory. So, single-centered abstract vision is the philosophy –cognition complex doctrine of this age.

In English, there are the "phrase words", such as "talent", "genies" and gift which are involved to three different classes, expressing the human spirit development. Some famous thinkers said that "Mongolian ger analogous similarity theory and interpretation" is the GIFT /truth, approach and vitality/ of the God which enlightens the scientific ways in new century.

Edition for celebration in Daily Newspaper dated Jun 01, 2013, www.med.gov.mn on February 2013-2015
Edition 2013/2 of "Majestic and Intellectual Wonderful Heritage"

Түр зуурын майхан бол, гэр. Харин жинхэнэ жимс болох ертөнцийн бие бол, мөнхийн сүнсэт оюун санаан дахь гэр. Энэ утгаараа алтыг дээдэлж, авралыг эрвэл, ямар бол?! Ингэхлээр, амьдрал гэж түр зуурын майхныг буулган, ахин барих, бүрмөсөн орхих юмуу тэгээд ертөнцийн оюун санаан дахь байр бол, зэрэг сүнсэт гэр буюу Монгол гэрийн аналоги төсөөт онол түүний тайлал... Өмнө бодит ба бодит бус хоёр ертөнцийн тухайд л ярьж, ертөнцийн нэг зүй тогтлын эхлэлт төсөөг оноогүй ирсэн хэрэг.

Эйнштейний Харьцангуйн тусгай онол буюу гэрлийн хурд, орон зай, цаг хугацаа, масс, энергийн шинж чанарыг "Хүний нийгмийн хөгжлийн орчин үеийн оновчтой төсөө загвар" /Үзэл баримтлал/, Гурван шулууны огтлолцол буюу гурамсан зангилааны зарчим" /аргачлал/, Монгол гэрийн аналоги төсөө бүтээх арга буюу уран зохиолын онолын байгууламж /суурь код/ төвшинд шийдсэн (**"Нийгмийн гэгээрэл ба утга зохиол шинжлэл – 4 дэвтэр" УБ., 2009**) байна. Харин Харьцангуйн ерөнхий онолын /Relativity буюу хамаарангуйн/ хувьд буюу Таталцлын хүчний улмаас орон зайд муруй /мушгиа/ үүсэх үзэгдлийг Шинэ сэтгүүлийн Эрин үеийн философи - танин мэдэхүйн хөтөч онолын тайлалд (**"Мажестик буюу Оюуны гайхамшигт өв" танин мэдэхүйн сэтгүүл 2013/1**) тусгасан шинж байна.

Ихэнх хүмүүст ертөнцийн өнгөн амьдрал л сонирхолтой байдаг нь нүдэнд үзэгдэх, гарт баригдах зүйлд дурладагт байна. Тэгвэл, бодит бус ертөнц Монгол гэрээр биежиж, аугаа хийсвэрийг аугаа энгийн бүтэц, байгууламжид буулгасан хэрэг. Энэ тэгээд Бүтциин сарнилтын системийн онолын /Dissipative System/ хамгийн сайн бичвэр мөн байх нь уу?! Хүссэн ч, эс хүссэн ч энэ онтологи хийгээд эпистемологи дээд үнэний парадигм /загвар/ лугаа орон зай, цаг хугацааны удаашралд нөлөөлөх, хэрэгжүүлэх квантлаг зүйл үгүй ажээ.

Энтропи өсөх хууль гэхэд, ертөнц цаг мөчөөр эмх цэгцгүй рүү буюу үхэл рүү явж байдаг гэсэн гол санаатай. Энэ эмх цэгцгүй бөөмийн сөрөг дэг журам бүрэн давамгайлахад, үхэл мөхөл ирнэ гэсэн үг. Иймд эмх цэгцгүй доторх хэсэг бөөмийн эмх цэгц тогтоох үзэгдлийг Бүтциин сарнилтын систем гэж нэрлэж, Нобелийн шагнал хүртэж байсан түүх бий ажээ. Энтропи өсөх хууль, Бүтциин сарнилтын онол зэрэг нь Нийгэм, Философид ч хамааралтай гэж үзсэн. Энэ нь бодисын бүтцийн буюу позитив онол бүр макро, микро орчныг хамаарч байдгийг харуулж байна. Эдгээрийг бүгдийг нь хамсан мөн чанар бидний Гэр позитив /орчин үеийн, нааштай, өөдрөг, зэрэг итгэл бишрэлд суурилсан/ Мета-онолд байна. Иймд, нэг төвт хоосон чанарын зөн билигт Эрин үеийн философи - танин мэдэхүйн цогц сургаал мөн.

Англи хэлэнд "talent" /авьяас/, "genies" /суу билиг/, gift for /өгөгдөхүүн/ гэсэн гурван өөр шатлалын буюу хүний оюун санааны хөгжлийг илэрхийлэх "бүл үгс" байна. Зарим нэрт сэтгэгчдийн дүгнэснээр, "Монгол гэрийн аналоги төсөө бүтээх онол, тайлал" нь "Шинэ эринд шинжлэх ухааны замыг гэрэлтүүлэгч бурхан тэнгэрийн ӨГӨГДӨХҮҮН" /үнэн, зам, амь/ гэсэн нь бий...

"Өдрийн сонин" –ы 2013.06.01 баярын дугаарт.,
www.med.gov.mn сайтад 2013-2015 оны 02 дугаар сард.,
жестик буюу Оюуны гайхамшигт өв" сэтгүүлийн 2013/2 дугаарт хэвлэгдсэн.,

ХЭЛЗҮЙН АЙ ХЭМЭЭХ НЭР ТОМЬЁОНЫ ТУХАЙД

ON THE DEFINITION OF GRAMMATICAL CATEGORY

Б.Баяртуул
(МУИС)

ABSTRACT

Linguists estimate that almost 7000 languages are spoken today, and much research has been done to classify these languages. Two methods are used to classify. The first is to trace language ancestry and origin (called "genetic linguistics"), while the other is to compare and contrast the structure of languages (called "typology"). According to the first method, Mongolian, Turkic, Tungusic languages have been classified into an Altaic family (Wide range), and some linguists also include Korean and Japanese. Other linguists, however, regard these languages as being related only typologically, and not by descent from a common origin. There are many aspects of the structure and history of these languages that should be restudied, and one of them is the study of the concept of grammatical category. Though grammatical categories are found in all languages, their expression can differ due to structural features of language and differences in how people speaking the languages think. At different times, well known linguists have proposed various ways to characterize the notion of grammatical category.

Түлхүүр үг: хэлзүйн ай, гарал үүсэл, бүтэц хэв шинж, ойлголт, бүтээвэр, залгавар

Дэлхийн олон хэл өөр зуураа их бага ямар нэгэн хэмжээгээр адил төстэй ба эрс ялгаатай шинж агуулж байдаг бөгөөд олон хэлний адил эсвэл ялгаатай талыг судалж шинжлэн, мөн чанарыг нь таних явдал хэлшинжлэл, ялангуяа гарал төрлийн холбоо бага сунжирсан буюу Үлэмж хүрээний хэлшинжлэл (Буянтогтох. 2016)[1] (харьцуулсан хэлшинжлэл)-д нэн чухал юм. Өнөөгийн байдлаар дэлхий дахинд 7000 орчим хэл байдаг гэж хэлшинжлэлч нар тооцоолж байгаа (Tore Janson. 2012.x.38)[2] бөгөөд тэдгээрийг бүлэглэн төрөлжүүлж судлах ажил зайлшгүй тулгардаг. Иймээс хэлийг ангилж бүлэглэхдээ гарал үүслийг харгалзах, бүтэц хэвшинжид тулгуурлах хоёр арга хэрэглэдэг бөгөөд дээрх хоёр аргаар бүлэглэн үзэхэд, эрт цагийн нэгэн өвөг хэлнээс салбарлан тархсан нь тодорхой буй хэл бол Алтай хэмээх Үлэмж хүрээний хэл болно. Энэхүү хүрээнд монгол, түрэг, манж-хамниган хэл багтдаг бөгөөд солонгос, япон хэлийг багтаах саналтай эрдэмтэд цөөнгүй бий. Манж-хамниганы бүлэгт манж, шивээ, хуучин зөрчид, ульчи, орок, эвен, үдэхэ, негидал, хамниган (эвенк), солоон, нанай хэл, Монголын бүлэгт алтай, буриад, халимаг, өвөрмонгол, орчин цагийн монгол, могол, монгор, баоань, дүншиан, дагуур, тува, шар уйгур хэл, Түрэг хэлэнд хуучин түрэг, азербайжан, башкир, гагауз, казах, каракалпак, карачаи (карачаево- балкар), кыргыз, ногай, өзбек, салар, саха, татар, тофалар, түрк, түркмен, уйгур, хакас, чуваш, шор зэрэг хэл багтана.

Алтай судлал хэмээн нэршсэн Үлэмж хүрээний хэлшинжлэл олон жилийн

---

[1] Г.Буянтогтох. Монгол хэл-сэтгэлгээ судлалын удиртгал. 2016
[2] Tore Janson. The History of Languages. Oxford University Press.2012

түүхтэй бөгөөд анх Шведийн офицер Страленберг дайнд олзлогдон Сибирьт он удаан жил цөлөгдөж суухдаа нутгийнхны хэл яриа, зан заншлыг судалж эхэлснээр Алтай судлал үүссэн гэдэг. Цаашилбал, түүний хөгжилд Финландын эрдэмтэн М.А.Кастрен (1813-1853) хорь гаруй хэлзүйн ном болон толь бичиг зохиож үнэтэй хувь нэмэр оруулжээ. Тэрээр, манж-хамниган, монгол, түрэг болон мажар, самоид, солонгос хэлийг алтай хэл гэж нэрлэсэн байна.

Орчин үеийн Үлэмж хүрээний хэлшинжлэлд эргэн нягталж, нарийвчлан тодруулах хэрэгтэй асуудал нэлээд байгаа бөгөөд тийм тулгамдсан асуудлын нэг нь хэлзүйн айн судлагаа зүй ёсоор багтаж байна. Хэлзүйн ай дэлхийн олон хэлэнд байдаг түгээмэл үзэгдэл боловч тухайн хэлний бүтэц байгууламжийн онцлог, уул хэлээр хэлэлцэгч ард түмний үндэстний сэтгэлгээний өвөрмөц байдлаас шалтгаалан хэл хэлэнд өөр байдаг. Жишээлбэл, орос хэлэнд хэв, байдал, цаг, төлөв, хүйс, тийн ялгалын ай гэх мэт байдаг атал орчин цагийн Үлэмж хүрээний хэлэнд хүйсийн болон тийн ялгалын ай байхгүй. Ер нь хэлзүйн ай хэлний бүтэц, хэв шинжийн нийтлэгээс хамаарч, утга, үүрэг, илрэх арга хэлбэрийн хувьд өвөрмөц онцлогтой байхын дээр хэлзүйн айг илэрхийлж буй хэлзүйн хэлбэрийн зарим нь зөвхөн үг хувилгах үүрэгтэй бол зарим нь үг холбох, холбоо үг бүтээх, нөгөө нэг нь хэлний үгийг анги бүлэг болгох үүрэгтэй зэрэг харилцан адилгүй байдаг. Ийм учраас нэг хэлний хэлзүйн айд нөгөө хэлний хэлзүйн айг тулган тайлбарлаж болдоггүй. "… нэг хэлэнд ихэвчлэн нийлэг аргаар илрэх хэлзүйн ай нөгөө хэлэнд задлаг аргаар илрэх зэрэг ялгаа …."[3] (Өнөрбаян.2004.х.14-15) байдаг нь хэл бүрийн өвөрмөц онцлогтой холбоотой юм. Хэлзүйн ай өөрийг нь бүрдүүлж буй утгын хоёр тал буюу эсрэгцэх нэгдэх хоёр талын шүтэлцээнд тулгуурлан оршдог бөгөөд ерөөс хэлзүй бол махбод бүр нь өөр хоорондоо нөхцөлдөн холбогдож, бие биеэс шалтгаацан оршиж байдаг нарийн тогтолцоо бөгөөд хэлзүйн хэлбэр бүр тодорхой арга хэрэглүүрээр илэрдэг. Тэр нь тусгай залгавар бүтээвэр юм уу хэлзүйн бусад хэрэглүүр байдаг. Өөрөөр хэлбэл, хэлзүйн хэлбэр гэдэг угтаа утга, хэрэглүүр хоёрын нэгдэл учраас илтгэх хэрэглүүргүй хэлзүйн утга, хэлзүй утгагүй хэлбэр гэж байх боломжгүй юм. Хэлзүйн нэг утга төрөл бүрийн хэлэнд өөр өөр арга хэрэглүүрээр илэрч байдаг онцлогтой. Жишээ нь нэрийн тооны айн тухайд Энэтхэг – Европ хэл, тухайлбал, орос хэлэнд нэрийн үндсэнд тусгай бүтээвэр залгаж хувирган, ганцаас олныг ялган үзүүлдэг нийлэг арга нэр үгийн олон тоог илтгэх гол хэрэглүүр болж байдаг бол Үлэмж хүрээний хэлэнд задлаг аргыг түлхүү хэрэглэдэг байна. Энэ мэтээр, хэлзүйн нэг төрлийн утга хэл хэлэнд харилцан адилгүй илэрдэг бөгөөд хэлзүйн айг үүргээр нь ангилан ялгаж, үгэлбэрзүйн ай, өгүүлбэрзүйн ай хэмээн хэлэлцдэг. Хэлний хэлзүйн онцлог түүний тогтолцоот шинжид орших бөгөөд тэрхүү тогтолцоо хэл болгонд харилцан адилгүй байдаг. Хэлзүйн тогтолцооны цөм буюу үндсэн нэгж нь төрөл бүрийн ай байдаг ба тэдгээр нь хэл хэлэнд өвөрмөц байдлаар илэрдэг зүй тогтолтой учраас дэлхийн олон хэл байж, өөр өөрийн хэлзүйн тогтолцоонд түшиглэж, харилцааны хэрэглүүрийн үүрэг гүйцэтгэж, тус тусын хэлзүйн айн арга хэрэглүүрээр бие биеэс ялгардаг. Аливаа хэлний хэлзүйн тогтолцоо өөрийн айн утга, хэрэглүүрээр нөгөө хэлний тогтолцооноос ялгарч, өөрийн гэсэн өвөрмөц дүр төрхөө харуулж байдаг гэж болно. Тийм учраас, нэг хэлний үзэгдлийг нөгөө хэлэнд хуулан хэрэглэх боломж огт үгүй бөгөөд хэрэв албаар тулгавал тухайн үед хамгийн нөлөөтэй байгаа ард түмний хэл цаад хэлийг эвдэн устгаж, улмаар тэр хэлээр хэлэлцэгчийн үндэстний сэтгэлгээг өөрчлөхөд хүргэх боломжтой. Энэ нь хоёр хэлний ердийн харилцаанд бараг тохиолдохгүй, гагцхүү улс төрийн бодлоготой холбогдон гарч ирдэг онцлогтой.

---

[3] Ц.Өнөрбаян. Орчин цагийн монгол хэлний үгзүй. Улаанбаатар.2004

Хэлшинжлэлийн ухаанд аливаа хэлний хэлзүйн утга, үгийн сангийн утга хэмээх үндсэн ойлголтыг ялган салгаж ухаарах явдал зайлшгүй тулгардаг бөгөөд ингэж ялган салгахад хэлзүйн утга нь харилцааг заадаг ба тэрхүү харилцааны утга нэр үгэнд бол "тийн ялгал, тоо, хамаатуулах ай", үйл үгэнд бол "цаг, төлөв, байдал" зэрэг айгаар ялгаран илэрдэг гэж үзсээр ирсэн байна. Хэлзүйн харилцааны утга хэрэглүүрээс заримыг онцлон тодруулж тайлбарлах явдал казак, манж, монгол зэрэг Үлэмж хүрээний хэлний нэрийн тоо, тийн ялгал, хамаатуулах айн онцлогийг судлан тогтооход чухал шаардлагатай юм.

Хэлзүйн ай, түүний илрэх арга хэрэглүүрийн талаар олон үеийн нэрт хэлшинжлэлч эрдэмтэн чухал үзэл онол гаргаж, шинэ шинэ санал дэвшүүлж ирсэн бөгөөд тоймлон хэлбэл, хэлзүйн ай гэдгийг нэг төрлийн харилцаа зааж буй хэдэн хэлзүйн утгын цогц хэмээн томъёолж байгаа юм. Зарим нэг дүгнэлт, тодорхойлолтыг дурдвал, "Үг болон өгүүлбэрээр дамжин илэрч хэлний мөн чанарыг тодорхойлдог хэлзүйн ерөнхий ойлголтыг хэлзүйн ай гэдэг" (Л.И.Баранникова.1973.с.216)[4], "Аливаа хэлзүйн ай түүний утга болон хэлбэрийн шинж тэмдгүүдийн салшгүй нягт холбоонд тулгуурлан биежиж байдаг. Утгыг олж мэдэхгүйгээр хэлбэрийн шинжийг олж тогтоож үл болохын дээр ямар юм байгааг нь эс мэдсээр атал түүнийг хэлбэрийн шинжийг тодорхойлох боломжгүй бөгөөд хэлзүйн айн оршин буй эсэх нь ч мөн тийм юм" (Л.В.Щерба.1957.с.65)[5]. Энэ тодорхойлолт хэлзүйн айн талаарх өнөөгийн Хэлшинжлэлийн үзэл онолын суурь тулгуур болсон гэж болох бөгөөд дээрх дүгнэлт тодорхойлолтыг улам гүнзгийрүүлэх сэлбэж, хэлзүйн айг доор дурдсанчлан тодорхойлсон байна. "Хэлний хэлзүйн тогтолцооны нэгж нь үг ч биш, бүтээвэр ч биш харин хэлзүйн ай юм. Хэлзүйн ай гэдэг тухайн хэлэнд бодитойгоор оршиж буй хэлзүйн хэд хэдэн утгын нэгдэл болон түүний илрэх хэлбэрийн хэрэглүүр юм. Хэлзүйн айн тэргүүлэгч зохион байгуулагч тал нь түүний утга байдаг (Березин, Головин. 1979. с.180)[6] гэсэн байна. Тэгээд хэлзүйн айг дөрвөн үндсэн зүйлээр ангилан үзсэнийг тоймловол, үг гэдэг ойлголтыг хэлзүйн анхдугаар ай, энэхүү анхдугаар айд үндэслэн гарч ирдэг үгийн хэлбэрийн талыг хэлзүйн хоёрдахь ай, өгүүлбэрийн доторхи үгийн байрыг хэлзүйн гуравдахь ай, үгийн бүтэц байгууламжийг дөрөвдэх ай гэжээ. Бас эдгээр ай тус бүр дотроо олон дэд айгаас бүрддэг гэсэн байна. "Хэлзүйн ай ихээхэн энгийн болон нэн нарийн дотоод бүтэц байгууламжтай байх бөгөөд тэр нь ялангуяа тухайн айн бүрэлдэхүүн дотроо ай болон үүсгэн бүрдүүлэгч гэсэн ангиллаар дамжин илэрч байдаг. Тухайлбал, олон хэлнээ жинхэнэ нэрийн ай тийн ялгал, тоо, хүйс, хамаатуулах болон тодорхойн айд, үйл үг бол хэв, байдал, цаг, төлөв зэрэг айд хуваагддаг байна. Тийн ялгалын болон цагийн ай өөрийн ээлжинд нэрлэхийн тийн ялгал, заахын тийн ялгал, одоо цаг, өнгөрсөн цаг, ирээдүй цаг гэх мэт тус тус хэлзүйн айг илтгэх хэд хэдэн хувилбартай байдаг байна (Березин, Головин. 1979. с.194) гэжээ.

Ингэж хэлзүйн ойлголт ухагдхуун бүрийг нэг нэг ай болгон үзсэн нь маш зүйтэй юм. Учир нь, хэлний нэгж бүхэн харилцааны хэрэглүүрийн үүрэг гүйцэтгэхдээ төрөл бүрийн хэлзүйн утга үүсгэж, олон янзын холбоо харилцаанд ордог онцлогтой. Өөрөөр хэлбэл, аливаа хэлний үзэгдэл маш өвөрмөц бөгөөд олон талтай, диалектик шинжтэй байдаг ба тэр шинж нь хэлзүйн айгаар дамжин илэрч байдаг тул дээрх дүгнэлт хэлний үзэгдлийг судлахад харилцаа холбоо, утга үүргийн нэгдэлд нь авч үзэж, уян хатан байдлаар хандахын чухлыг заан өгч буйн хувьд ихээхэн ач холбогдолтой байна.

---

[4] Л.И.Баранникова. Введение в языкознание. Саратов. 1973
[5] Л.В.Щерба. Избранные работы по русскому языку.М.1957
[6] Ф.М.Березин. Б.Н.Головин. Общее языкознание. М.1979

Дээр дурдсан бүхнээс үзэхэд, хэлзүйн ай гэж юу болохыг тодорхойлон тогтоох асуудал хэлшинжлэлийн нэлээд түвэгтэй асуудлын нэг болох нь илт байна. Өөрөөр хэлбэл, хэлзүйн ай, хэлзүйн тухай асуудал ихээхэн ээдрээтэй бөгөөд өнөө хэр нэг мөр шийдэгдээгүй асуудал аж. Хэлшинжлэлийн ухааны хөгжлийн түүхнээ олон үеийн эрдэмтний олон янзын үзэл онолоос тухайн цагт аль нэг нь давамгайлан, бусад нь үгүйсгэгдэн шахагдаж байдаг ба дараагийн шатанд тэрхүү давамгайлж байсан үзэл онол шинэ үзэл онолд байраа тавьж өгөх байдлаар танин мэдэхүй, хөгжлийн диалектик хуулийн дагуу ахиж дэвшиж иржээ. Өмнөх үеийн Хэлшинжлэлийн ухааны ололт амжилт бүр дараа дараагийн үеийн ололт амжилтаар баталгаажих, үгүйсгэгдэх зэргээр хувирч ирэхдээ тэрхүү хойч үеийн Хэлшинжлэлийн ухааны ололт амжилтыг төрүүлэх эх булаг, үндэс суурь болж байдаг зүй тогтолтой юм. Ерөөс ертөнцийн юм үзэгдэл хязгааргүй, тоолшгүй олон бөгөөд тэдгээрийг танин мэдэх үйл явц ч бас эцэс төгсгөлгүй үргэлжлэх жамтай нь мэдээж. Гэтэл, ертөнцийг таних мэдэх хүний ухамсарт үйлдэл тухайн бодгалийн хувьд харьцангуй буюу хязгаартай учир аливаа үзэл онол хэзээ ч туйлын төгс үнэнд хүрэх боломжгүй юм. Хэлний үзэгдэл, хэлний онолын мөн чанарыг иймэрхүү байдлаар ухаарч хандвал аливаа хэлний тодорхой нэгэн асуудал, тухайлбал, хэлзүйн ай, тэр тусмаа нэрийн тоо, тийн ялгал, хамаатуулах айн талаархи үе үеийн эрдэмтний үзэл онол харилцан адилгүй буйн шалтгааныг зөв мэдрэн танихад тустай болно.

НОМЗҮЙ

1. Баранникова Л.И. Введение в языкознание. Саратов. 1973
2. Баянсан Ж. Соёл, хэл, үндэстний сэтгэлгээ. УБ 2002
3. Березин Ф.М. Б.Н.Головин. Общее языкознание. М.1979
4. Бобровников А.А. Грамматика монгольско-калмыцкого языка. Казань 1849
5. Бондарко А.В. Грамматическое значение и смысл. Ленинград. 1978
6. Буянтогтох Г. Монгол хэл-сэтгэлгээ судлалын удиртгал. 2016
7. Буянтогтох Г. Даваажав Г. Монгол хэлний бүтээвэрзүй. УБ 2009
8. Лувсанвандан Ш. Орчин цагийн монгол хэлний бүтэц. Монгол хэлний үг нөх-цөл хоёр. УБ 1968
9. Өнөрбаян Ц. Орчин цагийн монгол хэлний үгзүй. Улаанбаатар.2004
10. Щерба Л.В. Избранные работы по русскому языку.М.1957
11. Tore Janson. The History of Languages. Oxford University Press.2012

"ЦАГ ХУГАЦАА" ЦОГЦ ОЙЛГОЛТ "ОРОН ЗАЙ" ЦОГЦ ОЙЛГОЛТТОЙ ХОЛБОГДОХ НЬ
(хэлний баримтаар тайлбарлах)

Э.Отгон-Эрдэнэ
(МУИС)

Орчлон ертөнцөд хөдөлгөөнгүй зүйл гэж үгүй. Дэлхий нарыг тойрч эргэнэ, нар сүүн замын төвийг тойрч эргэнэ, галактикууд ч бас өөрсдийн бие даасан хөдөлгөөнтэй. Эдгээрийн аль нэгийг сонгон авч цаг хугацаа болон орон зайн стандарт тогтоох боломжгүй. Ертөнцөд туйлын цаг хугацаа, орон зай гэж үгүй, бүх зүйлс харьцангуй гэдгийг алдарт физикч А.Эйнштейний "Харьцангуйн онол"-оос ойлгож болно. Жишээлбэл: "Халуун пийшин дээр гараа нэг хором тавь, бүхэл бүтэн нэг цаг өнгөрсөн мэт удаан санагдана. Харин сайхан бүсгүйтэй нэг цаг хөгжилтэй яриа дэлгэн суу, дөнгөж нэгээхэн хором өнгөрсөн мэт санагдах болно" хэмээн тайлбарласан байдаг. Түүний онолоор гэрлийн хурдыг тогтмол гэж тооцвол нөхцөл байдлаас хамаарч цаг хугацаа болон орон зай хувьсан өөрчлөгдөх учиртай. Өөрөөр хэлбэл тэдгээр нь тогтмол хэмжигдэхүүн биш юм.

"Танихуйн хэлшинжлэл хэлний аливаа үзэгдлийг тайлбарлахдаа уламжлал болсон харилцааны үүргээс гадна танихуйн үүргийг чухалчилдаг ба хэлний үзэгдлийн олон үүрэгт танихуйн загварыг тогтоодог. Танихуйн хэлшинжлэлийг хэлээр дамжуулан оюун ухааныг судлах болон хэлийг танин мэдэх үүргээр нь судлах хэлшинжлэлийн шинэ чиг хандлага хэмээн тодорхойлж болно." [1]

Танихуйн хэлшинжлэл нь хэлийг ашиглахад ой санамж, айчлал, анхаарал мэт танихуйн бүтэц хэрхэн ажилладагийг судлах, хэлний олон талт үзэгдлийн сэтгэлгээний загварыг тогтоох, бодит ертөнцийг хүлээж авах, ухаж ойлгох, айчлах, ангилах үйл явц хэрхэн болдог, мэдлэг хураах үйл яаж болдог, мэдээлэлтэй ажиллах төрөл бүрийн үйл ажиллагааг ямар тогтолцоо хангаж байдгийг ойлгох зорилготой. Түүнчлэн аль нэг цогц ойлголтыг илэрхийлэх (*ухамсарт далд байгаа ойлголтуудыг биежүүлэх, гадагшлуулах, үгээр илэрхийлэх*) нэгжүүдийн утгыг судална. Хэлэнд шингэсэн мэдлэгийн бүтэц нь нэн тэргүүнд **туршлага, ертөнцийг ухаарах, үнэлэх, хүлээж авах** зэрэг хэлний хамт олны хамтын мэдлэгийн илэрхийлэл болсон бүтцүүд болно.

"Орон зай, цаг хугацаа хоёр бол материйн орших хэлбэрүүд мөн" гэж Францын материалистууд анх тод томъёолсныг диалектик материализм өвлөн авч тухайн үед эрчимтэй хөгжиж байсан шинжлэх ухаан болох механикийн ололтын түвшинд илэрхийлсэн байдаг билээ. Тухайлбал 17-18-р зууны материализм ба шинжлэх ухааны төлөөлөгчдийн үзлээр "орон зай" бол юмыг агуулдаг сав бөгөөд тэр нь чиглэлээрээ урт, өргөн, өндөр гэсэн гурван хэмжээс бүхий; цаг хугацаа бол тухайн юмны үүсэж орших хугацаа бөгөөд тэр нь чиглэлээрээ өнгөрснөөс одоод, түүнээсээ ирээдүй рүү гэсэн нэг хэмжээс бүхий байж, үүний улмаас цаг хугацаанд буцалт гэж байдаггүй.

"Орон зай" гэдэг философи категорийг диалектик материализмын үүднээс авч үзвэл материаллаг объектуудын зэрэгцэн оршихуй, тэдгээрийн (өмнө хойно, баруун зүүн, дээр доор, хол ойр гэх мэт) харилцан байршил, бүтэц, зай, эзлэхүүн зэргийг хамарсан маш өргөн ойлголт юм. Харин цаг хугацаа бол үзэгдэл, үйл

---

[1] Н.Нансалмаа, С.Долгор (2014) *Танихуйн хэлшинжлэл*, УБ, 57-р тал

явдлын оршин тогнох хугацаа, нэг нь нөгөөгөө халах дэс дараа, тэдгээрийн төлөв байдал болон тусгай үе шат, үргэлжлэх, өөрчлөгдөх хугацаа зэргийг хамарсан ойлголт юм гэж диалектик материализм үздэг." [2]

Орон зай, цаг хугацааны тухай философи ойлголт бол зөвхөн танин мэдэхүйн, түүний дотор шинжлэх ухааны танин мэдэхүйн төдий биш, янз бүрийн ард түмний нийт соёлын үр шимд үндэслэн үүдэж хөгжиж байдаг. Тухайлбал: "орон зай" хэмээн монголоор илэрхийлж буй ойлголт орос, франц зэрэг хэлэнд "тархалт", "зай" зэрэг утга бүхий үгээр, герман хэлэнд "хэсэг хугацаа" гэдэг утгатай, Эртний Хятадад "өөр өөр төрлийн огтлоосын цаг" гэсэн утгатай, (Эртний Хятадууд түүхийн цаг хугацааг онцолдог тул аль нэг гарамгай хүн юмуу эзэн хааны нэрээр цаг хугацааг нэрлэдэг) үгээр илэрдэг хэмээн судлаачид үздэг. Тэрээр бүтээлдээ "Орон зай, цаг хугацааны тухай янз бүрийн ард түмний мэдлэг бол соёлын чухал үзэгдэл мөн учраас ийм үзэгдлийг харгалзсан холбогдох философи томъёолол агуулгаараа дан объектив, натуралист байдаггүй. Харин тухайн тэр томъёололд бүтээгч, зохиогч нарынх нь мэдрэмж, үнэлэмж, сэтгэгдэл гэх мэт субъектив чадвар шингэж, нөлөөлсөн байдаг тухай 200 гаруй жилийн тэртээ орон зай, цаг хугацааны талаар И.Кант тодорхойлсон нь аргазүйн хувьд тийнхүү танин мэдэхүй, соёл хоёрын холбогдох хүчин зүйлсийг уялдуулсан үр дүн байдаг" гэжээ.

Орон зай, цаг хугацааны ойлголтууд бол оюуны соёлын нэн чухал хоёр үзэгдэл мөнийг хурц мэдэрсэн нэг сэтгэгч бол Анри Бергсон мөн. Тэрээр цаг хугацаа бол бодит байдлыг биетэйгээр илэрхийлэгч элемент, хөдөлж буй тодорхой цэгийн зохих хэмжигдэхүүн гэж үзэх болон цаг хугацаа бол хүн төрөлхтний амьдралын тодорхой хэм хэмжээ ба хэмжигдэхүүн гэж үзэх хоёр адил бишийг сэтгэл судлалын аргаар тогтоож, ийм үр дүнгээ философи сургаалынхаа үндэс болгосон байна. Үүнд, бид амьдралынхаа өөр өөр үед, тухайлбал амьдралынхаа эхэнд ба төгсгөлд, яарч сандарсан, тэвчээрээ алдсан, эсвэл амар тайван буй зэрэг нөхцөлд цаг хугацааг янз бүрээр мэдэрч байдаг баримтыг тэрээр философи тогтолцооныхоо нэн чухал зарчим болгожээ. А.Бергсон ийм субъективист байрнаас цаг хугацааг ойлгоод, түүний гол онцлог бол үл хуваагдагч, бүхэллэг чанар нь, өөрөөр хэлбэл түүний тус тус агшинд хуваагдах боломжгүй байдал мөн гэж үзсэн байна. Тэрээр чухамхүү ийм онцлогийг нь чухалчилсны үндсэн дээр цаг хугацааг "үргэлжлэл" (duration) хэмээн томъёолсон аж. Энэ нь үргэлжлэл (өөрөөр хэлбэл субъектив, психологи цаг хугацаа) бол өнгөрсөн, одоо хоёр болон ухамсрын янз бүрийн төлөв байнга харилцан нэвтрэлцдэг байхыг, шинэ шинэ хэлбэр ямагт бүтдэг байхыг, хөгжил ба бүрэлдлийг тус тус ямагт шаарддаг гэж үзэхэд хүргэдэг. Ийнхүү цаг хугацаа бол шинжлэх ухааны танин мэдэхүйд ярьдагчлан биес орших объектив хэлбэр биш, харин хүн төрөлхтний орших хэлбэр мөн гэж А.Бергсон үзжээ. [1.196].

Орон зай, цаг хугацаа гэж юу вэ? гэдгийг ойлгох нь; а). шинжлэх ухааны мэдлэг ; б) субъектив мэдрэмж; в). тухайн ард түмний аж төрөх ёс, соёлын онцлогоор нөхцөлдсөн үнэлэмж зэргийн харилцан уялдсан үр дүн байх ёстойг орчин үеийн философи зонхилох баримжаа болгож байна.

XX зууны натуралист, материалист философи сургаалууд орон зай, цаг хугацааны шинжүүд хөдөлж буй материаллаг тогтолцооныхоо хөдөлгөөний хурднаас хамаарч байдгийг шинжлэх ухааны зарим гарамгай нээлтэнд тулгуурлан онцолж илэрхийлдэг бол субъектив арга зүй баримталдаг зарим философич материаллаг тогтолцооны хөдөлгөөн, орон зай, цаг хугацаа зэрэг эдгээр атрибутив шинжүүдийг диалектик материализм шиг шалтгаан үр дагаврын холбооны (детерминизмийн) үүднээс биш, харин функциональ хамаарлын үүднээс тайлбарладаг. Жишээ нь:

---

[2] Ц.Гомбосүрэн (2011) *Философи сурах бичиг*, УБ, 2011, 193-194-р тал

цаг хугацаа бол орон зайн оюун ухаан мөн бөгөөд орон зай бол цаг хугацааны махбод мөн гэдэг дүрслэлийг зарим философич бий болгосон юм. Орон зай, цаг хугацааны тухай эдүгээгийн философи эргэцүүллүүд болбоос ертөнцийн юмс шугаман биш хуулиар, олон хэмжээст эмх замхгүй байдлын дүр төрхтэй хөгждөг гэж синергетикт дүгнэдэгтэй авцалдаж байдаг. [2.199]

Монгол, Түрэг, Төвд эсвэл Нангиад зэрэг Дорно дахины ард түмний хувьд зүг чиг (ерөнхийгөөр хэлбэл орон зай) ба цаг хугацааны бэлгэдэл нь нэн тогтвортой тодорхой утгыг заадаг байна. Үүнд: өмнө зүгийг улаан, баруунits цагаан, хойт зүгийг хар, зүүн зүгийг хөх хэмээн бэлгэддэг нь тэдгээр ард түмэнд бараг зөрөөгүй тохирдог ажээ. Тиймээс ч цагаан орос, улаан хятад (нангиад) хэмээх угсаатны өнгө чимгэн бэлгэдлүүд хэрэглэгдэж ирсэн уламжлалтай. Түүнээс гадна 1-24 хүртэлх тооны хувиарь нь орон зайн утгаараа зүг зовхисыг, харин цаг хугацааны утгаар хоногийн 24 цагийг тэмдэглэдэг. Жишээ нь: 1,24 хоёр нь хойт зүг ба шөнө дүлийг тэмдэглэж байхад 12,13,14 нь урд зүг ба өдөр дүлийг буюу гал морин цагийг тэмдэглэдэг. Гэтэл зүүн зүг нь зун, намар, өвөл, хаврын нар мандах 6,7,8 цагийг зааж байхад баруун зүг нь эдгээр улирлын нар шингэх 18,19,20 цагийг давхар илтгэдэг.[3] Тийнхүү дорно дахины ард түмэн өөрсдийн ахуй амьдралдаа хэрэглэдэг бэлгэдлийн бясалгалынхаа үүднээс орон зай, цаг хугацаа хоёрыг нягт нэгдэлтэйгээр авч үзэж иржээ. Түүнээс гадна эдгээр ард түмэн бэлгэдлийн сэтгэлгээндээ орон зай, цаг хугацаа хоёрыг тус тусад нь авч үзсэн нь багагүй байдаг. Жишээ нь: С.Дуламын судлан тогтоосноор Монголчууд цаг хугацааны их бага янз бүрийн мөчлөг, хугацал болгонд тогтвортой утга оруулж тэдгээрээ ахуй амьдрал, соёлын янз бүрийн салбарт нэвтрүүлж иржээ. Үүнд: үлгэр, домог, туульсын эхэнд гардаг "эрт урьдын цагт" гэдэг домгийн цаг, "төр төвхнөх цаг" буюу зан заншил, соёл суртал үүссэн цаг, хүн амьтан мөнх насалж байсан "энх мөнхийн цаг", эрт цагт төрж байсан хүмүүсийн үе буюу" элэнц хуланцын үе" гэх мэт олон хувилбарт цаг хугацаа ашиглагдаж иржээ. Бас нэг хоногийн доторхи цагийн хугацлыг маш олон бэлгэдлийн мөчлөгт хуваадаг. Жишээ нь: шинэ сониныг олж эзэмдэх "наран ургахын урьдхан цагт", шинэ эргэл хөрвүүл гарах "наран мандах цаг", элдэв хий биетэн, хийсгэлэн дүртний хөдлөх, хөрвөх, гүйх, дамжих, ирэх, буух цаг буюу үдшийн харуй бүрий цаг гэх мэт. Янз бүрийн ард түмэн орон зай, цаг хугацааны тухай мэдлэгээ өөрийнхөө соёл, аж төрөх ёсныхоо онцлогийн үүднээс тийнхүү бий болгож, тэр онцлог нь тухайн ард түмний хэлэнд батаждаг байдлыг философид харгалздаг байх нь түүхийн ба нийгмийн орон зай, цаг хугацааны тухай асуудлыг орон зай, цаг хугацааны тухай сургаалд заавал багтаадаг байхыг шаарддаг.

"Аливаа хэлний үзэгдлийг "цэвэр" (имманентный) хэл шинжлэлийн онолоор дагнан тайлбарлах оролдлого нь хэлний баримтаар биежиж байгаа зарим үзэгдэл юмын мөн чанарыг зөв тодорхойлоход учир дутагдалтай болж байгааг хэлшинжлэлч нар ойлгох болсон байна. Энэ нь юутай холбоотой гэвэл, хэл бол зөвхөн "тэмдгийн тогтолцоо" төдий зүйл биш, харин бие-сэтгэхүй- хэл гурваар өөрийгөө амьтнаас ялгаруулан цогцлуулсан хүн төрөлхтний ухамсарлахуйн үйл ажиллагааны нэг хэлбэр ч, үзэгдэл ч, үйл явц ч, үр дүн ч мөн гэж үзэх болсонтой холбоотой ажээ." [4]

"Хүн төрөлхтөн юмыг таньж мэдэхдээ сэрж мэдрэх, сэтгэж ухаарах гэсэн хоёр үндсэн аргатай бөгөөд гарваль сурвалжийн үүднээс ертөнцийн юм үзэгдэл, үйл явдал, шинж чанарыг харах, сонсох, үнэрлэх, амтлах болон хүрэлцэн мэдрэхүй нь анхдагч, харин гүүний суурин дээр хийсвэрлэн сэтгэх, ухаарч ойлгох, улмаар түүний оюун дүгнэлт хийж, уг юмын тухай цогц мэдлэгтэй болох нь даруй хоёрдогч шат гэдгийг нэгэнт тогтоосон ажээ. Энэ хоёрдогч шатанд хамаарах нэг гол арга бол сэрэхүй мэдрэхүй, сэтгэхүй ухаарахуйн туршлага буюу үр дүн хийгээд түүний үйл явц болгоныг хэлний дохиожуулсан тэмдгийн иж бүрдэл,

---

[3] С.Дулам (2000) *Монгол бэлгэдэл зүй, дэд дэвтэр*, УБ, 151-199-р тал

[4] Ж.Баянсан (2016) *Соёл, хэл, үндэстний сэтгэлгээ*, УБ, 113-р тал

холбоо харьцаагаар илэрхийлэх явдал онцгой шинж чанар болдог байна. Хүн, ямар нэг юмыг шинээр таньж мэдэх, шинээр бүтээн бий болгохдоо урьд нь өөр ямар нэг зүйлийн тухай мэдэрсэн мэдрэмж, төсөөлөл, ойлголт ухаарал, оюун дүгнэлт, мэдлэг дээрээ суурилахаас өөр боломж огтхон ч үгүй. Ингэхдээ хоёр юмыг ямар шинжээрээ адил төсөөтэй, ямар шинжээрээ ялгавартай байгааг нь өөр хооронд нь жишин харьцуулж үзээд, урьд нь мэддэг байсан юмын тухай сэтгэлд хамгийн ойрхон, хамгийн амархан буудаг шинжээр нь шинээр нэрлэх гэж байгаа нөгөө хийсвэр юмаа адилсуулан (analogy) нэрийдэх аргыг хэрэглэнэ.”[5]

Эрдэмтэн Б.Пүрэв-Очир “Яруу найрагч Данзангийн Нямсүрэнгийн уран бүтээл дэх орон зай, цаг хугацааны дурслэлийг ажиглавал” сэдэвт өгүүлэл бичсэн байдаг. Тэрээр өгүүлэлдээ “Түүний уран бүтээлийг судалж үнэ цэнийг товойлгон гаргасан судлаачдын санал тайлбар цөөнгүй байдаг. Тухайлбал: утга зохиолын доктор А. Мөнх-Оргилын бичсэн “ Данзангийн Нямсүрэн буюу дөрвөн цаг” өгүүлэлд дурдсан цаг хугцааны мөчлөгийн тухайг эс тооцвол түүний ураан бүтээл дэх орон зай, цаг хугацааны асуудал, эх бичвэр хоорондын хаамаарлын асуудлыг төдийлөн хөндөж гаргаагүй ажээ. Найрагч Д. Нямсүрэн “өвсөн дунд төрж-амьдарч-түүнд шингэж” гоо сайхны дээд чанарт тэмүүлэнхэн явсныхаа хувьд уран бүтээлээ туурвихдаа, өөрийн сэтгэлийн байгальд ертөнц, бодит байдлыг өвсөөр дамжуулан, зурж урлаж буулгахдаа юун тухай хүүрнэж, хэрхэн яруусаныг; “… агь хүмэл өвс, алтан гөрөөс өвс, алтан хазаар өвс, алтан харгана өвс, борог өвс, бог өвс, ганга өвс, зөөлөн өвс ...” зэрэг дүрслэл бүхий эгэл юмсын холбооноос үүдүүлэн харж болохоор байна. Энэ нь найрагчийн дотоод чинад дахь уран сайхны хийсвэрлэл, түүний шүлгүүд буюу эх бичвэрийг “ойлгох”, “тайлах”, “үг ба утга руу нь нэвтрэх” асуудалтай нэвт холбоотой юм.” гэжээ.

Түүний “Гурван сарын наймны шүлэг” , “Өвснөөс сонссон үлгэр” , “Дөрвөн цаг”, “Нэгэн намрын бүсгүй” гэх зэрэг өвс ба хүн байгалийн харьцааг дүрслэн хүүрнэсэн тавь гаруй шүлгээс үзэхэд, *цаг хугацаа, орон зайн хамааарал*, мэдрэмжийн сонгодог жишээ болсон:

Өдөр болгон би

Өвсөн дээр гишгэнэ билээ

Өнө хожмоо тэд

Над дээр ургана билээ(***) гэх юмуу эсвэл,

Үүл нүүхэд

Би нүүнэ.

Өвс халиурахад

Мөн халиурна.

Өдөр өдрийн наран

Над дээгүүр өнгөрнө (***) гэх мэт мөртийг бэлхнээ харж болно. Энд өдөр болгон- давтамж мөчлөг цаг, үүл нүүх-өвс халиурах-наран тэрэг өнгөрөх цаг хугацааны эргэж буцахгүй шугаман урсгал, өвс дээр- бодит нээлттэй орон, өнө хожим-ирээдүй цаг, над дээр ургах-над дээгүүр өнгөрөх орны харьцаа гэсэн байдалтай одоо ба ирээдүй цагийн хэлхээгээр дээр доор гэсэн орон айн харьцааг дүрсэлжээ. Орон ба цагийн энэхүү харьцаа нь “би” хэмээх үйлдэгчээр нөхцөлдөж холбогдсон байна. Тэрээр цааш нь орон зай, цаг хугацааны хамаарлыг хүснэгтээр тод томруун тайлбарлажээ.

Урансайхны эх бичвэр дэх орон зай, цаг хугацааны ай нь дараах үндсэн онцлогтой өөр хоорондоо шууд хамааралтай ойлголтууд юм. Тодруулбал

---

[5] Ж.Баянсан (2016) *Соёл, хэл, үндэстний сэтгэлгээ*, УБ, 116-117-р тал

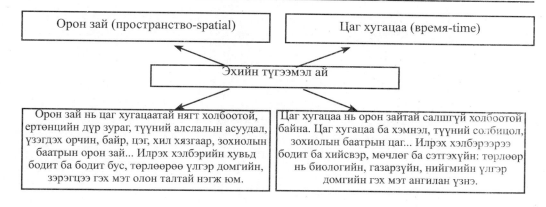

Эх сурвалж: ACTA MONGOLICA, Institute for Mongolian Studies, vol.13 (385), 2013

гэж ерөнхий шинжүүдээр шугаман хамааралтай харилцан нөхцөлдөж байдаг аж. Хүрээлэн буй бодит хийгээд бодит бус ертөнц, орон зайн тухай философийн болон бусад ойлголт тодорхойлолт, тайлбар түгээмэл байдаг. Эрдэмтэн Е.С.Кубрякова "Язык пространства и пространство языка:к постановке проблемы (Изд.РАН. Серия лит. И яз. 1997, №3, стр 26)" бүтээлдээ "Орон зай гэдэг бол байгаа бүх орчин юм. Тухайн орон зайд байгаа объектууд тодорхой байр эзэлдэг. Байр гэдэг нь тэрхүү объектын эзэлж байгаа, түүгээрээ хязгаарлагдаж байдаг орон зайн нэг хэсэг юм" гэж үзжээ.

"Цаг хугацаа" цогц ойлголт "орон зай" цогц ойлголттой холбоотой болохыг дараах уран сайхны бичвэрээс түүвэрлэсэн жишээгээр тайлбарлая.

Монгол хэлний товч тайлбар толь бичигт "Цаг"-ийг доорхи байдлаар тайлбарласан байна. Цаг хугацаанд багтах ойлголтууд толь бичигт журамлагдсан хэдий ч уран сайхны төрөл бүрийн бичвэр, аман яриа, ахуй амьдралаас үүдэн "цаг хугацаа" цогц ойлголтын хүрээ тэлж өргөжих боломжтой.

Я. Цэвэл, "Монгол хэлний товч тайлбар толь (1966)-д

1. Үргэлжид хөгжих материйн оршин ахуйн бодит хэлбэр; цаг, орон зай, хөдөлгөөнөөс ангид матери байхгүй.
2. Нарны зурхайн ёсны нэгэн өдөр шөнийг 24 хуваасны нэг хувь, цагт 60 минут багтан; одоо хэдэн цаг болж байна; цаг цагт (үе үе); цаг нөхцөөх (а. Цагийг дэмий өнгөрүүлэх б.ажлыг хойшлуулах); шөнийн цаг (шөнө харанхуй болсон үе; шөнийн цагаар хамаагүй сэлгүүцэж болохгүй); өдрийн цаг (өдөр гэгээтэй болсон үе; зөвхөн өдрийн цагаар ажиллана)
3. Сарны зурхайн ёсны нэгэн өдөр шөнийг 12 хуваасны нэг хувь, цагт 8 мөч буюу 120 минут багтана: Морин цагт хөдлөх; цаг цагаараа байдаггүй, цахилдаг ногооноороо байдаггүй (юм бүхэн нэг хэвээрээ байдаггүй гэсэн санаа)
4. Өдөр шөнийн хувиар хэмийн хэмжүүр, сад ч гэдэг; бугуйн цаг, энгэрийн цаг, ширээний цаг, сэрүүлэгтэй цаг (зүүг тааруулан баадууг чангалбал шаардлагатай цагт хонх дуугарах цаг); цаг үзэх (цагийн хэм хэд болж байгааг харах);
5. Жилийн дөрвөн улирал; хавар цаг; зун цаг; намар цаг; өвөл цаг; хүйтэн цаг; халуун цаг; дөрвөн цаг (хавар, зун, намар, өвөл); цагийн гачиг (зуд турхан, ган

гачаал); цаг уур (тухайн үеийн агаар мандлын байдал, цаг уурын мэдээ, цаг уурын байдал хүйтрэх төлөвтэй байна); цаг уурын станц (уур амьсгал, агаар мандлын үзэгдлийг ажиглах станц); цаг уурын судлал (уур амьсгал болон агаар мандлын үзэгдлийг судлах ухаан); цаг уурын хороо (цаг уурын байдлыг судлах, мэдээлэх албан газар)

6. Аливаа үйл явдлын удаан түргэний хэм; төлөвлөгөөр цаг хугацаанд нь биелүүлэх; цагийг заах үйл үг (уул үйлийн өнгөрсөн, одоо, ирээдүйн чухамхүү алинд болсон буюу болохыг заах үйл үг); үйл үгийн ирээдүй цаг (тухайн үйлийн болох ирээдүйг заасан үйл үг); үйл үгийн өнгөрсөн цаг (тухайн үйлийн болж өнгөрснийг заах үйл үг); үйл үгийн одоо цаг (тухайн үйлийн эдүгээ болж байгааг заасан үйл үг); цаг бус, цаг бусаар (зуурд, зуурдаар; цаг бусаар үхэх).

Хугацаа

1. Үйл ажилд өдөр хоног цаг болзож хэмжээлсэн хэмжээ; хугацаа хэмжээ хорш; хугацаа тогтоох; хугацаа сунгах; хугацаа тавих; хугацаа хэтрэх; түр хугацаагаар; хугацаатай хоног; нэг сарын хугацаа.

Уран сайхны бичвэрээс түүвэрлэсэн жишээ:

☐ Цаг хугацаа гэдэг **унтаа, сэрүүн хоёрын завсраар** л ус шиг урсаад өнгөрөх юм даа.

Цаг хугацааны эргэлтийг хүний амьдралын өдөр тутмын үйл ажиллагааны /унтах, сэрэх хоёрын хооронд/ хэмнэлтэй адилтган зүйрлэсэн байна. Түүнчлэн цаг хугацааг үргэлжид хөдлөнги шинжтэй байдгийг баталж түүнийг урсах устай жишсэн нь мөн л цаг хугацаа нь орон зайн хувьд тогтворгүй, хурдан өнгөрдгийг шингэн зүйлтэй харьцуулсан байна.

☐ Их холоор бодоход галт тэрэг **хэдхэн саахалтын зайтай** ирж яваа.

Саахалт: саах тавьж болмоор ойрхон буусан хоёр айл; *саах тавих:* саахалтын хоёр айл, хурга ишгээ харилцан зөрүүлж хониндоо нийлүүлэн хариулах: Монгол хэлний товч тайлбар толь, Я.Цэвэл, 1966

☐ Иртэй, эртэй насанд хоёр гурван азарга цангасан адууг **цай буцалгахын зуурт** услаад гаргадаг байж.

Монгол хэлэнд аливаа зүйлийг хийхэд бага цаг зарцуулах буюу богино хугацаанд хийж гүцэтгэхийг өвөрмөц хэлцээр илэрхийлэх нь түгээмэл байдаг билээ. Бие бялдар өв тэгш, хүч чадал амтагдсан залуу сайхан насандаа 2,3 цангасан адууг түргэн хугацаанд усалж амждаг нь мал аж ахуйн соёлтой ард түмний хувьд онцлог зан үйл гэдгийг харж болно.

☐ **Наран саран хоёрын хооронд** зундаа улайсч өвөлдөө царцдаг бидэрт хонгор манхны элс, бодол адил аниргүйхэн нүүдэллэдэг өмнийн хөлгөн их говьд Цагаан элс хэмээх нэртэй цайдам их хөндий бий.

☐ **Хоёр нарны хооронд гэр ажил хоёрынхоо** дунд яарч энэ тэрд самгардан гүйж явахад бараг мартагдан шарх сорви нь бага багаар эдгэж байсан ....135Ямар нэг зүйлийн болох хийгээд болж буй үйлийн үргэлжлэх хугацааг нар, сар ээлжлэх үзэгдлээр жишин зүйрлэсэн байна.

☐ ...**Тавин нэгэн оны зун** гээд санахлаар **саяын туулж ирсэн хориод өртөө газраас ч хавьгүй хол мэт.** 144

Өртөө: *1.* урьдын цагт албаны хүмүүс, албаны юм зэргийг дамжуулан хүргэх торин хөсөгтэй буудлын газар, хоорондоо гучин километр орчим оршиж байсан 2. Гучин километр орчим газар, Монгол хэлний товч тайлбар толь, Я.Цэвэл, 1966 Цаг хугацааг илэрхийлсэн цогц ойлголтыг орон зайн цогц ойлголтоор зүйрлүүлэн жишсэн байна. Орон зайн хувьд өртөө хиртэй газрыг туулах хугацаа хол гэдгийг эртнээс өртөө улааны алба эрхэлж байсан түүхэн үйл явдалтай холбоотой байж болох юм.

- Хорвоогийн наран доор амьдарсан жаран хэдэн жилийнхээ газар дээр хийсэн нүгэл буян, алдаа оноог энэ өндөр цамхагийн оройгоос нэг тонгойн харж газар тэнгэрийн хоорондохэнэ их хөлгүй орон зайнаас бага залуугийнхаа дүр зургийг нэг олж хараад буцья гэж бодож ирсэн. 150
- Бэлэн цаг харж сурчихаад тэнгэрийн од хараад цагийн баримжаа ч авч чадахгүй би ер нь тэнгэрт ч мэдэх юм үгүй, газарт ч мэдэх юм үгүй, ямар гэгчийн амьтан бэ хэмээн өөрийгөө зэмлэн гэрэл гэгээ, бараа чимээ горьдон дахиад л ийш тийш харна. МСӨ, 107

Монголчууд цагийн баримжааг од, гариг эрхэсийн байрлалаар тогтоох чадвартай байдаг нь нүүдэлчин ахуй заншилтай холбож ойлгох нь зүйтэй боловуу. Цаг хугацааг тэнгэрийн гариг эрхсийн хөдөлгөөн, байрлалтай холбож үзэж байгаа нь мөн л цаг хугацааг орон зайн шинж чанараар дамжуулан тайлбарлаж байгааг харж болно.

- Найман сар дундаа орж, ногооны үзүүр үл мэдэгхэн модширч, хөх номин тэнгэр газраас улам холдсон мэт уужимхан цэлийж, салхи сэрүүхэн үлээх болжээ. МСӨ, 47

Намар цагийн өнгө төрхийг ногооны үзүүр хатаж шарлан, тал хээр уудам цэлийж харагдаж байгаа нь цаг хугацааны хувьд намрын налгар өдөр ирж буйг илэрхийлэн гаргаж байна. Түүнчлэн энэхүү байгалийн үзэгдлийг оршин байгаа газарт, хүрээлэн буй орчноос мэдэрч таньж илэрхийлж байгаа нь ч монголчуудын соёл, өвөрмөц сэтгэлгээтэй холбоотой билээ.

- Оройн саалины цаг. Айл айлын үнээний хооронд тавьсан майн утаа найман сарын нов ногоон нуга тал дээгүүр алгуурхнаа суунаглан мөлхөнө. МСӨ 55
- Маргаашаас эхлээд би үхрийн хорооны шургааг дээр юмуу энэ худгийн ирмэг дээр сууж нутгийнхаа нар шингэхийг үзэхгүй, хол явчихсан байна. МСӨ 56
- Тэр Ганга мөрөн гэдэгт нь хүрч очих цаг ирэх ч юм билүү. МСӨ 56
- Хүүхэд нас гэнэт нисэн одсоныг харамсах адил чимээгүй уйлан гашуун нулимсаа залгихад маань дотор бяцхан онгойв. МСӨ 58

Цаг хугацаа урсдаг, өнгөрдөг, хөвөрдөг, ирдэг, буцдаг, зогсдог, харвадаг, харуулдаг, эмчилдэг, оддог, явдаг, дуусдаг, дөхдөг, өөрчлөгддөг гэх зэргээр хүн цагийн мэдрэмжийг өдөр тутмын амьдрал ахуйдаа хүртдэг төдийгүй уран зохиолын төрөл бүрийн бичвэр болон хэлний баримтаар илэрхийлэх боломж харагдаж байна.

Дээрхи жишээнээс үзэхэд цаг хугацаа, орон зай 2 нь зайлшгүй нэг нэгнээс шалтгаалцан улмаар аливаа орон зайн орчил, хөгжил хөдөлгөөн цаг хугацааны янз бүрийн орон зайд өрнөдөг болохыг харж болно.

Эцэст нь тэмдэглэхэд аль нэг цогц ойлголттой холбоотой, түүнийг илэрхийлэх олон нэгж байх тусам уг цогц ойлголтын хүрээ өргөн гэж ойлгоно. Цогц ойлголтын агуулга тогтвортой бус шинжтэй нь хүний мэдлэг өөрөө хөдөлгөөнт шинжтэй, танихуйн үйл явц тасралтгүй үргэлжилдэг, хүний мэдлэг нэмэгдэхийн хэрээр цогц ойлголтын хүрээ тэлдэг гэж үзэж болно.

НОМ ЗҮЙ

1. Баянсан Ж. Соёл, хэл, үндэстний сэтгэлгээ, УБ., 2016
2. Гомбосүрэн Ц. Философи сурах бичиг, УБ., 2011,193-199
3. Дулам С. Монгол бэлгэдэл зүй, Дэд дэвтэр,УБ., 2000
4. Нансалмаа Н. Долгор С. Танихуйн хэлшинжлэл, УБ.,2014
5. Цэвэл Я. Монгол хэлний тайлбар толь бичиг, УБ., 1966
6. Монголын сонгомол өгүүллэг, УБ., 2005
7. Монголын өгүүллэг туужийн дээж, УБ.,
8. http://robomec.blogspot.com/2012/11/blog-post_27.html

ОЦМХ-НИЙ "БАРИХ" ХЭМЭЭХ ҮЙЛ ҮГИЙН НИЙЛЭМЖ ҮҮСГЭХ ЧАДАМЖ, УТГЫН ХУВИЛБАР

THE SEMANTIC STUDY OF VERB "BARIKH" IN MONGOLIAN LANGUAGE AND ITS COMBINABILITY AND SEMTANTIC VARATIONS

Д.Сүнжидмаа
(МУИС)

ABTSRACT

In contemporary Mongolian language, the study of meaning of the words particularly, their capacity of collocating has became one of the major concerns in semantic field. The purpose of present article is to identify the meaning of the verb "barih" and its combinability in Mongolian.

Түлхүүр үг: нийлэмж үг, чөлөөт нийлэмж, тогтвортой нийлэмж, нийлэмжийн утга, нийлэмж үүсгэх чадамж Утга зүйн салбарт хэвлэгдэн гарсан зохиол бүтээлтэй уншин танилцах явцад үгийн сангийн үндсэн нэгж болох үгийг ганцаарчлан судалж утгыг тодорхойлон гаргасан судалгаа шинжилгээний ажил төдийлэн олон таарсангүй.Гэвч ийн дан ганц үгийг сонгон судалснаар үгийн сангийн түвшинд илэрч болох хам, цуваа, хувилбартай байх зэрэг харьцааг илрүүлэн утгын ялгарал, хувилбарыг тодруулан гаргахад хялбар төдийгүй хэлний нэгжийн хувьд цогцоор нь олон талын ажиглалт хийх боломжтой болдог байна. Мөн тухайн хэлний толь зүйд үгийн утга, нийлэмжийг жагсаан тусгахад практик ач холбогдолтой гэдэг нь маргаангүй. Эдгээр шалтгаанаас үүдэн монгол хэлэнд идэвхитэй хэрэглэгдлэг "барих"хэмээх үйл үгийг "Орчин цагийн монгол хэлний тайлбар толь","Монгол хэлний их тайлбар толь", монголын орчин үеийн ном зохиол болон амьд ярианы хэлнээс тус тус түүвэрлэн сонгон авч, үйл үгийг хам цагийн хүрээнд харьцуулах, тооцоолон судлах аргад тулгуурлан судалсан болно.

Нэрт судлаач Я.Цэвэлийн "Монгол хэлний товч тайлбар толь"-д тайлбарласнаар орчин цагийн монгол хэлний *барих* гэдэг үйл үг нь:

1. Юмыг гартаа атгаж авах, (хүүхдийн гараас барих, аяга барих,)
2. Юмыг гартаа оруулж сул явахгүй болгох (алдуул малыг барих)
3. Үйлт нэр , нөхцөл үйлийн зарим төлөвтэй хамтран тухайн үйлийн байдлыг заана. (явах барих нь удаан юм, сууж барих нь сонин юм,) гэсэн 3 утгатайг дурьдаад

лаа барих *(лаа асаах)*,гэрэл барих*(гэрэл асаах)*,зул барих *(зул асаах)*,гэр барих *(гэрийг цогцлон байгуулах)*,байшин барих *(байшинг цогцлон бүтээх)*,барилга барих *(барилгыг бүтээн цогцлоох)*

түр барих *(юмыг түр зээлдэн хэрэглэх)*,хөгжим барих *(а.ямар нэгэн хөгжимийг тоглож чадах б.ихэс дээдэсд хөгжимдөж сонирхуулах)* барьцаа барих *(зээл өгөхдөө оронд нь данж болгож юм авч хадгалах)*,тогоо барих *(гэрийн ажил хийх)*,холбоо барих *(хоёр хүний хооронд харилцан шижим болж ажиллах)*,мэдээ барих *(бусдад хэл мэдээ хүргэх)*,барьж идэх *(а.ноцож амийг таслан идэх б.сүрхий уурсан нэхэж шаардан давшилах)*,барьц барих *(барьц өгөх)*,бэлэг барих *(бэлэг өгөх)*,жуух бичиг барих *(жуух бичиг өгөх)*,дугараа барих*(найр цэнгэл айраг архийг нийтэд хүрэлцүүлэх)*,дээж барих *(идээ ундааны дээжийг хүндэтгэвэл зохих хүнд* *түрүүлэн өгөх),*зоог барих *(ихэс дээдэст идээ ундаа өгөх),*машин барих *(машин жолоодох),*эрх барих *(толгойлох),*барих *(мөнгийг зарцуулах)*

талх барих (талх хийх; ам барих *(ямар нэгэн үйл явдалд хожимдон харуусах),*биеээ барих *(ямар нэгэн үйл ажилд болгоомжлох),*сэтгэлээ барих *(санаашрсан үйл явдлыг мартагнахыг хичээх),*эх барих *(хүүхдийг төрхөд гардан авах),*яс барих *(оршуулах хүүрэнд анх гар хүрэх),*нар барих*(нар хиртэх),*сар барих*(сар хиртэх),*ая барих (а. *Найран дээр дуулах б. Тал засах),*модоо барих *(хөрөнгө юмаа бэрж хоосрох),*гар бариад бугуй барих *(цаашид даврах, ахиж дөхөх),*хүний гараар тогой барих *(муу үйлийг дам хүнээр үйлдүүлэх),*дамжаа барих *(буддын шашны ёсны судар тарнийн аймаг ухааны номлолд анги дэвшин суралцаж төгсөхөд базэрэг авах өгөх шалгалт, шалгалт өгөх),*бадар барих *(бусдаар эд юм хүсч гуйх),*судас барих*(судасны цохилтыг барьж шинжэх),*сүүл барих *(аливаа юмнаас үлдэж хоцрох),*эм барих *(хууч. эмч болох),*морь барих *(а.Морийг унах эдлэхээр барин авах б. Уралдааны морийг барианы газар ирэхэд нь барин авч пайз олгох),*гүү барих *(унага уяж гүү сааж айраг хийх),*унаа барих*(морь тэмээ зэрэг унах малыг барин авах)*бэртэнгийг барих *(бэртсэн гэмтсэнийг илж засах)*[1] гэх мэт нийлэмж үгнүүдийн илэрхийлж буй эдгээр утгыг бүхэлд нь өвөрмөц хэлцийн утгад хамааруулан тайлбарласан байдаг. Гэвч судалгааны явцад *барих* гэдэг үг маань тодорхой нэгжүүд буюу ихэвчлэн нэр үгтэй *байшин/барилга/гэр/амбаар* гэх мэт холбогдон цогцлон бүтээх, *лаа/зул/ гэрэл* гэх мэт үгнүүдтэй холбогдон асаах гэрэлтүүлэх гэсэн нийлэмжийн утгууд буюу барих гэдэг үгийн олон салаа утгыг үүсгэж байна. Энэ талаар док. проф. Э.Равдан "Хэлний нэгж бүр тэр дундаа үг бусад нэгжүүдтэй шууд (нийлцэлийн) ба шууд бус (хэмнэлийн) харьцаанд ордог. ..Нийлцэлийн утга нь өгүүлэмжид орох үгийн сангийн нэгжүүдийн тодорхой дараалал , тэдгээрийн харьцааг зохицуулдаг. Бүтцийн утгийн эл хэлбэрийг хэл ба хэлхүйд үгийн нийлэмж бүтээх чадамж гэдэг. Үг бүр нийлэмж бүтээх өөр өөрийн чадамжтай."[2] хэмээн бичсэн байдаг. Нийлэмжийн утгын талаар ийнхүү ярихын өмнө энэхүү утгыг үүсгэж буй нэгжүүд болох чөлөөт ба тогтвортой нийлэмж үгийн тухай ерөнхий ойлголт , нэр томьёо тэдгээрийн адил төстэй болон ялгаатай талыг товч дурдах нь зүйтэй болов уу! Монгол хэлний нэг үг нөгөөтэй хэрхэн холбогддог,чухам ямар үгсийг бие биетэй нь угсран холбож болохыг судалсаар иржээ. Монгол хэлийг судалсан эрдэмтэдийн бүтээлд:

словосочетание буюу холбоо үг (Санжеев , Бертегаев , Л.Мишиг), тогтворгүй нийлэмж үг (Ш . Лувсанвандан), холбоо үг (Б. Рагчаа, Лх.Дамдинжав),нийлэмж үгс (А.Лувсандэндэв),нийлмэл үгс (Б. Бадамдорж) гэх мэт олон янзын нэр томьёог хэрэглэн "Тухайн хэлний бие даасан утга илтгэдэг дохио болж чадах хоёр буюу хэд хэдэн үгийг уул хэлний үг холбохын хууль зүйн дагуу бие биед нь захируулан холбож бодит ертөнцийн юмс үзэгдлийг заан нэрлэсэн нийлмэл дохио "хэмээх тодорхойлолтой нэгэн ухагдхууныг тайлбарласаар ирсэн юм. Гэвч 1964 онд Чой.Лувсанжав эрдэмтний зохиосон "Хэл шинжлэлийн нэр томьёо" номыг хэвлэгдэн гарахаас өмнө эрдэмтэд "холбоо үг" гэсэн нэр томьёог өргөн ашиглаж байсан бол энэ номыг хэвлэгдэн гарсанаас хойш уг номд бичсэнээр "нийлэмж үг" гэсэн нэрийдлээр ашиглах болсон байна. Иймээс бид "Нийлэмж үг" гэсэн нэр томьёог хэрэглэхээр тогтсон болно.

Нийлэмж үг: Хоёроос доошгүй үг холбогдон тодорхой утга санаа илэрхийлэх арга аль ч хэлэнд байдаг. Тийнхүү нэг утга санаа илэрхийлж чадах үгсийг нийлэмж үг гэж хэл шинжээчид нэрлэдэг.

---

[1] Я.Цэвэл , (1966)Монгол хэлний товч тайлбар толь, Улаанбаатар хот.
[2] Равдан.Э (1998) Бүтэц хэл шинжлэл, Улаанбаатар хот

Ж: ус авах , модоо барих , улс төр ,

Нийлэмж үг нь дотроо

-чөлөөт (энгийн)

-тогтвортой (хэвшмэл) хоёр янз байна.

Чөлөөт нийлэмж үг гэдэг нь бүрдүүлж буй үг нэг бүр нь үндсэн утгаа хадгалсан хэвээр салж биеэ даан өөр харьцаанд орж чаддаг үгийг хэлнэ.

Ж: мойл түүх

Тогтвортой нийлэмж үг гэдэг нь бүтэц илэрхийлж буй утга санааныхаа тухайд нэгэнт тогтношсон үг юм.

Ж: модоо барих (ядуурах), элэг барих(дээрэлхэх,доромжлох)

Чөлөөт нийлэмж үг, тогтвортой нийлэмж үг 2 хэдий тус тусдаа өөр зүйл боловч хоорондоо нарийн диалетик холбоотой. Тухайлбал тогтвортой нийлэмж үг утгынхаа хувьд өгүүлбэр зүйн судлагдхуун болно.

Чөлөөт нийлэмж үг бүтэц утгынхаа аль алинаараа өгүүлбэр зүйн судлагдхуунд хамаарагдах боловч наад зах нь хэлбэрийнхээ хувьд цаашлаад утгынхаа тогтворжилийн явцад тогтвортой нийлэмж үг буюу хэлц үгийн хөмрөгийг баяжуулах гол сурвалж нь болж өгдөг.

Жишээ нь: Монгол хэлний *барих* үйл үг оролцсон нийлэмж үгнүүд болох *жолоо барих, ая барих* г. м. үгс нь хэлний түүхэн хөгжлийн явцад утга тогтворжин хэвшснээр тогтвортой нийлэмж үг буюу хэлц үг болон хувирч байна гэж үзэж болно.

а) жолоо барих - *машин барих*

Жолоо барих- хэмээх энэхүү чөлөөт нийлэмж үг нь тодорхой нэгэн цагт зөвхөн морины жолоог барих, чиглүүлэн залж явах гэсэн санааг илтгэдэг болсон бол орчин цагийн монгол хэлэнд а) *машин жолоодох 2. Удирдах(төрийн жолоо барих)* хэмээн утга шилжиж тогтвортой нийлэмж үг буюу хэлц үүсгээд байгаа нь чөлөөт нийлэмж үг тогтвортой нийлэмж үг болон хувирч байгаагийн нэг тод жишээ болно.

Үүнээс дүгнэн аливаа тогтвортой нийлэмж үг чөлөөт нийлэмж үг байдаг тухай хэлж болох юм. Яагаад чухам чөлөөт нийлэмж үг маань тогтвортой нийлэмж үг болон хувирч байна вэ? Учир нь тогтвортой нийлэмж үг үүсэхдээ огт өөр, ямар нэгэн цоо шинэ аргаар бүтдэггүй, ямагт тухайн хэлний үг холбох ёс болон угсруулах ; зэрэгцүүлэх арга дээр түшиглэн үүсдэгт оршиж байж болох юм. Өөрөөр хэлбэл тогтвортой нийлэмж үг чөлөөт нийлэмж үг хоёр хэлбэр бүтцийн хувьд ижил.

Жишээ нь: байшин барих (чөлөөт) элэг барих (тогтвортой)

Энэ хоёр аль аль үгсийн сангийн үндсэн нэгж болох үг нээс (биеэ даасан утгат) бүрддэг. Нийлэмж үгсийн бүрэлдхүүний үгсийн шууд утга нь бодит юм үзэгдэл, шинж байдал , үйл явдал зэргийг нэрлэн заасан байдаг. Энэ шууд утгыг өөр утга санаагаар хэрэглэж болдог. Ийм учраас ихэнх үгс олон утгат болно. Ж: аливаа юмыг гартаа атгаж авах, гэсэн үндсэн утга бүхий *"барих"* гэдэг утгат үйл үг маань уул үндсэн утгаасаа гадна байшин барих , зул барих , хуж барих , дамжаа барих г.м олон утга санаагаар хэрэглэгддэг. Энэ олон салбар утгуудын чухам алинаар нь хэрэглэгдэж байгааг хам сэдвээс (барих гэдэг үгэнд захирагдаж буй тэр үгнээс нь) мэдэж болно. Нийлэмжийн утга нь өргөн хам сэдвийн хүрээнд бус богино хэмжээний нийлэмж үгийн хүрээнд үүсч чадах утга юм. Энэ талаар эрдэмтэн М.Базаррагчаа "Бидний амнаас цувран гарч байгаа үгсийн нэг нь нөгөөгөө захирч , тэр нь улмаар нөгөө үгэнд захирагдах эсвэл харилцан захиралцах мэтээр үгсийн тасрашгүй хэлхээ үүсгэн , сая хэлэх гэсэн санаа бүтдэг. Ингэж үгс нь хэлэхийн цуваанд хэлхэлдэн орохдоо уул утга нь хувирдаг. Иймээс үгийн утгыг нарийвчлаа гэвэл эрх биш , ямар үгтэй холбогдох улмаар тухайн өгүүлбэрт утга нь хэрхэн хувирахыг бүртгэн судалж утгын гол хувилбарыг ялгаруулах нь чухал юм. [3] хэмээн онцгойлон дурдсан байдаг.

Мөн хэл шинжээч эрдэмтэн Д.Бадамдорж "Тухайн үгийн гол утга нь тэр үгийнхаа салаа олон утгыг хэлхэж хүний ой тойнд эхлэн буух шинжтэй байдаг. Ийм учир үгийн нэг гол утгаас салбарласан бусад утгаыг өмнөх хойтоох өв буюу хам хүрээлэлээс мэдэж болно. ... Нэр үгийг бусад үгтэй холбож , нийлц үүсгэн янз бүрийн утга санаа илэрхийлээд , үгийн олон утга үүсдэг , үүсгэдэг"[4] гэж үзсэн байх юм. Энэ бүхнээс үзэхэд үгийн олон салаа утгыг үүсгэж буй нийлэмжийн утга маань өргөн бус хам сэдвийн хүрээлэлд буюу нийлэмж үгийн хүрээнд үүсдэг байна. Өөрөөр хэлбэл олон салаа утгын нэг хувилбар нь нэг нийлэмжийн утга юм гэсэн үг. Доктор Э. Равдан энэхүү утгыг "нийлцийн утга" хэмээн тодорхойлсон. Бид нийлэмжийн утга хэмээн нэрлэж байна. Учир нь нийлэмжийн утга мань хэлэхийн цувраан холбогдон орсон, тус тусдаа биеэ даасан утга бүхий хоёр үг болох нийлэмж үгийн хүрээнд л үүсч буй утга учир, нэгэнт бид холбоо үгийг нэрлэхдээ нийлэмж үг хэмээн нэр томьёог ашиглаж буй учир үүнээс үүсэх утга нь ч нийлэмжийн утга байх ёстой болов уу хэмээн үзэж ингэж нэрлэхээр шийдсэн юм. Нийлэмж үгийн гол үг хэдий чинээ олон үгийг захирч чадна төдий чинээ утгын олон хувилбартай болж уул үгийн утгын багтаамж ихсэнэ. Аливаа нийлэмжийн бүрэлдхүүнд орсон үгс нь хэл зүйн хувьд хоорондоо харилцан зохицохоос гадна утгын хувьд харилцан зөвшилцсөн байх бөгөөд өөрөөр хэлбэл нийлэмжийг бүрдүүлэгч хоёр үгийн хоёулангийх нь утгад ижил утганцар байна гэсэн үг. Үүнийг эрдэмтэн утга судлаач Н.Нансалмаа"Олон утгатай үгийн утгалбар бүр бусад утгалбартай ямар нэг утганцараар утгын холбоотой байх бөгөөд үүний зэрэгцээгээр тэдгээрээс бусад утганцараар ялгаатай байдаг." [5] хэмээн тодорхойлсон байдаг бөгөөд эндээс харахад дурын хоёр үг хоорондоо холбогдож нийлэмж үүсгэдэггүй гэсэн үг юм.

Ж: байшин барих гэсэн нийлэмжийг аваад үзэхэд :
байшин -(хүний гар хүч хөдөлмөрөөр цогцлон болсон зүйл) барих –(юмыг гараар хийн цогцлоон бүтээх) гэсэн хоёр үгийн аль алиных нь утганд цогцлон бүтээх гэсэн нэг ижил ерөнхий утганцар байж сая нийлэмж үүсгэж байна гэж үзэж болно. Монгол хэл нь үг утгын ийм хувилбараар нэн баялаг.
Ж: татах; залах; авах; барих; хаях; суух г. м. үгнүүд нийлэмж үүсгэх чадвар нэн өндөр.

Бидний судалгааний ажлын гол зорилго нь Орчин цагийн монгол хэлний "барих" гэдэг үйл үгийн нийлэмж бүтээх чадварыг тодорхойлох гэдгийг дээр дурдсан билээ.

Барих гэдэг үйл үг нь бидний судалгаагаар тогтоогдсоноор:
1. Асаах гэрэлтүүлэх (лаа барих; зул барих ; гэрэл барих)
   Цогцлон бүтээх , босгох (Гэр барих ; байшин барих ; эмбүүл барих ; амбаар барих; гүүр барих; тэрэм барих; асар барих ; майхан барих ; барилга барих)
   Өгөх утга (Хадаг барих ; жуух барих ; бэлэг барих ; амиа барих)
   Дайлан зочлох утга (зоог барих; шүүс барих; идээ барих; цай барих ; дээж барих)
2. Удирдах жолоодох утга (төр барих ; бошго барих; эрх барих ; цаг барих ; жолоо барих)

---

[3] Базаррагчаа.М (1978) , "ав" хэмээх үгийн утгын хувилбарын тухай ", УБ. Хэл зохиол судлал 13-р боть (70-75) .

[4] Бадамдорж.М (2001), Монгол хэлний утга судлал, УБ

[5] Н.Нансалмаа Үг : Утга Хэрэглээ Улаанбаатар 2009 15-17 тал

3. Баримтлах утга (*Зай барих ; зэрэг дэв барих; журам барих; чиг барих; эгнээ барих; уламжлал барих; урд, хойд зах барих; баруун зүүн тал барих; бодол барих ; эрэмбэ барих ; сүжиг барих; мацаг барих*)

4. Эмнэх эмчлэх домнох утга (*Яс барих; толгой барих; судас барих; эм барих; бэртэнги барих*)

5. Тэвчих утга (*Нулимсаа барих; уураа барих; инээдээ барих; уйлахыг барих; зовхио барих; хилэнгээ барих ; үгээ барих ; сэтгэлээ барих*)
   Мэдээ дамжуулах утга (*Холбоо барих ; хэл барих ; мэдээ барих*)
   Хэлэх хариулах утга (*Хариу барих*)
   Жолоодох утга (*Машин барих; жолоо барих*)
   Зарцуулах (*Мөнгө барих ; данс барих ; санхүү барих*)
   Хөгжимдөх дуулах (*Хөгжим барих ; ая барих ; дугараа барих*)
   Мэндчилэх , баяр хүргэх (*Гар барих*)
   Хийх гүйцэтгэх (*Алба барих ; улаа барих ; тогоо барих; талх барих*)

6. Өвөрмөц хэлцийн утга Ам барих *А./хууч. Насан өндөр болж нүүдлийн ая даахгүй болсон эцэг эхдээ уураг сүүл ам руу нь хийж, гудран хахааж амийг нь цааш харуулах /Б. /хөгжим даган амаа хөдөлгөн дуулсан үнэнээсээ дуулсан дүр эсгэх/ урдаа барих/тэргүүнд тооцох/ ул барих; модоо барих ,элэг барих , хүний гараар могой барих; түрээ барих /халхавч хийх /,нэр барих /Бамбай барих /,бамбай барих /халхавч хийх, нэр сүрээр нь далайлгах/, биеэ барих /тэвчих/, нэг гараа нөгөө гараараа барих /тэвчих/, бадар барих/гуйлга гуйх/, сүүл барих /хоцрох, хожимдох /, яс барих /хүүрэнд анх хүндэтгэлтэйгээр гар хүрэх /, нар барих /нар хиртэх/, сар барих /сар хиртэх/,гар бариад бугуй барих /даврах/,жолоо барих /удирдах/, хөөр барих /сагсуурах/,хээл барих /хээл олох/,анд барих /нөхөр бололцох/, хүж барих /хуурай ах дүү болох/, ихийн шийр барих /ихэмсэг зан гаргах/, тогоо барих /зарцлагдах/, Барин тавин хэлэх /бэлэн зэлэн хэлэх/, гул барих /бамбай барих/, жаргаа барих /унтах/, тостой гараар баришгүй /гоё ганган /, хөх зүү хөндлөн барих /оёх/, дамжаа барих /шалгалт өгөх/, барьж идэх / уурлан ихэд нэхэн шаардах/.*)

7. 17. Тогтоох, зогсоох (*Аюулыг барих; хүчийг барих; улс түмнийг тогтоон барих; үл үзэгдэх хүчин барих*)

8. 18. Нэвтлэх, хавах, ороох (*Элэг уушгийг барих; Хоолой барих /хоолой барьсан ханиад/*)

9. 19. Дүрслэхийн утга (*Гараа наминчлан /өргөн / задлан / тэмийлгэн барих*) мэт нийт 19 өөр нийлэмжийн утгатай байгаа нь барих гэдэг үйл үгийн нийлэмж үүсгэх чадамж харьцангуй өндөр гэдгийг харуулж байна. Үүнийг хүн бодит ертөнцийн аливаа юмсыг хүртэхүйн эрхтэний нэг болох гарынхаа тусламжтайгаар хүртэж мэдэж чаддагтай , цаашлаад танин мэдэхүйн дараагийн шат болох хийсвэрлэн сэтгэж чаддагтай холбон тайлбарлаж болох юм. Энэ нь барих гэдэг үйл үг бодит юмсыг заан нэрлэсэн байшин барилга, лаа, мод гэх мэт үгнүүдтэй холбогдон нийлэмжийн утга үүсгэхээс гадна хийсвэр ухагдхууныг заан нэрлэсэн сэтгэл, уур хилэн, амь гэх мэт хийсвэр нэр үгнүүдтэй бас холбогдож байгаагаар гэрчлэгднэ.

Барих гэдэг үгийн бусад үгнүүдтэй нийлэн нийлэмж үүсгэж буйг гадаад хэлбэр болох бүтэц талаас нь судалж үзэхэд доорх хэлбэрээр үүсэж байна. Үүнд:
1. Нэр үг (бодит нэр) + барих (юу/юуг барих ?) Гүү барих.; байшин барих
   Заахын тийн ялгалын тэг хувилбар
   Угсруулан найруулж холбогдсон

2. Нэр үг (хийсвэр нэр)+ барих (юугаа барих) сэтгэлээ барих; уураа барих
   Заахын тийн ялгал тэг хувилбар
   Ерөнхийлэн хамаатуулах нөхцөл
   Угсруулан найруулж холбогдсон.

3. Нэр үг+үйл үг +барих (юуг яаж барих?) гараа өргөн барих
   Заахын тийн ялгал нөхцөл
   Хамаатуулах нөхцөл
   Угсруулан найруулж холбогдсон

4. барих+үйл үг барьж идэх
   Нөхцөл үйлийн зэрэгцэх хэвийн нөхцөл
   Угсруулан найруулж холбогдсон

Эдгээрээс үзэхэд барих гэдэг үйл үг нь урдах үгээ зөвхөн заахын тийн ялгал (хамаатуулах нөхцөлтэй байж болно)-аар захирч байна. Энэ нь ямарваа нэгэн нийлэмж үгийн гол буюу дагуулагч үг нь үйл үг байх юм бол үүнийг үйлийн нийлэмж гэнэ. Энэ нь захирагдагч буюу дагуул үгээ заахын тийн ялгалд захирч чадна гэдгийг батлан харуулж байна. Тэгвэл нэрийн нийлэмж үг урьдах үгээ заахын тийн ялгалаар захирч чадахгүй. Мөн энэ үг нь нийлэмж үүсгэхдээ монгол хэлний үг холбох есны хамгийн түгээмэл арга болох угсруулах (угсруулан хамруулах) аргаар хобогдож байна. Монгол хэлний угсруулан хамруулах аргад үгийн байрлал маш чухал нөлөөтэй. Ж: лаа барих гэдэг нийлэмжийн байрлалыг солин барих лаа болговол, лаа асааж гэрэлтүүлэх гэсэн утгаа бүрмөсөн алдаж барих гэдэг үг маань лаа гэдэг нэр үгийн тодотголын үүргээр хэрэглэгдэх болно. Үүнээс үзэхэд нийлэмж үгийн гол цөм үг нь дээр дурьдсанчлан гишүүн үгтэйгээ утгын нарийн зохилдолгоотой байхаас гадна мөн гишүүн үгээ хэлзүйн хувьд захирдаг болох нь харагдаж байна. Ингэж хэлэхийн цуваанд үг нь нэг үгтэй холбогдохдоо хэлзүйн буюу харьцааны утга, үгийн утгаар нарийн зохицон тохирсоныг валентность гэдэг. Энэ талаар зөвлөлтийн эрдэмтэн Ю.Д. Апресян валентлаг чанарын утгын агуулга, валентлаг чанараар холбогдсон үгсийн холбоо хоёр нь өөр өөр зүйл юм. Үүний эхнийх нь захирч буй үгийн утгын хэсэг бол сүүлчийнх нь захирагдаж буй үгийн утгын хэсэг юм хэмээн эрдэмтэн М.Базаррагчаа ´ав хэмээх үгийн утгын хувилбарын тухай`[6] өгүүлэлдээ дурьдаад алба хаа гэдэг нийлэмжийг жишээ болгон авч тайлбарласан юм. Үүний дагуу лаа барих гэдэг үгэн дээр тайлбарлахыг оролдъё.

Лаа барих гэхэд-барих гэдэг үгийг үл ялгасан, тусах утга нь өрөөр хэлбэл (гартаа барих) гэдэг нь гол үгийн утгын хэсэг болж барих гэдэг үг маань лаа гэдэг үгийг захирсан тохиолдолд асаах гэрэлтүүлэх гэсэн утгатай болж байгаа нь лаа гэдэг үгийн нөлөөллөөс болж байна гэсэн үг болж таарах нээ. Үүнээс дүгнэн үзэхэд хэл шинжлэлд хам сэдвийн үг буюу цуваа харьцаанд буй үг ганц л утгатай байна хэмээн үздэг ахул бидний жишээ болгон авч үзээд байгаа барих хэмээх үг оролцсон нийлэмжүүд тэдгээрийн үүсгэж буй утгууд нь шугаман харьцаанд буй нэгжүүд, үүсгэж буй утгууд болох юм. Мөн эдгээр утгууд нь барих гэдэг үгийн хувилбар, олон утгыг үүсгэж байна Ийнхүү тодорхой нэгэн нийлэмжийн утгыг барих гэдэг үгийн олон утгын нэг гэж үзвэл энэ утга маань өөрөө цаашаа дэд салаа утга болон задарч , шилжиж байна гэж үзэж бас болох мэт . Тогоо барих гэдэг нийлэмжийг жишээ болгон авья. Энэхүү нийлэмж нь: шууд утгаараа- тогоог гартаа барих гэж ойлгож болно. Үүний зэрэгцээ (хэн нэгэн хүнд зарцлагдах) гэсэн утгатай хэлц үг монгол хэлэнд бас байна. Энэ нь эрдэмтэн судлаач Ж.Бат-ирээдүйн Монгол хэлний

_____
[6] Базаррагчаа.М (1978), "ав" хэмээх үгийн утгын хувилбарын тухай, УБ. Хэл зохиол судлал 13-р боть (70-75)

хэлц нэгжийн тогтолцооны тухай асуудалд хэмээх эрдэм шинжилгээний бүтээлдээ "Бүтэцийн хувьд тогтвортой,нөхцөлдмөл, утгын хувьд нэгдмэл бөгөөд шилжмэл шинжтэй боломжит нэгжийг хэлц гэнэ"[7] хэмээх тодорхойлолтод дурдсан утгын хувьд нэгдмэл бөгөөд шилжмэл шинжийг илтгэн харуулж буй хэрэг болно.

НОМ ЗҮЙ

1. Бадамдорж.М (2001), Монгол хэлний утга судлал, УБ
2. Базаррагчаа.М (1978) , "ав" хэмээх үгийн утгын хувилбарын тухай ", УБ. Хэл зохиол судлал 13-р боть (70-75)
3. Бат-ирээдүй.Ж. (2010) Монгол хэлний хэлц нэгжийн тогтолцооны тухай асуудалд. Area and Culture Studeis, N80, p.1-16 Tokyo University of Foreign Studies, 2010
4. Лувсанжав (1964), Хэл шинжлэлийн нэр томьёо
5. Мишиг.Л. (1957) Монгол хэлний холбоо үгийн зүйл,УБ
6. Нансалмаа. Н (2009) "Үгийн сангийн нэгжүүд хэлбэр ба утгын хувилбартай болох нь" Үг : Утга Хэрэглээ, 15-17 тал Улаанбаатар хот
7. Равдан.Э (1998) ,Бүтэц хэл шинжлэл, Улаанбаатар хот
8. Я.Цэвэл ,(1966) Монгол хэлний товч тайлбар толь, Улаанбаатар хот

Бусад
1.   Монгол хэлний их тайлбар толь https://mongoltoli.mn/dictionary/detail/99024

---

[7] Бат-Ирээдүй.Ж. (2010) Монгол хэлний хэлц нэгжийн тогтолцооны тухай асуудалд. Area and Culture Studeis, N80, p.1-16 Tokyo University of Foreign Studies, 2010

УРАН САЙХНЫ ЭХЭД "НАЙРУУЛГЫН ДООД ӨНГӨ АЯСТАЙ" ҮГ ХЭЛЛЭГ ИЛРЭХ ОНЦЛОГ

STUDY ON STYLISTICALLY FEATURED VOCABULARY IN LITERATURE

Д.Өлзийлхагва
(МУИС, Орхон сургууль)

ABSTRACT

Stylistics of literature is distinguished with its broad ability to use language description, expression and rich vocabulary source and creates different characters. This article examines stylistically featured vocabulary in literature and their usage.

Товч агуулга: Уран зохиолын найруулга нь хэлний дүрслэх болон яруу хэрэглүүрийг өргөн ашигладаг, уран дүрийг бүтээдэг, үгийн сангийн бүхий л нөөцийг хэрэглэх боломжтой байдгаараа бусад найруулгаас ялгардаг.

Бид энэхүү өгүүлэлдээ найруулгын доод өнгө аястай[1] үг хэллэг уран сайхны эхэд тохиолдох онцлогийг авч үзэв.

Түлхүүр үг: уран зохиолын найруулга, үгийн сан, этгээд үг, бүдүүлэг үг, ярианы хэлний үг

Монгол хэлэнд үг хэллэгийг найруулгын үүргээр нь дээд өнгө аястай, дунд өнгө аястай, доод өнгө аястай гэж гурав ангилан үздэг. Найруулгын дээд өнгө аястай үг хэллэгт гадаад үг, шинэ үг, хуучин үг, яруу найргийн үг гэх мэт бичиг зохиолын хэлний дээд хэм хэмжээнд тохирох үг багтдаг.

Доод өнгө аястай үг хэллэгт этгээд бүдүүлэг, завхай, зэрэг бичиг зохиолын хэлний боловсронгуй найруулгад үл тохирох үг хэллэг орно.[2] Доод өнгө аястай этгээд, бүдүүлэг, хар ярианы болон хуучин , шинэ, нутгийн аялгууны үгсийг зарим судлаачид хазгаарлагдмал хэрэглээний үгс[3] гэж үзсэн байдаг. Гэхдээ ерөнхий гол шинжээрээ нийтэд нь авч үзэхэд ийм байгаа боловч үгийн сангийн үгс аль ч найруулгад орох боломжтой.

Нийгмийн хувьд хязгаарлагдмал үг хэллэг буюу этгээд үг хэллэг нь нийтийн хэрэглээний үгийн сангаас илтэд ялгаатай, нийгмийн тодорхой бүлгийн хэрэглээгээр хязгаарлагдсан үгийн сангийн нэгжүүд юм.

Монгол хэлийг шинжээчид монгол хэлний үгийн санд байх этгээд үг хэллэгийг ажиглаж, судалж ирсэн уламжлалтай. Тухайлбал ; Ж.Төмөрцэрэн, Д.Отгонсүрэн, Б.Пүрэв-очир, Д.Самбуудорж, Э.Пүрэвжав, С.Сүхээ, Л.Эрдэнэсувд нарийг дурьдаж болох юм.

Найруулгын тухай тодорхой ярихын тулд бид хэлний үндсэн үүргүүдийн нэг болох харилцааны үүргийг онцлох ёстой. Тухайн хэлээр ярилцагчид мэдээлэл солилцох, аман ба бичгийн хэлбэрээр мэдээлэл дамжуулах, мэдээлэл дамжуулах явцад сонсогч, уншигчдад сэтгэл хөдлөл, үнэлэмжийн болон гоо сайхны нөлөө үзүүлэх зэргээр харилцааны үүрэг хэрэгжинэ.

---

[1] Ц.Сүхбаатар, 2007," Монгол хэлний найруулга зүй", Уб., 265
[2] Ц.Сүхбаатар, 2007, "Монгол хэлний найруулга зүй",Уб.,265 дах тал
[3] Н.Нансалмаа,2005,"Үгийн сан судлал",УБ.,123 дах тал

Нийгэмд хэлний гүйцэтгэх үүргийг харилцах, мэдээллэх, нөлөөлөх гэж үздэг. Энэ чанараараа түүхэн хөгжлийн явцад хэлний онцгой ялгаа бүрэлдэн бий болж хэлбэржин тогтсон нь найруулгын төрөл юм.

Найруулгыг төрлөөр нь албан бичгийн, нийтлэлийн ,эрдэм шинжилгээний, уран зохиолын гэж ангилдаг. Үүнээс **уран зохиолын найруулга нь** бусад найруулгаас онцгой ялгарна. Уран зохиолын найруулга утга зохиолын хэлний найруулга дотроос хамгийн өвөрмөц шинжээр ялгардаг.

Уран зохиолын найруулгын онцлогийг олон талаас нь тодруулж болно. Юуны өмнө уран зохиолд аж амьдралын олон талын сэдвийг маш өргөн хүрээнд тусган үзүүлэхдээ бусад найруулгад хамаардаг аливааа арга хэрэглүүр хэлний нэгжийг зориуд нэгтгэсэн биш, тэдгээрийн гоо зүйн үүргийг тодруулан уран дүрийг бүтээдэг тул зорилго зориулалтаараа тод ялгардаг.

Уран зохиолын найруулга нь хэлний дүрслэх болон яруу хэрэглүүрийг өргөн ашигладаг, уран дүрийг бүтээдэг, үгийн сангийн бүхий л нөөцийг хэрэглэх боломжтой байдгаараа бусад найруулгаас ялгардаг.

Иймээс бид уран сайхны эхэд илрэх "найруулгын доод өнгө аястай" үг хэллэг / бүдүүлэг, этгээд,ярианы/ -ийн утга, онцлогийг гаргахыг зорилоо.

Монголын орчин үеийн уран зохиолын эхэд "найруулгын доод өнгө аястай" үг хэллэг нь дараах утга үүргээр орсон байна.

1. Зохиолын баатрын *уурлаж,бухимдсан сэтгэлийн хөдөлгөөнийг* гаргахад: – **Босоо ороолонгууд зайлцгаа!** гэж аашилдаг байв. ....битгий **гуйлгачин царайлж нэр бузарлаад яваарай гэж хэлээд...** –Дуу! **Наана чинь нам цохино шүү** гэж орилоод..**Арил цаашаа!** гэж эмч үгий нь таслаад..Жаахан явуул... Жолоогий нь жаахан сулруулахгүй юу, **муу мангуу!**....

2. Зохиолч болон зохиолын баатар тухайн дүр хийгээд үйл явдалд *дурамжхан, таагүй* байгааг илтгэсэн: Түүнээс Зи Бай- хуа Лодонд үнэхээр дурласан бус тул энэ завсар баян гэвшийн буянаар дэмий л **тарвалзсан** боловч бас ханахгүй..... **Үхсэн хойноо!** Чингэс хаан бол. Чингис шиг баатар бол **адаглаад** эхнэрээ зодохгүй байхсан. Тэр чинь одоо **ногоорч** л яваа биз. Намайг дандаа хүүхэд шиг санах юм. **"Нохой долоо"** гэж үглэсээр Жанцан богцоо хойшлуулан засаж

3. *Сайн, эв найртай дотно* гэдгийг ярианы үг хэллэгээр илэрхийлж, тухайн дүр үйл явдалд тохируулан дүрсэлжээ. Тухайлбал,Өнчин хүн дуулаач гэгчээр би тэрүүхэндээ л **зэгсэн** хоолойтой байжээ. Балбар идэшний ганц хоёр юм илүүчилж аваачаад тэндэхийн **дарга даамалтай сүлбэлдэн** дархан эрх эдэлж... бие биеэ нэрээр нь биш хочоор нь дуудаж наануу цаануутай явах учир...

4. **"ХҮН"** хэмээх ухагдахууныг утга шилжүүлэн дараах бүдүүлэг үг хэллэгээр илэрхийлсэн байна. – Сумаас гэнэ шүү. Энэ **зулбадастайгаа** шугуй дотор хэвтэж байхад чинь.... **Муу новш** хүний морь унаад бас эхнэрий нь... Би чамаас хариугаа авна даа. Заавал авна. Хулан ч чамайг хаяна.Үзээрэй **муу нохой.......... Манай муу бэлтрэг хаа явна?** гэж амьтнаас асуусаар явж........ –**Гараа хугалсан босоо ороолонгууд!** гэж хараана **Дүрсгүй толгой** би нээрээ тайранхай үстэй хүүхнүүдийг хараад..... өнөөдөр цаад **араг толгойдоо** очиж дахиж ирэхгүй гэж хэлээд ир

5. **"МАЛ, АМЬТАН"** хэмээх ухагдахууныг утга шилжүүлэн гаргахдаа: Чингис хааны **сүргийн адаг, ааш муутай** алаг үрээ байлаа. Дагиймаа хэрэгт дуртай **годрон бэ** гэж чулуу авч шидсэнээ...Энэ жил хэдэн **ээдмөр маань** овоо таргалж явна. Та хоёрын энэ **адсаганууд** чоно байтугай хонь ч гүйцэхгүй......чөдөрт тогтодоггүй **шидэл** байсан юм......гайгүй ээ. **муу гурайнууд** гэж загнаад...

6. *"ЗОЛИГ"* хэмээх ярианы хэлний үг нь уран зохиолын найруулгад орохдоо:

Сул үгийн үүргээр: **Золиг гэж!** нохойд уруулсан сорви одоо ч бий шүү...... Өчигдөр айлд очихдоо чиний цүнхийг уудлан, дээр нь байсан бор ээвэнг айлд өгчихсөн шүү. **Золиг чинь** нэг болохгүй айл... гэхэд нь.... Нүдэнд цагаа унах чинь адгийн **золиг юм аа**

7. Хүн болон ямар нэг бодит зүйлийг төлөөлүүлэн: **Золигнууд чинь** яагаад ч юм бидэнтэй нэг зиндааны биш арай дээгүүр улс байх шиг харагдаад байдаг юм.... тэр **золигийн** хаашаа орсныг олсонгүй.... **Дааич энэ золиг** барилдахгүй юм аа

8. *Хараах, дайран доромжлох сэтгэл хөдлөлийг*: Харин ч "**Цохь**" **Нүд**", **Ухай**" гэх дуу тал талаас гарсаар хөөрхий тэр нохой төгсгөл болж.. Нүдэнд юу ч туссангүй хаашаа **лүд вэ?.. Чи байз гэм!** Миний хүү ямар гай тарьсан юм бэ?.. **Цөг!** чи миний хүүгийн толгойг мэддэг болоо юу...Утас зүү тэсгээхгүй шүү **үхэж далд ормор чинь**

9. *Хориглох, эс зөвшөөрөх утгыг*: **Буяндаа тэгж битгий бузар хий.......... Битгий дэмийр** Эцэг хүн хүүгээ өөр шигээ хүн болгох гэж боддог. **..Ээ горьгүй байхаа очиж очиж** таныг оруулах гэж үү?... **За яршиг,** Бидэн шиг хөдөөний үрчгэр хөх хөгшид хот газрын ганган авгайчуудад атаархаад юу хийнэ?

10. *Үг яриандаа шог хошин аяс оруулах утгаар*: Ёох! **Араа Дамчаа** аргыг нь ололгүй дээ, тийм биз хө гэснээ тас тас хөхрөв. **Хээ цэс! Гуанзны хоолыг ямар хоол, Гүнжээ хүүхнийг ямар хүүхэн гэхэв дээ хө.** Тэгвэл ахынхаа шүүснээс нэрэлхэлгүй **цохино оо** гэв. - Өөрөө дуртайгаа аваад **цохиоч! Ямар утлиагүй үхээрэв** хэмээн доогтой өгүүлнэ.

11. *Гадаад үгийн дуудлагыг гуйвуулан этгээд үг хэллэг үүсгэж*:Тийм **авраадыг / аппарат/** би шинжилгээнийхэнд газарчилж яваад үзсэн юм. Миний зургийг хүртэл татаж өгсөн гэж билээ.хүүхэд шиг хаашаа шидэл вэ? наад хоолой чинь **ангийнтчихна./ ангина/..** -Та миний **любовьник** / нууц амраг . Ч.Г/ болоод өгөөч .... –Хэн гэнэ ээ ?**Делегушка /Дэлэг/Пээ** ямар их өөрчлөгдөө вэ?...Охин **Пага**-ийнд / Парист сурах/ байгаа.

12. Бүдүүлэг, этгээд, ярианы үг хэллэгийг хоршин хэлж тухайн утга *санааг гүнзгийрүүлэн тод дүрсэлсэн байна.* Нохойны хамар нүүрний дэргэд ирж **сахал салмаагий** нь сэрвэлзтэл шуугичинахад...Хүрээ хийдээр элдэв **ханиад хамуу** дэлгэрлээ гэхэд....Тэгсэн мөртлөө яаж мөнхрөхөө мэдэхгүй **элдэв дээдийн** баахан буян нүгэл хийж байгаад л өнгөрдөг юм. Харин ч **хэзээ язааны** юм шиг санагдахад ....Найз нөхөдтэйгөө дарвиад **юм хүм** амсчихаа юм болов уу гэж бодлоо.

13. Үгийн сангийн доромж найруулгын үгсээр ядруу, тухайн зүйлд таагүй хандаж байгааг:Амьдралаа дөнгөж сая эхэлж байгаа цэл залуу хүмүүс дамжиж өнгөрдөг **оромж** юм чинь арга ч байж уу.. чамтай суусан бол **тогооны бариул** л болох байсан биз.....навтас шар эсгий болсон **оромжоороо** "сор зарчихаад" Байгаа хөнөнгө маань гурван **цаас** байсан юм. Тэгээд Хэрлэн Баян –Улаан, Галшар, эсвэл бүр Дарьганга хүртэл **доншуучлаад** ид зун болсон хойно .... Хүү **мотор цохисон** уу / зүрх өвдөх/гэж Гочоо гуай эхэлж асуулаа. ...Чих байна уу? хоолой сөөтөл **бахирууллаа.**

14. Тухайн үйл явдалд таатай байгаа, зөвшөөрсөн санааг илэрхийлсэн: –Ээ **ашгүй хүрээд ирэв үү.** Би эднүүст нутгийн чинь хүүхнээр хонины гэдэс арчуулна гэж суулаа шүү дээ...**Яамай даа** Агваан минь чамайг миний хормойтой орооцолдож яваад залуу насаа үрчихлээ гэж бодож явсан юм.

ДҮГНЭЛТ

Бид энэхүү өгүүллээр "Монголын сонгомол өгүүллэг" /Г.Аюурзана, Л.Өлзийтөгс нарын сонголтоор/-ээс хорин найман зохиолчийн дөч гаруй өгүүллэгээс хоёр зуу шахам жишээ түүвэрлэн хязгаарлагдмал хэрэглээний үгсийн утга, онцлогийг гаргахыг зорьсон болно. Бидний ажиглалтаар:Уран сайхны эхэд уран дүрийг бүтээх, зохиолын баатрын баярлах, гомдох, уурлах, тунирхах....сэтгэлийн хөдөлгөөнийг гаргах, аливаа зүйлд хандах хандлага, үнэлэмжийг илэрхийлэхэд этгээд, бүдүүлэг, ярианы хэлний үгс нь тодорхой үүрэгтэйн дээр хошигнох, хориглох, тааламжтай, таагүй... зэрэг олон утгыг илэрхийлж байгааг харж болохоор байна.

НОМ ЗҮЙ

1. Аюурзана.Г,Өлзийтөгс.Л, 2007, "Монголын сонгомол өгүүллэг",Уб.,
2. Бадамдорж.Д,2006, "Монгол хэлний үгийн сангийн утга зүй",Уб.,
3. Нансалмаа.Н, 2005 "Үгийн сан судлал", Уб.,
4. Отгонсүрэн.Д,1997 "Монгол хэлний үгийн сангийн найруулга зүй" Уб.,
5. Сүхбаатар.Ц,2007 "Монгол хэлний найруулга зүй" Уб.,

ГАДААД ХҮНД ЗОРИУЛСАН
МОНГОЛ ХЭЛНИЙ СУРАХ БИЧГИЙН ТУХАЙ АСУУДАЛД[1]

Д.Отгонцэцэг
(Hankuk University of Foreign Studies)

Аливаа хэлийг хоёр дахь буюу гадаад хэл болгон сурах үйл явц бол нарийн төвөгтэй үйл ажиллагаа байдаг гэдгийг хэлний шинжээчид болон хэл заах аргач нар нэгэн дуугаар хүлээн зөвшөөрдөг. Хэл сурах бол сурахуй буюу learning, сургахуй буюу teaching гэсэн нэгэн зүйлийн хоёр тал бөгөөд нэгийг нь нөгөөгөөс ангид авч үзэх боломжгүй билээ. Сургахуй хэмээх үйлийг удирдахад сурах бичиг хамгийн чухал зүйл байдаг. Гадаад хүнд зориулсан монгол хэлний сурах бичиг зохиох, түүний бүтэц, заах арга зүйг судлах явдал бол харьцангуй шинэ зүйл бөгөөд сүүлийн жилүүдэд нэлээд олон төрлийн сурах бичгүүд зохиогдож байгаа учраас түүний талаар судалж, үнэлэлт дүгнэлт өгч байх нь гадаад хүнд монгол хэл заах аргын судалгааны нэгэн чухал хэсэг болно.

Монгол судлалд гадаадынхан монгол хэл сурч ирсэн уламжлал олон зууны түүхтэй билээ. Харин мэргэжлийн сурах бичиг гарч эхлэсэн нь орон тус бүрд өөр өөр он цагаар тоологддог бөгөөд бид энэ өгүүлэлд сүүлийн жилүүдэд Монгол болон гадаад улс орнуудад гадаадын хүнд зориуд зориулан хэвлүүлсэн сурах бичгийн талаар авч үзэхийг зорив. Гадаадын хүнд зориулсан монгол хэлний сурах бичгийг бүтэц, зориулалтаар нь нэгдүгээрт түр болон бие даасан сургалтанд зориулсан ерөнхий сурах бичиг, хоёрдугаарт академик сургалтанд зориулсан сурах бичиг гээд дотор нь сонсох чадвар сайжруулах сурах бичиг, зөв бичих зүйн сурах бичиг, ярианы сурах бичиг, үгийн сангийн сурах бичиг, хэлний зүйн сурах бичиг гэж тус тус ангилж болмоор байна.

Бид энэхүү өгүүлэлдээ сүүлийн 20-иод жил гадаад дотоодод хэвлэгдсэн гол гол сурах бичгүүдийг авч үзэхийг зорив. Эдгээр сурах бичгүүд нь хэрэглээний хувьд эрэлт ихтэй, гадаад дотоодын их сургуулиуд, сургалтын байгууллага, бие даан сурах хувь хүмүүст түлхүү хэрэглэгдэж байгаа, өнөөдрийн гадаад хүнд зориулсан монгол хэлний сурах бичгийн зах зээлд гол байр суурь эзлэж байгаа сурах бичиг, гарын авлагууд гэж үзэж болох юм.

<u>Ерөнхий сурах бичиг</u>. Аливаа гадаад хэл суралцахад зориулан тухайн хэлний нэгж тус бүрээр тухайлбал авиа дуудлага, ярианы хэл, хэл зүй, үгийн сан, зөв бичих дүрэм, уншлага, орчуулгын чиглэлээр тус бүр сурах бичиг зохиохоос гадна эдгээрийг нэгтгэн оролцуулж ерөнхий сурах бичиг зохиох явдал аль ч хэлэнд түгээмэл байдаг. Энэ жишгээр монгол хэлэнд ч гэсэн монгол хэлний авиа дуудлага, хэл зүй, ярианы хэл, үгийн санг нэгтгэсэн сурах бичгүүд цөөнгүй зохиогдсон байна.

Тухайлбал, МУИС-д 1975 оноос гадаад хүнд монгол хэл заах тэнхим байгуулагдаж, монгол хэлний сурах бичиг зохиох төсөл хэрэгжүүлсэн бөгөөд Монгол хэлний тэнхимийн багш нар (Г.Бадан, Д.Баттулга, Л.Лхагва, Ж.Буянхишиг, Ж.Лувсандорж, Р.Жагваршал) хамтран *"Монгол хэл сурах бичиг (Учебник Монгольского языка)"* Уб., 1976 номыг зохиосон байна. Энэ бол гадаад хүнд зориулсан орчин цагийн монгол хэлээр зохиогдсон албан ёсны хамгийн анхны сурах бичиг байсан бөгөөд хэдийгээр социалист үзэл суртал, агуулга шингэсэн гэдэг боловч ерөнхийдөө монгол хэлний гол гол хэлний зүй, ярианы хэлний хэрэглээний

---
[1] This work supported by the Hankuk University of Foreign Studies Research Fund of 2016.

гол үг хэллэг, харилцан яриа, монголын тухай ойлголт, соёлыг талаар олон зүйлийг багтаасан нэлээд олон хичээлтэй, хичээл бүрдээ унших сэдэв, хэл зүйн тайлбар, шинэ үг хэллэгийн жагсаалт, харьцангүй олон дасгалтай сайн сурах бичиг байсан учраас гадаад орнуудын их дээд сургуулиуд өөрсдийн хэлээр орчуулан саяхныг хүртэл сургалтандаа зохистойгоор ашиглаж байсан билээ. Энэ ном нь эхнээсээ монгол хэлийг монгол хэлээр заах онолын дагуу бичигдсэн сурах бичиг бөгөөд бүтэц, зохиомж, аргачлал, хийцийн хувьд, нэлээд сайн бодож боловсруулсан боломжийн сурах бичиг байсан гэж дүгнэж болохоор байдаг. Тийм учраас хэд хэдэн гол гадаад хэлээр орчуулагдаж хэрэглээнд нэлээд удаан явсан байдаг.

Ерээд оны эхээр Монгол Улс зах зээлийн нийгэмд шилжин орсноор Монголыг сонирхох хүрээ улам өргөжиж, монгол хэл соёл сурах гадаадын хүмүүсийн зах зээл тэлж, хувь болоод хувьсгалын их дээд сургууль, курс дамжаагаар суралцах хүмүүсийн тоо олширч энэ хэрээр орчин үеийн аргаар хийсэн шинэ содон сурах бичиг гарын авлага бий болох зайлшгүй шаардлага бий болсон юм. Энэ хүртэл гадаад хүнд зориулсан сурах бичиг тийм ч олон байсангүй. Ингэснээр гадаад хүнд зориулсан төрөл бүрийн сурах бичиг гарын авлага бий болж, харьцангүй олон сурах бичиг гадаад дотоодод хэвлэгджээ.

Үүний нэг нь тухайн үедээ Олон Улсын Монгол Судлалын Сургууль хэмээн нэрлэгдэж гадаад хүнд монгол хэл заах гол сургалтын төв болж байсан байгууллагын багш А.Мөнхцэцэг, Х.Дэлгэрмаа нар англи хэлтэй суралцагч нарт зориулан "Goldenkey to Mongolian" номоо 1996 онд хэвлүүлсэнээс хойш хэд хэдэн удаагийн хувилбаруд хэвлэгдээд байна. Энэ ном нь нийт 30 хичээлтэй, хэрэглээний хэлний зүй дээр үндэслэн бичигдсэн сурах бичиг юм. Үүнд асуух нөхцөлөөс авахуулаад нэр үгийн тийн ялгал, хамаатуулах нөхцөл, олон тооны дагавар, үйл үгийн хэв, байдлын нөхцөл, гэ язгуурт үйл үг зэргийг бүрэн багтаасан байна. Мөн хичээл бүр нь унших дасгал, харилцан яриа, гэрийн даалгавар, нэмэлт дасгал, гэсэн бүтэцтэй бөгөөд дасгалын тоо харилцан адилгүй байна. Харин сэдэв бүрт тохирсон зураг чимэглэл хийж гол гол дүрэм, тайлбарыг англи хэлээр тайлбарласан нь англи хэлтэн хүмүүс анхан шатанд богино хугацаанд сурахад их дөхөмтэй ном болсон байна.

Мөн энэ сургуулиас "New Mongolian course" буюу Монгол хэлний шинэ сурах бичиг хийх хөтөлбөрийн хүрээнд бичигдсэн Д.Баасанжав, Б.Солонго нарын "Gateway to Mongolian" Уб., 2002 номыг дурдаж болно. Энэ ном нь 1-3 сарын богино хугацаагаар эрчимтэй сурах англи хэлтэй хүмүүст зориулсан яриан дээр үндэслэсэн нийт 24 хичээл, хавсралт, монгол-англи үгийн жагсаалт зэргээс бүтсэн байна. Монгол хэлний хамгийн өргөн хэрэглээний сэдвийг сонгон яриа зохиож, ярианаасаа шинэ үг хэллэг, хэл зүйгээ тайлбарлан, хичээл тус бүрийг 4-5 дасгалтай зохиож өгсөн байна. Мөн ярианы аудио бичлэгийг оруулсан нь суралцагч нарт амьд яриа сонсох, сонсох дадлага хийх боломж олгожээ. Хэлний зүйг хүснэгт, загвараар үзүүлсэн байна. Сүүлд 2014 онд "Gateway to Mongolian 2" номыг тус номын үргэлжлэл болгон хэвлэн гаргажээ.

Гадаад хүнд зориулсан монгол хэлний сурах бичиг, гарын авлага, лавламж материалын зах зээлийг гадаадын хэвлэлийн компаниуд ч анзаарч дэлхийн томоохон хэвлэлийн газруд сонирхож монгол хэлний номыг өөрийн цувралаар хэвлэж эхлэсэн байдаг. Үүнд Австралийн Lonely Planet, Английн Routledge зэрэг компаниуд орж байна. Тухайлбал Англи-Америкийн хамтарсан Routledge компани дэлхийн 50 орчим хэлний цувралбагтсан The Colloquial Series цувралдаа монгол хэлийг багтааж "Colloquial Mongolian" номыг Английн монголч эрдэмтэн Алан Сандерс, монголын эрдэмтэн Ж.Бат-Ирээдүй нар хамтран бичсэн байна. Энэ ном нь хэдийгээр тухайн хэвлэлийн газрын загварын дагуу бичигдсэн ч гэсэн монгол хэлний гол гол дүрэм, амьд ярианы хэлийг оролцуулсан нийт 10 хичээл, Монгол-Англи, Англи-Монгол хэлний дүймэн, хэл зүйн хэлхээ гэсэн бүтцээр бичигдсэн ба харилцаа яриан дээр үндэслэн зохиогдсон байна. Одоогоор энэ ном интернет зах зээлийн орчинд хамгийн олон хувиар зарагддаг гадаад хүнд зориулсан монгол хэлний номын хувьд Амазоны бестсэллэр ном болж чаджээ. Мөн Австралийн аялал жуулчлалын номоор дагнан үйл ажиллагаа явуулдаг "Lonely Planet" хэвлэлийн газар дэлхийн 100 орчим хэлний цуврал гаргадаг Phrasebook цувралдаа монгол хэлийг оруулан А.Сандерс, Ж.Бат-Ирээдүй нарын "Mongolian Phrasebook" номыг багтаан хэвлэсэн нь сүүлийн 20 шахам жилд Монголд ирэх жуулчдын гол гарын авлага болсон бөгөөд 2-3 удаа шинэчлэгдэн хэвлэгдсэн байна. Энэ ном нь сурах бичиг гэхээсээ илүү лавлагаа ном тал руугаа ажээ.

Ярианы сурах бичгүүд. Чехийн Карлын Их Сургуулийн дорно дахины салбарын эрдэмтэд болон Монголын эрдэмтэд хамтран 1979 онд J.Vacek, Dz.Luvsandordz, "Ucebnice mongolstiny" (Hovorovy styl), Praha, сурах бичгийг зохиожээ. Энэ нь тухайн үедээ ярианы хичээлийг дагнан суралцахад зориулсан анхны сурах бичиг болж, зүүн европийн болон Монголын их дээд сургуульд суралцаж байсан гадаад оюутанд монгол ярианы хэл суралцахад гол сурах бичиг болж байжээ. Эл номыг 2004 онд англи хэлээр "Colloquial Mongolian" нэрээр бүрэн орчуулж Прага хотноо хэвлүүлсэнээр одоо Чех, Герман, Монгол зэрэг орны их дээд сургуулиудад сурах бичгээр ашиглаж байна. Энэхүү ном академик сургалтанд маш сайн тохирсон сурах бичиг бөгөөд уг номын нийт 17 хичээл нь хэлзүй, шинэ үг хэллэг, дуудах буюу дуудлага, ярианы загвар, яриа, унших бичвэр, дасгал, даалгавар, гэсэн бүтцээр хийгдсэн байна. Мөн монгол хэлний хэлзүйн нэр томьёог англи хэлээр нэрт монголч эрдэмтэн Н.Поппегийн онооscoop орчуулан хэрэглэж байгаа нь монгол судлалын уламжлал шинэчлэлийг хослуулах, залуу монголч эрдэмтэд ахмад үейийн уламжлалт өв уламжлалаас суралцах, монгол хэлний суурь мэдлэг эзэмшихэд чухал гарын авлага болж байна.

МУИС-ийн багш Д.Баттуул 2009 онд "Монгол хэлний яриа ба сорил" номыг хэвлүүлсэн бөгөөд энэ ном нийт 16 ярианы сэдэвтэй, сэдэв бүрд шинэ үг хэллэгийг зургаар үзүүлж, ярианы загвар, харилцан яриануудыг үзүүлж суралцагч оюутан ангид болон өөрөө бие дааж судлаж болох боломжийг бүрдүүлжээ. Мөн тухайн сэдэвтэй холбоотой унших сэдвийг өгч, ангид болон гэрийн даалгаварт уг сэдвийг өргөжүүлэн хөгжүүлж ярих дасгал, загварууд, чөлөөт ярианы сэдвийг багтаасан байна. Тодорхой тооны хичээлийн дараа дүрмийг нэгтгэн тайлбарлаж, бататгах загварыг оруулж өгсөн нь тухайн ярианы сэдэвтэй уялдуулан хэлний зүйгээ бататгаад явах боломжийг өгсөн байна. Мөн ярианы сэдэвтэй холбогдсон сорилын ажлуудыг үг нөхөх, үгийн сүлжээ таах, орчуулах, асуултанд хариулах аргаар өгсөн нь суралцагч өөрийгөө ч дүгнэж болох боломж олгожээ. Энэ ном нь багштай монгол сурах, академик сургалтанд илүү тохиромжтой сурах бичиг байна.

Японы монголч эрдэмтэн Токусо Курибето, Х.Дэлгэрмаа нарын "Монголоор ярьж сурцгаая" гэдэг аудио си-ди бүхий ном Токиогийн Гадаад Судлалын Их Сургуулийн Ази, Африкийн судлалын хүрээлэнгийн захиалгаар 2009 онд хэвлэгдсэн байна. Энэ номын зохиомж их сонирхолтой болжээ. Уг номыг мөн харилцан яриан дээр үндэслэн зохиосон бөгөөд нийт 17 хичээлтэй, хичээл тус бүрд тухайн хичээлд холбогдох хэлний зүйг танилцуулж өгсөн бөгөөд дасгалыг си-ди сонсож, зураг дээр давхар ажиллахаар зохиомжилсон нь онцлог болжээ. Ярианы болон бусад сэдвийн сонголт сайн болсон байна. Энэ ном япон хэлтэн 1-3 сарын хугацаатай богино сургалт болон бие дааж сурахад илүү тохиромжтой, зохиомжийн хувьд бусад сурах бичгээс нэлээд ялгаатай онцлог болсон шиг санагдаж байна.

Токиогийн Гадаад Судлалын Их Сургуулийн профессор К.Окада, тус их сургуулийн зочин профессор Ж.Бат-Ирээдүй нар "*Монгол ярианы сурах бичиг*", Уб., 2011, 2016, номыг эхнээс нь тус их сургуулийн ярианы хэлний сургалтанд ашиглах зориулалтаар бичиж хэвлүүлжээ. Энэ номд нийт 25 хичээлд монгол хэлний өдөр тутмын ярианы гол гол сэдвүүдийг багтаасан бөгөөд мөн сэдэвчилсэн ярианы 28 төрлийг зохиомжлон оруулж уг яриаг аудио си-ди-д монголын радиогийн студид мэргэжлийн жүжигчдээр уншуулж бичүүлсэн амьд яриаг оруулсан нь суралцагч нар хэлний вакум орчин бүрдүүлэх оролдлого болсон байна. Мөн хавсралтад хэл зүйн гол гол хэлбэрүүд, тийн ялгал, үйл үгийн цагийн нөхцөл, үг бүтээх дагавар, нууц –н-тэй үгс, монгол хүний нэрийн жагсаалт, монгол-англи, англи-монгол гол үгсийг оруулсан нь практик ач холбогдолтой болжээ.

Аливаа гадаад хэл сурахад авиа дуудлагын дасгал, хийх явдал хамгийн чухал байдаг бөгөөд монгол хэлний хувьд ихэнхи сурах бичгүүдийн эхний хичээлүүдэд авиа зүйн дуудлагын дасгал сургууль хийх талаар товчхон оруулсан байдаг бол монгол хэлний түүн дотроо халх авианы дуудлагыг сурахад зориулсан дан авиан зүйн сурах бичгийг Чой.Баттулга, Мика Лайхо нар "*Халх монгол авианы дуудлага*" нэртэйгээр 1999 онд зохион хэвлүүлсэн байна. Энэ сурах бичиг нь суралцагчийн авиа дуудлагыг эхнээс шинжлэх ухааны үндэстэй зөв дуудаж сурах, мөн сонсох чадварыг сайжруулах зорилготой юм. Монгол хэлний авианы байрлал, дуудлагын онцлогийг шинжлэх ухааны үүднээс тайлбарлан, зургаар үзүүлж, хангалттай жишээ баримтаар баталгаажуулсан байна. Харин цаашид монгол хэлний авиа дуудлагыг сурах зориулсан сонсох болон бөглөх дасгалтай дэлгэрэнгүй сурах бичиг хийгх шаардлага урган гарч байна.

Хэлний зүйн сурах бичгүүд. Хэлний зүйн сурах бичиг бол монгол хэлний хамгийн чухал хэсэн билээ. Ихэнхи сурах бичигт хэлний зүйг яриа, бичиг, унших бичвэртэй холимог байдлаар оруулсан байдаг бөгөөд дан хэлний зүйн ном харьцангуй цөөн боловч бий. Энд зарим нэг хэлний зүйн түгээмэл сурах бичгийг тусгайлан авч үзье. Тухайлбал МУИС-ийн багш Чой.Баттулгын "*Монгол хэл зүйн дасгал, сорил*" (Mongolian Grammar -- Exercises and Tests) Уб., 2001 ном байна. Энэ ном нь хэлний зүйд суралцах явцад болон оюутан суралцсаны дараа мэдлэгээ бататгах, шалгах зориулалтаар хийсэн гарын авлага байна. Монгол хэлний хэлзүйн ойлголтуудыг хэрхэн ойлгож ухаарсаныг янз бүрийн аргаар шалгаж болох боломжийг энэ бэсрэг номд бүрэн ашиглаж чадсан нь түрүү түрүүчийн сурах бичгүүдээс өвөрмөц онцлогтой байна.

Мөн сургуулийн багш д-р Д.Нямаа С.Гантуул, Р.Бигэрмаа нар "*Монгол хэлний хэлзүйн дадлагын сурах бичиг*" хэмээх номыг 2005 онд, Д.Нямаа дангаараа "*Монгол хэлзүйн 300 дасгалтай сурах бичиг*" номыг 2008 онд Улаанбаатарт хэвлүүлжээ. Уг номууд нь нийт 30 хичээлтэй, монгол хэлний нэр үгээс үйл үг, энгийн өгүүлбэрээс нийлмэл өгүүлбэр хүртэлх ойлголтыг хамарсан ижил бүтэцтэй байна.

Энэ номууд нь хэдийгээр "Хэлзүйн дасгал" нэртэй боловч хичээл тус бүрд шинэ үг, дуудлага, яриа, хэлзүй, дасгал, бичвэр гэсэн бүтэцтэй болсон байна. Уг номын нэг сайн тал нь харьцангуй олон дасгалтай, монгол хэлний энгийн өгүүлбэрээс нийлмэл өгүүлбэр хүртэл ойлголтыг бүрэн хамарсан томоохон хэмжээний гарын авлага болжээ. Мөн монгол хэлний ойрын хэрэгцээт үйл үгийн тусгал, зэргийг хавсралтаар үзүүлж академик сургалтанд ашиглахад зориулжээ.

МУИС-ийн профессор, д-р Ж.Бат-Ирээдүй дотоод, гадаадын их дээд сургуулиудад олон жил гадаад хүнд монгол хэл заасан туршлага дээрээ дулдуйдан

"Эх хэл эрдэнэсийн сан" цувралаар хэд хэдэн сурах бичиг хэвлүүлсэн бөгөөд энэ хүрээнд 60 хичээл, 300 дасгал бүхий *"Монгол хэл зүйн сан"* (Mongolian Grammar Studies) номыг 2008 онд Улаанбаатарт хэвлүүлсэн байна. Энэ ном нь эхнээсээ монгол хэлний дан хэлний зүйг сурахад зориулсан бөгөөд монгол хэлний эхлэн сурахаас дунд түвшний суралцагч нар хэрэглэхэд тохиромжтой ном байна. Хэлний зүйг тайлбарлахдаа тухайн нөхцлийн олон утга, зөв бичих дүрэм, хэрэглээний хувилбаруудыг гаргаж хангалттай жишээгээр үзүүлсэнээрээ бусад хэл зүйн номоос ялгарч байна.

Уг номд монгол хэлний эгшиг болон гийгүүлэгч авианы дуудлагаас эхлэн нэр үг, төлөөний үг, асуух сул үг, нэр үгийн тийн ялгалууд, үйл үгийн хэв, байдлын нөхцлүүд, зарим өргөн хэрэглээний холбоос үг, туслах үйл үгийг багтаасан байна. Мөн нууц –н- тэй үг, үйлдүүлэх хэвийн –га-, -аа-, нөхцөл авах боломжтой үгийн жагсаалтыг хавсралтаар үзүүлсэн байна. Мөн бүх дасгалын хариуг уг номын ард хадаж өгсөн нь суралцагч бие даан үзэж өөрөө өөрийгөө шалгаж явах боломжийг олгож өгчээ.

Номын бүтцийн хувьд их онцлогтой юм. Учир нь тус номын сэдэв бүрийн онолын загвар хэсгийг номын зүүн гар талд, уг онолтой холбоо хамаатай дасгалыг баруун гар талд хийж өгсөн нь тухайн сэдвийг онол практикийн хувьд нэг дор харах боломж олгосон төдийгүй, өөр сэдэвтэй холилдохгүй, суралцагч будилж төөрөхгүй сайн талтай болсон байна. Англи хэлний хэлзүйн иймэрхүү бүтцээр хийсэн номоос санаа авсан байж магадгүй. Харин тухайн сэдвийн дасгалыг зохиохдоо хэлний түвшний хувьд харьцангуй доод дунд дээд түвшинд холимог зохиосон нь заримдаа хүндрэл учруулах талтай байна, харин зааж байгаа багш үүнийг урьдчилан харж зохицуулах, мөн өөрөө нэмэлт жишээ, дасгал зохиож хэрэглэх учиртай ажээ.

Гадаад хүнд монгол хэл сурахад зориулсан монгол хэлний сурах бичгийг тоймлон авч үзэхэд иймэрхүү байдалтай байна. Ер нь бол улсын болон хувийн их дээд сургууль, сургалтын төвүүдээс эрхлэн хэвлүүлсэн өөр олон сурах бичиг байдаг байна. Цаашид бүр нарийвчлан авч үзэх шаардлагатай гэж хэлж болно. Ихэнхи сурах бичиг нь насанд хүрэгчид болон англи хэлтэн хүмүүст зориулагдсан байгааг бас дурдалтай, цаашид монгол хэлийг гадаад хэл болгон үзэх хүүхэд, залуучуудад зориулсан сурах бичиг зохиох хэрэгцээ шаардлага улам бүр нэмэгдэж байна.

Гадаад хүнд монгол хэл заах арга нь хэдийгээр судлалын хувьд залуу боловч сүүлийн жилүүдэд эрчимтэй урагшилж гадаад, дотоодын эрдэмтэд сонирхож байгаа салбар гэж үзэж болно. Харин судалгааны хувьд эхлэлтийн байдалтай байгаа боловч монгол хэл соёлыг сурах, сонирхох, судлах хүмүүсийн тоо байнга өсөж байгаа, дэлхийн томоохон орны их дээд сургуулиудад монгол хэл соёлыг мэргэжил болгон зааж, ирээдүйн Монголын болон бусад орны зах зээлд мэргэжилтэн болгон бэлтгэж байгаа учраас энэ талын судалгааг эрчимжүүлэн үнэлэлт дүгнэлт өгч байх нь чухал ач холбогдолтой билээ. Үүний нэг нь сургалтын гол хэрэглэгдэхүүн болсон сурах бичиг, гарын авлагын судалгааг тогтмол хийж үнэлэлт дүгнэлт өгч байх нь чухал ач холбогдолтой юм.

Ерөнхийдөө дээрх ерөнхий болон тусгай салбарын чиглэлээр бичсэн сурах бичгүүдийг ажиглавал үг хэллэгийн давтамжийн судалгаа хийгдээгүй, сэдвийн сонголт тохиолдолын шинжтэй, тус сурах бичгүүдэд орсон үгийн сан, үг хэллэг, бичвэр зэрэг нь хэлний түвшндээр сайн ялгараагүй хүнд, хөнгөн сэдэв холилдсон, номын бүтцийн хувьд бие биенээ давтсан адил шинж чанартай, ер нь шинжлэх ухааны чанартай ямар ч судалгаагүйгээр сурах бичиг зохиох явдал түгээмэл байгаа нь ажиглагдаж байна. Мөн цаашид аливаа гадаад хэлээр тайлбарласан сурах бичгээс илүүтэй монгол хэлийг монгол хэлээр заах арга буюу direct method аргыг улам хөгжүүлж, академик сургалтанд хэрэглэж болох энэ чиглэлийн сурах бичгийг зохиоход гол анхаарлаа хандуулах, үүнийг хөгжүүлэх нь зохистой гэж үзэж байна.

Ирээдүйд гадаад хүнд зориулсан сурах бичиг хийхдээ эдгээр байдлыг анхаарч байх нь суралцагч нарын эрх ашгийг хамгаалах, мөн суралцагч оюутан тухайн сурах бичгээр ангид болон бие даан амжилттай суралцах, багш нар шинжлэх ухааны үндэстэй, үлдэцтэй сурах, сургах арга барилыг зөв эзэмшсэн сурах бичиг зохиох үндэс болох юм.

Ийнхүү гадаад хүнд зориулсан монгол хэлний сурах бичгүүдээс тоймлон авч үзвэл дээрх мэт байна. Цаашид монгол хэлний авиа дуудлага, зөв бичих зүй, үгийн сангийн сурах бичгийн талаар мөн судлан тоймлох болно.

НОМ ЗҮЙ

1. [Чой.Лувсанжав, 1976] - Хамтын, "Монгол хэл сурах бичиг" (Учебник Монгольского языка), 1976
2. [John Haycraft, 1978] - John Haycraft, "An Introduction to English Language Teaching", Longman, 1978
3. [Vacek, 1979] - J.Vacek, Dz.Luvsandordz, "Ucebnice mongolstiny" (Hovorovy styl), Praha, 1979
4. [David, 1991] - David Cross, A Practical Handbook of Language Teaching, Phoenix ELT, 1991
5. [Jeremy, 1991] - Jeremy Harmer, The Practice of English Language Teaching, Longman, 1991
6. [A Sanders, 1995, 199] - Alan J.K. Sanders and J.Bat-Ireedui, Colloquial Mongolian, London, New York, 1995
7. "Learning a Language Differently" 30 years of EYC experience, Council of Europe, 1998
8. [Battulga, 1999] - Ch.Battulga, Mika Laiho, "Khalkha Mongolian Pronunciation", Ub., 1999.
9. [Baasanjav, 2002] - D.Baasanjav, M.Solongo, "Gateway to Mongolian", Ulaanbaatar, 2002.
10. [David, 2003] - David Seymour & Maria Popova, "700 Classroom Activities", Macmillan, 2003.
11. [Barry, 2003] - Barry Sesnan, "How to teach English", OUP, 1997, 2003.
12. [Лувсандорж, 2004] - Ж.Лувсандорж, "Colloquial Mongolian", Praha, 2004.
13. [Бат-Ирээдүй, 2006] - Ж.Бат-Ирээдүй, "Монгол хэлний үг, утгын сан", Уб., 2006, 2008, 2015.
14. [Дуглас, 2007] - Дуглас Браун, "Хэл сурах сургах зарчим" (Principles of Language Learning and Teaching), Уб., 2007.
15. [Бат-Ирээдүй, 2008] - Ж.Бат-Ирээдүй, "Монгол хэлний хэл зүйн сан", Уб., 2008.
16. [Munkhtsetseg, 2008] - A.Munkhtsetseg, Kh.Delgermaa, "Goldenkey to Mongolian", Ub., 2008.
17. [Баттуул, 2009] - Д.Баттуул, "Монгол хэлний яриа ба сорил", Уб., 2009.
18. [Дэлгэрмаа, 2009] – Х.Дэлгэрмаа, Т.Курибето, "Монголоор ярьж сурцгаая", Токио, АА, TUFS, 2009.
19. [Baasanjav, 2014] - D.Baasanjav, "Gateway to Mongolian 2", Ulaanbaatar, 2014.
20. [Окада, 2016] - К.Окада нар, "Монгол ярианы сурах бичиг", Уб., 2011, 2016.

Mongolia and Northeast Asian Studies Vol. 2(2)
@Association for the History and Culture of the Mongols, Japan 2016

"ХИРВЭЭТ ДЭЭЛ" ХЭМЭЭХ ҮГИЙН ТУХАЙ

ON THE WORD "HIRVEET DEEL"

Л.Долгоржав
(МУИС)

There are many words that are widely used among nomadic herders but not known among the people. Introducing and reusing dialect words have an advantage of enriching literature language. In modern times, deels and clothings are trimmed with furs and the word "Hirveet Deel" can be reintroduced to use.
The word "hirvees", a deel trimmed with black calf and lambskin leather, comes from a word "hirveh" meaning cutting evenly, and it can have possible symbolic meaning.

Түлхүүр үг: Дархад ястан, дээл, эмжээр, хирвээтэй дээл.

Монгол хэлний нутгийн аялгуунаас ахуй амьдрал, хувцас хэрэглэлтэй холбогдох үг хэллэгийг гарлын талаас нь авч үзвэл нүүдэлч, малчдын олон мянган жилийн туршид нэг хэсэг нь улам боловсронгуй болж, нөгөө хэсэг хаягдан гээгдсээр өнөөг хүрсэн нь лавтай.

Дархад ястны эдийн соёлын нэг хэсэг болох хувцас, гоёл чимэглэлийн зүйлд нэлээд өвөрмөц онцлогтой нэрлэгдэж, уламжилсан зүйл олон байна. Үүний нэг дархад ястны "хирвээт дээл"-ийн (хирвээтэй дээл) тухай товч авч үзлээ.

"Хирвээ" гэдэг үгийг толь бичигт:
XERWĒ (Dar)-дээлийн эмжээр (Амаржаргал, 1988, х.191)
Хирвээс-Хэрвэсэн үстэй арьсны үсийг гадагш харуулан эмжсэн эмжээр, хөвөө хажлага. Хурган хэрвээстэй нэхий дээл-хурганы арьсан эмжээр, хажлагатай нэхий дээл (Монсудар, 2003, х.612)
Хирвээслэх-Дээл хувцасны энгэр, хормойг тойруулан үсээр мөшгөрлөх, хэрвээс хийх (Монсудар, 2013, х.612)
Xerwē (Dar)-юмны зах хэрвээтэй жишиж, дээлийн эмжээрийг "хэрвээ" гэж нэрлэсэн бололтой (Амаржаргал, 2007, х.76) гэх зэргээр тайлбарласан байна.
Эрдэмтэн М.Базаррагчаа "хувцас" хэмээх үгийн авианы сэлгэцээр үүсэх хувилбарыг гаргаж, "эмжээр" хэмээх үгийн гарлыг тайлбарласан байна. Монгол хэлний "qa"-язгуурын утга нь хаах, халхлах гэсэн утгатай бол тэргүүн үе хааж орсон "b" нь хамхих, битүүлэх гэсэн утгатай ажээ.(1995, х.76), "хааж халхлах, хумьж хучих гэсэн утгатай –qa, -qu язгуурын дараа "b"-г алгасан орсон "ta" нь "su\a" –гаар сэлгэж "qa-b-sa-yi-qu" (хавсайх), "qa-b-sa-r-qu" (хавсрах, шуурах), "qa-b-su-r-qu" (хавсрах, хамжих), "qa-b-su-qu" (хавсах, нийлүүлэх) зэрэг үг үүсчээ. Мөн үгийн эхний "q" гээгдэн, үе задгайрч "a-m-sa-yi-qu" (амсайх), "e-m-se-yi-kű" (эмсийх) зэрэг үг үүсчээ. "qa-m-ĵi-qu" гэдгийн "a" нь "e"-гээр сэлгэж, "e-m-ĵi-kű"-эмжих, "e-m-ĵi-ue-rű"-эмжээр зэрэг үг салаалсан нь мөн нарийн юмыг бөхлөх, хожмоо гоёх зорилгоор хөвөөлөн хамжуулж оёх утга үүсчээ" (1995, х.77) гэж тайлбарласан байна.

"Эмжээр" гэдэг үгийг аман болон салбар аман аялгуунд өөр өөрөөр нэрлэж ирсэн тухай эрдэмтэн Б.Амаржаргал "Халхын аялгуунд үгийн сангийн зөрөөтэй ойролцоо утгатай үгүүд нэлээд байна. Халхан салбар аман аялгуунд зарим хувцасны нэрийг янз бүрээр нэрлэжээ. Тухайлбал, дээлийн болон бусад төрлийн эмжээрийг bоγotšo (Dg), dzēg (Sar), endžēr (Gkha), xiadz (Tkha), xerwē (Dar), xurūlγa (Dar), mandză (Min), tasam (El, Sar) (2007, x.77) хэмээн "эмжээр" гэдэг үгийн ойролцоо утгыг гаргажээ.

Эрдэмтэн Ч.Сонгино "Монгол хувцасны тоног эмжээр тус бүр утгыг агуулдаг байжээ. Хар эмжээр нь урьд үед улс гүрэн нь тусгаар тогтнолоо алдсаны гашуудал, илэрхийлдэг тэмдэг байжээ. Мөн дээлийн тоног эмжээр эрт үеэс төдийлөн өөрчлөгдсөнгүй монголын эртний овог аймгуудын амьдралын баяр баясгаланг бэлгэшээсэн гал өнгө гэж улаан өнгийг эрхэмлэн гэр орон, тэргэн дээрээ хатгадаг байжээ. Үүнээс улбаалан хувцасны эмжээрт болон өнгөнд улаан өнгө давамгайлах болсон. Дээлийг ганц нимгэн эмжихийг тасам эмжээр, хоёр эмжихийг хос эмжээр, гурваар эмжихийг гурав эмжих, хажуугаар нь хослуулан хошмог тавих зэргээр тоногложо байсан" (1989, x.70) гэжээ.

Эрдэмтэн Х.Нямбуу "XVI зууны үеийн монголын уран барилгын алдартай дурсгал болох 1585 онд байгуулагдсан Эрдэнэ зуу хийдийн хананы Абтай хаан (1542-1588)-ны хөрөг, Түмэдийн алтан хааны (1507-1582) байгуулсан хөх хотын сүмийн хананы зураг мөн Алтан хаанаас Хятадын Мин улсын хаанд илгээсэн захидлын зураг сэлтэд янз бүрийн зэрэг тушаалын хүмүүсийн зургийг зурж хэрэглэлийг нь дүрсэлсэн байна. Энэ зургаас тэр цагийн Халх монголчуудын нийгмийн дээд давхаргынхан нь ямар хувцас хэрэглэж байсныг мэдэж болно. Дурьдсан зурагт сурвалжтай хүмүүс хөх улаан дээлтэй, дээлний энгэр нь **хар хирвээтэй**, хөх улаан цагаан хоолойвч мөрөвчтэй байв. (2002, x.89) гэснээс үзэхэд хирвээтэй дээлийг сурвалжит, язгууртан, төрийн эрх мэдэлтэй хүн өмсдөг байжээ. Судлаач С.Бадамхатан дархад ястны эд өлгийн соёлыг судалж, дархад ястны дээл хувцас, тэдгээрийн хэлбэр хэмжээ, үүрэг, зориулалт болон хирвээт дээлийн тухай өгүүлжээ. Тэрээр "Тува, дархад (ялангуяа бөө нарын өмсгөлд тод тусгалаа олжээ) дээлний урд хормойн хэсэг буюу гадаад хормойн баруун доод талыг дээлийн гол хүртэл дөрвөлжин маягтай ухаж тойруулан эмждэг нь XIII зууны үеэс уламжилсан бөгөөд хожим хар хурганы арьс, хар тугал, унаганы арьсаар дээлийн энгэрт хирвээ хадах заншил үүсч, улмаар хар хилэн, хоргойгоор эмждэг (ялангуяа нутгийн баячуудын дунд өргөн дэлгэрсэн) болсон байна. Дархад нутагт эхэн үедээ нарийн хирвээтэй буюу манз[1] энгэртэй дээлийг өмсдөг байсан бөгөөд дараа нь хирвээтэй дээл эдлэх болжээ. Дархад дээлийн нарийн хирвээ XIX зууны дунд үеэс Буриадтай харилцах харилцаа хөгжсөн нь тус хоёр ястны эдийн соёлд нөлөөлж, өргөн болсон байж болох юм. Хирвээтэй дээл нь Алтайнхан, Тува, Буриад зэрэг Тагна-Соён, Алтай орчмоор нутагладаг бүх ястан угсаатанд тархсан хувцас юм" (2002, x.141-145) гэж үзээд хирвээтэй дээл хөгжлийн хувьд хэд хэдэн үе шат дамжсан тухай өгүүлсэн байна.

Дээлийг өргөн эмжиж, хөвөөлдөг нь бусад ястанд мөн адил байжээ. Буриад эмэгтэйчүүдийн дээл энгэр хурц омогтой, гурвалсан эмжээртэй тэрхүү эмжээрийн дээд хэсэг нь хөх ногоон өнгийн эд үүнийхээ удаа хар хилэнгээр мөн удаанд нь улаан өнгийн бөсөөр өнгө хослуулан эмжих онцлогтой ба энэ нь хүмүүсийн

---

[1] **Mandză** (Min)-энгэрийн эмжээр, mandzăń órgón dēl-эмжээр нь өргөн дээл. *(Амаржаргал Б., БНМАУ-ын нутгийн аялгууны толь бичиг, 1-р боть, Халх аялгуу. Уб.,1988, x-234).* Дархад ястны **манз** энгэртэй дээл гэдэг нь тэд дөрвөлжин энгэрийг манз энгэр гэж нэрлэснээс үүссэн бололтой. Тэгэхдээ дархад ястнууд манж гэж дээлийн энгэрийн хэлбэр дүрсийг биш, энгэрийн эмжээрийг (тэд нарийн хирвээг манз гэж нэрлэдэг) нэрлэсэн байна. Халх болон бусад ястнуудад манж зах (манж энгэр) гэж босоо зах, дөрвөлжин энгэрийг нэрлэдэг байсан учир дархадад манж гэдэг үг манз болон хэрэглэгдэх болсон байна. *(Бадамхатан С., Эрдэм шинжилгээний бүтээлүүд I, Уб., 2002, x-158)*

эртний шүтлэг бишрэлийн ойлголтын нэгэн тусгал юм. (Батнасан, 1989, х. 45) Үзэмчин эрэгтэй оноотой, энгэр нь дөрвөн хуруу хар өнгийн эмжээртэй, нарийн зээгтэй, хормойг эргэн тойрон эмжсэн дээл, дөрвөд эрэгтэй үнэгний бушгагаар захалж, өргөн хар хиен хиазтай, оноотой цалам, гулзтай дээл өмсдөг байжээ. (Содномцэрэн, 1992, х.140)

Ийнхүү ОЦМХ-ний "эмжээр" гэх үгийг дархад аман аялгуунд "хирвээ" гэж нэрлэх бөгөөд дархадын "хирвээт дээл"-ийн нэр ийнхүү бий болжээ.

Хирвэх[2] буюу жигд тэгшилж тайрах, хяргах гэсэн утгатай үйл үгээс нэр үг үүсгэх дагаварын аргаар бүтсэн "хирвээс" буюу хирвэсэн үстэй гол төлөв хар тугал, хар хурганы арьсан өргөн эмжээрээр дээр өгүүлсэн сурвалжит, язгууртан хүний дээлийг эмждэг байсан нь тодорхой утга агуулгатай байж болох юм.

Хирвээт дээл (хирвээст дээл) буюу тачир хяргасан үстэй хурга, тугалын арьс мөн эдээр өргөн эмжсэн дээлийг гол төлөв дархад авгай хүн өмсөх бөгөөд дархад эрэгтэй хүн зуны улиралд өмсдөг байжээ. Хирвээгүй дээл буюу хяргаж тайраагүй хар хурга, тугалын арьсаар эмжиж хийсэн дээлийг өвлийн улиралд дархад эрэгтэй хүн өмсөх бөгөөд хүүхдийн дээлийг хирвээгүй арьсаар эмждэг байжээ. Гол төлөв хар тугал, хурганы арьсаар эмждэг байсан нь мал аж ахуй үүссэн XII-XIII зууны үеэс улбаатай нь тодорхой юм.

Аливаа хэлний үгийн сангийн нэгжүүд нь тухайн ард түмнийхээ аж амьдрал, түүх, соёл, зан заншлыг өөртөө хураан шингээсэн онцлогтой байдаг. (Нансалмаа, 2017) Үүний тод жишээ дархад аман аялгуунд эмжээрийг "хирвээ, хирвээс", хар ангийн өргөн эмжээртэй дээлийг "хирвээт дээл" хэмээснийг товч өгүүлэхэд ийм байна.

ДҮГНЭЛТ

Нүүдэлчин малчдын ярианд нийтлэг яригддаг боловч нийтээр тэр бүр мэдэхгүй мал аж ахуй, хоол хүнс, хувцасны холбогдолтой олон нэр томьёо байна. Ялангуяа монгол хэлний нутгийн аялгууны үгсээс оновчтой зохистойг нь нэр томьёо болгон сэргээж хэрэглэх нь утга зохиолын хэлийг баяжуулах ач холбогдолтой. Орчин үед дээл, хувцасыг янз бүрийн үслэг эдээр эмжиж хийдэг болсон учир "хирвээт дээл" гэх нэр томьёог сэргээн хэрэглэх боломжтой юм.

Цаашид дархад ястны ахуй амьдрал, түүх, соёлын уламжлал "хирвээт дээл" болон бусад аман аялгууны ойролцоо утгатай үгсийг үгийн сан, утга зүй, түүх, соёл, бэлгэдэл гээд олон талаас судлах нь зүйтэй юм.

АШИГЛАСАН МАТЕРИАЛ

1. Амаржаргал Б., (2007). *Халх аялгууны үгийн сан, утгын судалгаа.* Улаанбаатар.
2. Амаржаргал Б., (1988). *БНМАУ-ын нутгийн аялгууны толь бичиг,* I. *Халх аялгуу.* Улаанбаатар.
3. Бадамхатан С., (2002). *Эрдэм шинжилгээний бүтээлүүд,* I. Улаанбаатар. Соёмбо принт ХХК.
4. Базаррагчаа М., (1997). *Монгол үгийн гарлыг мөшгих нь,* III. Улаанбаатар.
5. Батнасан Г., (1989). *Монгол ардын хувцас.* Улаанбаатар.
6. Нансалмаа Н., (2017). *"Нийгэм хэл шинжлэл" хичээлийн лекц.*
7. Нямбуу Х., (2002). *Монгол хувцасны түүх.* Улаанбаатар. Адмон принт ХХК.

---

[2] **Хирвэх**- Хяргах, тайрах гэсэн утгатай. **Хирвэж цавчих** (хяргаж унагах), **модны мөчир хирвэх** (модны мөчрийг адил хэмжээтэй хяргах тайрах), **тэгшилж хирвэх** (тэгшилж тайрах); **Хирвэгэр сахал** -өтгөн бөгөөд жигд зассан сахал (ред. Сүлд-Эрдэнэ Г., Монгол хэлний хуучин үгийн толь, Уб., 2013, х-591)

8. Содномцэрэн Л., (1992). *Монгол эдийн соёл, ардын урлагийн зүйлчилсэн тайлбар толь.* Улаанбаатар.
9. Ред.Сүлд-Эрдэнэ Г., (2013). *Монгол хэлний хуучин үгийн толь.* Улаанбаатар. "Монсудар" хэвлэлийн компани
10. Цолоо Ж., (1988). *БНМАУ-ын нутгийн аялгууны толь бичиг, 2-р боть, Ойрд аялгуу.* Улаанбаатар.

МОНГОЛ ЯПОН ХЭЛНИЙ ЗАРИМ
ХЭЛЦИЙГ ЗЭРЭГЦҮҮЛСЭН НЬ

COMPARATIVE ANALYSIS OF MONGOLIAN
AND JAPANESE IDIOMS

Л.Чулуунбаатар
(МУИС)

ABSTRACT

Most scholars consider that the Mongolian and Japanese languages both belong to the Altai language group, together with Turkish, Manchu tungus and Korean. Therefore the two languages' sentence structures are almost the same. There are many idioms in Mongolian and also in Japanese. Both nations live in one continent and they have many warrior traditions and share similar Buddhist worshiping practices. Because of these similarities there are many idioms which are similar in both meaning and concept.

Scholars of both languages explain the similarities as "Two or more words which contain their own meaning combine and forms a different meaning which is always stable". But some concepts are exemplified by different words relating to social structure, culture and tradition, living land, climate and life situations. For example: Mongolian idiom "Like father like son" is similar with Japanese idiom "Kairu no ko wa kairu" "Like fog like son". However it is not showing the ordinary simple meaning, it tells us the concept of philosophy of the world and mankind social structure and rule. Some concepts are shown through similar words. Another example is the Mongolian idiom "Like mushrooms after rain," which is similar to the idiom in Japanese "Ame no atono take no ko", "Like bamboo after rain". Idioms in most nations are very difficult to translate into other languages. Learning both languages well and obtaining knowledge of the culture and traditions, social structure and thinking characteristics can help improve the translations. The present day expanding relationship between Mongolia and Japan needs to undertake a comparative study of grammar, including idioms, and also compile a dictionary of idioms for both languages. It is the demand of social linguistics.

Монгол Япон хоёр хэл бол олонхи эрдэмтэдийн судалгаагаар түрэг, манж-түнгүс, солонгос хэлнүүдийн адил алтай овгийн хэлний бүлэгт багтдаг (2:188). Тийм болохоор өгүүлбэрийн бүтцийн хувьд бараг адил байдаг. Монгол хэлэнд өвөрмөц хэлц буюу хэлц үг арвин байдгийн адил мөн япон хэлэнд хэлц үг арвин байдаг. Монгол хэлний хэлц үгийг судалсан эрдэмтэдийн судалгаанаас үзэхэд "Өвөрмөц хэлц гэдэг бол утгын хувьд, бүрдүүлж байгаа үг тус бүрийн цөм утга алдарч, нийлэн нэгдэж, нэгэн ухагдахуун, утга санаа илэрхийлсэн, тухайн ард түмний сэтгэхүй, сэтгэлгээ нэвт шингэсэн, аж ахуй, бодот амьдрал, хэв ёс, зан заншил, шашин шүтлэг, үзэл бодол гэх зэргийн гүн тусгал болсон тогтвортой нийлэмж үг юм" (3:124) гэх хийгээд "Өвөрмөц хэллэг гэдэг бол гагцхүү тухайн үндэстний хэлэнд буюу тухайн соёлын хүрээнд багтах улсын хэлэнд байдаг тогтворжсон нийлэмж үгийн нэр юм" (5:3) хэмээх тодорхойлолтуудад зангидагдаж байна. Япон хэлний хэлц үгийн талаар ч "Тус тусдаа өөр утга бүхий хоёр ба түүнээс дээш үг хоршиж, аливаа юмсын шинж чанарыг дам илэрхийлсэн тогтвортой хэллэгийг хэлнэ" (11: 56) гэх буюу "Хэлц гэдэг нь хоёроос дээш үг холбоос болж орох ба юмыг шууд утгаар нэрэлдэггүй үгийг хэлнэ. Тус тусын үг нь ямар нэгэн дүр төрх төсөөллийг бий болгох нь олонтой бөгөөд ижил агуулгатай зүйлийг өөр үгээр илэрхийлэхээс илүү цаад хүндээ хүчтэй сэтгэгдэл төрүүлдэг зүйл юм" (10:75) хэмээх тодорхойлолтууд байгаа нь бүтэц болон үгсийн сангийн утгын хувьд бараг адил байна. Хэлц нь тухайн ард түмний сэтгэлгээ, ёс заншил, түүх зэрэг үндэсний онцлогийг хадгалж байдаг учраас түүнийг дан ганц үгийн сангийн төвшинд авч үзэх нь учир дутагдалтай билээ. Хэлцийн олонх нь шилжмэл утгатай бөгөөд хүний санаа, сэтгэлийн хөдөлгөөн, найруулгын олон өнгө аясыг илтгэсэн, юмс үзэгдлийг шууд ба шууд бусаар заан нэрлэсэн (7:368) ухагдхууны шинж тэмдэгтэй байх нь бүх жинхэнэ өвөрмөц хэлцийн үндэсэн шинж мөн. Англи, герман, перс, башкир болон дэлхийн бусад хэлний өвөрмөц хэлц ийм шинжийг агуулж байдаг (8:17).

Нэг тив болох Азид оршдог хийгээд хоёулаа нум сумт дайчин үндэстэн, адилхан бурхны шашин шүтдэг, хөх толботон ард түмний хувьд тэр юмуу ухагдахуун, сэтгэлгээний хувьд таарах хэлц үг арвин байх болой. Монголчуудын байгаль орчин, нийгэм түүх, аж ахуй, амьдрал үйлс, зан аншил, хувцас хунар нь хүртэл өөрийн онцлогтой тул монгол өвөрмөц хэлц тэр бүхнийг ямарваа нэг хэмжээгээр тусгасан байдаг (1:08) бол япон өвөрмөц хэл бас тийм онцлогийг тусгасан байдаг. Жишээлбэл: "Эх нь хээр алаг бол хүү нь шийр алаг" хэмээх монгол өвөрмөц хэлц япон хэлний "Kairu no ko wa kairu" буюу "Мэлхийний хүү мэлхий" хэмээх хэлцтэй дүйдэг. Энэ зүгээр л морь малын зүсний тухай жирийн ухагдахуун бус ертөнц, байгаль дэлхий, хүмүүний нийгмийн амьдралын зүй тогтлын талаарх гүн ухааны ойлголт ухагдахуун юм. Харин нэг адил ухагдахууныг гаргахдаа хоёр ард түмний нийгмийн ахуй нөхцөл, соёл зан заншил, амьдран суух газар орон, байгаль цаг уурын нөхцөл, хөдөлмөр эрхлэх амжиргааны нөхцөл зэргээсээ шалтгаалаад зүйрлэж байгаа буюу ухагдахууныг бүрэлдүүлж байгаа үгсийн сангийн үг нь өөр өөр буюу өвөрмөц онцлогтой байна. Маш ойролцоо төстэй зүйлээр нэг ухагдахууныг илэрхийлэх нь ч буй. Аливаа үйл хэрэг, юмсын хөгжил хувиралд орчны нөлөө маш их байдгийг "Борооны дараах мөөг шиг" хэлцээс харж болно. Тухайлбал: Хурган цагаан мөөг ургахад, эхлээд сайн хар шороот хөрс, дараа нь шиврээ бороо, тэгээд тэнгэрийн дуу газрыг доргиож өгөх ийм гурван нөлөө байдаг байна (2:126). Энэ хэлцтэй дүйх япон хэлний хэлц бол "Ame no atono take no ko" буюу "Борооны дараах хулс шиг" хэмээх хэлц юм. Зүйрлэж байгаа зүйл нь өөр боловч гаргах ухагдахуун болон үйл хэрэг, хөгжил хувьслын шалтгаан нь ижил байна.

Монгол хэлний өвөрмөц хэлц бол үүсэн бүрэлдсэн, хэвшин тогтсон уг сурвалжаараа эсгий туургатны адуулах мал аж ахуй, хэрэглэх эд агуурс, идэж уух хоол хүнс, өмсөж зүүх хувцас хунар, ёс заншил, монгол хүний сэтгэхүй, сэтгэлгээ, зан суртахуун, нүүдлийн соёл иргэншил гэх зэрэгтэй гүн гүнзгий холбоотой (2:127) байхад япон хэлний өвөрмөц хэлц бол суурин буюу тариалах соёл, далай тэнгис, ус гол гэх мэт газар орон байгаль цаг уурын өвөрмөц онцлогийг тусгасан байх жишээтэй. Жишээлбэл: "Харганын ноос түүж эсгий хийх" хэмээх хэлц япон хэлний "Mizu ni e o kaku" буюу "Усан дээр зураг зурах" хэмээх хэлц таарч байгаас харж болно.

Аливаа улс үндэстний хэлэнд байдаг хэлц үг нь нөгөө хэлэнд орчуулахад ямагт хэцүү байдаг бөгөөд өвөрмөц хэлцийг голдуу утгачлан орчуулдаг. (7:369) Тийм болохоор орчуулж байгаа хоёр хэлээ бүрэн сайн эзэмшихээс гадна соёл зан заншил, нийгмийн ахуй, сэтгэлгээний онцлогыг сайтар эзэмшсэн байх шаардлагатай байдаг. Монгол Япон хоёр орны соёл хамтын ажиллагаа, харилцаа холбоо өргөжин тэлж байгаа өнөө үед харьцуулсан хэлний судалгаа, түүн дотроо өвөрмөц хэлцийн харьцуулсан судалгаа, хоёр хэлний өвөрмөц хэлцийн толь гаргах нь нийгэм хэлшинжлэлийн чухал шаардлага болж байна. Монгол Япон хэлний ухагдахууны хувьд таарах хэлцийг зэрвэс харьцуулан үзэхэд доорх мэт.

1. Эх нь хээр алаг бол хүү нь шийр алаг
Kairu no ko wa kairu
Мэлхийний хүү мэлхий

2. Бөх хүн бүдүүн өвсөнд
Баян хүн нэг шуурганд,
Баатар хүн нэг суманд
Saru mo ki kara ochiru
Сармагчин ч гэсэн модноос унадаг

3. Гүзээнд наалдсан шалз шиг
Нойтон хамуу шиг
Kingyo no fun
Алтан загасны баас

4. Нар баруунаас гарах
Ishi ni hanaga saku
Чулуунаас цэцэг ургах

5. Чононд хонь хадгалуулах
Oni ni kanabo
Чөтгөрт алтан саваа хадгалуулах
6. Борооны түрүүнд шороо
Боохойн түрүүнд хэрээ
Arashi no mae ni shizukasa
Их шууурганы өмнө нам гүм

7. Усч хүн усандаа
Oyogi jouzu wa kawa de shinu
Хамгийн сайн сэлдэг хүн голд үхдэг

8. Илжигний чихэнд алт хийсэн ч сэгсэрнэ, ус хийсэн ч сэгсэрнэ
Fita no mae ni shinju o nageru
Гахайны өмнө сувд шидэх

9. Нэг сумаар хоёр туулай буудах
Isseki hitori
Нэг чулуугаар хоёр шувуу

10. Өнгөрсөн борооны хойноос цув нөмрөх
Shinda ko no toshi o kazoeru
Үхсэн хүүхдийг насыг тоолох

11. Борооны дараах мөөг шиг
Ame no atono take no ko"

148

Борооны дараах хулс шиг

12. Солонго татвал бороо арилдаг
Будан татвал бороо ордог
Asaniji wa ame, yoru niji wa hare
Өглөөний солонго бороо дагуулдаг
Үдшийн солонго тэнгэр цэлмээдэг

14. Харганын ноос түүж эсгий хийх
Mizu ni e o kaku
Усан дээр зураг зурах

15. Явсан нохой яс зууна
Inu mo arukeba bō ni ataru
Явсан нохой саваа олно

16. Бага чулуугаар их чулуу
Ebi de tai o tsuru
Сам хорхойгоор цурхай барих

17. Тэжээсэн бяруу тэрэг эвдэх
Kai inu ni te o kamareru
Тэжээсэн нохойдоо гараа хазуулах

18. Барилдахаасаа таахалзах нь
Бөөсөнд хутга
Gyūtō o motte niwatori o saku
Үхэр сэлмээр тахиа хуваах

19. Овоо босгоогүй бол шаазгай хаанаас суух вэ
Ni no nai tokoro ni kemuri wa tatanu
Галгүй газар утаа босохгүй

20. Ажил хийвэл дуустал
Давс хийвэл уустал
Doku o kurawaba sara made
Хор уувал тавгий нь хүртэл

21. Дуслыг хураавал далай
Дуулсныг хураавал эрдэм
Chiri mo tumoreba yama to naru
Тоос овоорвол уул болно

22. Усы нь уувал ёсы нь дага
Gō ni haireba gō ni shitagae
Тосгонд нь орвол тосгондоо захирагд

НОМ ЗҮЙ

1. Г.Аким, Монгол өвөрмөц хэлцийн товч тайлбар толь, УБ., 1982
2. Б.Даваасүрэн, Алтай овгийн хэлнүүд, Улаанбаатар, 2005
3. Д.Бадамдорж, Монгол хэлний үгийн сангийн утга зүй, Улаанбаатар, 2006
4. Ж.Бат-Ирээдүй, Монгол хэлний хэвшмэл хэллэг дэх хэлц үгийн утга, УБ
5. Чой. Лувсанжав, Орос Монгол өвөрмөц хэллэгийн толь, УБ., 1970
6. Н.Нансалмаа, Үгийн сан судлал, УБ., 2005
7. Орчин цагийн монгол хэл, УБ., 2004
8. Г.Д.Пермяков, От поговорки до сказки, М., 1970
9. Ж.Төмөрцэрэн, Монгол хэлний үгийн сангийн судлал, УБ., 2001
10. Хуучин үг хэллэг, зүйр цэцэн үг, хэлцийн толь, 1999, Токио, Сансэйдо
11. Шинээр тайлбарласан улсын хэлний толь, Shin meikai kokugo jiten, 1995, Tokyo, Sanseido)

8 НАСТАЙ МОНГОЛ ХҮҮХДИЙН ӨГҮҮЛБЭРИЙН БҮТЦЭД ИЛРЭХ ОНЦЛОГ

8 YEARS OLD MONGOLIAN CHILD'S ESPECIALITY IN SENTENCE

Б.Мөнгөнцэцэг
(МУИС)

ABSTRACT

We defined 3rd grade child's ability of making sentence only in writing level and the story that chose belongs to three different categories of experiment.
For example in order to study about writing language. Children were made three times essay writing and we collected a list of file.

To define 8 years old Mongolian child's ability of making sentence we made especial experiment that appears at the end of the sentence and conjunction.

Түлхүүр үг: хүүхдийн хэл, үгсийн аймаг, өгүүлбэрийн хэв шинж, төгсгөх нөхцөл

Аливаа хүний насан туршдаа хэн байхыг нь тодорхойлох хамгийн чухал үе нь хүүхэд нас билээ. Энэхүү чухал насанд нь хамгийн зөвөөр нөлөөлөх боломж бол хүүхдийн зохиолын сайн бүтээлүүд байдаг. Гэхдээ хүүхдэд зориулсан тэдгээр бүтээлийг өнөө цагт шинжлэх ухааны үндэслэлтэйгээр бүтээн туурвих явдал хамгийн чухал юм. Манайд гарч буй хүүхдийн зохиолууд сэдэв, агуулгын хувьд хүүхдэд зориулагдсан хэдий ч үгийн сонголт, бичлэгийн арга, хэл найруулга зэрэг нь насанд хүрэгчдийн түвшинд нийцэхээр болдог нийтлэг дутагдал ажиглагддаг. Тэгэхээр хүүхдэд зориулсан аливаа зохиол бүтээлийн үгийн сан, өгүүлбэрийн бүтэц, үгийн тоо, найруулгын арга зэргийг хүүхэд ухаж ойлгоход төвөг учрахгүй байхаар боловсруулж бичих буюу өөрөөр хэлбэл, шинжлэх ухааны үндэслэлтэй хандах явдал туйлын чухал байна. Ийм нөхцөл боломжийг бүрдүүлэх үндсийн нэг нь хүүхдийн өгүүлбэр бүтээх чадамжийг тодорхойлон тогтоох явдал юм.

Монгол хүүхдүүдийн эх хэлээ эзэмшиж буй талаар нарийвчлан судалсан судалгаа түгээмэл биш байна. Харин сүүлийн үед сургуулийн өмнөх насны хүүхдийн сэтгэл зүй, ярианы чадварын талаар судалгаа гарч байгааг үгүйсгэх аргагүй. Тухайлбал, Т.Цэндсүрэнгийн "5-7 насны хүүхдийн оюун ухаан ба нийгэмшихүйн хөгжлийн хамаарлын судалгаа" /Цэцэрлэг, "Хот айл" төсөлд хамрагдаж буй хүүхдүүдийн жишээн дээр/(2002), Ц.Баттуяагийн "Боловсролын тусгай хэрэгцээ шаардлагатай хүүхдийн хөгжлийг судалсан нь" /Цэцэрлэгийн 4-7 настай хүүхдийн жишээн дээр/ (2003), Ц.Наранцэцэгийн "Хүүхдийн утгын уялдаатай ярих чадварын судалгаа" (2007), Ц.Оюунгэрэлийн "Гурав хүртэлх насны хүүхдийн хэл ярианы хөгжилд үзүүлэх орчны нөлөөлөл" (2004), С.Одончимэгийн "Хүүхдийн хэл яриан үүсмэл үг үүсэх онцлог зүй тогтол" /3-6 насны хүүхдийн хэл ярианы ажиглалт, туршилт судалгаа/(2014) зэрэг судалгааны ажлууд гарсныг дурдах нь зүйтэй.

151

Монгол хэл шинжлэлд орхигддог байсан хүүхдийн хэлний судалгааг урагшлуулах, хүүхдэд зориулсан уран бүтээлүүдэд шинжлэх ухааны үндэслэлтэй хандах боломжийг нээн илрүүлэхэд бидний энэхүү судалгааны ажил тус дөхөм болно гэж үзэж байна. Судалгааны ажлын эх хэрэглэгдэхүүн, фонд бүрдүүлэх зорилгоор төлөөлөл болгон: а) Төв суурин газарт: Улаанбаатар хотын төв хэсгээс төлөөлөл болгон 18-р сургууль, захын хороолоос төлөөлөл болгон 39-р сургууль, б) хөдөө орон нутагт: баруун бүсийн говийн хэсгээс төлөөлөл болгон Говь-Алтай аймгийг сонгосны зэрэгцээ харьцуулж дүн шинжилгээ хийх үүднээс хүүхдийн тоо (нэгж тус бүрээс 30-нийт 90 хүүхэд)-г тэгшилсэн болно.

Уг өгүүлэлд төлөөлөл болгон сонгосон судалгааны нийт 3 нэгжид хамаарах 3-р ангийн хүүхдүүдийн өгүүлбэр бүтээх чадамжийг хэл шинжлэлийн үндэслэлтэйгээр тогтоон гаргахын тулд зөвхөн бичгийн хэлний түвшинд судлан тодорхойлсон болно. Тодруулбал, бичгийн хэлийг судлахын тулд тодорхой чиглэсэн сэдвээр 3 удаагийн зохион бичлэг хийлгэж судалгааны фонд бүрдүүллээ.

Аливаа хүүхэд зөв сэтгэлгээ, зан суртахууны төлөвшил олж авахад 6-12 нас хамгийн чухал үе байдгийг судлаачид нэгэнт тогтоосон бөгөөд энэхүү судалгааны фонд бүрдүүлсний үр дүнд 8 настны эх хэлээ эзэмшиж буй явц, хүүхдүүдийн өгүүлбэр бүтээх чадамжийг хэл шинжлэлийн үндэслэлтэйгээр бодитоор тогтоон гаргахад голлон анхаарсан болно.

Судалгааны фондын хэрэглэгдэхүүнд боловсруулалт хийж, 8 настай хүүхдийн өгүүлбэр бүтээх чадамжийг тодорхойлон гаргахдаа
1. Үгсийн аймгийн бүрэлдэхүүн
2. Өгүүлбэрийн хэв шинж
3. Өгүүлбэрийн төгсгөл болоод төгсгөх нөхцөлийн хэрэглээнд дүн шинжилгээ хийлээ.

Тус бүрийг тодруулан авч үзье. Үүнд:

1. **Үгсийн аймгийн бүрэлдэхүүн**

Хүүхдийн хэл судлал нь орчин үед хүний хэлний талаарх бие даасан шинжлэх ухааны салбар болтлоо хөгжиж байна. Зарим судалгааны бүтээлээс дурдъя.

АНУ-ын Ричмондын Их Сургуулийн Сэтгэл судлалын тэнхимийн багш Shuxia Liu, Xiaowei Zhao, Ping Li нар "Early lexical development: a corpus-based study of three languages"[1] өгүүлэлдээ өөр өөр орчин нөхцөлд өсөн торниж, амьдарч буй хүүхдүүд болон тэдний аав ээж, асран хүмүүжүүлэгчдийн хоорондын харилцаа яриаг тэмдэглэн, "эцэг эх-хүүхэд"-ийн харилцаа ярианы томоохон бичвэрийн сан үүсгэж, түүнд тулгуурлан англи, хятад, канту хэлт хүүхдийн үгийн сангийн баяжил, хөгжлийг (lexical development) хил дамнуулсан хэл шинжлэлийн задлал (a cross linguistic analysis)-ын аргаар судлан шинжилжээ. Чингэхдээ 8 өөр насны ангиллаар бүлэглэж, хүүхэд болон асран халамжлагч нарын харилцаа ярианы үгсийн аймаг буюу үгийн сангийн бүрдлийн (нэр үг, үйл үг, тэмдэг нэр) хэв маягийг (patterns) тодорхойлсон байна. Уг судалгааны үр дүнгээс дурдвал, "Хэлд орж буй хүүхдийн эх хэлнийх нь хэв шинжийн онцлог тухайн хүүхдийн хэлний гаргалга(language output)-ын талд онцгой нөлөөлдөг байна. Энэ нь хүүхэд хөгжлийнхөө өөр өөр үе шатандаа ашиглаж буй үгийн сангийн ай, тухайлбал нэр үг, тэмдэг нэр, үйл

---

[1] http://blclab.org/wp-content/uploads/2013/02/pp291_liu.pdf

үгийн хэрэглээний эзлэх хувь нь харилцан адилгүй байдгаас тод анзаарагддаг. Жишээлбэл: англи хэлт хүүхдүүд хэлд орохдоо нэр үгийг голлон хэрэглэж, нэлээд хожуу тэдгээр нэр үгээ тэмдэг нэр, үйл үгтэй холбон хэллэг бүтээдэг байхад хятад хэлт хүүхдүүд хэлд орохдоо үйл үгийг түлхүү хэрэглэдэг. Үүний шалтгаан нь мэдээж хэрэг хятад хэлт насанд хүрэгчид хүүхдэтэйгээ харилцахдаа үйл үгийг нэр үгээс илүүтэй онцлон хэрэглэдэг, англи хэлт насанд хүрэгчид хүүхэдтэйгээ харилцахдаа нэр үгийг онцлон хэрэглэгдэг тус тусын хэл, сэтгэлгээний онцлогтой холбоотой" гэжээ. Түүнчлэн А.Н.Гвоздев "Гурван настай хүүхдийн үгийн сангийн 50.2%-ийг нэр үг, 27.4%-ийг үйл үг, 1.8%-ийг тэмдэг нэр, 5.8%-ийг дайвар үг, 1.9%-ийг тооны нэр, 1.2%-ийг холбоос үг, 0.9%-ийг угтвар үг, 0.9%-ийг аялга ба сул үг эзэлдэг"[2] гэсэн бол А.В.Захарова "6 настай хүүхдийн үгийн сангийн үгсийн аймгийн харьцааг судлаад, нэр үг 42.3%, үйл үг 23.8%, дайвар үг 12%, тэмдэг нэр 8.4%, сул үг 3.9%, биеийн төлөөний үг 24%, тооны нэр 1.2%, холбоос үг 0.3%-ийг тус тус эзэлдэг"[3] гэжээ.

Ш.Лувсанвандан 1968 оны бүтээлдээ "Үгсийг аймаглах гэдэг нь хэлэхийг хэсэглэх гэсэн үг юм" гэж тайлбарласны "хэлэх" гэдэг нь өгүүлбэр, эх хоёр юм. Иймээс орос хэлний "части (хэсгүүд) речи (хэлэх)" буюу үгсийг аймаглах нь өгүүлбэрийг аймаглах буюу хэсэглэх гэсэн утгатай ажээ.

Уламжлалт өгүүлбэрзүйд үгсийг хэлний талаас ангилах, өгүүлбэрийн гишүүн хоёрыг өөр зүйл мэтээр үзэх хандлага давамгайлж байна. Зарим судлаачид өгүүлбэрийн гишүүн гэлгүйгээр үгсийн аймгаар нь өгүүлбэрийн бүтцийг судалдаг. Үүнээс үүдээд хэлшинжлэлд өгүүлбэрийг бүтээж байгаа гишүүн болоод үгсийн аймгийн хоорондох харьцааг нэлээд сонирхдог. Харин зарим судлаачид үгсийн аймаг, өгүүлбэрийн гишүүн хоёрыг нэг зүйл гэж үздэг.

Бидний судалгаанд хамрагдсан 3-р ангийн нийт 90 сурагчаас авсан зохион бичлэгийн үгсийн аймгийн харьцааг авч үзвэл нийт 69515 үгийн 29200 буюу 42%-ийг нэр үг, 17894 буюу 26%-ийг үйл үг эзэлсэн байна. Үүнийг зураг 1-ээс үзнэ үү.

---

[2] А.Н.Гвоздев. Вопросы изучения детской речи. СПб., 2007, стр.472
[3] А.В.Захарова. Опыт лингвистического анализа словаря детской речи: автореф.дис.канд.филол.наук. Новосибирск, 1975, стр.24

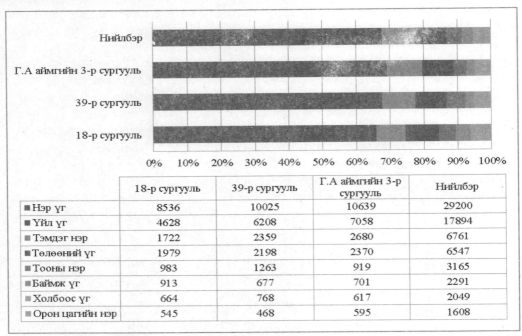

Зураг 1. Судалгаанд хамрагдсан сурагчдын үгийн сангийн үгсийн аймгийн харьцаа

2. Өгүүлбэрийн хэв шинж

Эрдэмтэн Ф.А.Сохин, О.С.Ушакова нар[4] хүүхдийн хэл ярианы хөгжлийг 7 насны үечлэлээр авч үзэхдээ хэлзүйн байгуулалтыг дараах байдлаар авч үзсэн байна. Үүнд:

1-1 нас:	Авиа, үеийг эзэмшинэ
1-2 нас:	Хоёр үгтэй өгүүлбэр хэлж эхэлнэ.
2-3 нас:	Өгүүлбэр нь ихэнхдээ төгсгөлгүй байдаг.
3-4 нас:	3-4 Энгийн өгүүлбэрээр ярьдаг. 4 настай хүүхдийн ярианы 8% нь нийлмэл өгүүлбэрээр бүтсэн байдаг.
4-5 нас:	4-5 үгтэй өгүүлбэрээр ярьдаг. Энгийн нийлмэл өгүүлбэрийг яриандаа хэрэглэнэ. Үг сонгон авч өгүүлбэрт байрлуулан ярих талаар учир дутагдалтай, гол төлөв өгүүлэхүүн, өгүүлэгдэхүүнээр бүтсэн хураангуй өгүүлбэр, заримдаа нэг бүрэлдэхүүнт өгүүлбэрээр ярих нь олонтаа тохиолдоно.
5-6 нас:	Бүтэн өгүүлбэрээр зөв ярьдаг болно. Үйл үг, тэмдэг нэрийг яриандаа өргөн ашиглана. Таван настай хүүхдийн ярианы 11% нь нийлмэл өгүүлбэрээр бүтсэн байдаг.
6-7 нас:	Үг, өгүүлбэрийг үеэр задлах чадвартай болсон байна. 6 настай хүүхдийн ярианы 17% нь нийлмэл өгүүлбэрээр бүтсэн байдаг.

Түүнчлэн А.Н.Гвоздев[5] төрснөөс хойш 9 нас хүртэлх хүүхдийн хэлний хөгжлийг тодорхойлохдоо хэлзүйг эзэмших үе шатыг 3 хуваасан байдаг. Үүнд:

---

[4] Ф.А.Сохин, О.С.Ушакова. Обучение родному языку и проблема умственного развития// Хрестоматия теории и методике развития речи детей дошкольного возраста, М., 1999, стр. 174-179

[5] А.Н.Гвоздев. Вопросы изучения детской речи. М., 2007, стр. 472

1. хэлбэржээгүй үг –язгуур үгээр тогтсон өгүүлбэр эзэмших үе шат (1 нас 3 сартайгаас 1 нас 10 сартай болох үе)
2. өгүүлбэрийн хэл зүйн бүтциийг эзэмших үе шат (1 нас 10 сартайгаас 3 нас хүртэлх үе)
3. хэл зүйг эзэмших үе (8 нас хүртэлх)

Бүтэц өгүүлбэр нь гишүүлбэр буюу гишүүнээс бүтэх бөгөөд өгүүлбэр задлан ялгахад өгүүлэхүүн гишүүн чухал үүрэгтэй байдаг. Бидний судалгаанд хамрагдсан 3-р ангийн нийт 90 сурагчаас авсан 17 сэдэв бүхий зохион бичлэгийн өгүүлбэрийн хэв шинжийг авч үзвэл нийт 2691 өгүүлбэрийн 41.1% нь нийлмэл өгүүлбэрээс бүтсэн болох нь хэлний баримтаас харагдаж байна. Өгүүлэхүүний төвөөр энгийн өгүүлбэр, нийлмэл өгүүлбэр гэж ялгасны зэрэгцээ нийлмэл өгүүлбэрийн төгс биш өгүүлэхүүний утгын холболт, хэлбэржилтээр нь "ЗНӨ, УНӨ, ХЗНӨ, ХоНӨ" гэж дотор нь нарийвчлан ялгаж үзлээ.

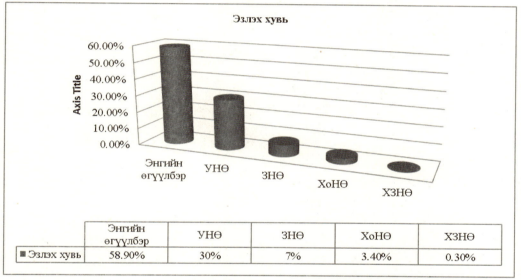

Зураг 2. Өгүүлбэрийн хэв шинжийг тодорхойлсон нь

Тоон үзүүлэлт

№	Өгүүлбэрийн хэв шинж	Тоон үзүүлэлт
1	Энгийн өгүүлбэр	1587
2	Угсарсан нийлмэл өгүүлбэр	812
3	Зэрэгцэн нийлмэл өгүүлбэр	189
4	Холимог нийлмэл өгүүлбэр	94
5	Харилцан зэрэгцсэн нийлмэл өгүүлбэр	9
	НИЙТ	2691

3. **Өгүүлбэрийн төгсгөл болоод төгсгөх нөхцөлийн хэрэглээ**

Өгүүлбэрийн гол амин сүнс болох үйл үггүйгээр өгүүлбэр бүтэхгүй. Үйл үг нь энгийн ба нийлмэл өгүүлбэрийг бүтээх гол хэрэглүүр болдог бөгөөд тухайн өгүүлбэрээс үйл үгийг орхивол гишүүдийн хоорондох харьцаа утгагүй болно. Иймээс үйл үг нь өгүүлбэрийн бүтэц харьцааг зангидаж байдаг гол махбод юм.

Өгүүлбэр дэх үгс нь өөрийн үүргээр орсон байна уу, өрөөлийн үүргээр орсон байна уу гэдгийг ялгаснаар өгүүлбэрийн түгээмэл бүтэц, түүний хувилбар хоёрыг ялгадаг. Хэлзүйн үндэс, нөхцөл/ үндсийг элдвээр хувиргах нь бий. Хэл нь тогтолцоотой байхын зэрэгцээ тогтолцоот бус шинжтэй хосолж байдаг. Тодруулбал, тухайн үгсийн аймаг нь өөрийн байртай, үүрэгтэй, тогтвортой нэгж байдаг. Гэвч хэлэхийн явцад байраа өөрчилж, өөр байранд орж байршлын хувилбар бий болдог. Жишээ нь: "Монголын минь ёс заншил үнэхээр сайхан" гэхэд "сайхан" гэсэн тэмдэг нэр нь жинхэнэ нэрийн өмнө орж, хамжсан тодотгол гишүүн болох ёстой боловч үйл үгээр илрэх өгүүлэхүүн гишүүний байранд хувиран орж, хувилбар гишүүн болсон байна.

Иймд бид судалгаанд хамрагдсан 3-р ангийн нийт 90 сурагчаас авсан 17 сэдэв бүхий зохион бичлэгийн өгүүлбэрийн төгсгөлийг авч үзэхдээ тодотгон холбохын нөхцөл, цагаар төгсгөх нөхцөл, биеэр төгсгөх нөхцөл, хувилбар гишүүнээр хэлбэржсэнээр нь ялган авч үзсэн болно.

№	Өгүүлбэрийн төгсгөл		Тоон үзүүлэлт
1	Тодотгон холбох нөхцөл	Өнгөрсөн цаг -сан	1292
		Байнга үйлдэх -даг	296
		Ирээдүй цаг -х	25
2	Цагаар төгсгөх нөхцөл	Одоо цаг –на	235
		Ирээдүй цаг -на	
		Мэдэгдэж өнгөрөн төгссөн -в	17
		Мэдэгдэж саяхан төгссөн -лаа	48
		Мэдэгдэлгүй өнгөрөн үргэлжилсэн –жээ, -чээ	13
3	Биеэр төгсгөх нөхцөл	I бие: Шийдэн хүсэх -я, -е, -ё	32
		II бие: зөвлөн захирах -аарай	11
		III бие: Зөвшин хүсэх -г	17
		III бие: Мөрөөдөн хүсэх -аасай	7
4	Хувилбар гишүүн		698

Энэ бүхнээс дүгнэн үзвэл, монгол хүүхдүүдийн эх хэлээ эзэмшиж буй талаарх нарийвчилсан судалгаа түгээмэл биш байна гэж хэлж болно. Тухайлбал, монгол хэлний өгүүлбэр зүйн чиглэлээр гарсан бүтээлүүд ихэвчлэн онолын шинжтэй, хэрэглээнээс хол байдаг сул талтай. Энэ орон зайг нөхөж, монгол хүүхдийн өгүүлбэр бүтээх чадамжийг судалгаа шинжилгээний үндэстэй тогтоох нь хэлний судалгааг хэрэглээтэй болгох шижим, эх хэлний сургалтыг үр дүнтэй явуулах гарц болно.

Бидний судалгаанд хамрагдсан 3-р ангийн нийт 90 сурагчаас авсан 17 сэдэв бүхий зохион бичлэгийн а. үгсийн аймгийн харьцааг авч үзвэл нийт 69515 үгийн 29200 буюу 42%-ийг нэр үг, 17894 буюу 26%-ийг үйл үг; б. өгүүлбэрийн хэв шинжийг авч үзвэл нийт 2691 өгүүлбэрийн 41.1% нь нийлмэл өгүүлбэр; в. өгүүлбэрийн төгсгөлийг авч үзвэл 60% нь тодотгон холбохын нөхцөлөөр тус тус хэлбэржсэн нь хэлний баримтаас харагдаж байна.

Бидний энэхүү судалгаа 6-12 насны монгол хүүхдүүдэд зориулсан цуврал, зурагт ном, анимэйшн, цахим технологид суурилсан төрөл бүрийн аппликейшн, хүүхдийн киног нас сэтгэхүйн онцлогт нь тохируулан бүтээх хэл шинжлэлийн онолын үндэслэлийг боловсруулахад дөхөм болно гэж үзэж байна.

АШИГЛАСАН МАТЕРИАЛ

1. Ц.Баттуяа. Боловсролын тусгай хэрэгцээ шаардлагатай хүүхдийн хөгжлийг судалсан нь /Цэцэрлэгийн 4-7 настай хүүхдийн жишээн дээр/, Уб., 2003
2. А.Н.Гвоздев. Вопросы изучения детской речи. СПб., 2007
3. А.В.Захарова. Опыт лингвистического анализа словаря детской речи: автореф. дис.канд.филол.наук. Новосибирск, 1975
4. Ц.Наранцэцэг. Хүүхдийн утгын уялдаатай ярих чадварын судалгаа, Уб., 2007
5. Ц.Оюунгэрэл. Гурав хүртэлх насны хүүхдийн хэл ярианы хөгжилд үзүүлэх орчны нөлөөлөл, Уб., 2004
6. С.Одончимэг. Хүүхдийн хэл ярианд үүсмэл үг үүсэх онцлог зүй тогтол /3-6 насны хүүхдийн хэл ярианы ажиглалт, туршилт судалгаа/, Уб., 2014
7. Ф.А.Сохин, О.С.Ушакова. Обучение родному языку и проблема умственного развития// Хрестоматия теории и методике развития речи детей дошкольного возраста, М., 1999
8. Т.Цэндсүрэн. 5-7 насны хүүхдийн оюун ухаан ба нийгэмшихүйн хөгжлийн хамаарлын судалгаа /Цэцэрлэг, "Хот айл" төсөлд хамрагдаж буй хүүхдүүдийн жишээн дээр/, Уб., 2002
9. http://blclab.org/wp-content/uploads/2013/02/pp291_liu.pdf

МОНГОЛ ХЭЛНИЙ ИДЭВХГҮЙ ЯЗГУУР БА ОРОН ЦАГИЙН ХАРЬЦААНЫ НЭР

ORIGIN OF A WORD AND ADVERBS ON MONGOLIAN

Ч.Бямбаханд
(МУИС)

ABSTRACT:

Place-time relative nouns are abstract. Therefore it is necessary to distinguish them from the words related to time-place in other parts of speech but not easy to separate them. Then detailed studies need to be done. Place-time relative nouns, which are included in an adverbial group, are not only complicated but also attention-grabbing subjects for the study of modern Mongolian.

The classification on meaning of place-time related and nonrelated words has been done. It shows the peculiarities of their being expressed by noun suffixes, transformative affixes and pronouns by studying lexical and grammatical roots and stems.

Монгол хэлэнд үүсмэл бус буюу ерийн үндэс нь дагавар авдаггүй бөгөөд хам цагийн үүднээс, үүнийг язгуур үндэс (морфологический корень) гэх ба цуваа цагийн үүднээс, гарвалын язгуур (этимологичесий корень) гэж байдаг. Жишээ нь: Монгол хэлний "тэтгэ-" (tetgŭ-) хэмээх тусах үйл язгуур үндсээс "-вэр (-bŭri), мж (-mji), лэг (-lge), -лт (-lte), -гч (-gči), -л (-l) гэх мэт дагавар залгаж" тэтгэ-вэр, тэтгэ-мж, тэтгэ-лэг, тэтгэ-лт, тэтгэ-гч, тэтгэ-е зэрэг жинхэнэ нэр бүтээнэ. Үүний үйл язгуур нь үйлийн биеийн ба хамаатуулах нөхцөл авч болох учраас идэвхтэй язгуур болно. Харин өнгө-ц, өнгө-схий, өнгө-гөнө, өнгө-й зэрэг байдал заасан утга бүхий үйл үг бүтээх ба үүний "өнгө-" гэсэн язгуур нь аль үгсийн айд багтах эсэх нь тодорхойгүйн дээр дээрх "тэтгэ-" хэмээх үйл үг шиг үйлийн нөхцөл авч үл чадна. Мөн "өнгө-" гэж бие дааж хэрэглэгдэхгүй учир үүнийг идэвхгүй язгуур гэнэ.

Энэхүү идэвхтэй, идэвхгүй язгуурын талаар Ш.Лувсанвандан "Ямар нэг авианы нэмэлт зүйлгүйгээр үгийн үндэс болж, цаашид үг зүйн янз бүрийн хувиллаар хувилж чадах морфемыг идэвхтэй язгуур морфем гэнэ. Жишээ нь: гал-галч-галаар гэх мэт. Байгаа дүрсээрээ үгийн үндэс болж чаддаггүй, эрх биш ямар нэг үндэс үүсгэх дагавар залгасны дараа сая үг зүйн янз бүрийн хувиллаар хувилж чадах язгуур морфемыг идэвхгүй язгуур морфем гэнэ. Жишээ нь: өргө-н, өргө-ж, өргө-с, өргө-д, дээ-ш, дээ-ж, дээ-д, дээ-вэр, дээ-гүүр, дээ-р гэхэд "өргө-, гял-, дээ-" гэсэн нь идэвхгүй язгуур болно[1] гэж тайлбарлаад "... мөхсөн язгуур нь орчин цагийнхаа хэлэнд бодит утгаа алдаж, үг бүтээх үндэс үүсгэхэд язгуур болж чадахгүй, ганцхан түүхийн үүднээс задлан үзвэл сая мэдэгдэх тийм язгуурыг мөхсөн язгуур гэж нэрлэдэг" гэжээ.

Харин Б.Ринчен "... утга бүхий хэсгээр нь салгасаар байтал, тухайн үгийн уг утга санааг агуулан хадгалсан бөгөөд цаашаа салахгүй буюу хуваан хэсэглэтэл салгадгийн чанад хязгаарт нь тулсан хэсэг үлдэнэ. Түүнийг язгуур үг гэж нэрлэдэг боллоо. Жишээ нь: галладаг хэмээх үгний "гал" гэж үлдэх нь даруй язгуур үг нь болно .... үүнийг "амьд язгуур үг" гэж нэрлэлцье ... "гу-рван, гурамсан, гучин, гуна,

---

[1] Лувсанвандан Ш. Монгол хэлний үгийн бүтцийн тухай асуудалд. МУИС, ЭШБ, Т-VII. Уб., 1964. 7-р т.

гунж" мэтэд орсон "-гу" язгуур үг нь орчин үеийн монгол аман хэлнээ бие даасан үгийн хувьд үл тохиолдомуй. Ийм язгуур үгийг мөхсөн язгуур үг гэж нэрлэдэг байна[2] хэмээн гарваль зүйн үүднээс, амьд ба мөхсөн язгуур үг гэж ангилжээ.

Ш.Лувсанвандан монгол үгийн гарваль зүйн үүднээс "qaγa-, qaγū, qab-, qam-, qan-" зэргийг үүсмэл язгуур, эдгээрийн "qa"-г анхдагч язгуур[3] гэж ангилсан нь Б.Ринчений гарваль зүйн үүднээс үзсэнтэй тохирох ба дээрх анхдагч "qa-" язгуур нь qa-ru- (харах), qa-r-γu (харгах), qa-r-si- (харших), qa-du (хадах), qa-ǰa- (хазах), qa-ǰi (хажих), qa-su (хасах), qa-si- (хаших), qa-la- (халах, хусах), qa-li-su-n (хальс), qa-γ (хаг), qa-γ-sa- (хагсах), qa-γa (хага), qa-yā-ri (хайрах), qa-γū (хуу тат-) зэрэг үгнээ тохиолдоно гэж үзжээ.

Б.Ринчен, Ш.Лувсанвандан нар монгол үгийг гарваль зүйн үүднээс үзсэн шиг Чой.Лувсанжав язгуур бүтээвэр, үндэс бүтээх дагавар гэж ялган "a-ng (ан цав), a-ma (ам), a-lqa- (алхах), a-lmai (алмай), am-sar (амсар), a-mta (амт), a-mǰi (амжих), a-nggi (анги), a-ča (ац), arsaγar (арсгар), a-ngγāyi-(ангай) зэрэг үгнээ "a-" гэсэн язгуур бүтээвэр[4] гэж тодорхойлсон байна.

Харин Т.А.Бертагаев монгол хэлний ā-yi-ra-γ (айраг), qā-yi-r (хайр, сайр), ū-yi-re- (үйрэх), a-γā-r-ča (аарц), kŭ-i (хүй), kŭ-yi-le (хүйлэх), ke-gŭ-re- (хүүрэх), qū-yi-la- (хуйлах), qa-yi-ra-su (хайрс) зэргийг харьцуулж, эгшиг болон гийгүүлэгч сэлгэж нэг төрөл язгуур (a-i, ŭ-i, ka-yi-, sa-yi) үүссэн[5] гэж үзсэн нь мөнл гарваль зүйн талаас монгол үгийг задалсан байна. Энэ нь дээрх гурван эрдэмтний судалгаатай төстэй байна.

А.Лувсандэндэв монгол хэлний язгуурын талаар өгүүлэхдээ "мөхсөн язгуур нь биеэ даасан утгагүй, дангаараа үндэс болж чадахгүй байна. Жишээ нь: я-с, ца-с, ул-аан" гэх мэт.

Амьд язгуур нь биеэ даасан бодит утгатай нэр үгийн нэрлэхийн тийн ялгал, үйл үгийн захирах хүсэх төлөвийн хоёрдугаар биеийн хэлбэртэй гадаад талаараа адил бөгөөд түүний хойноос үл хувилгах дагавар залгаж болдгийн хувьд үгийн үндэс болдог байна[6] гэсэн нь Б.Ринчен авгайн санаатай нэг адил байна. Энэхүү амьд мөхсөн язгуурын талаар Ш.Лувсанвандан 1961 оны бүтээлдээ[7] "... мөхсөн язгуур нь орчин цагийнхаа хэлэнд бодит утгаа алдаж, үг бүтээх үндэс үүсгэхэд язгуур болж чадахгүй, ганцхан түүхийн үүднээс, задлан үзвэл, сая мэдэгдэх тийм язгуурыг мөхсөн язгуур гэж нэрлэлтэй санагдана[8] хэмээн үзэж "ар-д, сай-н, сай-д" гэсэн жишээ татжээ.

Идэвхтэй, идэвхгүй язгуурын талаар Ш.Лувсанвандан "Монгол хэлний язгуур морфемыг ямар ч үндэс үүсгэх дагавар авахгүйгээр аяндаа үгийн үндэс болж, ардаа нөхцөл авах, эсвэл ардаа ямар нэг үндэс үүсгэх дагавар авахгүйгээр үгийн үндэс болж, ардаа нөхцөл авч чаддаггүй энэ хоёр шинжээр хэмжүүр болгож, бүх язгуур бүтээврийг үндэс язгуур буюу идэвхтэй язгуур, үндэс бус язгуур буюу идэвхгүй язгуур гэж ялгаж болно. (мод-т, модыг, сай-жир-, -хан, -рх, -н) гээд "дэ-" гэсэн идэвхгүй язгуур нь "дэ-ээ-р, дэ-ээ-ш, дэ-гэ-д, дэ-в, дэ-л, дэ-в-ж, дэ-вэ-р-, дэ-

---

[2] Ринчен Б. Монгол бичгийн хэлний зүй. Хэлбэр судлал, гутгаар дэвтэр. Уб., 1966. 17-24-р т.

[3] Лувсанвандан Ш. О некоторых корнях и основах в монгольском языке. "Доклады Монгольской делегаций на XXVI конгрессе востоковедов" Уб., 1963. стр.6

[4] Лубсангджаб Чой. Сопоставительный анализ морфологической структуры слова в монгольском и английском языках. Автореферат, М., 1971. стр.15

[5] Бертагаев Т.А. К этимологии некоторых слов монгольских языках. Исследования по восточной филологии. М., 1974. стр.28-31

[6] Лувсандэндэв А. Үг бүтэх ёс, Орчин цагийн монгол хэл зүй. Уб., 1966. 69-р т.

[7] Лувсанвандан Ш. Орчин цагийн монгол хэл. Бээжин. 1961. 143-р т.

[8] Лувсанвандан Ш. Монгол хэлний үгийн бүтцийн тухай асуудалд. МУИС. ЭШБ., VII боть, Уб., 1964.7-р т.

ээ-вэр-; дэг-ж-, дэг-д-, дий-л-, дэн-ж, дэн-хэр" гэсэн хувилбартай.⁹

Ш.Лувсанвандан гуайн энэ санал нь дээр дурдсан Б.Ринчен гуайн "амьд язгуур үг" болох бөгөөд идэвхгүй язгуураа цааш задалбал түүхэн цуваа цагийн анхдагч гарваль бүтээвэр болно. Жишээ нь:

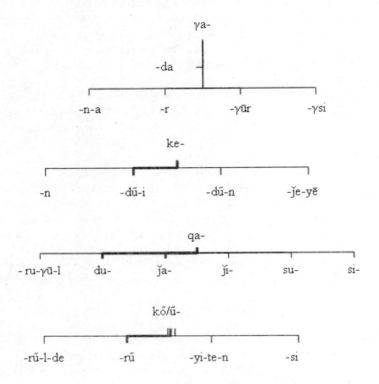

гэх мэтээр задалсны "γa-, ke-, qa-, kŏ-" нь идэвхгүй язгуур, мөхсөн язгуур болж, эдгээрээс хойших нь дагаврууд болох ажээ.

Ш.Лувсанвандан "дээ-р, доо-р, дот-р, гад-р, гадаа-д, дотоо-д, доо-д, дунд-д, зад-ай-, сог-ой-, ов-ой-, нял-ай-, өв-ий, дад-ай-, ул-ай-, цац-ай-, шонт-ой, яг-ш-, түг-ш-, эг-ш-, түгдэг-нэ-, бүлтэг-нэ-, үүр-с-, өл-с-, эл-с-, өр-с-, хий-с-; на-д-, ча-м-(чамд), э-н-(энд), бая-н, хой-гуур, хой-ш, и-йи-ши(ийш), ов-оо, э-гү-(үүгээр), нохо-д, сэрт-гэр" гэх мэтээр идэвхгүй язгуураас үүссэн үгийн дагаврыг анхдагч үндэс гэжээ. Гэтэл "дээ-р, доо-р"¹⁰ гэхэд залгасан "-р" дагаврыг хоёрдах үндэс үүсгэнэ гэжээ.

Энэ нь "до-оо-р, дэ-ээ-р" гэж задалснаас эхтэй бөгөөд "зад-ай- гэсэн дүрслэх үйл үгийг "за-д-ай" гэж задалж болно. Иймд Ш.Лувсанвандан гуайн хэлсэн дээрх "хоёрдахь үндэс" гэсэн нь "сэртгэр, овор, дэнхий-, улцай-" зэрэг үгийг "сэ-р-т-гэ-р, о-во-р, дэ-н-х-ий-, у-л-ца-й-" гэж задлахад хүрч, эхний үе утгалбараас хойших бүтээврүүд нь үндэс бүтээх болно. Мөн тэрээр "хо-" гэсэн амьд идэвхгүй язгуур нь нэрийн үндэс үүсгэх -с, -рь (хос, хорь), үйлийн үндэс үүсгэх "-рш, -ш, -ль, -лбо" (хорш-, хош-, холь-, холбо-) дагаврын өмнө "хоё-" гэсэн хувилбар нь

---
⁹ Лувсанвандан Ш. Орчин цагийн монгол хэлний бүтэц. Уб., 1968. 103-105-р т.
¹⁰ Лувсанвандан Ш. Орчин цагийн монгол хэлний бүтэц. Монгол хэлний үг, нөхцөл хоёр нь. Уб., 1968. 139-р т.

нэрийн үндэс үүсгэх "-р, -уул" (хоёр, хоёул) дагаврын өмнө тохиолдоно.[11] гэснийг үзвэл, "хо-, хоё-" гэсэн язгуурыг нэг бүтээврийн хоёр хувилбар гэжээ. Бидний санавал эдгээрийн гарваль язгуур нь qo-u-s (хос), qo-ya-r (хоёр), гэж задлах тул "qo-" болно. Эдгээрээс үзвэл, Б.Ринчен, Чой.Лувсанжав нар "CV, V, CVC" "амьд язгуур үг, язгуур бүтээвэр" гэсэн бол Ш.Лувсанвандан "амьд идэвхгүй язгуур" гэж үзсэн байна. Б.Ринчен сөнөсөн буюу мөхсөн язгуурын талаар "Уламжлан бий болсон олон үгнээс утга санаагий нь гарган мэдэж болохоос биш, бие даасан үгсийн суурь алдсан ийм язгуур үгийг одоо ч аман хэл бичиг зохиолд "γal, kől, γäi, tűi, γar-, bos-, őg-, ab-" гэдэг амьд язгуур үг гэгчээс ялгаж, хэл шинжлэлд "мөхсөн язгуур үг" гэж нэрлэдэг байна[12] гээд ayidam (айдам), ayiǰam (айзам), āyilad- (айлд-) гэхэд "ai-" гэсэн язгуур нь "эгшиглэн өгүүлэх, ихэмсэг эрхэм сүр төгөлдөр өгүүлэх" гэсэн санаа бүхий язгуур[13] гэжээ. Дээрх эрдэмтдийн язгуур[14]-ын талаарх саналыг дараах байдлаар ялгаж болно. П.Бямбасан "Идэвхгүй язгуурыг үндэс болгодог зүйл нь үг бүтээх дагавар байдаг бол идэвхтэй язгуурыг үндэс болгодог зүйл нь мөн үг бүтээх дагавар байхаас гадна зарим нөхцөлийнөмнө хоосноор илрэх тэг морфем [Ø], зарим нөхцөлийн өмнө зөвхөн үндэс үүсгэх үүрэгтэй морфем байдаг.[15]

"Үйл үгийн идэвхгүй язгуур нөхцөлийн өмнө хэзээ ч тохиолдохгүй үйл үг бүтээх дагаврын өмнө тохиолдоно. "үлт-р-, үлт-л-, үлт-ч-, хөвх-ий, хөвх-лз-, холби-лз-, холби-ий-, холби-р-, холби-ч, тэмт-р-, тэмт-ч..." гэх зэргээр үйл үг бүтээх дагаврын өмнө тохиолдох идэвхгүй язгуур, үйл үгийн бүтцэд байгаа авиа дуурайсан үг нь үйл үгийн идэвхгүй язгуур мэт байна. (1.шар-жиг-на-, 2.ган-гана-, ис-гэр, мөө-р, цан-гина-, шаг-ш-р-, түн-ш)[16] гэж үзжээ. "нэвт, шувт, холт, тав, яв, нам гүм" гэх мэт авиа ба дүрс дуурайх үгс нь ардаа "-р, -л, -ч" дагавар авах ба бие даан "яаж" гэсэн асуултанд хариулагдаж, тодотгох утгатай тэг үндсээр хэлбэржиж, үйл үгнээ хамжин, үйлийн тодотгол болох бөгөөд үгийн санжсан буюу хэвшмэл

[11] Лувсанвандан Ш. Орчин цагийн монгол хэлний бүтэц. Монгол хэлний үг, нөхцөл хоёр нь. Уб., 1968.113-р т.

[12] Ринчен Б. Монгол бичгийн хэлний зүй, хэлбэр судлал, Гутгаар дэвтэр, Уб., 1966. 23-24-р т.

[13] Ринчен Б. Монгол бичгийн хэлний зүй, хэлбэр судлал, Гутгаар дэвтэр, Уб., 1966. 43-р т.

[14] ямар нэгэн авианы нэмэлт зүйлгүйгээр, үгийн үндэс болж, цаашид үг зүйн янз бүрийн хувиллаар хувилж чадах язгуур морфемыг идэвхтэй язгуур морфем (гал-галч-галаар), байгаа дүрсээрээ үгийн үндэс болж чаддаггүй, эрхбиш ямар нэгэн үндэс үүсгэх дагавар залгасны дараа сая үг зүйн янз бүрийн хувиллаар хувилж чадах язгуур морфемыг идэвхгүй язгуур морфем (дээ-ж, дээ-ш, дээ-д, дээ-вэр, дээ-гүүр, дээ-р) (Ш.Лувсанвандан. Монгол хэлний үгийн бүтцийг судлах асуудалд, МУИС, ЭШБ, Уб.,1964. 7-р т.) гэж тодорхойлсноос хойш энэ "идэвхтэй, идэвхгүй язгуур" гэсэн нэр томьёог 1965 оны сурах бичигт "Одоогийн хэлэнд дангаараа хэрэглэгдэхээ больсон язгуурыг идэвхгүй, одоогийн хэлэнд үгийнхээ үндсэн утгыг хадгалж, хэл ярианд дангаараа хэрэглэгдэж болдог тийм язгуурыг идэвхтэй язгуур гэнэ" (Ц.Жанчивдорж, Б.Рагчаа "Монгол хэлний үг зүй, дунд сургуулийн VI ангид үзнэ. Уб., 1965. 7-8-р т.") гэх мэтээр хэрэглэх болсон байна. Идэвхтэй, идэвхгүй язгуурыг орос хэлээр "связанные корни, свободные корни" гэх ба үүнийг Чой.Лувсанжав "нөхөцмөл ба нөхөцмөл бус буюу чөлөөт язгуур" гэж орчуулсан байдаг. А.А.Реформатский "Үүсмэл бус, анхдагч үндэстэй тохирч буй язгуурыг нөхөцмөл бус (радиксонды, lat: radix. (язгуур), (адил) буюу чөлөөт язгуур анхдагч үндэстэй үл тохирох язгуурыг нөхөцмөл (унирадиксонды lat.unus (нэг), radix (язгуур) буюу чөлөөт бус язгуур гэж нэрлэжээ. (Энциклопедия. Русский язык. М.1997. стр.203) Чингэлтэй идэвхгүй язгуурыг биеэ даахгүй язгуур, идэвхтэй язгуурыг биеэ даах язгуур буюу язгуур үг (Чингэлтэй. Одоо үеийн монгол хэл. Хөх хот. 1979 (1980), 170-171-р т.) гэсэн ба идэвхгүй язгуурыг Ш.Цэцэнцогт заримдаг үг (язгуур) гэж нэрлэжээ. Ц.Цыдыпов үгийн язгуурын суурь (hуугi) гэж нэрлээд "нахигана" гэдгийн "нахи" гэдгийг агшсан (агшаhан), "морин-ой" гэдгийн "морин" гэдгийг хүсэд (бүрэн төгс) суурь гэсэн нь идэвхтэй, идэвхгүй язгуурытай ойролцоо очих юм. (Ц.Цыдыпов. Морфология бурятского языка. Улан-Үдэ. 1988. 20-р т.)

[15] Бямбасан П. Монгол хэлний үгийн язгуур үндсийн тухай зарим асуудалд. (1972), Монгол хэлний онол бүтцийн асуудалд. Уб., 2006. 59-р т.

[16] Бямбасан П. Орчин цагийн монгол хэлний үйл үгийн идэвхгүй язгуурын тухай зарим ажиглалт. Уб., 1987., Монгол хэлний онол бүтцийн асуудалд. Уб., 2006. 70-82-р т.

нийлмэл үг болно.

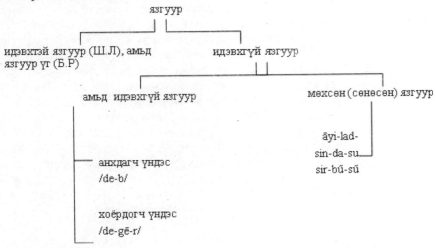

Жишээ нь:
Борооны дусал шивэр шивэр ороод,
Булгийн ус тор тор ундраад ...
Булт хүүхэд год шод гүйлдээд ...
Олон хүүхэд ярс ярс жагшаад...
Сэрүүн салхи сэр сэр үлээгээд,
Сэтгэл зүрх луг луг хөдлөөд
Улаан туг намирс намирс мандаад
Улаан судал нэвт шувт лугшаад ... (Ц.Д)

Эдгээрээс "болба, шалба, зад, няц" зэргийг цэвэр буюу жинхэнэ дайвар үг[17] бие даасан үг биш учраас дайвар үг биш[18] үйл үгийн угтвар[19] монгол хэлний үйл үгийн угтвар нь түрэг хэл, ялангуяа сибирийн түрэг хэлнээ бүрэн хэв шинжит адил байдаг ба тухайн үйлийн болох арга, нөхцөл байдалтай, эсвэл үйлийн зүг чигтэй холбоо бүхий утга нэмж, уг үйлийн үндсэн утгыг чимж өгдөг[20] үйл үгийн үндсэнд тохиолдох язгуур, нөхцөлгүй үг, (бут-л-, бут-р-, арз-ай-, өрвө-ий, агз-ай-)[21] орос хэлний угтвар бүтээвэртэй адил ба үйл үгийн утгыг эрчимжүүлэгч бүтээвэр (частицы) (бут цохь-, хиа цохь-, хуу тат-, огло тат-, ховх цохь-)[22] үйлийн шинж чанарын хир хэмжээ заасан дайвар үг[23] үйлийн үл хувилах үндэс (суга тат-, цоо хатга-, хэмх уна-)[24] "хага, хуга, цөм, маш, нэн" гэх мэт үгс нь бие даасан үгийн сангийн утгагүй, өгүүлбэрт зөвхөн тэмдэг нэр, үйл үгээр илэрсэн гишүүдийн өмнө

---

[17] Барайшир Ш. Орчин цагийн монгол хэлний дайвар үг. Уб., 1974. 58-р т., 63-р т.
[18] Орловская М.Н. О некоторых наречиях в монгольском языке "Краткие сообщения института народов. Азия-83 (Монголоведения и тюркология). М., 1964. стр.23-27-р т.
[19] Бэшэ Л. Монгол хэлний үйл үгийн угтварын тухай. Studia Mongolica, T-VI, Уб., 1967. 93-99-р т.
[20] Рассадин В.И. Об одной монгольско-тюркской корреспонденции в морфологии "Монгольский лингвистический сборник" М.1985. стр.93
[21] Лувсанвандан Ш. Орчин цагийн монгол хэлний бүтэц, Уб., 1968. 116-р т.
[22] Чареков С.Л. Наречие в монгольских языках в сравнении с другими алтайскими языками "Грамматические исследования по отдельным алтайским языкам. Лгр., 1989. стр.177-180
[23] Пюрбеев Г.Ц. Историко-сопоставительные исследования по грамматике монгольских языков. Синтаксис словосочетания М., 1993. стр.193-194
[24] Бертагаев Т.А. Синтаксис современного монгольского языка в сравнительном освещении. Простое предложение, М., 1964. стр.202

угтан орж, утга чимэх үг юм.[25] Монгол хэлний "тас, зад, шалба, балба, хэмх" зэрэг үгс нь "-л, -р, -ч" дагавар авч, тусах ба эс тусах үйл үг бүтээх тул "сул үг" (хоосон үг, хийсвэр үг, язгуур сул үг) биш ажээ. Ийнхүү дагаврын өмнө тохиолдож буй утгат хэсгийг үгийн сангийн язгуур гэж болно[26] гэх мэтээр үзсэн байна.

П.Бямбасан "үл хувилах, үүсмэл бус язгуур бүхий үгс нь ямагт үйл үгийн өмнө тохиолдох "гялс, мэлс, цөм" гэх мэт үгс тэмдэг нэр түүнээс үүссэн үйл үгийн өмнө ордог "маш, арай, пиг, шал, цэлдэн, нэн, пад" гэх мэт үл хувилах үгсээс ялгаатай "язгуур дагавар гэж ялган салгахад төвөгтэй болсон боловч олонх нь үүсмэл, нэр үгийн хувиллаар заримдаг хувилдаг, орон цагийн тодорхой утга бүхий, өгүүлбэрт бие даасан гишүүн болдог. Голдуу үйл үг, хааяа нэрийн зүйлд холбогдох "ende, tende, naγāna, čaγāna, degēre, doūra, dotura, γadana, odu-a, dergede, bāingγu, qoγūrundu" гэх мэт үг байна. Ийм үгийг үүсмэл буюу дутмаг, хааяа заримдаг дайвар үг гэж нэрлэж байна[27] хэмээн бичсэн байна.

Чингэлтэй орон цагийн харьцааны нэрийг 1.жинхэнэ нэрийн шинжит цаг орны нэр (-na,-gǘn,-tei); 2.тэмдэг нэрийн шинжтэй орон цагийн харьцааны нэр (-du,-ki) 3.дайвар үгийн шинжтэй орон цагийн харьцааны нэр (-γūr,-si) гэж ангилаад а.хир хэмжээний дайвар үг (маш, лут, нэлээд, асар, улам, дэмий, сайтар, сайндаа, нэгмөсөн, огт) б.цагийн дайвар үг (үргэлж, цаг үргэлж, хэзээд, ямагт, байн байн, заримдаа, дахин дахин, мөд, даруй, сая, дороо, үтэр, аяар, байсхийгээд, гэнэт, түр зуур, агшин зуур) в.байдал төлөвийн дайвар үг (санд мэнд, хальт мөлт, дөнгөн данган, яв цав, зориуд аяндаа) г.үйлдэл байдлын дайвар үг (цоо чич-, булт тат-, цөм гишгэ-) -ээс ялгасан байна.[28] Ийнхүү Чингэлтэй заримдаг буюу бүрэн бус хувилдаг орон цагийн харьцааны нэрийг үл хувилах, нөхцөлтэй үг (бут, цөм, хэмх, санд мэнд, халт хулт, цоо, шалба, шалав), угтвар бүтээвэр (нэн, тун, маш, асар, асар, огт), авиа дуурайх үг (яг таг, жин тан, яв цав, жин жин, пар пир, ханги данги, сэр сэр), баймж үг (ядахдаа, үнэхээр, ихдээ, муудаа, ердөө), ялгах эс ялгах төлөөний үг (нэгмөсөн, бүрмөсөн, заримдаа), үйл үг (дөнгөн данган, дөнгөж дангаж, ахин дахин), тэмдэг нэр (сайтар, дэндүү, дэмий, баахан) зэргээс ялгасан нь чухал юм.

Бидний санавал орон цагийн харьцааны нэр нь жинхэнэ нэрийн өмнө ихэвчлэн тодотгох утгатай тэг үндсээр, үйл үгийн өмнө орон цагийн утгатай тэг хувилбараар, эсвэл орон цагийн утгатай үйлдэх, өгөх орших, чиглэх, гарахын тийн ялгалаар тус тус холбогдоно. Тухайлбал "-r, -γūn, du~tu" дагаварт орон цагийн харьцааны нэр нь " хойд уул, хойд эх, умард хөрш, өмнөд гол, дорнод аймаг, баруун гар, зүүн гол, дотор хүн, янагуун хэрэг, үүн дээр, чанагуун явдал, дотуун (dotuγun) бүхэн, дотруун бодол, дэргэдүүн хүн, (дотуун гүйх), гадар орон" гэх мэтээр нэрийн өмнө хамжсан тодотгол болдог.

Харин "-na, -γūr, -si, -da, γār, -i, -ra" дагаварт орон цагийн харьцааны нэр нь "хойд-Ø яв-, өмнө нь суу-, даруй-Ø оч-, дотор-Ø-оо бод-, цаашдаа ихэс-, туждаа хамт яв-, хэзээдээ л ингэ-, үүгээр тойр-, тэнд уулз, дэргэдүүр нь давхи-" гэх мэтээр үйл үгийн өмнө тийн ялгалын ил ба далд нөхцөлөөр найрч холбогдон,

---

[25] Өнөрбаян Ц. Орчин цагийн монгол хэлний үг зүй. Уб., 2004. 315-316-р т.

[26] Базаррагчаа М. Дүрслэх үгс бие даасан ай болох нь "Монгол судлал", МУИС, МХСС, XXVIII боть, 2007. 23-р т.

[27] Бямбасан П. Зарим дайвар үгийн тухай. (1968), Монгол хэлний онол бүтцийн асуудалд, Уб., 2006. 251-р т.

[28] Чингэлтэй. Одоо үеийн монгол хэл. Хөх хот. 1979. 250-260-р т., 412-413-р т.

тодруулагч гишүүн (детерминант[29*])болно. Жич: Ш.Цэцэнцогт "-γūn, gūn" дагаврыг "-γūr, gūr" дагавартай гарал нэг гээд "ойр хавиар болох" гэсэн утгыг илтгэж "doturaγūn~doturaγūr, dotuγūr, dergedegūn~dergedegūr, qōyinaγūn~qōyinaγūr, uridaγūn~uridaγūr, činaγūn~čaγaγūr, inaγūn~inaγūr, naγāγūr" гэх мэтээр сэлгэн хэлэгдэх ба "-γūn, gūn"-т гишүүн нь үйл үгнээ холбогдох нь бий[30] гэж тэмдэглэсэн байна. Жишээ нь: "kebtegūl-ūn ǰaqaγūn būū yabutuγāi"гэх мэт.

Ш.Лувсанвандан "Орчин цагийн монгол хэлэнд зохих утга, үүргээ алдаагүй, нэг язгуурт бүлэг үгийн ерөнхий утгыг холбосоор байгаа тийм амьд идэвхгүй язгуурт "de-, deg-, deyi-, den-(degēre, deyīl, denǰi, dengker)" гэсэн язгуурыг багтааж, эдгээрийг "de-" гэсэн идэвхгүй язгуурын хувилбаруд[31] гэж үзсэнийг амьд идэвхгүй язгуур бус, мөхсөн язгуур болно. Энэхүү "de-, deg-, deyi, den-, dege-" гэсэн орны нэр төдийгүй, үйл ба нэрийн зүйл багтсан тул эртний хэлний үе утгалбараар задалж байгаа хэрэг юм. Нөгөө талаас эдгээр мөхсөн язгуурын "e" эгшгийг "o" эгшгээр сэлгэвэл do-ū-ra, do-ru-γ-si, do-ru-γūn, do-u-ra-du, do-u-γū-r, da-ru-i, do-ru, do-u-ǰi, do-ng-qū-yi, do-r-γun, do-γ-du-l. da-ru, da-ru-i гэх "de-"-ийн эсрэг утга бүхий "do-" гэсэн мөхсөн язгуурыг гаргаж болно. Жишээ нь: дээ-р, дээ-ш, дээ-гүүр; доо-р, доо-ш, доо-гуур, хой-д, хой-ш, хой-гуур, хой-но; наа-д, наа-ш, наа-гуур, наа-на, ина-д, ина-гш, ина-гуур, ина-гуун гэж сая "dege-, doū-, qoyi-, naγā-, ina-" гэсэн амьд идэвхгүй язгуур болно.

Мөн Ш.Лувсанвандан "цаана, цааш, цаагуур, хойно, хойш, хоймор, хойгуур, хойш, хойтон, хоёр, хос, холбоо, хорь, хошоод" гэх мэт үгийн дагавруудыг хасвал "цаа-, хой-, хо-" гэж хэсгүүд үлдэх бөгөөд энэ нь хэдийгээр одоо цагийн монгол хэлэнд бие дааж хэрэглэгдэхгүй боловч, эдгээр бүлэг үгийн тус тусын язгуур мөн юм. Ингэж үгийн дагаврын адил биеэ дааж хэрэглэгдэхгүй болсон язгуурыг мөхсөн язгуур гэдэг[32] гэж мөхсөн язгуурыг тодорхойлсон бол өөр бүтээлдээ "Орчин цагийн монгол хэлнээ биеэ дааж хэрэглэгдэхгүй болсон ийм язгуурыг мөхсөн язгуур гэж орчин цагийн монгол хэлнээ биеэ дааж хэрэглэгдэхийг нь амьд язгуур гэнэ[33] гэжээ. Ж.Надмид, Ц.Жанчивдорж, Б.Рагчаа нар үгийн язгуурыг тодорхойлохдоо Ш.Лувсанвандангийн адилаар мөхсөн ба амьд язгуур[34] гэжээ. А.Лувсандэндэв[35] ч мөн ингэж үзжээ. Идэвхтэй, идэвхгүй язгуурын талаар П.Бямбасан "... нөхцөлийн өмнө үндэс үүсгэх тэг морфемтой тохиолдох язгуурын идэвхтэй язгуур, нөхцөлийн өмнө дагавартай тохиолдох язгуурыг идэвхгүй язгуур"[36] гээд "бая-, сай-" гэвэл идэвхгүй "мал-, яв-" гэвэл идэвхтэй язгуур болох ажээ.

Чингэлтэй "идэвхтэй язгуурыг бие даасан, идэвхгүйг бие даагаагүй язгуур"[37] гэжээ. Энэ бүхнээс үзвэл амьд ба мөхсөн язгуурыг дээрх ангилалд түшиглэн бяцхан дэлгэрүүлбэл:

[29*]детерминант (тодруулагч гишүүн) гэсэн үг нь латин хэлний "тогтоох тодорхойлох" гэсэн утгатай "determino" гэсэн үгээс гаралтай бөгөөд тодруулагч гишүүн нь тодорхой нэг гишүүнд бус, бүхэл өгүүлбэрт хамаарч, уул өгүүлбэрийн утга санааны чухал бүрэлдэхүүн болж, ихэвчлэн өгүүлбэрийн эхэнд байрлаж ихэвчлэн хамжих аргаар холбогддог гишүүн юм. (Н.Ю.Шведова. Детерминация. "Русская грамматика" Т. II, М., 1980. стр.149)

[30] Цэцэнцогт Ш. Монгол үгсийн язгуурын толь, Жанг Жияа Кеү, 1988. 2625-р т.

[31] Лувсанвандан Ш. Орчин цагийн монгол хэлний бүтэц. Уб., 1968. 105-р т.

[32] Лувсанвандан Ш. Монгол хэлний зүй. I дэвтэр, Авиа ба үгсийн зүй, Уб., 1951. 45-р т.

[33] Лувсанвандан Ш. Орчин цагийн монгол хэл. Бээжин. 1961. (1962) 143-р т.

[34] Надмид Ж, нар Монгол хэлний зүй. (Авианы зүй, үгийн зүй), Тэргүүн дэвтэр, Уб., 1960, 49-р т.

[35] Лувсандэндэв А.. Үг бүтэх ёс, Орчин цагийн монголд хэл зүй. Уб., 1965. 69-р т.

[36] Бямбасан П. Орчин цагийн монгол хэлний үгийн бүтэц, нэр үгсийн аймаг. Уб., 1975. 7-р т.

[37] Чингэлтэй. Одоо үеийн монгол хэл. Хөх хот. 1979. 1980. 170-р т.

Язгуур

мөхсөн язгуур

мөхсөн язгуур буюу анхдагч үндэс	мөхсөн хоёрдогч гуравдагч үндэс
de-	ge-
qo-	yi-
ba-	ra-ɣū-n
ő-	rű-

амьд язгуур

амьд идэвхгүй язгуур	амьд идэвхтэй язгуур
dege-re	deger-ēče
qoyi-na	qoyina-ača
qōyi-si	qōyisi-daɣān
baɣa-ɣūn	baɣa-ɣūn tala
őrű-ne	őrűne-dű orun

Иймээс "marɣa-si, ina-ɣsi, čina-ɣsi, naɣā-si, čaɣā-si, qā-si, qōyi-si, doū-si, doū-si, doɣū-ɣsi, degē-gsi, doru-ɣsi, dotu-ɣsi, uru-ɣsi, eyi-si, teyi-si, ɣada-ɣsi, degēgsi" гэх мэтээр "чиглэсэн орон"-ы утгатай "-si, -ɣsi" дагаврын өмнө тохиолдох язгуурыг амьд идэвхгүй язгуур гэж болно. Гэтэл эдгээр орон цагийн харьцааны нэрнээ "qoyina-ɣsi, manaɣar-si, doruna-ɣsi, eműne-si, őrűne-si, umara-si, aru-ɣsi, arun-si, doruna-si" гэж чиглэсэн орны утгат дагаврыг "орших орны утгатай", "-na" дагаварт давхарлан залгаж, чиглэсэн орны утгыг нэмэн "чиглэсэн" утга оруулжээ. Үүнийг амьд идэвхтэй дагавар гэж болох ба бие даасан утгатай үгнээ "qamiɣāsi" (эс ялгасан төлөөний үг), urtu-yāsi, ɣuldu-ɣasi, ɣulduɣā-si, őrgegē-si, kőndele-gesű, aru-ɣsi, arunsi, őndűrű-gēsi, urtu-ɣasi, eműne-gsi, doruna-si, űdesi (цагийн утга жинхэнэ нэр) гэх мэтээр орвол амьд идэвхтэй язгуурт залгасан хэрэг болно.

Энэхүү "чиглэсэн орон"-ы утгат "-si" дагаврыг "urtu, őrgen, őndűr, kőndelen" зэрэг тэмдэг нэрнээ "-ɣa-si..." гэсэн нийлмэл дагаврыг залгаж, "urtu-ɣā-si, őrgegē-si, őndűrű-gēsi, kőndele-gē-si" гэсэн үг бүтээжээ. Энэ нь уг юмын босоо хэвтээ орноо чиглэсэн утга илэрхийлж байх бөгөөд "őrgen+teyi-si" гэдэг нийлмэл үгээс үүссэн байж болох юм.

Мөн энэ дагавар нь "baruɣūn-si, jegűn-si" хэмээх үгнээ залгаж, "ойр хавиар болох гэсэн утгыг "чиглэсэн орон"-ы утгатай болгодог байна. Мөн "őrge-si, dumda-si, urtu-si" гэж "-ɣa"-гүйгээр залгахаас гадна "үргэлжид, туж" гэсэн утгатай "tur-si", "үргэлж" гэсэн утгатай "tuɣū-si" хэмээх үг бүтээсэн нь цаг орны утгатай байна.

Чиглэсэн орны утгат үгийг төлөөлсөн. "teyī-si" хэмээх үг нь баруун тийш, зүүн тийш, зөв тийш, өдөр тийш-ээ, орой тийш-ээ, түүн тийш нь, гол тийш яв-, гэр тийш-ээ- (г) ээ оч-, тал тал тийш" гэх мэтээр туслах үгсийн үүрэг гүйцэтгэж, тодруулагч гишүүн болдог. Мөн "marɣa-si-da-ɣān (маргаашдаа), čina-ɣsi-da (чинагшид), čaɣa-si-da-ɣān (цаашдаа), qoyisidaɣān (хойшдоон), tursidaɣān (туршдаа), tuɣusidaɣān (туушдаа, бүхэлдээ, нэлэнхүйдээ), űdesi-degēn (үдэшдээ), kejiye-degen (хэзээдээ), űrgűlji-de (үргэлжид), doruɣsida (доош), ɣadaɣsida (гадагш), uruɣsida (урагшид) гэх мэтээр үргэлжлэх цагийн утга бүхий "-da, da-ɣā-n" гэсэн дагавар залгаж, тухайн хугацаандаа багтааж үлдэх" (маргааш ир~маргаашдаа ир-, үдэш унт-~үдэшдээ унт), "ирээдүйд үргэлжлэх" (цаашдаа сайжир-, хойшдоо бод-) "бүхэлдээ, ерөөсөө", qā-si-da-ɣān (хаашдаа) гэсэн утгыг илтгэнэ. Мөн "-si" дагаварт орны үг нь нэрийн өмнө орж, "хааш яйш хэрэг" (хайнга хэрэг, далан задгай хэрэг), хаашаа амьтан бэ? (Ямар янзын зантай хүн бэ?) хааш хаашаа гучин метр газар (зүг бүртээ, урт өргөн тийшээ) гэх мэт "шилжсэн" утга илтгэнэ.

Тодорхойгүй орны утгат идэвхтэй язгуурт "чиглэсэн орны утга бүхий "-si" дагавар залгаж бүтсэн үг нь "ерөнхий-тодорхой, бүхэл-хэсэг" хоёрын заагт үүсэх дээрх утга илтгэж байх мэт.

Ш.Лувсанвандан "qo-yi-" гэсэн үндсэнд нь үйлдэхийн тийн ялгалын нөхцөлийн "γūr (-уур)" хувилбар, чиглэхийн тийн ялгалын нөхцөлийн "-si(-ш)" хувилбар залгаж, "хойгуур, хойш гэсэн хэлбэр үүсгэж, бас хой-(qoyi-) гэсэн анхдагч үндсэнд нь нэрийн үндэс үүсгэх "-n(-n), -m(-tu/ -du)" дагавар залгаж, "хойн-, хойт-(qoyin-a, qoyidu)" гэсэн хоёрдах үндэс үүсгэж, "хойн-" гэсэн хоёрдахь үндсэнд нь гарах, өгөх-орших, заах, хамтрах, жиших, нэрлэхийн тийн ялгалын нөхцөл залгана[38] гэснээс үзвэл "хой-гуур, хой-ш" хэмээх үгийн "-уур, -ш" нь нөхцөл биш, орон цагийн дагавар юм. Юу гэвэл тийн ялгалын нөхцөлийг амьд идэвхгүй язгуурт залгадаггүй, заавал амьд идэвхтэй язгуур буюу хэл зүйн үндсэнд залгадаг билээ.

Амьд идэвхгүй язгуур нь дагаврын өмнө орж, үгийн сангийн үндэс, амьд идэвхтэй язгуур нь ямагт нөхцөлийн өмнө орж, хэл зүйн үндэс болно. Жишээ нь: "тас, хар-" гэсэн нөхцөлгүй үгс буюу дүрс ба авиа дуурайх үгс нь "тас-л-, тас-р-, тас-ч"; "хар-жиг-на-, хар-жиг хар-жиг" гэх мэтээр дагаврын өмнө орж, амьд идэвхтэй язгуур болж, өргө-н, өргө-ж-, өргө-д, өргө-с-; ий-ш, тий-ш, хой-ш, хой-д, хой-гуур, хой-но, хой-ч, хой-рго, хой-мор" гэх мэт дагаврын өмнө орсон "өргө-, хой-" гэсэн язгуур нь амьд идэвхгүй язгуур болно. Харин дагавраар бүтсэн үгс нь нөхцөлийн өмнө "тасал-аад, харжигна-в, хоймор-ын, хойд-Ø" гэж орвол сая хэл зүйн үндэс болно. Үгийн сангийн ба хэл зүйн язгуур үндсийг дараах байдлаар загварчилж болно. Үүнд:

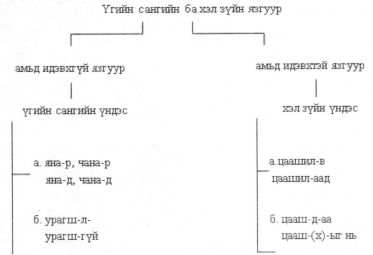

Монгол хэлэнд дагаврын өмнө тохиолдох амьд идэвхгүй язгуур нь мөхсөн язгуур, амьд идэвхтэй язгуур хоёрын дундын шинжтэй бүтэц юм. Хэрэв амьд идэвхтэй язгуураас урагш задалбал мөхсөн язгуур, дагавар (хоёрдогч, гуравдагч мөхсөн үндэс) бүтэцтэй байх болно. Жишээ нь: uru-γsi, ur-du, uri-da, uri-d, uri-du-γūr, uri-du-s, uri-d-čila-, uri-ta-" гэх мэтээс "uru-, ur-, uri-" амьд идэвхгүй язгуур буйг харьцуулан гаргаж болох бөгөөд "u-ru, u-r-, u-ri-" гэсэн задалбал мөхсөн язгуур, дагавраар задалж буй хэрэг болно. Иймээс "u-" гэх мөхсөн язгуурын эхэнд ямар нэг гийгүүлэгчийг сэргээх хэрэгтэй болно. "u-ru-s, u-ru-l-du, u-ru-γū, u-su-n, ő-ri-s-, ő-ri-s-(ű)-l-dű-"; ő-rű-(бух өрөх), a-ra- (солих), a-r-ča- (маргах) o-ru-, o-ru-l-du-(хүнээр оролдох), e-rű-s-(олох, дийлэх), ű-rű-(хавирах холгох), ű-ri-yē-d (атаархах,

---
[38] Лувсанвандан Ш. Орчин цагийн монгол хэлний бүтэц., Монгол хэлний үг, нөхцөл хоёр нь, Уб., 1968. 106-р т.

юм юм оролдох) гэж харьцуулбал "урд нь орох" гэсэн ерөнхий нэг утгаас үүдэлтэй бөгөөд эхэндээ "q/k" гийгүүлэгч байсан ба "qura- (хурах), qara-(нүднээ гадаад ертөнцийн юмс үзэгдлийг хураах), qoru-(хонь хорох), kere-(хэрэх) зэрэг үгийн эхний гийгүүлэгч гээдэж эхний үе-утгалбар задгайрснаас "хурах бөөгнөрөх" гэсэн утгын эсрэг утга (эпантиосемия) бий болж, "урьтах, урд нь орох" гэдгээс "өрсөх, уралдах, үрэгдэх" зэрэг утга салбарлажээ.[39] Иймд эдгээр төрөл үгийн "C-CV-C" гэсэн үе-утгалбар, авиа-авиалбар нь мөхсөн язгуур, анхдагч, хоёрдогч, гуравдагч (мөхсөн) үндэс болно гэж бодож байна.

Судлаач Б.Базылхан эртний түрэг хэлний бүтээвэр тухайлбал, язгуур бүтээвэр "V, CV" залгавар бүтээвэр "V, C, CV" гэсэн бүтэцтэй[40], монгол хасаг хэлнээ залгавар бүтээвэр мөн тийм бүтэцтэй[41] байдаг гэжээ. "urus-" (урсах) зэрэг үгнээ орсон дэд үе-утгалбар "-ru-" нь монг:qa-ra-(харах), каз:qarau- (харах), монг:o-ru-n (орон), каз:orun~orīn (орон байр), монг:kŏ-rŭ-g (хөрөг), каз:kөrik (хөрөг) зэрэг үгнээ тохиолдож байна.

Б.Базылхан эртний түрэг бичээсний хэлний үгийн бүтцийг дээрх үе-утгалбараар задалсан бөгөөд үүнээс түр: ker-(утас хэрэх), түр: kir-(орох), түр: kŏr-(үзэх), түр: kŭrä-~kŭre- (тармах, овоолох)[42] зэрэг үгийг дээрх "u-ru-s- (урсах), qa-ra-(үзэх) хэмээх үгстэй гарал төрөл нэг үгстэй харьцуулан үзэж болох юм.

Чиглэсэн орны утгат "-si" дагавart үгс нь "хойш нь, хойшоо, хойшоогоо" гэхчлэн нэрийн гуравдугаар биеийн хамаатуулах нөхцөл, ерөнхийлөн хамаатуулах нөхцөлийг дан болон давхарлан хэрэглэж, онцлон ялгах утга гаргадаг байна. Жишээ нь:

a.čaɣasi-bān-iyān (Цаашаагаа битгий яваарай), qāsi-ban-iyān (Хаашаагаа явах нь вэ?), eyisi-ben-iyen (Ийшээгээ ирсний хэрэггүй), qoyisi-bān-iyan (Хойшоогоо яарч байна уу), ɣadaɣsi-ban-iyan (Гадагшаа гүйлгээ хийе), dotuɣsi-bān-iyān (Самдан их л дотогшоогоо хүн шүү), doɣaɣsi-bān-iyān (Цаад аяга чинь доошоогоо унав заа), degēsi-ben-iyēn (Бүр дээшээгээ нисвэл болно биз дээ), aruɣsi-bān-iyān (Арагшаагаа савж ойчих вий дээ) гэх мэт. Нэрийн өмнө тохиолдох "-r, -ɣūn, -du~tu" дагавart орон цагийн харьцааны нэр, үйлийн өмнө тохиолдох "-na, -ɣūr, -si, -da, -ɣār, -i, -ra-, -tai" дагавart орон цагийн харьцааны нэрийн аль аль нь хамаатуулах утга бүхий "-ki" дагаврыг a. -deger-ki, činaɣū-ki, qoyidu-ki, urdu-ki

б. qoyina-ki, qoyi-ɣūr-ki, qoyisi-ki, urida-ki, ǰegű-bēr-ki, degereki, douraki гэхчлэн авч, нэрийн өмнө хамжсан тодотгол гишүүн болно. Энэхүү "-ki" дагавар нь "дээрх өгүүлэл, чанагуун ухаан, хойших явдал, хойгуурх эгшиг, урдах үе" гэх мэтээр "дараах тодотгуулагч үгээ өөртөө багтаах" буюу "арын үгээ өөртөө хамаатуулах" утгатай юм[43]. "Цаадах чинь ирэх нь үү? Хойдох нь энэ үү? Хойших нь аль вэ?" гэхчлэн "ki-" тэй үг нь тодотгуулагчаа гээж нэрлэхийн тийн ялгалаар хуурмагаар хэлбэржиж, өгүүлэгдэхүүн гишүүн болдог байна. "ki-" хэмээх дагавart үг буюу гишүүн нь нэрлэхийн тийн ялгалын нөхцөлөөр хувилсан л бол бусад тийн ялгалын нөхцөлөөр хувилах нь зүйн доторх хэрэг юм. "-ki" дагавart орны нэрийг Чингэлтэй "харьяа орон"[44] гэж дээрх бүтээлдээ нэрлэжээ. "-du~tu" дагавart орны нэр нь čaɣā-du-ɣūl (цаадуул), naɣā-du-ɣūl (наадуул), degedŭ-gūl (дээдүүл), doudu-

---

[39] Базаррагчаа М. Монгол үгийн гарлыг мөшгөх нь. Уб., 1992, 119-173-р т.
[40] Базылхан Б. Эртний түрэг хэлний үгийн бүтцийн тухай асуудалд. Studia Mongolica. Т-Х. Уб., 1986 (1985). 151-152-р т.
[41] Базылхан Б. Аффиксальные морфемы в монгольском и казахском языках. Studia Mongolica. Т-Х. Уб., 1986 (1985). 155-156-р т.
[42] Базылхан Б. Эртний түрэг бичээсний хэлний үгийн бүтэц. Уб., 1984. 92-98-р т.
[43] Базаррагчаа М. "ki-, kin-" дагаврын гарал утга, Антоон Мостаэрт ба Монгол судлал. Уб., 2011. 556-р т.
[44] Чингэлтэй. Одоо үеийн монгол хэл. Хөх хот. 1979., 1980. 170-р т.

үūl (доодуул), degēdűs (дээдэс), őrűne-dű-čūl/d (өрнөдчүүл/-д), umaradu-čūl/d (умардчуул/д), douradu-čūl/d (дордчуул/д), urdu-čūl/d (урдчуул/д), dornunadu-čul/d (дорнодчуул/д) гэх мэтээр олон тооны дагавар авч жинхэнэ нэр болон хувирна.

Чингэлтэй "дэвсгэр доор, газар доор, зам зуур, гэр дотор, ой дотор, гол уруу, очих зуур, уул уруу" гэх мэтээр орны нэр нь өмнөх үгээ нэрлэхийн тийн ялгалаар захирна гэж үзсэн нь буруу юм. Эдгээр нь харьяалахын тийн ялгалын нөхцөлийн тэг хувилбараар хувилсан болох нь "дэвсгэрийн доор, замын зуур, гэрийн дотор, очихын зуур, голын уруу" гэж хэлдгээс тодорхой байна.

Орон цагийн харьцааны нэр нь өмнөх жинхэнэ нэрийг зөвхөн харьяалах ба гарахын тийн ялгалын нөхцөлөөр захирч, задлаг хам бүтэц буюу хэл зүйжсэн хэлц бүтээдэг. Жишээ нь: Лавлаж асуувал, үүр завсарлахаас нааш найр тарахгүй гэнэ билээ. (Б.Р), ... дээл хувцас нь цас болсон өнөөх хоёр цэргийн өөдөөс ширтэн харж... (Б.Р), ...эх дагина хатны өмнө очиж..., хурган дотортой торгон дээлийн дээгүүр булган дах өмсөж... үүнээс хойш, түүнээс цааш салхины нь ч доогуур гарахгүй (Б.Р) гэх мэт.

Орон цагийн харьцааны нэр нь "хотоос урагш, хотын гадна, хотын урд, наснаасаа эрт, насны хойно" гэх мэтээр өмнөх жинхэнэ нэр болон түүний үүргээр орсон үгс (явсны дараа, үзсэнээс хойш, тэр тавын өмнө ир-, баянаас өмнө оч-)-ийг зөвхөн харьяалах, гарахын тийн ялгалын нөхцөлөөр захирна.

Харин Ш.Лувсанвандан "Орон цагийн харьцааны нэрс нь нэрлэх, харьяалахын тийн ялгалын хэлбэрт нэрээс гадна, гарахын тийн ялгалын хэлбэрт нэрийг бас захирч чадна." (бидэнд, тэд, хойно)[45] гэснийг үзвэл "бид энд" гэхэд "энд" гэдэг нь орны утгат, заах төлөөний үг нь "Бид энд байна. Бид энд сууна, Бид энд байрлана, Бид энд зогсоно" гэх мэтээр орны тодруулагч гишүүн болж "байна" хэмээх өгүүлэхүүнд захирагдах тул "Бид-◪ байна." гэсэн өгүүлбэрийн заримдаг хувилбар өгүүлбэр юм. Мөн "Тэр чинь дэндүү дээр юм" гэвэл "дээр" гэсэн орны нэр нь үйл өгүүлэхүүний байрнаа шилжин ирж, үйлшсэн тул "Тэр-◪ чинь" хэмээх гишүүнийг нэрлэхийн тийн ялгалаар хуурмаг, түр захирч буй хэрэг болно. "ухаанаар дээр хүн, тушаалаар доор албан хаагч, зэргээр дээгүүр хүн байна, мэргэжлээр дээгүүр, малаар дунд" гэхэд орсон орны нэр нь салаа утгаараа тэмдэг нэрийн утгад шилжсэн тул өмнөх жинхэнэ нэрийг үйлдэх (гарах)-ийн тийн ялгалаар хуурмагаар түр захирч байгаа хэлэхүүний үзэгдэл болно.

Монгол хэлний хийсвэр ба бодит утгатай жинхэнэ нэр нь нэрлэхийн тийн ялгалаар хувилбал заавал өгүүлэгдэхүүн гишүүн болно. Тэгвэл орон цагийн харьцааны нэр нь юмсыг заах биш, харин юмсын орших орон хувирах цагийг заадаг тул утгын хувьд хэзээ ч нэрлэхийн тийн ялгалаар хэлбэржиж, өгүүлэгдэхүүн гишүүн болохгүй юм.

Ш.Барайшир "дээр-◪ нь энэ, өнөөдрөөс маргааш-◪ сайхан, эрт-◪ нь дээр, орой-◪ нь дэмий" гэх мэтээр орон цагийн харьцааны нэр нь нэрлэхийн тийн ялгалаар хэлбэржинэ[46] гэж үзсэн нь "дээр" гэдэг нь "сайн, овоо" гэсэн утгаар тэмдэг нэр болж, улмаар арын тодруулагчаа гээж, нэрлэхийн тийн ялгалаар хуурмаг түр "үүрэг" гүйцэтгэсэн хэлэхүүний үзэгдэл буюу өөрийн бус, өрөөлийн байрнаа орсон хувилбар гишүүн юм. "Маргааш, эрт, орой" гэсэн цагийн нэр нь өөрийн бус өрөөлийн үүргээр орсон бөгөөд тухайн үйл явдлыг болох цагаар нь орлуулан (метаномия) хэлсэн тул мөн хувилбар гишүүн юм. Ийнхүү хэлэгдэхүүн хэлэхүүн

---

[45] Лувсанвандан Ш. Монгол хэлний үгсийг аймаглах асуудалд. Хэл зохиол-V боть, Уб., 1967 (1968). 35-р т. Орчин цагийн монгол хэлний бүтэц, монгол хэлний үг нөхцөл хоёр нь. Уб., 1968. 25-р т.
[46] Барайшир Ш. Орчин цагийн монгол хэлний дайвар үг. Уб.,1974. 73-р т., (Дайвар үг, дагавар үг), Орчин цагийн монгол хэл зүй. Уб., 1966. 194-р т.

хоёрыг ялгах нь хам ба цуваа бүтцийн харьцааг зөв тогтооно гэсэн үг юм.

Дутмаг дайвар үг бол үг зүйн хувьд тийн ялгалаар заримдаг хувилдаг, гол төлөв мөхсөн буюу идэвхгүй язгуур, өгөх-оршихын зэрэг тийн ялгалын зүүвэртэй зууралдан хэвшиж, язгуур тийн ялгалын зүүвэр гэж ялган сэтгэх аргагүй болсон янз бүрийн гаралтай үгс байна[47] гэж дайвар үг түүний дотор орон цагийн харьцааны нэрийн онцлогийг тодорхойлж, янз бүрийн үгсийн айн үгээс дайвар үг бүтдэг (yeke-de, sayi-tur, qolāγūr; nasu-da, segűl-dű, egűri-de; bayingγu; γurban-tā) гэжээ. Тэгвэл үүсмэл орон цагийн харьцааны нэрээс дагаврын аргаар үг бүтэх нь нэлээд байна. Үүнд:

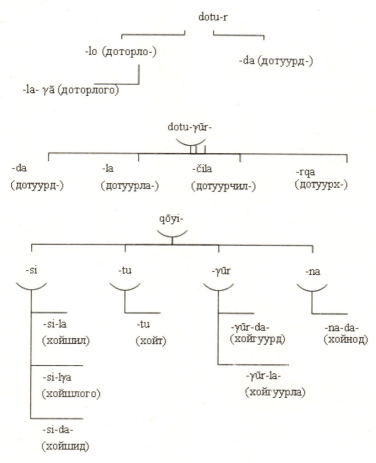

---
[47] Барайшир Ш. Орчин цагийн монгол хэлний дайвар үг. Уб., 1974. 57-р т.

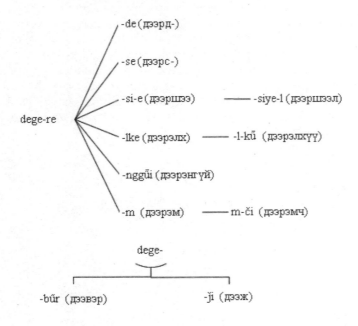

Энэ мэтээр Ш.Лувсанвандан гуайн үйлдэх (-ɣūr), чиглэх (-si,-ɣsi)-ийн тийн ялгалын нөхцөл гэснийг бид амьд идэхгүй язгуурын дараа орох тул орон цагийн дагавар гэж үзсэн билээ. Хэрэв энэ хоёр бүтээвэр нөхцөл байсан бол ардаа "qoyi-si-la-, qoyi-ɣur-da" гэхчлэн дагавар авч чадахгүй юм. Тэгээд ч тийн ялгалын нөхцөлийг амьд идэвхгүй язгуурт залгаж огт болохгүй билээ.

Үүнээс дүгнэж үзвэл орон цагийн харьцааны нэр нь үйлийн болох, болж байгаа, болсон орон цагийн харьцаа заах бөгөөд язгуур талаасаа юм үзэгдлийн дохио болж, харин дагавар, нөхцөлийн талаасаа харьцаа заасан дохио болно. Иймд орон цагийн харьцааны нэрийн хэлбэрийг идэвхгүй язгуур, залгаврын харилцан шүтэлцээнд нь авч үзэх хэрэгтэй юм.

НОМ ЗҮЙ:

1. Базаррагчаа М. Монгол үгийн гарлыг мөшгөх нь. Уб., 1992.
2. Базаррагчаа М. Дүрслэх үгс бие даасан ай болох нь "Монгол судлал", МУИС, МХСС, XXVIII боть, 2007.
3. Барайшир Ш. Орчин цагийн монгол хэлний дайвар үг. Уб., 1974.
4. Базылхан Б. Эртний түрэг бичээсний хэлний үгийн бүтэц. Уб., 1984.
5. Базылхан Б. Аффиксальные морфемы в монгольском и казакском языках. Studia Mongolica. T-X. Уб., 1986 (1985).
6. Бертагаев Т.А. Синтаксис современного монгольского языка в сравнительном освещении. Простое предложение, М., 1964
7. Бертагаев Т.А. К этимологии некоторых слов монгольских языках. Исследования по восточной филологии. М., 1974.
8. Бэшэ Л. Монгол хэлний үйл үгийн угтварын тухай. Studia Mongolica, T-VI, Уб., 1967.
9. Бямбасан П. Монгол хэлний онол бүтцийн асуудалд. Уб., 2006.

10. Бямбасан П. Орчин цагийн монгол хэлний үгийн бүтэц, нэр үгсийн аймаг. Уб., 1975.
11. Жанчивдорж Ц., Рагчаа Б., Монгол хэлний үг зүй. Уб., 1965.
12. Лувсандэндэв А. Үг бүтэх ёс, Орчин цагийн монгол хэл зүй. Уб., 1966.
13. Лувсанвандан Ш. Монгол хэлний зүй. I дэвтэр, Авиа ба үгсийн зүй, Уб., 1951.
14. Лувсанвандан Ш. Орчин цагийн монгол хэл. Бээжин. 1961. (1962)
15. Лувсанвандан Ш. Орчин цагийн монгол хэл. Бээжин. 1961.
16. Лувсанвандан Ш. О некоторых корнях и основах в монгольском языке. "Доклады Монгольской делегаций на XXVI конгрессе востоковедов" Уб., 1963.
17. Лувсанвандан Ш. Монгол хэлний үгийн бүтцийн тухай асуудалд. МУИС. ЭШБ., VII боть, Уб., 1964.
18. Лувсанвандан Ш. Орчин цагийн монгол хэлний бүтэц. Монгол хэлний үг, нөхцөл хоёр нь. Уб., 1968.
19. Лувсандэндэв А. Үг бүтэх ёс, Орчин цагийн монголд хэл зүй. Уб., 1965.
20. Лубсангджаб Чой. Сопоставительный анализ морфологической структуры слова в монгольском и английском языках. Автореферат, М., 1971.
21. Надмид Ж, нар Монгол хэлний зүй. (Авианы зүй, үгийн зүй), Тэргүүн дэвтэр, Уб., 1960.
22. Орловская М.Н. О некоторых наречиях в монгольском языке "Краткие сообщения института народов. Азия-83" (Монголоведения и тюркология). М., 1964.
23. Өнөрбаян Ц. Орчин цагийн монгол хэлний үг зүй. Уб., 2004.
24. Пюрбеев Г.Ц. Историко-сопоставительные исследования по грамматике монгольских языков. Синтаксис словосочетания М., 1993.
25. Ринчен Б. Монгол бичгийн хэлний зүй. Хэлбэр судлал, гутгаар дэвтэр. Уб., 1966.
26. Рассадин В.И. Об одной монгольско-тюркской корреспонденции в морфологии "Монгольский лингвистический сборник" М.1985.
27. Цыдыпов Ц. Морфология бурятского языка. Улан-Үдэ. 1988.
28. Цэцэнцогт Ш. Монгол үгсийн язгуурын толь, Жанг Жияа Кеү, 1988.
29. Чареков С.Л. Наречие в монгольских языках в сравнении с другими алтайскими языками "Грамматические исследования по отдельным алтайским языкам. Лгр., 1989.
30. Чингэлтэй. Одоо үейин монгол хэл. Хөх хот. 1979.
31. Шведова Н.Ю. Детерминация. "Русская грамматика" Т. II, М., 1980.
32. Энциклопедия. Русский язык. М.1997.

ИХ ЗОХИОЛЧ Д.НАЦАГДОРЖИЙН ХИЙСЭН
"ГЕРМАН – МОНГОЛ ТОЛЬ БИЧИГ"-ИЙН ТУХАЙ

Ж.Бат-Ирээдүй
(МУИС)

Монголын орчин үеийн уран зохиолыг үндэслэгч Дашдоржийн Нацагдорж бол монголын уран зохиолд шинэ үеийг эхлүүлсэн гайхамшигт зохиолч гэдгийг бүгд мэднэ. Энэ тухай Нацагдорж судлаач эрдэмтэн С.Лочин, "... Нацагдорж бол шинэ үеийн уран зохиолын үндэслэгч гэдэг үзэл санаа олон түмний дунд давамгайлж байдаг юм. Хэн нь үндэслэгч болох ёстойг цагийн шалгуур ч өөрийнхөөрөө харуулдаг. Нацагдорж шинэ цагийн уран зохиолыг үндэслэгч төдийгүй шинэ уран зохиолын хэлийг бий болгоход голлох үүрэг гүйцэтгэсэн нь Оросын уран зохиолын хэлийг А.С.Пушкин бий болгосны зиндаанд авч үзэж болох юм."[1] гэжээ.

Харин түүний эрдэм шинжилгээний ажлын талаар "... Нацагдорж ... латин үсгийг монгол хэлний хэм хэмжээ, хууль ёсонд хэрхэн нийцүүлэн авч хэрэглэх талаар саналаа боловсруулж "гурван бүлэг, жар гаруй зүйл- бүхий латин бичгийн монгол хэлний зүй зохиосон ..., монгол бичгийн зөв бичих зүйн толийг зохиоход туслан оролцож "гурван маяга гурван зуун үгийг түүвэрлэн өгч байсан, ... "Монгол хэлний тайлбар толь"-ийг зохиолцон, "Монголын түүхийн товч" болон шинжлэх ухааны хялбарчилсан өгүүлэл олныг бичиж, К.Марксын "Капитал" зохиолыг орчуулах..., зэргээр шинжлэх ухааны эрдэм мэдлэгийг ард түмэндээ түгээн дэлгэрүүлэхэд хүчин зүтгэжээ."[2] гэсэн мэдээлэл байдаг.

Д.Нацагдорж Германд байхдаа хоёр хэлний толь бичиг хийж байсан гэсэн мэдээ одоогоор хаанаас ч олдоогүй, хаана ч дурдаагүй байна. Ингээд Германы Боннын Их Сургуульд ажиллаж байх үедээ Дашдоржийн Нацагдоржийн хийж байсан хоёр дэвтэр "Герман – Монгол толь бичиг"-ийн жинхэнэ гар бичмэл эх Боннын Их Сургуулийн (Зураг N1) Монгол-Төвөд судлалын тэнхимийн (Зураг N2) номын сангаас (зураг N3) олоод байна.

Уг толь бичгийн гар бичмэлийн зургийг та бүхэн гэрэл зургуудаас (Зураг N4, 5, 6, 7, 8) үзэж сонирхох буй за. Энэ гар бичмэл нь Боннын Их Сургуулийн Монгол-Төвөд судлалын тэнхимийн номын санд Eb 49 I, Eb 49 II кодтойгоор хадгалагдаж байгааг бид энэ үеэр олж мэдлээ. Үүнээс өмнө энэ толийн талаар ямар нэгэн хэмжээгээр мэдэж байсан, мэдээлсэн, энд тэнд дурдсан зүйл одоогоор хараахан олж үзээгүй байгааг дээр дурдсан.

Хамгийн түрүүнд Д.Нацагдоржийн хийсэн толь бичиг мөн эсэхийг тодруулах ёстой. Үүнийг гарцаагүй батлах зүйл бол түүний бичгийн хэв буюу гарын тиг билээ. Д.Нацагдоржийн гарын үсэг нь гарцаагүй мөн болохыг бусад зохиолын гар бичмэлийн гарын тигээс харж мэдэж болно.

Мөн өөр нэгэн баталгаа бол толь бичгийн дотор нүүрийн эхний хуудсанд Д.Нацагдорж Шмидтийн 1800-аад оны сүүлээр Петербург хотноо хэвлүүлсэн монгол орос герман толь бичгийн толгой үгийг үндэслэн хийснийг германы 1944 оноос өмнө бичиж байсан бичмэл цагаан толгойн үсгээр тодорхой дурдаж бичсэн байна.

---

[1] С.Лочин, "Дашдоржийн Нацагдорж", Уб., 2015, 129 дэх тал.
[2] Э.Пүрэвжав, "Дашдоржийн Нацагдорж", ["Монгол хэл бичгийн судлал XI] Уб., 2008, 58-59 дэх тал.

Энэ толь бичиг яагаад энэ номын санд хадгалагдаж байгаа талаар таамаглахад энэхүү Боннын Их Сургуульд монгол судлалын семинар, тус семинарын номын санг үүсгэн байгуулсан нэрт монголч эрдэмтэн Вальтер Хайссиг гуай Д.Нацагдоржийн шавилсан Эрих Хэнишийн шавь асан түүнтэй эрдэм номын дотно харилцаатай байсан бөгөөд сүүлд түүнд өгснийг профессор тус номын санд хадгалуулсан байж магадгүй гэж Монгол-Төвөд судлалын эрдэмтэд тааварлаж байна.

Одоо энэхүү толь бичгийн тухай зарим зүйлийг тодруулан үзвэл уг толь бичиг нь хоёр дэвтэр бөгөөд тус бүр 150 гаруй, нийт 302 хуудастай юм. Хэмжээ нь DN A4 буюу 210 mm x 297 mm болой.

Тус хоёр дэвтрийн эхний ботийн гадна талд **Haenisch Ostasiatisches Seminar der Universität Leipzig, A bis K** буюу монголоор орчуулбал Хэниш, Лайпцигийн их сургууль, Дорно дахины семинар буюу тэнхим, А-К үсэг хүртэл гэж бичжээ.

Мөн толь бичгийн нэгпүгээр дэвтрийн эхний хуудсан дээр **Geschrieben von Natsok Dorji unter Aufsicht von E Haenisch, Ostas. Seminar d. Univ. Leipyig 1927** хэмээн гараар **Alphabetisches Veryeichnis der deutschen Wörter und Ausdrücke** гэж бичгийн машинаар, **ca. 8900 Wörter** гэж харандаагаар, **aus I.? Schmidt's deutsch. Mongolischem Wb Petersbg 18** гэж үзгээр гараар бичсэнийг орчуулбал <u>Хениш багшийн удирдлага дор Нацагдоржийн бичсэн нь, Лайпцигийн Их Сургуулийн Дорно дахины семинар буюу тэнхим 1927 он, герман үг хэллэг нэр томьёоны цагаан толгойн бүртгэл ойролцоогоор 8900 үг хэллэг, Шмидтийн Герман монгол толь бичгээс Петерсбург хот 18?? он гэжээ.</u>

Харин хоёрдугаар дэвтрийн хавтсан дээр ямар нэгэн юм бичээгүй гагцхүү Боннын Их Сургуулийн номын сангийн код дарагдсан байна.

Ингэж герман хэлээр бичихдээ 1910 оноос 1945 он хүртэл Германд хэрэглэж байсан Sütterlinschrift гэдэг бичмэл үсгээр бичсэн байх бөгөөд үүнийг одоогийн герман хэлэнд буулган хөрвүүлсэн болно.

Ийнхүү энэхүү толийн эхний ботийн нэгдүгээр нүүрэнд герман хэлээр Э.Хэнишийн бичсэн тайлбарт байгаагаар Д.Нацагдорж түүний удирдлагаар Я.Шмидтийн хийсэн Монгол Орос Герман толь бичгийн герман үгийн санд түшиглэн толгой үг хийж түүнийг монгол хэлээр монгол бичгээр орчуулан бичиж хийсэн нь тодорхой байна.

Энэ толь бичгийн зарим үгийг өнөөгийн орчин цагийн герман монгол толь бичгийн үсэгтэй харьцуулан үзвэл бараг бүрэн тохирох бөгөөд харин ч зарим ойролцоо үгийн утгын оноолт илүү оновчтой болсон шиг байна. Харин цаашид уг толь бичгийн дотор агуулга, болон орчуулгын оноолт, монгол бичгийн бичиглэлийг бусад толь бичигтэй харгуулан бүрэн шинжлэн судлах шаардлагатай байна.

Толь бичгийг бичсэн монгол бичгийн гарын тиг нь Д.Нацагдоржийн гарын тиг мөн болохыг түүний монгол бичгээр бичсэн бусад зохиол болон Нацагдорж судлаач нарын танилтаар баталгаажуулж болж байна. Миний бие Монголын Нацагдорж судлаач эрдэмтэн Ч.Жачин, Л.Дашням нарт үзүүлэхэд тэд яах аргагүй л Нацагдоржийн гар бичмэл мөн байна даа хэмээн дуу алдан баталцгааж байлаа.

Ийнхүү профессор Э.Хэнишийн удирдлага дор хийсэн толь бичиг болох нь түүний гар бичмэлээр баталгаажсан, дээр нь Нацагдоржийн өөрийнх нь монгол бичгийн гарын тиг мөн болох нь баталгаатай тул 1927 онд хорь гаруйхан настай байсан залуу Д.Нацагдорж 9000 орчим үгтэй Герман – Монгол үг хэллэг, нэр томьёоны бүртгэл буюу толь бичиг зохиох ажил хийсэн түүнийг толь бичгийн эрдэм шинжилгээний ажил хийж байсан нь гэж үзэх бүрэн үндэстэй гэж бодож байна.

Энэхүү шинэ хэрэглэгдэхүүн нь Д.Нацагдорж судлал, мөн Герман-Монгол толь бичгийн судалд шинэ олдвор байж магадгүй. Тус толь бичгийн эхийг чухам яг яаж энд ирсэнийг эрдэмтэн судлаач нараас асууж сураглах, тодруулах, ижил төстэй толь бичиг энд тэнд байгаа эсэхийг нягталж, улмаар энэ толь бичгийг хэрхэн эрдэм шинжилгээний эргэлтэнд оруулах талаар манай багш нар хэлэлцэж байгааг дашрамд дурдая.

Энэхүү толь бичгийг олсонтой холбоотойгоор Д.Нацагдоржийн Германы Лайпциг хотод амьдарч байх үеийн амьдралыг бяцхан сонирхож үзлээ. Их зохиолч Дашдоржийн Нацагдоржийг 20-иод оны дундуур Герман Улсад сурч байсан намтар түүхийг бид бүгд сайн мэднэ.

Энэ тухай түүхийн болон утга зохиол судлалын ном бүтээлүүдэд дэлгэрэнгүй дурдсан байдаг. Тухайлбал дараахь бүтээлүүдэд энэ талаар тодорхой бичсэн байна. Үүнд, Ц.Дамдинсүрэнгийн эрхлэн хэвлүүлсэн бүтээлд "Нацагдорж 1926 оны намар Улаанбаатараас Берлинд очиж герман хэл бичгийг нилээд оролдож байгаад, улмаар Лейпциг хотын сэтгүүлч нарын сургуульд 1929 он хүртэл суралцсан байна."[3], проф. С.Лувсанвандан "1925 оноос Зөвлөлт Улсын Ленинград хотын цэргийн Академид суралцаж, 1926-1929 он хүртэл Герман Улсын Лейпциг хотод сэтгүүлчийн сургуулийг төгсжээ."[4], эрдэмтэн Б.Содном "Нацагдорж 1926 оны намар Улаанбаатараас Берлинд очиж герман хэл бичгийг Берлинд нилээд оролдож байгаад Лайпциг хотын сэтгүүлч нарын сургуульд 1929 он хүртэл суралцсан байна. Нацагдорж тэнд Герман хэл бичгийг сурснаас гадна, олон улсын эрт одоогийн түүх, гүн ухаан, европ дахины сонгодог уран зохиол, түүний түүх, онолын асуудалтай танилцсан байна. "[5], эрдэмтэн С.Лувсанвандан, "Дорно дахины судлаач Эрих Хэниш прфоессорын удирдлагаар Герман улсад тухайн үед монгол судлал нэн эрчимтэй хөгжиж, монголын түүх, утга зохиолын дурсгалт бичгийг судлах, дорно дахины судлалын семинарт зориулан хэлний зүйг зохиож байсны дотор монгол хэлний зүйг онцгойлон дурдаж болно. Залуу оюутан Д.Нацагдорж туршлагатай эрдэмтэн Э.Хэнишийн дэргэд суралцсан явдал герман хэлний мэдлэгт шийдвэрлэх нөлөө үзүүлж, улмаар шинжилгээний арга барилд суралцах, орчуулгын дадлагыг эзэмшихэд зохих түлхэц болсон."[6] гэж бичжээ.

Д.Нацагдорж судлаач д-р С.Лочин "... МАХН-ын Төв Хорооноос 1926 оны 9-р сарын 11 нд Нацагдорж, Пагмадулам нарын зургаан хүнийг Герман Улсад сургуульд явуулах шийдвэр гаргажээ. Ийнхүү 1926 онд Берлинд гадаадын иргэдэд зориулсан герман хэл бичгийн сургуульд, 1927 онд Лайпциг хотноо шилжиж хятадач эрдэмтэн Э.Хэнишийн туслахаар, түүнтэй хамтран ажиллаж хувиараа буюу сайн дураараа суралцаж байв. Дээд сургуульд орох гэхэд сургууль төгссөн гэрчилгээ баримт дутагдаж Гэгээрлийн яаманд бичихэд нь "бусад сурагчдын адилаар аль нэгэн тэнцэх сургуульд сургаваас зохино" гэж 1928 оны 8 дугаар сард хариу өгч байжээ. Харин Ж.Цэвээн Нацагдорж миний дэргэд сурч байсан эрдэм боловсролтой, цаашдаа судлал шинжлэлийн ажил хийх чадвартай хүн гэж хувийн тодорхойлолт гарган явуулж байжээ. Нацагдорж 1929 оны хавар Германаас дуудагдан ирснийхээ дараа буюу мөн оны 8-р сард Герман Улсад үргэлжлүүлэн

---

[3] Д.Нацагдорж, "Зохиолууд", ред. Ц.Дамдинсүрэн, Уб., 1961, 12 дахь тал.

[4] С.Лувсанвандан, "Дашдоржийн Нацагдорж", Уб., 1966. 5 дахь тал.

[5] Б.Содном, "Д.Нацагдоржийн намтар зохиол", Уб., 1966, 45 дахь тал.

[6] С.Лувсанвандан, "Их зохиолч Д.Нацагдоржийн туурвил бүтээл, урлах эрдэм" [Монголын уран зохиолын дэвшил, социалист реализм: уран бүтээлийн арга, зохиолчийн өөрмөц шинж] 1987, 138 дахь тал.

суралцуулахыг гуйж НТХ, Гэгээрлийн яаманд өргөдөл бичиж байв."[7] гэсэн бол "Түүхэн 500 хүн" номд "Дашдоржийн Нацагдорж ... 1926-27 онд Германы Берлин, Лейпциг хотуудад суралцсан. Тэрбээр Ц.Жамсрантай хамтран Марксын "Капитал"-ын тэргүүн ботийг герман хэлнээс орчуулсан"[8] гэхчилэн тус тус тэмдэглэжээ.

Д.Нацагдорж Лайпциг хотод сурч байхдаа дорно дахин судлаач, нэрт монголч эрдэмтэн д-р Эрих Хэниш (1880-1966) – ийн туслахаар ажиллаж байсан гэсэн мэдээг Д.Нацагдоржийг судласан бараг бүх хүмүүс дурдсан байдаг. Э.Хэниш бол 1925 онд Берлиний Их Сургуулиас Лайпцигийн их сургуульд шилжиж 1932 он хүртэл багшилж байсан байна. Харин Д.Нацагдорж тэнд 1926 оны 6 дугаар сараас 27 оны 3 дугаар сар хүртэл Лайпциг хотын хэлний сургуульд герман хэл сурч байсан байна. Дорно дахин судлаачийн туслахаар ажиллах хугацаанд чухам юу хийж байсан талаар мэдээ бас харьцангуй ховор байдаг.

Энэ үеийн Д.Нацагдоржтой холбоотой ойр байсан хүмүүс түүний хийж байсан толь бичгийн тухай тэмдэглэсэн эсэхийг мөшгөн үзвэл эрдэмтэн Б.Ринчен абугай "Манай Улсын номын санд 1928-1929 оны орчим хийсэн хоёрын зэрэг европ монгол багашиг толь бичиг бий. Хоёулаа хэвлэгдэж чадаагүй, бичмэл эх ноороороо байгаа нь герман монгол хэлний толь бичгийг Ишдорж багш хийгээд Судар бичгийн хүрээлэнгийн дуун ухааны тасагт өгсний нь номын санд хадгалуулсан билээ."[9], гэж бичсэн бол профессор З.Лонжид, О.Батсайхан нар "Монголын эх түүх II" номд "Базарын Ишдорж ...Гэгээрлийн сайд Эрдэнэбатханы хамтаар Герман, Франц улсуудаар айлчилж, тэнд сурч байсан оюутнуудын амьдралд санаа тавьж байв. ... Тэрбээр монгол хэл бичгийн талаар нилээд хэдэн бүтээл туурвисны дотор "Герман-монгол толь бичиг" (1928) ... зэрэг ном зохиолууд одоогоор мэдэгдэж байна."[10] хэмээн бичжээ. Харин энэ яг ямар толь бичгийн тухай бичсэнийг олж, үзэж тодруулж амжсангүй.

Харин Германы монголч эрдэмтэн Эрика Таубэ Д.Нацагдоржийн Германд сурч байх үеийн тухай "Ази, Америк, Латин Америк" сэтгүүлийн 1988 оны 5 дугаарт бичсэн өгүүлэлдээ түүний Лайпцигт амьдарч байсан талаар нэлээд дэлгэрэнгүй дурджээ. Энэ өгүүлэл монгол хэлээр орчуулагдаж "Утга зохиол урлаг" сонинд хэвлэгдсэн.

Д.Нацагдоржийн хийж байсан Герман – Монгол толь бичгийн тухай ярихад түүний Герман Улсад сурч байх үеийн амьдрал маш сонин юм. Харин энэ талаар Монголын судлаачид бараг нэгэн янзын өгүүлбэр хэлдэг нь дээр эх сурвалжуудад байгаа мэдээллээс тодорхой байна. Харин Германы монголч эрдэмтэн Э.Таубэ абугайн бичсэнээр "Сурч мэдэхийн тулд өөртөө өндөр шаардлага тавьдаг, 1926 оны зун амралтаар ирсэн үедээ Цэргийн Зөвлөлөөс хүлээлгэсэн үүрэг даалгаврыг идэвхи зүтгэлтэй гүйцэтгэж байсан хийгээд 1921 оны ардын хувьсгалын бүр эхнээс эх орныхоо улс төрийн амьдралд идэвхитэй оролцож байсан зэрэг нь түүнийг бусад сурагчдын хамт Герман Улсад суралцуулахаар илгээх үндэс болсон хэмээн үзэх бололцоотой. Тэд 1926 оны аравдугаар сарын 17 нд Монголоос гарч Москвагаар дайран Ленинград хүрчээ. Тэндээсээ усан онгоцоор Герман хүрч, улмаар 11 дүгээр сард Берлинд ирсэн бололтой байдаг.

Энэ үед хамт ирсэн залуучуудын сургалт нь туршилтын маягийн сургалт байснаас яг жинхэнэ их сургууль энэ тэрд оруулалгүй тэднийг өөр өөр хотуудаар

---

[7] С.Лочин, "Дашдоржийн Нацагдорж 1" , Уб., 2000, 7-8 дахь тал.

[8] "Түүхэн 500 хүн" Дэлхий дахинд ба Монголд", Nepko, Уб., 2014, 164 дэх тал.

[9] Б.Ринчен, "Монгол бичгийн хэлний зүй", Тэргүүн дэвтэр, 1964, 96 дахь тал

[10] Базарын Ишдорж, "Монгол улсын хураангуй түүх", эрхэлсэн З.Лонжид нар, Уб., 2015, 11-12 дахь тал.

тараасан шиг байна. Д.Нацагдорж Германд сурч байхдаа тэнд сурч байсан монгол хүүхдүүдэд зориулан "Сурагчдын бичмэл сэтгүүл" хэмээх сэтгүүлийг гаргахад биечлэн тусалдаг байсан тухай Яцковская, Д.Цэдэв нар дурджээ. Харин энэ сэтгүүлд тэрбээр "Миний үе ба манай үүрэг", "Цаг, цаг, цаг", "Герман улсын байдлаас", "Спорт гэж юу вэ" зэрэг өгүүллийг Элдэв-Очир гэдэг нэрээр бичдэг байсан байна. Нацагдорж хоёр учир шалтгаанаар Лайпцигт ирсэн байх магадлалтай ажээ. Үүнд 1925 оноос Алма матер Липсинс их сургуульд Дорнод Азийн семинарыг удирдаж байсан Эрих Хэниш түүнийг Лайпцигт авчирсан байж магад.

Тэрбээр монгол хэл утга зохиол судладаг байсан болохоор түүний судалгаанд Нацагдорж шимтэн татагдаж, энэ эрдэмтэнтэй ойртон ажиллах хүсэлдээ хөтлөгдөн ирсэн байх үндэстэй ажээ. Нацагдорж Лейпцигт шилжин суухад Сергей Вольф нөлөөлсөн болохыг бид мэднэ. Учир нь тэрбээр Нацагдоржоор монгол хэл заалгаж, хариуд нь герман хэл зааж, байсны дээр монгол сурагчдын талаар их санаа тавьдаг хүн байсан ажээ. Сергей Вольф Э.Хэништ танилцуулснаар Лейпцигт өөрийн дэргэд авчирсан байна. Сергей Вольф, Э.Хэниш болоод Д.Нацагдорж нарын харилцааны талаар судлаач эрдэмтэн С.Лочин "Дашдоржийн Нацагдорж", НЭПКО, Уб., 2015 бүтээлдээ маш дэлгэрэнгүй бөгөөд тодорхой бичсэн билээ.

Германы нэрт монголч эрдэмтэн Эрих Хэниш бол "1880 оны 8 дугаар сарын 27 нд Берлин хотноо сурвалжит гэр бүлд төрж, гимнази төгсөн 1899 оноос Берлиний Их Сургуульд оюутан болж хятад, манж, монгол хэл суралцан 23 насандаа Саган цэцэний "Эрдэнийн товч" хэмээх сурвалж бичгийн судалгаагаар эрдмийн зэрэг хамгаалсан билээ. Их сургууль төгсөөд Хятадын цэргийн их сургуульд германы хэлний багшаар ажиллаж байхдаа хятад хэл судлалаар чамбай суралцжээ. 1911 оноос Берлиний угсаатны судлалын музейд судлаач, 1912 оноос Берлиний их сургуульд багш, 1925 оноос Лайпцигийн их сургуульд хятад судлалын тэнхимийн эрхлэгч, 1932 оноос Берлиний их сургуулийн хятад судлалын тэнхимийн эрхлэгчээр тус тус ажилласан байна. Тэрбээр 1966 онд 86 насандаа таалал төгсчээ." [11] гэж академич Д.Төмөртогоо багш бичжээ.

Харин Э.Хэниш Лайпцигт байхдаа тэр үед монгол судлалаас илүү хятад судлалыг сонирхон мөн герман сурч байсан хятадуудтай холбоо тогтоож, өөрийн семинартаа хятадын судлаачдыг оролцуулж, сургадаг байсан байна. Тэр үед хараахан Монголд ирээгүй, монгол хэлний мэдлэг нь ч тун гүехэн байжээ. Харин Нацагдоржтой ажиллаж эхлэх үеэс монгол судлалын ажлыг эрчимжүүлэн монгол дөрвөлжин бичгээрх сурвалжийг судлаж байсан байна. Мөн монгол хэлний хичээлийг идэвхижүүлэн ярианы хэл заалгах санаачлага гарган Германд анхны монгол судлалыг хөгжүүлэх суурийг тавьсан байна. Дорнод Азийн семинарын 1927 оны зун цагийн хичээлийн хуваарьт "Монгол ярианы хэл" гэсэн хичээл нэмэгдсэн нь Нацагдоржийн Лайпцигт байх хугацаатай таарч байдаг байна. Мөн энэ үеэр Э.Хэнишийн "Монгол хэлний дүрэм", "Хятад, манж, монгол хэлний бурхан шашны олон хэлний дурсгалт бичиг", "Монгол хэлний унших бичиг", "Бичгийн болон аман зохиол дахь монгол ардын үлгэрүүд" зэрэг бүтээл гарсан нь цаг хугацааны хувьд мөн Нацагдорж Лайпцигт ирснээс хойш болов уу гэдэг нь сонирхолтой байна. Харин Нацагдорж яг Лайпцигт байсан тухай барим тавим баримт байдаггүй боловч түүнтэй хамт сурч байсан Лувсаннамжил, Рэгзэн зэрэг хүний дурсамж ярианд бол Лайпцигт байсан тухай, бие биенийхээрээ зочилж орж гардаг байсан тухай дурддаг байна.

"Э.Хэниш бол мэргэжлийн чиглэлээр Монголын эрдэмтэдтэй анх удаа харилцаа холбоо тогтоосон эрдэмтэн бөгөөд 1928 оны зун БНМАУ-д хийх

---

[11] Д.Төмөртогоо, "Монгол хэл шинжлэлийн судалгааны түүхээс", Уб., 2017, 174-75 дахь тал

аяллынхаа талаар гүн ухааны факультетад гаргасан өргөдөлдөө уг аялал нь "хэл, ном судар, угсаатны зүй" судалгаа хийх зорилготой болох тухай дурдсан байх агаад энэхүү аялалд нягт нямбай бэлтгэхэд хэн нэгэн тусалсан байх магадлалтай энэ нь нөхөр Нацагдорж мөн байх" гэж Э.Таубэ гуай үзжээ.

Проф. Э.Хэниш анх удаа Монголд ирээд өөрийнхөө төлөвлөсөн хугацаанаасаа илүү суух, ажиллах шаардлагатай болсон нь сургуулийнхаа захиргаанд амралтаа олгож өгөхийг хүссэн өргөдөл гаргаж өгсөнөөс тодорхой байдаг байна. Ингээд тэрбээр нутагтаа ирсэний дараа "Монголчуудын түүх угсаатны зүй", "Монголын орон судлал" зэрэг хичээлийг зааж эхлэсэн төдийгүй "Монголын нууц товчоон"-ы хэвлэмэл эхийг олж очин хятад хувилбарыг 1931 онд хэвлүүлжээ. Мөн 1930 оны 11-р сарын 8 нд нэг сэдэвт зохиолоо бичиж Саксоны академид өргөн барьсан нь Нацагдорж Лайпцигт байх үетэй тохирдог байна. Энэ бүхнээс дүгнээд Д.Нацагдорж бол Германы Монгол судлалын төвд ирж ажилласан анхны монгол хүн даруй мөн гэж тодорхойлжээ.

Гадаадын болон дотоодын Нацагдорж судлаач нар Б.Ринчен гуайг эс оруулбал академич Ц.Дамдинсүрэн, Б.Содном, С.Лувсанвандан, С.Лочин, Д.Цэдэв, К.Н.Яцковская, Э.Таубэ, нар Э.Хэниш, Нацагдорж нарын хийж байсан Герман – Монгол толь бичгийн талаар нэг нь ч дурдаагүй бөгөөд харин монголч эрдэмтэн Эрика Таубе "харин Нацагдоржийн оруулсан хувь нэмэр хэр их байсан, дээрх судалгаа боловсруулалтын ажлын чухам аль хэсгийг нь гүйцэтгэсэн зэргийг тодорхойлох өөр баримт сэлт Лайпцигаас эс олдоно." гэж бичжээ.

Д.Нацагдоржтой холбоотой бичиг баримт архивын материал олдохгүй байгаа шалтгааныг тэд тодруулахдаа нэгдүгээрт түүний оршин сууж байсан бүртгэл хаяг маш тодорхойгүй, 1927 оны хавраас 1929 оны гуравдугаар сар хүртэл Лайпцигт амьдрахдаа түүний зохиолд гарч байгаагаар барагцаалбал Видебахплац буюу Видебарын талбай хавьцаа байсан болов уу гэж үздэг байна. Дорнод Азийн Семинарын төвөд судлаач, доцент Фридрих Веллер гэдэг хүний дурсамж яриагаар бол 1937 онд Их сургуулийн Нацистын талыг баримталсан багшлах бүрэлдэхүүний зүгээс түүний эсрэг хүчтэй шахалт үзүүлж, ноцтой халдлага хийжээ. Тэрбээр еврей гаралтай эрдэмтэн, хэвлэлийн газрын эзэн Авиа Метор Бруно Шиндлерийг талархан дэмжиж, хамтран ажилладаг байсан ба Шиндлер 1935 онд гадаадад дүрвэн гарчээ. Тэд түүний хувийн тэмдэглэл, бичиг баримт, өнгөрсөн үед холбогдох бүх зүйлийг нь галдан шатаасан байна. Ийнхүү Нацагдоржийн тухай болон түүний Лайпцигт байсан үед холбогдох баримт тэмдэглэл үрэгдсэн гэж үздэг юм байна гэж А.Таубэ бичсэн ба Э.Хэнишийн архиваас маш өчүүхэн зүйл үлсэн бөгөөд бүгдийг үзэж амжаагүй гэж дурдсан байна.

Харин Д.Нацагдоржийн "Бөөгийн дуудлагын 200 гаруй мөр шүлэг"-ийг герман хэлний хадмал орчуулга болон бусад зүйлийг багтаасан тэмдэглэлийн дэвтрийг академич П.Хорлоо агсан олсон тухай дурдсан байдаг боловч чухам хаана хадгалж байгааг хэн ч үл мэднэ.

Энэ дашрамд тэмдэглэхэд Д.Нацагдоржид хүн бэлэглэсэн, түүнд хадгалагдаж байсан өөр хүмүүсийн хийсэн толь бичгийг Нацагдорж хийсэн мэтээр андуурч, бичиж дурдсан зүйл, эсвэл зориуд Нацагдоржийн хийсэн толь болгож бичсэн зүйл, ойлголт манайхны дотор түгээмэл байдгийг энэ толь бичгийн талаар судалгаа хийж явахад анзаарлаа. Судалгааны явцад нэр бүхий хэд хэдэн хүн ийм толь бичиг Монголд байгаа гэж хэлсэн боловч үүнийг мөшгөн хөөвөл дээрх мэт толь бичиг байсныг дурдахгүй өнгөрч болохгүй байх. Тухайлбал судлаач

Ц.Эгиймаа "Дашдоржийн Нацагдоржийн "толь бичиг"[12] гэсэн өгүүлэл хэвлүүлсэн нь Д.Нацагдоржид Намнан гэж хүнээс Лайпцигт байхад нь 1929 оны 1 дүгээр сарын 19 нд бэлэглэсэн "Русско-Монгольский Терминологический словарь" байх жишээтэй. Энэ толь бичигт МЗЭ-ийн Нацагдоржийн музейд хадгалагдаж байгаа юм байна.

Цаашид энэ бүтээлийг хоёр хэлний орчуулгын талаас, герман монгол үгийн оноолтын талаас, тухайн үгийн утга, үүрийн талаас, мөн монгол бичгийн бичиглэл, ойролцоо утгатай оноолтын талаар гэх мэт нарийн судалж үзэх зайлшгүй шаардлагатай нь мэдээж бөгөөд боломжтой бол уг толь бичгийг судалгааны эргэлтэнд оруулж хэвлэх буюу дижитал болгох боломжийг эрэлхийлэх ёстой гэж бодож байна.

Ийнхүү их зохиолч Д.Нацагдоржийн амьдрал, түүний эрдэм шинжилгээ судалгааны ажилтай холбогдох ховор баримт бичиг жинхэнэ эхээрээ бидний үед хүрч ирсэн нь тодорхой болж үүнээс дэлгэрүүлэн түүний амьдрал, уран бүтээл, эрдэм шинжилгээний ажлын талаар улбаалан судлах нэгэн зүйл сэжүүр болж байгааг улам бататган түүний Лайпциг хотод монголч эрдэмтэн Э.Хэнишийн дэргэд амьдарч байх үедээ хийж байсан ажил, сурч байсан эрдэм ном, судалгааны ажлын талаар маш сонирхолтой дүгнэлт хийж болох, Д.Нацагдоржийн амьдрал уран бүтээлийн түүхийг нэг ч болов хуудсаар шинэчлэн бичихэд чухал хэрэгтэй хэрэглэгдэхүүн болж байна гэж үзэж байна. Мөн Б.Ринчен, Лонжид, О.Батсайхан нарын дурдаж бичсэн "Герман – Монгол толь бичиг"-ийг мөшгөн олж үзэж бидний олсон толь бичигтэй тулган үзэж магадлах хэрэгтэй байна.

---

[12] Ц.Эгиймаа, "Дашдоржийн Нацагдоржийн "толь бичиг", [Нүүдэлчдийн өв судлал, сэтгүүл, 2016, Tomus XYII, Fascuculus 1-27, 165 дахь тал,]

НОМ ЗҮЙ

1. [Д.Цэнд, 1956] - Д.Цэнд, "Дашдоржийн Нацагдоржийн амьдрал уран бүтээл", "Багш" сэтгүүл, 1956. N3-4;
2. [Д.Дамдинсүрэн, 1961] - Д.Нацагдорж, "Зохиолууд", Уб., 1961.
3. [Б.Содном, 1966] - Б.Содном, "Дашдоржийн Нацагдоржийн намтар зохиол", Уб., 1966
4. [С.Лувсанвандан, 1966] - С.Лувсанвандан, "Дашдоржийн Нацагдорж", Уб., 1966
5. [Д.Цэдэв, 1982] - Д.Цэдэв, "Их зохиолчийн намтрын хуудаснаас", Утга зохиол урлаг сонин, 1982.11.19, N17(1365)
6. [А.Очир нар, 1985] - А.Очир, Г.Дашням, "Д.Нацагдоржийн намтрын зарим хуудсыг нэмж тодруулах нь", Утга зохиол урлаг сонин, 1985.07.11. N28(1502)
7. [Б.Эрдэнэбаатар, 1986] - Б.Эрдэнэбаатар, "Бид Лейпцагт хамт байсан Лувсаннамжилтай хийсэн ярилцлага", "Залуучуудын үнэн", 1986.11.16, N127;
8. [А.Очир, 1986] - Очир, А "Тайлбар толь зохиолцож байсан нь", Утга зохиол урлаг", 1986.10.31. N44 (1570)
9. [Г.Дашням, 1989] - Дашням Г, "Д.Нацагдоржийн Лейпцигийн жилүүд хэмээх тодруулах зүйлс", "Сэтгүүлч" сэтгүүл, 1989, N38, 17-19 дэх тал.
10. [Э.Таубэ, 1996] - Таубэ Эрика, "Нацагдоржийн Лейпцигт байсан үеийн ул мөрийг мөшгин судалсан минь", Ням гараг, 1996.9.15, N37.;
11. [Л.Балдан, 1997] - Л.Балдан, "Дашдоржийн Нацагдоржийн амьдралын мөчлөг", [Утга зохиол сонин] 1997.11. N21-22.;
12. [С.Алимаа нар, 2002] - С.Алимаа, Г.Лувсан, "Германы монголч эрдэмтдийн товч намтар, бүтээлийн жагсаалт", (Kutzbiographie und Bibliographie von Deutschen Mongolisten), Уб., 2002
13. [С.Лочин, 2000] - С.Лочин, (Хорьдугаар зууны монгол зохиолчид) "Дашдоржийн Нацагдорж", Уб., 2000.
14. [Д.Цэдэв, 2004] - Д.Цэдэв, "Д.Нацагдорж Бүрэн зохиол 1-3", Уб., 2004
15. [Г.Ловор, 2007] - "Д.Нацагдорж судлалын ном зүй", Г.Ловор, "Монгол судлалын чуулган" сэтгүүл, VII боть, N2, (38); 206-219 дэх тал.
16. [Э.Пүрэвжав, 2008] - Э.Пүрэвжав, "Монгол хэл бичгийн судлал XI", (Дашдоржийн Нацагдорж,) Уб., 2008, 47-72 дахь тал.
17. Chronik, түүхэн товчоон, "Түүхэн 500 хүн: Дэлхий дахинд ба Монголд", Nepko, Уб., 2014
18. "Герман – Монгол өврийн толь бичиг", Pons, Мон судар, Уб., 2015
19. [Ханс Петер Фийце, 2012] - Hans-Peter Vietze, "Wörterbuch Deutsch – Mongolisch", Dao Verlag, Berlin, 2012.
20. [Лочин, 2015] – С.Лочин, "Дашдоржийн Нацагдорж", NEPKO, Уб., 2015
21. [Ц.Эгиймаа, 2016] – "Дашдоржийн Нацагдоржийн "толь бичиг", [Нүүдэлчдийн өв судлал, Tomus XYII, Fasculus 1-27, Уб.8 2016, 165-69 дэх тал]
22. [Д.Төмөртогоо, 2016] - Д.Төмөртогоо, "Монгол хэлшинжлэлийн судалгааны түүхээс", Уб., 2016, Профессор Э.Хэнишийн монгол бичгийн дурасхалын судалгаа", 174-75 дахь тал.

Зураг №1, ХБНГУ-ын Боннын Их Сургуулийн Төв байр

Зураг №2, Боннын Их Сургуулийн Монгол - Төвөд Судлалын салбарын байр

Зураг №3, Боннын Их Сургуулийн Монгол - Төвөд судлалын Тэнхимийн номын сан

Зураг №4, Д.Нацагдоржийн хийсэн "Герман - Монгол" хоёр боть толь бичгийн эх

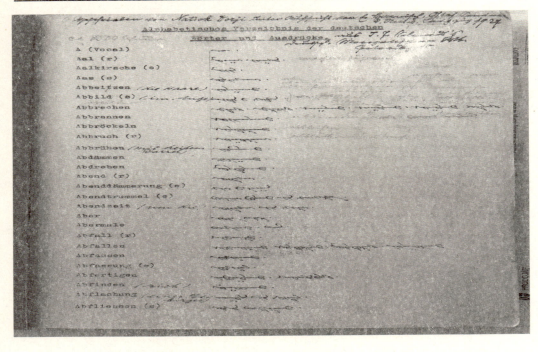

Зураг №5, "Герман – Монгол толь бичиг"-ийн нэгдүгээр ботийн эхний хуудас

Зураг №6, Нэгдүгээр ботийн хавтасны нүүр тал

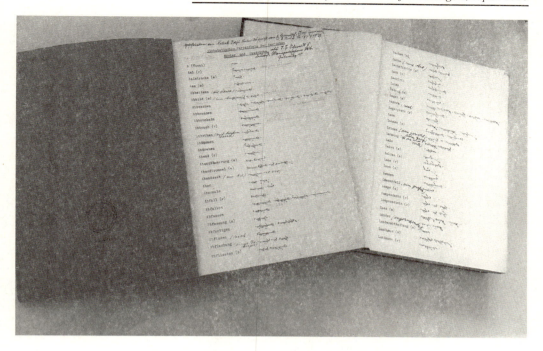

Зураг №7, Уг толь бичгийн хоёр ботийн эхний хуудаснууд

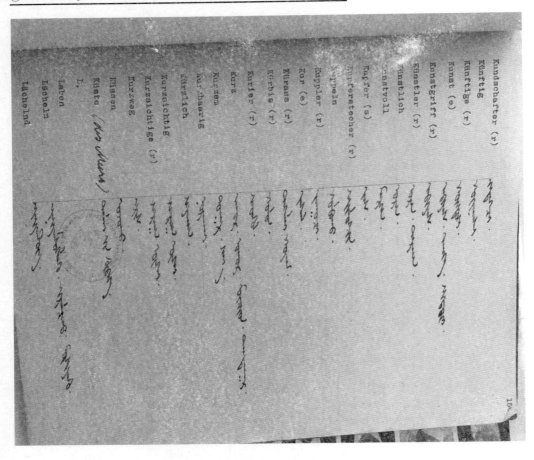

Зураг №8, Эхний ботийн 155 дахь хуудас

NEWS ON MONGOL STUDIES

МОНГОЛ СУДЛАЛЫН МЭДЭЭ

The 8th International Conference on *Geser/Gesar* Studies in Congratulation of the 300th Anniversary of the Publication of Beijing Woodenblock *Geser*

北京木版『ゲセル伝』刊行 300 周年記念

第 8 回『ゲセル/ケサル』国際シンポジウム

ボルジギン・フスレ(Husel Borjigin)，バヤンチメグ(Bayanchimeg)

2016 年 8 月 11～13 日に，中国『ゲセル/ケサル』指導部と内モンゴル自治区民族事務委員会，内モンゴル自治区『ゲセル/ケサル』指導部共催，中国『ゲセル/ケサル』指導部事務室，内モンゴル自治区『ゲセル/ケサル』指導部事務室，内モンゴル大学モンゴル研究センター，内モンゴル社会科学院文学研究所協賛の北京木版『ゲセル伝』刊行 300 周年記念第 8 回『ゲセル/ケサル』国際シンポジウムが中国内モンゴル自治区フフホト市で開催された。

中国やモンゴル，ロシア，パキスタン，ネパール，ブータンなどの国ぐにで伝承されてきたモンゴル・チベット民族の英雄叙事詩『ゲセル/ケサル』は 2009 年にユネスコの無形文化遺産に登録された。他方，これまで知られている木版『ゲセル/ケサル』のなかで，1716 年に刊行された北京木版モンゴル語版『ゲセル伝』はもっとも古いものである。今回のシンポジウムは，北京木版モンゴル語版『ゲセル伝』刊行 300 周年を記念し，『ゲセル/ケサル』研究の基盤をかため，各国の研究者に交流や検討の場を提供し，中国における『ゲセル/ケサル』研究の成果を紹介し，同叙事詩の国際的研究の新しい動向や問題点をみなおし，その研究のレベルを向上させ，中国政府の国連と国際社会に対する，積極的に『ゲセル/ケサル』を保護するという厳粛な約束を遂行し，『ゲセル/ケサル』に関する各事業をおおいに推進することを目的とした。

中国，ロシア，ハンガリー，トルコ，日本，ドイツなどの国の百名あまりの研究者が本シンポジウムに参加した。8 月 11 日におこなわれた開会式では，内モンゴル自治区政府副主席劉新楽などが挨拶し，中国科学院学部委員（アカデミー会員）・民族文学研究所長・中国『ゲセル/ケサル』指導部常務次長チョグジンが基調報告をおこなった。内モンゴル社会科学院副院長金海などが開会式に参加した。内モンゴル自治区民族委員会古籍・『ゲセル/ケサル』指導部事務室長ソヨルト，内モンゴル大学モンゴル研究センター長チメドドルジなどが司会をつとめた。

開会式後に，内モンゴル大学教授・長江学者エルデニバヤル，中国西北民族大学教授マンシュ・リンチンドルジ，ロシア連邦サハ共和国の研究者ワシリー・イラルノーフ，内モンゴル大学教授チョイラルジャブ，中国『ゲセル/ケサル』指導部秘書長・中国社会科学院研究員セチェンムンフ，北京大学教授陳崗龍，ロシア連邦ブリヤート共和国の研究者ダシバローワなどが大会報告をおこなった。

8 月 12 日におこなわれた分科会では，各国の研究者が，「北京木版モンゴル語版『ゲセル伝』と木版・写本『ゲセル/ケサル』の収集・研究の状況」，「『ゲセル/ケサル』における民間文学と文化，宗教」，「“一帯一路（*One Belt And One Road*）”および『ゲセル/ケサル』の文化交流」などのテーマをめぐって，60 本あまりの報告をおこなった。シンポジウムと同時に，中国における『ゲセル/ケサル』事業成果展覧会が開催され，『ゲセル/ケサル』の民間の芸術家の実演も披露された。

The 8th International Conference on *Geser/Gesar* Studies in Congratulation of the 300th Anniversary of the Publication of Beijing Woodenblock *Geser*

第八届《格斯（萨）尔》国际学术研讨会

暨纪念北京木刻版《格斯尔传》刊行 300 周年学术研讨会

呼斯勒（Husel Borjigin）、白音其木格（Bayanchimeg）

2016 年 8 月 11 日至 13 日，由中国《格斯（萨）尔》工作领导小组、内蒙古自治区民族事务委员会、内蒙古自治区《格斯（萨）尔》工作领导小组联合主办，由中国《格斯（萨）尔》工作领导小组办公室、内蒙古自治区《格斯（萨）尔》工作领导小组办公室、内蒙古大学蒙古学研究中心、内蒙古社会科学院文学研究所共同承办的第八《格斯（萨）尔》国际学术研讨会暨纪念北京木刻版《格斯尔传》刊行 300 周年学术研讨会在中国内蒙古自治区呼和浩特市举行。

在中国、蒙古、俄罗斯、巴基斯坦、尼泊尔、不丹等国中所流传的蒙藏民族英雄史诗《格斯（萨）尔》2009 年被列入联合国科教文组织"非物质文化遗产代表作名录"。而 1716 年在北京刊行的蒙文木刻版《格斯尔传》是已知最早的该史诗的正式印刷刊行本。此次学术研讨会的宗旨在于：纪念北京木刻版《格斯尔传》刊行 300 周年，为各国学者提供交流、研讨、共享《格斯（萨）尔》研究及发展动态的平台，介绍、推广中国《格斯（萨）尔》工作成果，共商解读当前《格斯（萨）尔》工作面临的新情况、新问题，提升《格斯（萨）尔》史诗学术研究水平，切实落实中国政府在抢救保护《格斯（萨）尔》传统方面对联合国和国际社会作出的郑重承诺，大力推进《格斯（萨）尔》事业的各项工作。

来自中国、俄罗斯、匈牙利、土耳其、日本、德国等国的一百多位学者参加了此次国际学术研讨会。在 8 月 11 日上午所举行的开幕式上，内蒙古自治区政府刘新乐副主席等致辞，中国社科院学部委员、民族文学所所长、全国《格斯（萨）尔》工作领导小组常务副组长朝戈金研究员做大会主题报告。内蒙古社会科学院副院长金海等参加了开幕式。内蒙古民委古籍与《格斯尔》研究室主任苏雅拉图、内蒙古大学蒙古学研究中心主任齐木德道尔吉等主持了会议。

在开幕式之后，由内蒙古大学教授、长江学者额尔敦巴音、西北民族大学教授曼秀•仁青道吉、俄罗斯雅库特共和国瓦西里•伊拉日诺夫、内蒙古大学教授却日勒扎布、中国《格萨（斯）尔》工作领导小组秘书长•中国社科院斯琴孟和、北京大学教授陈岗龙、布里亚特共和国达什巴洛瓦等做了学术报告。

在 8 月 12 日举行的分组报告上，各国学者围绕北京版《格斯尔传》与《格斯（萨）尔》搜集整理研究状况、《格斯（萨）尔》民间文学与文化宗教、"一带一路"与《格斯（萨）尔》文化交流等主题发表了 60 余篇学术报告。会议期间还举办了《格斯（萨）尔》工作成果展，并由民间艺人做了汇报表演。

ᠨᠠᠷᠠᠨᠴᠢᠮᠡᠭ